〈한글 마춤법 통일안〉 성립사를 통해 본
근대의 언어사상사

〈한글 마춤법 통일안〉 성립사를 통해 본 근대의 언어사상사

김병문 지음

뿌리와
이파리

일러두기

1. 표기법에 관한 당대의 실상을 보이기 위해 인용문의 표기는 원문 그대로 옮겼다. 다만, 띄어쓰기는 가능한 현재의 규정에 따랐으며, 한자는 한글로 바꾸고 필요한 경우 괄호 안에 병기했다.

2. 단행본, 신문, 잡지 등의 제목은 겹낫표(『』)로, 개별 기사나 논문 등의 제목은 홑낫표(「」)로, 글자들의 발음(예: 〔꼰만〕)과 우리말에 해당하는 한자(예: 낯〔面〕)는 대괄호(〔 〕)로 표시했다. 다만, 국립국어원의 '한글 맞춤법', 조선어학회의 '한글 마춤법 통일안'은 홑화살괄호(〈 〉)로 표시했다.

머리말

1.

우리는 맞춤법에 맞지 않은 단어나 문장을 접하게 되면, 한글도 제대로 모르냐며 그것을 쓴 사람을 타박하거나 놀려먹기 일쑤다. 전봇대에 붙은 "방 있슴"이라는 글귀가 눈에 들어올 때, 또는 친구에게서 "감기 빨리 낳아~~"라는 문자 메시지를 받을 때면 "방 있음", "감기 빨리 나아"라고 고쳐주고 싶은 마음이 들기까지 한다. "어떻게 감기를 낳을 수 있냐? 감기는 낳는 게 아니라 낫는 거지"라며 실수한 이에게 짐짓 아는 체를 하기도 한다.

하지만 우리는 다른 한편으론 맞춤법이 너무 어렵다고 푸념하기도 한다. 실제로 한글의 맞춤법은 결코 간단치가 않다. 한국어를 잘한다고 해서 맞춤법에 어긋나지 않게 글을 쓸 수 있는 것은 전혀 아니다. 〈한글 맞춤법〉은 법 조문과 같은 형태의 수많은 조항들로 이루어져 있을 뿐만 아니라, 그 조항들은 대체로 엄밀한 언어학적 규칙과 개념들을 전제로 하고 있기 때문이다. 복잡하기로 악명이 높은 사이시옷에 관한 규정은 〈한글 맞춤법〉 제30항에 제시되어 있거니와 이 조항을 제대로 이해하기 위해서는 먼저 '사잇소리 현상'이라는 음운론적 개념을 숙지해야만 한다.

현재의 〈한글 맞춤법〉은 1933년 조선어학회에서 제정한 〈한글 마춤법 통일안〉에 그 뿌리를 두고 있다. 물론 그 사이에 여러 수정과 보완이 있었지만, 기본 원칙과 구조는 거의 그대로 유지되고 있다고 할 수 있다. 따라서 지금 우리가 따르고 있는 〈한글 맞춤법〉의 성격을 온전히 이해하기 위해서는 〈한글 마춤법 통일안〉(1933)을 살펴볼 필요가 있다. 그런데 이 〈한글 마춤법 통일안〉 작성에 참여한 조선어학회 인사들은 마치 자연 사물의 운동이나 변화, 발전에 일정한 법칙이 있듯이 언어에도 인간이 개입할 수 없는 나름의 규칙이 있다고 여겼다. 그리고 한글의 표기법 역시 그 규칙에 부합해야 한다고 보았다.

그들이 훈민정음 창제 이래 당시까지 형성되어온 역사적인 표기 관습을 일거에 개혁하려고 했던 것은 자신들의 표기법이 언어에 내재하는 규칙과 법칙에 입각한 것이라고 굳게 믿었기 때문이다. 그래서 ('새끼를 낳다'의) '낳'이나 ('아무것도 없다'의) '없'과 같이 당대인들에게는 낯설다 못해 기괴하기까지 했던 글자를 과학과 합리의 이름으로 대중에게 강요할 수 있었던 것이다. 그러나 그러한 방식의 표기법은 언어학적 훈련을 받은 소수의 엘리트들에게 절대적인 권한을 부여하게 될 수밖에 없다. 오랜 세월 동안 그 문자를 사용해온 사람들이 쌓아온 경험과 습속은 언어학이라는 근대 과학 앞에서 아무런 힘도 쓸 수가 없게 된다.

대체로 오랜 기간 형성된 나름의 역사적 관습을 존중하는 여타 언어권의 표기법과 우리의 맞춤법은 사뭇 다르다. 영어나 프랑스어, 일본어 같은 외국어를 배우면서 〈한글 맞춤법〉과 같은 형태의 수많은 조항들로 이루어진 철자법 규정을 본 적이 있는가? 국가기관에서 위촉한 언어학자들이 모여 기존의 철자법을 수정하고 이를 다시 국가기관의 고시(告示)를 통해 민간에서 시행하게 한다는 예를 들어본 적이 있는가?

아마 이러한 형태의 표기법을 시행하고 있는 곳은 한반도의 남과 북이 유일할 것이다. 그것은 남과 북의 표기법이 모두 〈한글 마춤법 통일안〉에서 기원하기 때문이다.

물론 이 책은 우리의 맞춤법을 비판하기 위한 것이 아니다. 흔히 볼 수 있는 〈한글 맞춤법〉의 세부 조항을 해설한 책은 더더욱 아니다. 우리의 한글 맞춤법이 지금과 같은 형태를 취하게 된 데에는 그만한 역사적 사정과 이유가 있다. 이 책은 바로 그러한 역사적이고 사회적인 맥락을 짚어보고자 하는 것이다. 앞서 언급한 바와 같이 우리의 한글 맞춤법은 20세기 초반의 조선반도에 막 알려지기 시작한 근대 언어학에 크게 기대고 있기 때문에 이 책에서는 당시의 조선어 연구가 한글 맞춤법의 제정 과정에 어떤 영향을 주었는가 하는 점을 중요하게 다루었다. 물론 이는 단순히 조선어 연구의 결과만을 토대로 할 수 없다. 그들이 '언어'라는 것을 어떻게 개념화하고 있었으며, '언어 연구'란 과연 어떠해야 한다고 여겼는가, 그리고 그들의 지적 열망을 감싸고 있던 시대적인 분위기는 어떠했는가 하는 점 등을 폭넓게 살펴보고자 했다.

2.
조선어학회의 〈한글 마춤법 통일안〉을 다룬 책과 글들은 지금도 무척 많다. 그러나 이 책은 그러한 이전의 논의들과는 다음과 같은 점에서 다른 점이 있다.

우선 한글 맞춤법의 성립을 특히 '언어적 근대'의 형성이라는 언어사상사의 맥락에서 설명하려고 했다는 사실을 들고 싶다. 전근대 시기 성스러운 텍스트는 물론이고 모든 공식적인 글쓰기는 이른바 보편 문어가 담당했다. 예컨대 동아시아에서라면 고전 한문, 서유럽에서라면 고전 라틴어가 바로 그러한 보편 문어였다. 그에 비해 각 민족의 세속어는 사적이고 속된 영역에서 입으로만 통용될 뿐 공적인 문헌에 사용되는 일이 거의 없었다. 그러나 근대 사회는 바로 이러한 상황을 극복하고 각 민족/국가를 단위로 하는 균질적 단일언어 사회를 지향하게 된다.

물론 이때의 민족/국가가 채택하는 단일언어는 보편 문어가 아니고 각 민족의 세속어이며 이것은 소수어와 방언을 제압하고 등장하는 '국어'이기도 하다. 그러나 고도로 규범화되어 있었던 보편 문어와는 달리 각 민족의 세속어들은 글로 씌어진 경험조차 일천했기 때문에 무엇보다 철자법의 통일을 비롯한 글쓰기 규범이 마련될 필요가 있었다. 각 민족어를 대상으로 한 '국어사전'과 '국어문법'의 편찬은 동서를 막론한 근대의 매우 특징적인 양상이거니와, 우리의 〈한글 마춤법 통일안〉 제정 역시 바로 이와 같은 '언어적 근대'라는 거시적인 맥락에서 이해할 필요가 있다.

아울러 '언어적 근대'의 문제와 관련해서 제기될 수 있는 이른바 '식민지 근대화론'이라는 쟁점 역시 회피하지 않았다. 예컨대 이 책은 조선어학회의 〈한글 마춤법 통일안〉(1933)은 조선총독부가 제정한 3차례의 '언문철자법'과의 관계 속에서 볼 때만이 그 의미를 제대로 해석할 수 있다고 주장한다. 지금까지는 대체로 〈한글 마춤법 통일안〉(1933)이 언문철자법의 오류나 문제를 극복, 해결한 것이라는 정도로 평가해 왔다. 그러나 사실은 〈한글 마춤법 통일안〉이 가지고 있는 문제의식 가운데 중요한 한 축은 언문철자법에서 온 것이었다. "소리대로 적되, 어법에 맞도록 함으로써 원칙을 삼는다"의 '소리대로 적되' 부분이 바로 언문철자법이 지향한 '표음적 표기'의 다른 표현이라고 볼 수 있기 때문이다.

그러나 물론 〈한글 마춤법 통일안〉이 조선총독부의 언문철자법에 일방적으로 영향을 받았다는 것은 전혀 아니다. 사태는 생각보다 복잡하다. '소리대로 적게 한다'는 언문철자법 원안의 의도는 오히려 심의에 참여한 조선인 위원들의 반대에 부닥쳐 번번이 좌절되었다. 언문철자법이 애초에 의도한 '표음적 표기'는 1920년대 중후반 조선의 지식인 사회에서 조선어 교사와 연구자로 구성되는 전문가 집단이 형성되고 그들의 전반적인 동의가 있은 후에야 비로소 관철될 수 있었다. 식민지 사회의 헤게모니 관철 방식이 어떠했는가 하는 점을 보여주는 대목이기도 하다.

'소리대로 적는다'와 함께 〈한글 마춤법 통일안〉의 핵심적인 원칙이었던 '어법에 맞도록 한다'는 것은 총독부의 언문철자법이 처음부터 부담스러워했던 방향이었으나, 역시 1920년대 중후반 조선의 지식인 사회에서 형성된 광범위한 의견 일치가 언문철자법을 〈한글 마춤법 통일안〉에 가까운 쪽으로 견인해나갔다고 할 수 있다. 이 책이 당대의 조선어 연구가 지향하고 있던 방향, 그리고 치열하게 전개된 서로 간의 논쟁과 토론을 비중 있게 다룬 것은 바로 그러한 이유 때문이다. 그들은 앞서 언급한 바와 같이 언어에는 인간이 개입할 수 없는 나름의 규칙과 법칙이 있다고 보았는데, '어법에 맞도록 한다'의 '어법'이 바로 그러한 관점을 반영한 것이다.

이 '어법에 맞도록 한다'는 원칙은 소리 나는 대로가 아니라 원래의 형태를 밝혀 적는다는 것을 의미하는데, 이는 주시경의 표기 이론에서부터 시작된 것이다. 주시경은 귀에 실제로 들리는 구체적인 소리가 아니라 '본음, 원체'라는 추상적 층위의 소리를 적는 것이 문법에 맞는 것이라고 보았다. 이 책에서는 주시경이 '국어'를 이와 같은 추상적 층위에 존재하는 것으로 설정했기 때문에 지역과 계층, 세대와 젠더에 따른 수많은 변이와 변종 너머에 존재하는 '국어문법'을 구상할 수 있었다고 설명한다. 이러한 '국어문법'은 균질적 단일언어 사회를 형성하는 기본 조건인 동시에 소수어와 방언을 억압하는 국가 장치로 기능할 수 있게 된다.

아울러 이 책에서는 〈한글 마춤법 통일안〉이 성립하게 되는 배경과 과정만을 다루지 않고, 그것의 제정 전후에 벌어진 대립의 의미를 좀더 거시적인 맥락에서 해석해보려고 했다. 조선어학회가 지향한 '표음문자의 표의화/시각화'가 표음문자의 한계를 극복하려는 시도였으며, 이에 반대한 박승빈 쪽의 표기법이 사실은 한자 훈독식 표기에서 출발한 것이고 따라서 '표음문자의 표의화'가 불필요했음을 밝힌 것이 그런 부분이다. 또한 사회주의자들이 당대의 조선어 표기법 논쟁을 어떻게 평가하고 있었는가 하는 점, 그리고 해방 후 북한에서 수행된 언어정책과 〈한글 마춤법 통일안〉이 어떠한 관계를 맺고 있는가 하는 점도 다루었다. 해방 직후 북한에서는 〈한글 마춤법 통일안〉에 상당한 수정을 가했지만, 그러나 이는 그것의 기본 원칙을 예외 없이 관철하려는 노력에서 나온 것이었다.

세부적으로 보더라도 이 책에서는 몇 가지 새로운 주장을 내놓았다. 우선 '총론'의 "소리대로 적되, 어법에 맞도록 함으로써 원칙을 삼는다"에서 '소리대로 적되'는 단순히 소리 나는 대로 적는다는 음소 표기를 의미하는 것이 아니라, 역사적 표기('텬디')를 인정하지 않고 당대의 소리('천지')를 반영한다는 뜻으로 해석했다. 이는 조선어학회 인사들의 증언을 통해서도 확인할 수 있는 것이거니와 앞서 언급한 대로 〈한글

10

마춤법 통일안〉을 총독부의 언문철자법과의 관계 속에서 볼 때 명확히 드러나는 부분이다.

또 두음법칙 문제에서 예컨대 '勞動'을 '로동'이 아니라 '노동'으로 적게 한 것 역시 조선어학회 인사들이 '로동'을 역사적 표기로 보았기 때문인데, 그러나 두음법칙은 역사적 표기의 문제가 아니어서 '어법'에 맞도록 한다는 원칙에 따른다면 '로동'으로 적는 것이 (그러나 발음은 [노동]으로 하는 것이) 오히려 〈한글 마춤법 통일안〉의 기본 원칙에 부합한다고 보았다. 최현배가 도입한 용언의 활용, 특히 불규칙 활용이라는 개념이 표기법 논쟁 과정에서 힘을 얻게 되었다는 점 역시 이 책의 새로운 주장이다.

3.

세 번째로 책을 펴낸다. 여러 가지 이유에서 부끄럽고 민망한 마음을 감출 수가 없다. 우선 지난 두 번과 마찬가지로 이번에도 실제의 내용을 훨씬 뛰어넘는 제목을 붙이고 말았다. 뻔뻔스럽게도 이린 거창한 제목을 내건 것은, 이 제목을 통해 앞으로 해나가고자 하는 내 공부의 방향을 스스로에게 다짐하고자 했기 때문이다. 이제 꼼짝없이 '언어사상사'에 걸맞은 공부를 하는 수밖에는 달리 도리가 없게 되었다.

다른 데로 도망가려는 마음을 다잡기 위해, 아직 어렴풋하지만 그래도 마음속에 작정한 것을 여기에 적어두고 싶다. 이번에는 주로 1920~30년대의 표기법 관련 논의를 다루었다면 다음 책에서는 시기를 거슬러 올라가 1890년대부터 1910년에 이르는 시기에 분출했던 '국문론'을 언어사상사의 관점에서 다루어보고 싶다. 아마 '근대계몽기 국문론을 통해 본 근대의 언어사상사'쯤이 되지 않을까 싶다. 그러고는 해방 전후의 시기다. 이번 책에서는 '조선어학회 사건'을 다루지 않았다. 해방 후의 상황들에 대한 이 사건의 규정력이 너무나 크기 때문에 '해방 전후의 언어 문제를 통해 본 근대의 언어사상사'를 기약하고자 했다. 여기서는 60년대 초까지의 남과 북을 동시에 다룰 생각이다. 공교롭게도 남북 모두 60년대 후반 이후 언어정책과 연구에 일정한 변화가 생기는데, 역시 그 이후 대략 20~30년의 기간을 대상으로 한 근대의 언어사상사를 구상할 수 있을 것 같다.

　말이 앞서는 사람은 믿지 말라고 했건만, 그러나 말 없이는 약속이나 다짐 또한 가능하지가 않기에 굳이 앞으로의 계획을 여기에 남겨두는 것이다. 내친김에 한마디만 더 적는다면, 이 책을 포함한 네 편의 '근대의 언어사상사'는 조선어/한국어를 대상으로 하는 지적 고투가 어떻게 식민주의와 냉전의 틀에 긴박되어 있었는가, 그리고 그러한 틀을 어떻게 극복할 수 있겠는가 하는 문제의식을 담고자 한다. 이 책에서 틔우고자 한 아직은 희미한 싹이 다음 책들에서는 좀더 구체화되기를 바란다.

지난 3년 남짓 15편의 논문을 썼다. 내 이름을 앞세운 한 권의 책과 또 몇 권의 공저가 있었다. 누군가는 농담이라고 할지도 모르겠다. 이렇게나 마구 써대는 글에 무슨 알맹이가 있겠느냐며 비웃는 이들도 있으리라. 시인은 시가 쉽게 쓰여진다고 부끄러워했다는데, 나는 여기서 도대체 무슨 짓을 하고 있는 건가 하고 머리를 흔들 때가 한두 번이 아니었다. 그러나 컨베이어 벨트는 끊임없이 돌고, 나는 생각에 잠길 틈도 없이 그 속도에 맞추어 팔다리를 놀릴 수밖에 다른 방법이 없었다. 이건 공부도 연구도 아니야, 그저 사업단의 업무일 뿐이야, 라고 되뇌며…. 그렇다면 나는 '사업'을 위해 다시 학교로 돌아왔단 말인가. 아득했다.

무언가 돌파구를 찾아야 한다고 생각할 때쯤 뿌리와이파리 정종주 대표께서 연락을 주셨다. 그 전에 내 계획 속에 '근대의 언어사상사' 같은 것은 없었다. 지난해 12월 중순 글을 시작해 올해 6월 초까지, 어려움도 없지 않았지만 원고를 써나가면서 지금까지의 내 공부를 되돌아보고 '근대의 언어사상사'를 구상할 수 있었다. 집필을 제안해주신 정종주 대표께, 그리고 엉성한 원고를 깔끔하게 다듬어주신 박소진 선생님께 깊은 감사의 말씀을 드린다. 게으르고 아둔한 필자에게 과분한 격려를 해주신 변정수, 백승주 선생님께도 감사드린다. 두 분의 '강권'이 없었다면 이 책은 시도조차 될 수 없었을 것이다.

특별히 일본 도시샤 대학의 고영진 선생님께도 감사를 드리고 싶다. 이 책에 '언어사상사'라는 제목을 붙일 수 있었던 것은 전적으로 그가 내 어지러운 공부를 그렇게 불러주었기 때문이다. 그 옛날 그가 복사하고 구해준 자료로 지금 눈앞에 닥쳐온 온갖 위기를 가까스로 모면하며, 아 나는 고영진이 미리 깔아놓은 레일 위를 달리고 있을 뿐인가, 하는 의심을 할 때조차 있었다. 이 책은 고영진 선생님께도 크게 빚지고 있다는 점을 밝혀 두지 않을 수 없다.

이 책의 주된 내용은 2016년부터 담당한 연세대학교 미래캠퍼스 국어국문학과의 '국어표기법변천사'라는 수업을 바탕으로 하고 있다. 1920~30년대의 문헌을 읽는 것이 쉽지 않았을 텐데도 충실히 수업을 따라와준 수강생들에게 감사의 마음을 전한다. 수업 때마다 내가 주려는 것보다 더 많은 것들을 받아들고 나왔다. 혼자라면 떠올리지 못했을, 그들과 함께 읽었기에 비로소 생각해낼 수 있었던 내용들이 이 책의 구석구석에 박혀 있다. 이 수업을 맡겨주신 국어국문학과 선생님들께도 깊이 감사드린다.

지난 3년간 정기적으로 세미나를 함께한 근대 한국어문학의 형성 연구팀, 그리고 외솔구락부 멤버들에게도 고마운 마음을 전하고 싶다. 이두 세미나가 없었으면 아마도 내가 공부하는 사람이라는 걸 까맣게 잊고 살았을지도 모르겠다. 세미나에서의 조언이나 질책이 이 책의 내용을 가다듬는 데에 큰 도움이 되었다. 아울러 근대한국학연구소의 여러 동료 연구자들께도 진심으로 감사드린다. '근대'와 '한국학'을 주제로 그들과 나눈 고민을 통해 내 공부의 좌표를 새롭게 설정할 수 있었다. 무엇보다도 그들과 더불어 노닌 흥업과 무실과 그리고 단계의 아름다운 밤들을, 그 세월을 두고두고 잊지 못할 것이다.

매번 똑같은 대답에 이제는 지칠 만도 하건만, 아침마다 "오늘은 언제 와요?"라고 묻는 아이들에게는 미안한 마음이 앞선다. 서울서 회사 다닐 때는 아빠가 이렇게 매일 늦지는 않았는데, 하고 돌아서는 큰아이의 뒷모습이 선하다. 맞춤법 책을 쓰고 있다고 하자 자기가 받아쓰기를 잘못해서 그런 거냐는 둘째의 낙담에 한바탕 웃음을 터뜨린 새해 첫날의 정경도 떠오른다. 원주라는 낯선 곳으로 이주해서 모두 잘 적응해준 식구들에게 고맙다는 말을 전한다. 남편과 아이들 뒷바라지에 본인의 공부를 포기하고 만 아내에게는 미안한 마음뿐이다. 우리는 함께 『주역』을 공부하며 만났다. 이제는 그런 공부를 했다는 사실조차 잊고 살지만 가끔 선생님께서 짚어주시던 구절들이 떠오르곤 한다. "대인을 만나면 이로울 것이다(利見大人)", "종일토록 굳세고 굳세어서 저녁까지도 여전히 두려운 듯이 행하면 비록 위태로우나 허물은 없을 것이다(終日乾乾 夕惕若 厲无咎)" 같은 대목들.

내 삶에 허물이 없을 리 만무하지만, 내가 만약 오늘 그리고 내일, 위태롭기는 해도 '종일 건건(乾乾)'할 수 있다면, 그것은 오로지 그이의 수고로움 덕분이다. 그가 바로 내 삶과 공부의 길에서 만난 '큰 사람'이었다. 언제나 그랬던 것처럼 이 원고의 첫 번째 독자이자 평자가 되어 준, 필생의 동지 김은영에게 감사의 마음을 담아 이 책을 드린다.

2022년 가을 청송관에서
김병문

차례

머리말 • 5

여는말 • 21
1. 〈한글 맞춤법〉에 대한 역사적 이해 • 23
  〈한글 맞춤법〉의 총칙에 대한 의문 • 23
  〈한글 맞춤법〉에 대한 역사적 이해의 필요성 • 26
2. 언문일치체와 근대 언어학의 역설 • 30
  '언문일치체'의 기묘한 역설 • 30
  '언문일치체'가 상정하는 '언어', 그리고 근대 언어학의 '언어' • 33

제1장 '언어적 근대'라는 문제의식 • 37
1. 언어적 근대란 무엇인가? • 39
  전근대 사회의 다이글로시아 • 40
  균질적 단일언어 사회의 지향 • 43
  문어에서 실현된 균질적 단일언어 사회 • 46
2. 언어적 근대와 근대계몽기의 '국문론' • 48
  '한글'이라는 명칭의 유래에 대하여 • 48
  문자에 대한 근대적 시각의 전개: 1905년 이전 • 51
  '국어'의 발견과 근대적 언어 인식의 형성: 1905년 이후 • 54
3. '언어적 근대'와 '식민지 근대화론'이라는 쟁점 • 60
  언어의 문제에서 제기되는 식민지 근대화론 • 60
  식민지 근대화론을 통해 '근대'를 성찰하기 • 63

제2장 '훈민정음'을 찾아서: 전통적 표기와 근대적 대응 • 69
1. 훈민정음과 『훈민정음』 • 72
  『훈민정음』의 구성과 이본(異本) • 72
  『훈민정음』의 이본과 표기법 논란 • 75
  훈민정음에 대한 오해와 진실 • 79

2. 한자 학습서와 운서에 호출된 훈민정음 • 83

『훈몽자회(訓蒙字會)』• 83

『화동정음통석운고(華東正音通釋韻考)』• 87

3. '국문'의 새로운 교정을 위한 발걸음 • 92

「신정국문(新訂國文)」• 92

「국문연구의정안(國文硏究議定案)」• 96

제3장 타자의 시선과 '국어문법'의 발견:
　　　주시경의 표기법과 문법 • 103

1. 타자의 시선으로 본 우리말 • 107

주시경의 1905년 이전의 이력에 관하여 • 107

음운변동 규칙의 발견과 주시경의 표기법 • 109

2. 본음을 찾아서 • 115

추상적 층위의 소리와 '국어'의 존재론 • 115

표음문자의 '표의화(表意化)'라는 역설이 의미하는 바 • 119

3. '국어문법'의 구상 • 124

타자의 시선과 '국어문법'이리는 규칙의 성격 • 124

주시경 문법의 분석과 종합 • 127

제4장 언문철자법의 쟁점과 언어적 근대 • 135

1. 1차, 2차 언문철자법의 핵심 내용 • 139

1차 언문철자법 • 139

2차 언문철자법 • 142

2. 언문철자법의 최대 쟁점: 역사적 전통과 당대의 소리 • 148

왜 역사적 철자법인가 • 148

2차 언문철자법의 좌절 • 152

3. 3차 언문철자법: 표음주의의 승리와 '약간의 예외' • 160

표음주의의 관철 • 160

'약간의 예외'와 〈통일안〉의 '어법' • 164

제5장 1920년대 민간에서의 표기법 논의:
      식민지 사회에서의 헤게모니 관철 방식 • 171

1. 1920년대 민간의 조선어 연구 • 175
   조선어연구회라는 조직 • 175
   『동광』의 표기법 설문 • 178
2. 표음주의의 관철, 그러나 새롭게 재기되는 쟁점 • 184
   무엇이 문제였는가? • 184
   언문철자법의 쟁점 정리 • 187
3. '문법'이라는 새로운 쟁점 • 193
   '소리'가 아니라 '문법'이라는 기준 • 193
   '덥으니'인가 '더우니'인가? • 195
   '활용'의 도입 • 199

제6장 언어 연구에서의 '과학'이란 무엇인가:
      '과학'과 한글운동의 갈등 • 205

1. 안확의 문제제기: '조선어 연구의 실제' • 210
   감정이 아니라 과학으로 • 210
   언어 사실의 기술로서의 문법 • 214
2. 언어 연구의 자연과학적 모델 • 218
   언어는 생명이 있는 생물 • 218
   과학의 눈으로 본 언어 • 222
3. 언어의 '소외'와 '과학'의 역설 • 229
   문법 연구와 언어의 통일 • 230
   문어의 통일과 '국어' • 234

제7장 〈한글 마춤법 통일안〉(1933)의 성립:
      '소리'와 '어법'의 이중주 • 241

1. 〈통일안〉(1933)의 구조와 '총론' • 245
   〈통일안〉의 구조 • 245
   〈통일안〉의 '총론' • 248
   '총론'이 의미하는 바 • 251

2. '소리대로 적는다'는 것에 대하여 • 256

　'제1장 자모' • 256

　'제2장 성음에 관한 것' • 260

　'제4장 한자어' • 263

3. '어법에 따라 적는다'는 것에 관하여 • 267

　두음법칙이라는 음운 현상의 성격 • 267

　〈통일안〉이 이해한 두음법칙 • 269

　'제3장 문법에 관한 것' • 273

　용언의 활용, 그리고 규칙과 불규칙 • 277

　'어법'에 맞는 표기와 음운 변동의 종류 • 280

第8장 〈통일안〉을 둘러싼 사회적 논쟁:
　　　　1930년대 민간에서의 표기법 논의 • 285

1. 조선어학회와 한글운동을 둘러싼 당대의 지형도 • 290

　1931년 『동아일보』 한글날 좌담회 • 290

　1932년 『동광』의 2차 표기법 설문 • 294

　일두봉(一頭棒)을 통타(痛打)하리 • 298

2. 표기법 논쟁의 의미 1: 의미와 소리의 대결 • 303

　1932년 『동아일보』의 한글 토론회 속기록 • 303

　박승빈의 단활용설 • 307

　표음문자의 표의화와 소리의 충실한 구현 • 311

3. 표기법 논쟁의 의미 2: 역사적 관습과 엘리트주의의 대립 • 316

　조선어학회에 대한 비판의 논리: '조선어 마비의 병균' • 316

　조선어학연구회에 대한 비난의 목소리: '듣도 보도 못한 것들이' • 320

第9장 '도데종으로부터 조선어를 해방하라':
　　　　사회주의 이론에서의 언어 문제 • 327

1. 사회주의자들의 시선에 비친 표기법 논란 • 331

　박멸하고 싶은 가갸날 • 331

　한글운동의 부르주아적 진보성 • 335

2. 홍기문의 언어 연구 • 340

조선어 연구의 본령 • 340

홍기문의 조선어 연구: 조선어 계통론 • 344

3. 〈통일안〉과 북한의 초기 언어정책 • 349

'노동'인가, '로동'인가: 형태주의의 예외 없는 관철 • 349

'스탈린 언어학'과 '주체의 언어리론' • 353

제10장 근대의 언어사상사와
　　　　새로운 의사소통 모델의 가능성 • 359

1. 소쉬르와 근대언어학 • 363

소쉬르의 공시언어학: '랑그'와 '사회' • 363

균질적 언어공동체화 문어 규범의 통일 • 368

2. 새로운 의사소통 모델의 가능성 • 372

등가교환의 의사소통 모델 • 372

'증여-답례'에 기반한 의사소통 모델의 가능성 • 376

3. '국어의 사상'을 넘어선다는 것에 대하여 • 383

주시경의 표기법과 '국어의 사상' • 383

'국어사전'과 '국어문법'에서의 '연방제'라는 발상 • 387

참고 문헌 • 393

여는말

1. 〈한글 맞춤법〉에 대한 역사적 이해

〈한글 맞춤법〉의 총칙에 대한 의문

아래는 〈한글 맞춤법〉 제1장 총칙의 제1항이다.

한글 맞춤법은 표준어를 소리대로 적되, 어법에 맞도록 함을 원칙으로 한다.

〈한글 맞춤법〉의 원칙을 간명하게 표현한 이 문장은 〈한글 맞춤법〉이 1) 표준어를 대상으로 한다는 것, 그리고 그것을 2) 소리대로 적되, 3) 어법에 맞도록 해야 한다는 뜻을 담고 있다. 현재 우리가 준용하고 있는 이 〈한글 맞춤법〉[1]은 1933년 조선어학회가 발표한 〈한글 마춤법 통일안〉에서 출발한 것인데, 지금까지 여러 차례 수정이 있었지만, 위의 원칙만은 변하지 않았다. 다음에 인용한 1933년 〈한글 마춤법 통일안〉의 총론 1항을 보면 그러한 사실을 잘 알 수 있다.

한글 마춤법(綴字法)은 표준말을 그 소리대로 적되, 語法에 맞도록 함으로써 原則을 삼는다.

'맞춤법'이라는 단어의 표기가 바뀌고 한자가 삭제되었다는 점, 그리고 일부 표현을 수정한 것 외에는 '표준어/소리대로/어법에 맞도록'이라는 〈한글 맞춤법〉의 '원칙'에 포함된 세 가지 사항은 전혀 바뀐 것이 없다. 따라서 〈한글 맞춤법〉의 원칙을 이해하기 위해서는 이 세 가지 사항이 과연 무엇을 의미하는지 알아야만 할 것이다.

---

1) 이는 문화체육관광부 고시 제2017-12호(2017. 3. 28.)에 의한 것이다.

먼저 표준어란 "현재 중류 사회에서 쓰는 서울말"(1933년의 〈한글 마춤법 통일안〉) 혹은 "교양 있는 사람들이 두루 쓰는 현대 서울말"(현재의 〈한글 맞춤법〉)로 정의할 수 있을 것이다. 여기에는 계층(중류 사회, 교양 있는 사람들)과 지역(서울), 시대(현재, 현대)의 문제가 개입되어 있는데, 우선 지역이나 계층 방언이 〈한글 맞춤법〉이나 〈한글 마춤법 통일안〉 모두에서 배제되어 있다는 점, 즉 방언은 공적인 표기 규범에 맞추어 적을 방법이 없다는 점만을 지적하고 다음 사항으로 넘어가겠다.

'소리대로 적는다'는 것은 일견 가장 간단한 문제처럼 보인다. 이에 대해 국립국어원은 "'소리대로' 적는다는 것은 그 표준어를 적을 때 발음에 따라 적는다는 뜻이다. 이를테면 [나무]라고 소리 나는 표준어는 '나무'로 적고, [달리다]라고 소리 나는 표준어는 '달리다'로 적는다"라고 해설하고 있다.[2] [나무]로 소리 나기 때문에 '나무'로 적고, [달리다]로 소리 나기 때문에 '달리다'로 적는다는 것이다. 그런데 이 '소리대로 적는다'는 규정은 바로 뒤에 오는 '어법에 맞도록 한다'라는 규정과 묘한 긴장을 불러일으킨다.

국립국어원에서는 '어법에 맞도록 한다'는 규정에 대해 "뜻을 파악하기 쉽도록 각 형태소의 본모양을 밝혀 적는다는 말"이라고 해설한다. 예컨대 소리는 [꼬치, 꼰만, 꼳꽈]와 같이 [꼬ㅊ, 꼰, 꼳]으로 서로 달리 나더라도 이들이 모두 같은 뜻을 지니는 것이므로 이들을 하나의 형태, 즉 '꽃'으로 적어야 한다는 것이다.[3] 결국 앞서 나온 '소리대로 적는다'는 규정은 '어법에 맞도록 한다'라는 규정과 충돌을 일으키게 된다. 소리대로 적는다면 '꼬치, 꼰만, 꼳꽈'가 되어야 하지만, 어법에

---

2) 국립국어원, 『한글 맞춤법 표준어 규정 해설』, 국립국어원, 2018, 11~12쪽.

3) 국립국어원, 위의 책, 12쪽.

맞도록 해야 하기 때문에 소리대로 적지 않고 '꽃'을 이들의 대표형으로 정해 '꽃이, 꽃만, 꽃과'와 같이 뜻을 파악하기 좋게 적어야 한다는 것이기 때문이다.

사실 이 문제는 연구자들 사이에서도 의견이 분분하다. "소리대로 적되, 어법에 맞도록" 한다는 문장을 있는 그대로 해석하면 '소리대로 적는 것'이 주 원칙이고 '어법에 맞도록 하는 것'이 단서 조항처럼 해석된다. 즉 한글이 소리글자인 만큼 기본적으로는 소리대로 적지만, 필요한 경우 그 뜻을 잘 파악할 수 있도록 어법에 맞도록 적을 수 있다는 것이다. 그러나 '꽃'의 예에서 본 것처럼 〈한글 맞춤법〉은 '소리대로'와 '어법에 맞도록'이 충돌할 때 대체로 '꽃'이라는 원래의 형태, 즉 '원형'을 밝혀 적도록 하고 있기 때문에 '어법에 맞도록 한다'는 것을 주된 원칙으로 해석해야 한다는 입장 역시 설득력을 갖게 된다.[4]

그런데 '어법에 맞도록 한다'를 주된 원칙으로 해석하게 되면 앞서의 '소리대로 적는다'는 것은 없어도 그만인 유명무실한 규정이 되어 버리고 만다. 국립국어원의 해설에서는 [나무]로 소리 니기 때문에 '나무'로 적는다고 했지만, '어법에 맞도록 한다'는 규정, 즉 "뜻을 파악하기 쉽도록 각 형태소의 본모양을 밝혀 적는다"는 규정을 적용해도 [나무]는 '나무'가 된다. 다시 말해서 '소리대로 적는다'는 규정이 없고 '어법에 맞도록 한다'는 규정만 있어도 [나무]는 '나무'로, [꼬ㅊ, 꼰, 꼳]은 '꽃'으로 적을 수 있다는 것이다.

물론 '길을 묻다'의 '묻다'를 '길을 물어'로 적는 것은 분명 어법이 아니라 소리를 우선한 것이다. 어법에 맞게, 즉 원형을 밝혀 적으면 '길

---

4) 〈한글 맞춤법〉 총칙 1항에 대한 해석 양상에 대해서는 이선웅·양명희, 「한글 맞춤법 총칙 제1항과 일부 조항에 대한 검토」, 『국어교육연구』 58, 2015 참조.

을 물어'가 아니라 '길을 묻어'가 되기 때문이다. 그러나 이는 어디까지나 불규칙 활용이라는 예외적인 현상에 대한 적용이지 기본 원칙에 해당하는 것은 아니다. 여기서 역시 '(길을) 묻다/묻는/묻지', 즉 '어법'이 원칙이고 '(길을) 물어'라는 '소리'는 그 원칙에서 벗어난 예외적인 것일 뿐이다. 만약 이를 반영하여 위의 총칙을 만든다면 '어법에 맞도록 하되, 예외적인 경우에는 소리대로 적을 수 있다'와 같은 식이 될 것이다.

사정이 이렇다면 〈한글 맞춤법〉 총칙의 제1항은 왜 "소리대로 적되, 어법에 맞도록 한다"와 같은 형식이 되어야 했던 것일까?

〈한글 맞춤법〉에 대한 역사적 이해의 필요성

앞서 〈한글 맞춤법〉은 그 연원이 1933년 조선어학회의 〈한글 마춤법 통일안〉(이하 〈통일안〉으로 줄임)에 있다고 했다. 그렇다면 1933년 조선어학회의 회원들은 왜 "소리대로 적되, 어법에 맞도록 한다"와 같이 '소리대로'가 주된 원칙인 것처럼 기술했을까? 이를 이해하기 위해서는 당대의 기록을 확인해볼 필요가 있는데, 마침 〈통일안〉의 제정에 참여했던 이희승이 조선어학회의 기관지인 『한글』에 「"한글 마춤법 통일안" 강의」라는 제목으로 20차례 연재한 글이 있다. 1938년 1월(6권 1호)부터 1940년 4월(8권 3호)까지 연재된 이 글은 말 그대로 〈통일안〉의 각 조항에 대한 '강의'이다. 물론 위에서 살펴본 총론에 대한 해설 역시 포함하고 있다.

이희승은 이 연재의 첫 번째 글에서 '소리대로 적되'에 대해 우선 표준어를 "그 발음대로 충실히 표기(기록)해야 한다는 뜻"이라고 하고, 이 규정이 겨냥하는 것이 '종래의 구습(舊習)'에 따라 실제의 발음대로 적지 못하던 표기임을 밝히고 있다. 그리고 그 예를 고유어('하늘, 며느리' 등)

26

와 한자어('샤회[社會], 텬디[天地]' 등)로 나누어 제시하고 있다. 즉 그에 따르면 '소리대로 적되'의 '소리대로'란 예전부터 써오던 오래된 관습 때문에 발음대로 적지 못하던 것을 당대의 발음에 충실하게 적도록 하는 것을 뜻한다. 그리고 그는 이 규정에 대해 다음과 같은 설명을 덧붙이고 있다.

> 이것은 다 역사적 표기법이니 (…) 말은 시대가 지남을 따라 항상 그 발음이 변하는 것이므로, 일단 변한 이상 현시에 실용하는 어음대로 표기해야 할 것은 언문일치를 주장하는 시대에 있어서 더욱 필요한 일이라 생각한다.

즉, 소리가 변하여 이제는 현실 발음과 일치하지 않는데도 불구하고 계속 써오던 예전의 관습적인 표기를 현재의 발음대로 적으라는 것이 바로 '소리대로 적는다'는 규정의 의미라는 것이다. 예를 들어 구개음화가 일어나기 전에는 [텬니]라고 발음했기 때문에 '텬디'라고 적었으나 지금은 구개음화가 일어나 [천지]라고 발음하니 그대로 '천지'라고 적어야 한다는 것이다. 그리고 이희승은 이를 '언문일치'라는 시대적 흐름과도 일치한다고 했다.

이렇게 이해하게 되면 '소리대로 적는다'는 규정과 '어법에 맞도록 한다'는 규정의 긴장은 자연 해소된다. 즉 '소리대로'는 예전부터 해오던 역사적인 표기를 답습할 것인가, 아니면 당대의 발음에 입각해서 과거의 역사적인 표기를 개혁할 것인가의 문제에서 후자를 선택한다는 의미가 된다. 그리고 '어법에 맞도록'은 당대의 소리를 기준으로 하되 그것을 어떻게 적을 것인가 하는 문제에서 원형을 밝혀 적는 방식을 취한다는 뜻이 된다. 즉, '소리대로'는 '하늘, 텬디' vs. '하늘, 천지'에서 후자를, '어법에 맞도록'은 [꼬치, 꼰만, 꼴또] vs. '꽃이, 꽃만, 꽃도'에서 후자를 선택함을 의미한다는 것이다.

이렇게 이해할 때 비로소 '어법에 맞도록 하되, 예외적인 경우에는 소리대로 적을 수 있다'가 아니라 '소리대로 적되, 어법에 맞도록 한다'인 이유가 분명해진다. 이는 현재의 〈한글 맞춤법〉만을 가지고는 알기 어렵고 〈통일안〉이 제정되던 역사적 맥락을 고려해야만 알 수 있는 사실이다. 이 책이 〈한글 맞춤법〉을 역사적 맥락을 고려해서 이해해야 한다고 주장하는 이유가 바로 여기에 있다. 앞에서 본 국립국어원의 해설은 〈통일안〉이 제정되던 시기의 역사적 맥락을 망각한 결과이다. 그런데 〈통일안〉 제정의 역사적 맥락을 살펴보게 되면 의외의 새로운 쟁점을 발견하게 된다.

우선 앞에서 살펴본 '소리대로 적는다'는 규정은 조선총독부의 언문철자법과 매우 밀접한 연관 관계를 맺고 있다. 세 번에 걸쳐 만들어진 조선총독부의 언문철자법에서 최대의 쟁점 가운데 하나가 바로 '역사적 철자법으로 적을 것이냐' 아니면 '소리대로 적을 것이냐'였기 때문이다. 이희승이 '소리대로 적는다'를 해설하면서 종래의 표기법을 고유어와 한자어로 나누어 설명한 것 역시 이와 밀접한 관계를 맺고 있다. 언문철자법은 '소리대로'의 문제를 고유어와 한자어에 각기 달리 적용했었기 때문이다. 〈통일안〉을 온전히 이해하기 위해서는 조선총독부의 언문철자법, 그리고 식민지 시기 이전의 '국문론'까지도 고려해야만 하는 것이다.

또한 두음법칙에 관한 표기가 남과 북에서 지금과 같이 달라지게 된 사정 역시 〈통일안〉에 대한 역사적인 이해를 통해 비로소 그 전모를 파악할 수 있게 된다. 위에서 언급한 이희승의 〈통일안〉 해설에서는 '종래의 관습'이 아니라 '소리대로' 적어야 하는 것의 한 예로 두음법칙 현상을 들고 있다. 즉 종래에는 '로인'이라는 역사적 표기를 쓰고 있었지만, 이것을 소리대로 '노인'으로 적어야 한다는 것이다. 그러나 북에서는 이 두음법칙 현상을 '소리대로'의 문제가 아니라 '어법에 맞도록'의 문제로 보았다. 즉, 〈통일안〉은 두음법칙 표기를 역사적인 관습('로인')을 버리고 당대의 소리대로('노인') 적어야 하는 문제로 보았던 데에 비해, 북에서는 이를 당대의 소리('노인')를 원형('로인')을 밝혀 적어야 하는 문제로 보았던 것이다.

〈통일안〉이 조선총독부의 언문철자법과 어떠한 내적 연관 관계를 맺고 있는가, 그리고 두음법칙 표기에 관한 해석이 〈통일안〉을 계승한 남쪽이 옳은가 아니면 북쪽이 더 합리적인가 하는 문제는 〈통일안〉의 의미를 역사적 맥락에서 살펴보고자 하는 이 책의 내용이 전개됨에 따라 차츰 분명하게 밝혀질 것이다.

2. 언문일치체와 근대 언어학의 역설

'언문일치체'의 기묘한 역설

이희승은 앞서 살펴본 「"한글 마춤법 통일안" 강의 (1)」에서 '소리대로'의 규정이 '언문일치를 주장하는 시대의 흐름'에도 부합하는 것이라고 했다. '언문일치(言文一致)'란 입 밖으로 내뱉는 말과 문자를 사용해서 적는 글이 서로 어긋나지 않고 일치하는 것을 말한다. 그리고 그러한 문체를 '언문일치체'라고 한다. 이희승이 '종래의 구습'에서 벗어나지 못한 '역사적 표기'가 아니라 '소리대로' 적는 것이 '언문일치'라고 한 것은 이때의 '문(文)'이 과거의 전통이나 권위가 아니라 현재의 '언(言)', 즉 당대의 사람들이 왁자지껄하게 떠들어대는 현실의 말소리에 입각해야 함을 뜻한다.

'언문일치'에 대한 의식은 물론 식민지 시기 이전의 근대계몽기[5]부터 있어왔다. '언문(諺文)'으로 천시받아오던 한글이 나라의 글자, 즉 '국문(國文)'으로 인식되기 시작했던 때의 언문일치는 우선 어떤 글자를 쓸 것이냐 하는 문제로 인식되었다. 즉, 한문이 아니라 국문으로 적어야 우리의 말을 있는 그대로 적을 수 있다는 생각이었다. 심지어 이러한 인식은, 동양은 표의문자인 한자 때문에 몽매한 상태에 빠졌고 서양은 표음문자인 알파벳을 사용해 부국강병을 달성했으니 우리도 표음문자인 국문을 써야 한다는 논리로 이어지기도 했다.

그러나 이내 글자 자체의 문제보다 문장을 어떻게 구성하는가 하는 문제가 언문일치를 이루기 위해서는 더욱 중요할 수 있다는 의식이 생

---

5) 이 책에서는 '근대계몽기'를 근대적인 계몽운동이 본격화되는 1890년대부터 1910년까지의 기간을 가리키는 말로 쓴다.

겼다. 한자를 사용하더라도 한국어의 문법 구조에 들어맞는다면 언문
일치의 문장이 되지만, 국문이 쓰였더라도 여전히 한문 문법, 즉 전통
적인 고문(古文)의 문장 구조를 벗어나지 못한다면 당연히 언문 불일치
의 문장이 되는 것이다. 이러한 흐름 속에서 최남선과 이광수가 활약한
『소년』은 한자가 제법 섞여 있되 한국어 통사 구조에 부합하는 국한혼
용문의 모범을 보였다고 평가받는다.[6]

　하지만 문장 구조의 문제만으로는 언문일치체의 '완성'을 논하기에
는 아직 이르다. 대체로 한국어 문장의 언문일치체는 '-었다'라는 종결
표현의 획일적인 사용을 통해 완성되었다고 이야기된다. 즉, '-더라, -
니라, -도다, -니이다' 등과 같이 다양하게 사용되던 종결표현이 따옴
표 안에 들어가는 대화문을 제외한 거의 대부분의 지문에서 '-었다'로
통일된 것이 현재의 문체라 할 수 있다. 이는 소설과 같은 문예물은 물
론이고 신문 기사와 논문, 공적 문서 등에서도 거의 예외가 없다. 이광
수의 『무정』(1917), 혹은 김동인의 「약한자의 슬픔」(1919) 아니면 그 사
이 어디쯤에서 '완성'되었다고 하는 이 '언문일치체'가 의미하는 바는
무엇일까?[7]

　'언문일치체'를 자신이 완성했다며 대단한 자부심을 표하곤 했던 김
동인은 이광수의 소설에 아직 남아 있던 '-더라, -러라'식의 구태를 자
신은 완전한 '구어체'로 바꿨다며 스스로를 대견해했다.[8] 그런 그가 첫
작품에서부터 일관되게 사용한 종결표현은 '-었다'였다. 그러나 '-었
다'가 '-더라'보다 더 구어에 가깝다는 증거는 어디에도 없다. 오히려

---

6)　임상석, 「20세기 국한문체의 형성 과정」, 지식산업사, 2008, 277~287쪽.
7)　이에 대한 자세한 논의는 김병문, 『언어적 근대의 기획—주시경과 그의 시대』, 소
　　명출판, 2013의 2장 참조.
8)　김동인, 「문단 15년 이면사」, 『조선일보』, 1934. 4. 5.

'-더라'가 일상적인 대화에서 쉽게 발견될 수 있는 표현임에 비해서 '-었다'는 일상 발화로는 대단히 예외적인 말투이다. 그렇다면 이 둘 사이에는 어떤 차이가 있을까?

철수가 어제 저녁에 영희랑 명동성당 앞에서 만나더라.

철수가 어제 저녁에 영희와 명동성당 앞에서 만났다.

위의 두 문장이 전달하는 사건의 내용, 즉 명제는 완전히 동일하다(행위: 철수와 영희의 만남, 시간: 어제, 장소: 명동성당 앞). 그러나 이 두 문장을 소리 내어 읽어보면 하나는 구어적인 데에 비해 다른 하나는 매우 문어적인 느낌을 받게 된다. 즉, 전자는 현실 대화에서 충분히 들을 수 있는, 실제 발화로도 전혀 어색하지 않은 문장이다. 이에 비해 후자는 화자와 청자가 실제의 대화에서 주고받을 법한 것이라기보다는 글 속에서나 만날 수 있는 문장이다. 아니면 기껏해야 상대방 없이 진행되는 독백이나 내레이션에서나 어울리는 것이다.

이처럼 '-더라'는 실제 발화에서도 쉽게 들을 수 있는 종결표현임에 비해 '-었다'는 일상적인 발화보다는 전형적인 문어문에 더 어울리는 표현이다. '-더라'가 사용된 위의 첫 번째 문장은 철수와 영희가 만나는 것을 화자가 직접 보고 그 내용을 (철수와 영희가 아닌) 제삼자, 즉 청자에게 전달하는 형식이다. 이 문장은 따라서 화자와 청자, 그리고 그들의 대화가 벌어지는 발화상황을 자연스럽게 연상시킨다. 그러나 '-었다'가 사용된 문장에서는 전달하려는 내용, 즉 과거에 어떤 사건이 발생하는 장면만이 도드라질 뿐 화자와 청자 같은 발화가 이루어지기 위해 필수적인 존재들이 전혀 연상되지 않는다.

'-더라' 외에도 예컨대 '-니라' 역시 화자와 청자의 존재를 연상시키는 것이다. 즉, '-니라'는 세상의 진리나 이치 같은 것을 이미 알고 있는 사람이 그것을 모르는 사람에게 알려주는 문장에서 주로 사용된다. 즉, '-더라'를 포함하여 '-니라, -도다, -니이다'와 같은 전통적인 종결표현은 실제의 발화라면 반드시 있을 수밖에 없는 화자와 청자의 존재, 그리고 그에 수반되는 발화상황을 어떤 식으로든 떠올리게 하는 것들임에 비해 '-었다'라는 종결표현을 사용하면 그러한 존재들이 망각되거나 은폐될 수 있다는 것이다. '-었다'를 사용한 문장은 따라서 그 언어적 행위가 이루어지기 위해서 필수적인 여러 요소(화자, 청자, 발화상황)들의 간섭을 최대한 배제한, 그리하여 전달하려는 사건이나 행위만을 있는 그대로 '재현'해내는 듯한 효과를 가져온다.

언문일치체가 상정하는 '언어', 그리고 근대 언어학의 '언어'

언문일치체의 '완성'이라고 여겨지는 '-었다'에 의한 문장이 그 문장을 만들어내는 언어행위의 여러 요소들이 가급적 드러나지 않도록 하는 것이라는 사실이 의미하는 바는 과연 무엇일까?

김동인은 '-었다'를 일관되게 관철한 자신의 문장에서 비로소 '언문일치체'가 '완성'되었다고 자랑스러워했지만, 앞서 지적한 바와 같이 정작 일반적인 대화 상황에서는 이러한 문장을 마주치기가 어렵다. 그렇다면 '-었다'에 의한 문장을 그들이 '언문일치체'라고 믿어 의심치 않았던 것은, 그러한 문장이 실제의 말과 일치해서라기보다는 그들이 가지고 있던 새로운 '언어에 대한 인식'과 '-었다'에 의해 통일된 문체가 상호 부합했기 때문이 아닐까. 다시 말해 '언문일치체'의 문제에서 문장이 실제의 말과 일치하느냐 여부보다는 '언문일치체'가 상정하고 있는 '언어'가 과연 어떤 성격의 것이었는가를 따져보는 게 더 의미 있는 일일 수 있다는 말이다. 그리고 이는 근대 언어학이 대상으로 하는 '언어'가 무엇인가를 되돌아보는 데에도 유용한 점이 있다.

언급한 바와 같이 '-었다'에 의한 문장은 이 문장을 발신하는 화자와 이를 수신하는 청자가 존재한다는 사실 자체를 은폐하거나 망각하게 하는 효과를 발휘한다. 그리고 언어행위를 가능하게 하는 화자와 청자의 존재가 망각된 뒤에 남는 것은 '언어' 그 자체뿐이다. 그렇다면 '언문일치체'라는 근대의 문체는 화자와 청자에 의한 구체적인 언어행위와는 무관한, 또는 그런 것들이 없이도 존재할 수 있는 그런 '언어'를 상정하고 있는 것은 아닐까. 화자와 청자, 그리고 그들 간의 관계에 기반해서 이루어지는 발화행위가 배제될 때 '언어'라는 요소는 무색무취의 투명하고 중립적인 매체(미디어)가 될 수 있고 그때 비로소 사건을 있는 그대로 '재현'해내는 것 역시 가능해질 것이다.

그런데 흥미로운 점은 근대 언어학이 대상으로 하는 '언어' 역시 누구의 언어인지를 묻지 않아도 되는 그러한 '언어'라는 사실이다. 페르디낭 드 소쉬르가 『일반언어학 강의』에서 랑그와 파롤을 구별하고 언어학의 대상이 랑그여야 함을 천명한 것은 잘 알려진 사실이다. 파롤이 구체적이고 개별적인 발화와 관련된 것이라면, 랑그는 그것들을 가능하게 하는 추상적 수준의 체계를 통해 확인할 수 있는 것이다. 언어학의 대상이 랑그라는 사실은 따라서 말하는 사람의 계급이나 계층, 출신지역, 성별, 연령 등과 무관한 언어의 내적 법칙만이 '과학적인' 언어연구의 대상이 될 수 있다는 뜻이기도 하다. 근대 언어학은 이렇게 인간으로부터 독립한, 자기만의 논리와 법칙을 갖는 그런 '언어'를 발견해냈다.

수화기 너머에서 들려오는 낯선 목소리를 통해 우리는 상대방의 성별은 물론이고 나이와 출신 지역, 심지어는 교육 수준까지도 추측할 수 있다. 그런 추측이 가능한 것은 실제 발화에서는 계층과 지역, 세대와 젠더 등에 따른 무수한 변이와 변종이 존재하기 때문이다. 그러나 이른바 '언문일치체'가 지배하는 근대의 문어에서 실제 발화에서라면 도처에서 확인할 수 있는 그러한 변이와 변종이 말끔히 사리지고 만다는 것은 하나의 역설이다. 전통적인 문헌학에서 탈피하여 문자가 아니라 '실제의 말'을 탐구하고자 한 근대 언어학이 대상으로 삼은 '언어'가 구체적인 발화상황을 고려하지 않는 것이라는 사실 역시 같은 종류의 역설이다.

그런데 〈통일안〉의 '소리대로 적되 어법에 맞도록 한다'라는 규정도 바로 이 기묘한 역설 위에 서 있는 것인지도 모른다. 이때의 '어법'이란 인간으로부터 독립한, 자기만의 논리와 법칙을 갖는 그런 '언어'를 염두에 둔 것이기 때문이다.

제1장

'언어적 근대'라는 문제의식

1. 언어적 근대란 무엇인가

20세기는 흔히 소수언어 절멸의 시대라고 말해지곤 한다. 10만 명 이상의 사용자를 가진 600개 정도의 '안정적인' 언어를 제외하면 약 5000~6000개 정도로 추산되는 나머지 절대 다수의 언어들은 모두 위기에 직면해 있다는 연구도 있다.[1] 그러나 이러한 추세와는 정반대로 언어의 숫자가 자꾸만 늘어가는 쪽도 있다. 19세기 말에서 20세기 중반에 이르기까지, 그동안 주목받지 못했던 별 볼 일 없던 언어들이 표기법을 갖추고 표준화되어 공적 영역에서 당당히 사용되는 과정을 통해 '국어(national language)', 즉 '국가어'의 지위에 오르게 되는 일을 일컫는 것이다.[2] 이러한 과정은 그 기간 동안 근대적인 국민국가가 전 세계를 뒤덮어가는 과정과 거의 정확히 포개어진다.

'언어적 근대'란 근대 사회의 여러 정치·사회적인 변화과정과 맞물려 나타나는 새로운 언어 인식, 그리고 그에 수반되는 각종의 운동, 정책 및 제도가 지니는 근대적인 성격을 총체적으로 말하는 것이라고 하겠다. 이러한 변화의 근대적인 특성을 잘 이해하기 위해서는 전근대 사회에서의 언어 인식이나 상황 등과 비교할 필요가 있다. 평등한 개인(국민)으로 구성되는 근대적 국민국가라는 개념이 전근대 사회에서는 대단히 낯선 것이었듯이, 신이나 성현의 말씀을 적는 데에 사용되는 신성한 언어가 아니라 시시껄렁한 농담이나 주고받던 내 모어가 국가의 모든 공적 영역에서 사용될 수 있다는 것은 근대 사회에 생겨난 매우

---

1) 다니엘 네틀·수잔 로메인, 김정화 옮김, 『사라져 가는 목소리들: 그 많던 언어들은 모두 어디로 갔을까?』, EjB, 2003, 23쪽.

2) 가스야 게스케, 고영진·형진의 옮김, 「언어·헤게모니·권력─언어사상사적 접근』, 소명출판, 2016, 13~14쪽.

새로운 생각이었기 때문이다.

전근대 사회의 다이글로시아

사회언어학에서는 한 개인이 두 개의 언어를 사용하는 것을 '바이링구얼(bilingual)', 한 사회에서 두 개의 언어(혹은 한 언어의 두 변종)가 사용되는 상황을 '다이글로시아(diglossia)'라고 구별한다. 전자는 라틴어에서, 후자는 고전 그리스어에서 온 말인데, 어원은 모두 두 개의 혀(bi-lingal, di-glossia)를 뜻하지만, 하나는 개인의 이중 언어 사용을, 다른 하나는 한 사회의 두 언어 병용을 가리키는 데에 쓴다. 그런데 이 가운데 다이글로시아라는 개념은 전근대 사회의 언어 상황을 설명하는 데에도 시사하는 바가 있다. 아랍 여러 나라에서의 고전 아랍어와 구어아랍어, 그리스에서의 고전 그리스어와 민중 그리스어, 스위스에서의 표준 독일어와 스위스 독일어, 아이티에서의 표준 프랑스어와 아이티 크레올이라는 네 개의 사례에 기초하여 다이글로시아라는 개념을 제창한 사회언어학자 퍼거슨이 설명하는 다이글로시아의 특징은 다음과 같다.[3]

다이글로시아 상황에서는 두 언어를 상층어와 하층어(혹은 상위 변종과 하위 변종)라고 부를 수 있을 정도로 각각의 사용 영역이 엄격하게 제한되어 있다. 상층어(상위 변종)는 종교 행사나 대학의 강의, 의회에서의 연설이나 전통적인 형식의 문학에서 사용되고 하층어(하위 변종)는 대중의 일상적인 대화, 대중문화 등에서 사용된다. 그리고 언급한 바와 같이 이들의 영역은 대체로 엄격하게 분리되어 있어서, 예컨대 교회에서 하층어로 설교하는 일은 좀체로 일어나지 않고, 상스러운 농담을 상층어

---

3) Charles A. Ferguson, "Diglossia", *WORD*, 15, 1959.

로 하는 것 역시 허용되지 않는다.

당연하게도 상층어는 해당 공동체의 전통적 가치를 구성하는 지적이고 종교적인 문화와 대단히 밀접하게 연결되어 있으며 따라서 그 표현 양식이 고도로 규범화되어 있다. 그에 비해 하층어의 사회적 평가는 대단히 낮고 특히 문헌에 사용되는 경우는 거의 없으며, 따라서 표기법 등이 일정한 형태로 규범화되는 일도 없다. 퍼거슨이 설명하는 다이글로시아의 또 다른 특징은 하층어는 해당 언어공동체에 속한 모든 화자들의 '모어'인 데에 비해 상층어를 모어로 하는 이는 아무도 없으며 따라서 이 상층어를 습득하기 위해서는 많은 시간의 학습 기간과 노력이 별도로 필요하다는 사실이다. 결국 다이글로시아란 한 사회에서 두 개의 언어(혹은 한 언어의 두 변종)가 '공(公) vs. 사(私)', '성(聖) vs. 속(俗)', '문어(文語) vs. 구어(口語)'라는 대립을 이루고 있는 언어 상황을 말하는 것이라고 하겠다.

그런데 우리가 관심을 갖는 전근대 사회의 언어 상황을 파악하는 데에 이 다이글로시아라는 개념은 대단히 유용한 측면이 있다.[4] 잘 알려져 있다시피 삼국시대 한문을 받아들인 이래 한반도에서는 고려와 조선 시대를 거치는 기간 내내 공적 문서에 거의 예외 없이 한문을 사용했다. 뿐만 아니라 일부의 언해서(諺解書)를 제외하면 불경이나 유교의 여러 경전 역시 한문으로 되어 있었고, 고급의 문학 작품 역시 한문으로 창작되었다. 때문에 한문으로 된 글쓰기 양식은 고도로 규범화될 수 있었고, 한자의 음과 자형, 의미에 대한 연구는 중요한 학문 분야 가운데 하나로 자리잡을 수 있었다. (경전을 해석하는 것을 '대학', 그 경전에 사용된

---

4) 전근대의 언어 상황을 다이글로시아에 입각해서 이해하는 것은 가스야 게스케, 위의 책, 31~33쪽에 따른 것이다.

문자에 대한 공부를 '소학'이라고 했다. 책 이름으로서의『대학』,『소학』과는 별개의 용어이다.)

그런데 이런 상황은 예컨대 서유럽의 상황도 다르지 않았다. 우리가 고전 한문을 공적이고 성스러운 영역의 문헌에서 배타적으로 사용해 왔듯이 유럽인들은 고전 라틴어를 그런 용도로 사용했다. 성스러운 텍스트, 즉 성경이 라틴어로 쓰인 것은 물론이고 그들의 공적, 학술적 담론 역시 각자의 모어가 아니라 라틴어로 이루어졌다. 아이작 뉴턴의『자연철학의 수학적 원리(Philosophiae Naturalis Principia Mathematica)』, 즉 '프린키피아'가 출판과 동시에 영국에서뿐만 아니라 대륙에서도 큰 평판을 불러일으켰던 것은 이 책이 영어가 아니라 라틴어로 쓰였기 때문이다. 라틴어가 서유럽에서 보편 문어의 역할을 했던 것인데, 이는 동아시아에서 고전 한문이 했던 역할과도 흡사하다. 예컨대 정약용이 그의『논어고금주(論語古今註)』에서 에도시대의 반주자학자 오규 소라이(荻生徂徠)가 쓴『논어징(論語徵)』을 높이 평가할 수 있었던 것 역시 그들의 지적 글쓰기가 동아시아의 보편 문어였던 고전 한문에 토대를 두고 있었기 때문이다.

따라서 중세적 언어 상황이란 이와 같은 제국의 언어가 보편 문어로 기능하면서 공적, 학술적, 종교적 텍스트를 장악하는 대신, 입으로 내뱉는 일상어로는 각 지역의 세속어가 사용되는 것이었다고 하겠다. '공(公) vs. 사(私)', '성(聖) vs. 속(俗)', '문어(文語) vs. 구어(口語)'라는 대립된 영역에서 보편 문어와 세속어가 각기 배타적으로 사용되는 말 그대로의 다이글로시아 상황이었던 것이다. 로마와 한나라라는 고대의 제국은 무너졌지만, 그리하여 그 말을 모어로 하는 이는 아무도 없지만, 이 제국의 언어는 보편 문어로 살아남아 중세 내내 지적이고 종교

적인 텍스트, 그리고 각 국가의 공적인 행정 문서의 주된 언어로 기능
해왔던 것이다.

균질적 단일언어 사회의 지향

언어적 근대의 지향은 따라서 이와 같은 중세적 다이글로시아 상황의
극복을 의미하는 것일 수밖에 없다. 이 다이글로시아 상황의 극복이라
함은 물론 '공 vs. 사', '성 vs. 속', '문어 vs. 구어'의 대립을 철폐하고
세속어로 천시받던 각자의 모어, 즉 민족어를 의사소통의 전 영역으로
확대해나가는 것을 뜻한다. 잘 알려져 있다시피 마르틴 루터는 1522년
독일어로 신약성서를 번역해서 발간했으며, 이는 인쇄술의 보급과 출
판문화의 대중화와 더불어 독일어 통일의 토대가 되었다. 우리의 경우
에는 1894년 갑오개혁에 의해 공문서에서의 '국문' 사용이 공식화되
었으며, 개혁의 강령이라 할 수 있는 「홍범 14조」는 순한문 외에도 국
한혼용문과 순국문으로도 작성되었다. 그리고 1896년 순국문으로 제
작된 『독립신문』이 발행되었다는 것은 잘 알려진 사실이다.

　그러나 중세적 다이글로시아 상황을 극복한다고 해서 곧바로 단일
언어 사회가 실현되는 것은 아니다. 보편 문어가 누리던 지위를 차지한
세속어/민족어는 드디어 '국어'의 지위에 오를 참이었으나, 하지만 여
러 지역적 변종은 물론이고 심지어 다른 나라의 '국어'가 버젓이 자신
의 영토에서 사용되던 상황을 해결해야만 하는 처지였다. 라틴어를 대
신하여 공적 언어로 등극한 파리 중심의 프랑스어가 프랑스 혁명 시기
이언어(異言語) 및 방언에 대해 펼쳤던 이른바 '언어적 자코뱅주의'가
그러한 사실을 여실히 보여준다. 혁명의 완수를 위해서는 소수언어와
방언에 대항해 '국어(langue nationale)'를 보급하는 것이 불가결하다고

보았던 것인데, 예를 들어 베르트랑 바레르는 브르타뉴, 알자스 로렌, 코르시카, 바스크 지역에서 사용되는 이언어(異言語)를 두고 다음과 같이 일갈했다.

연방주의와 미신은 저지 브르타뉴어를 말하고, 망명 그리고 공화국에 대한 증오는 독일어를 말하고, 반혁명은 이탈리아어를 말하고, 광신은 바스크어를 말합니다. 손해와 오류의 이 도구들을 박살냅시다.[5]

프랑스 영토 내의 여러 이언어들을 반공화국, 반혁명의 정치적 노선과 직접 연결하고 있는 것인데, 혁명과 공화국을 위해서는 프랑스 내에서 쓰고 있는 이런 언어들을 '박살'내야만 한다는 게 바레르의 생각이었다. 그런데 위에서 '공화국에 대한 증오는 독일어로 말해진다'고 했을 때 그가 염두에 둔 것은 알퐁스 도데의 소설 『마지막 수업』의 무대로 우리에게 잘 알려진 알자스 로렌(Alsace Lorraine) 지역이다. 독일어 식으로는 엘자스 로트링겐(Elsass Lothringen)이라고도 불리는 이 지역에 사는 이들은 대개 독일어 방언 가운데 하나인 알레만어를 쓰는 사람들이었다. 『마지막 수업』은 사실 독일어 방언을 모어로 하는 이들에게 프랑스어를 '국어'로 강요하던 수업이 더 이상 불가능해진 상황을 다룬 이야기이다.[6]

따라서 다음과 같은 이 소설의 마지막 장면은 해방이 되어 드디어 국어 수업에서 더 이상 일본어가 아니라 조선어를 배우게 되는 제주도

5) 송기형, 『불란서 대혁명기의 언어정책―제헌의회에서 열월 반동 직전까지』, 서울대학교 박사학위 논문, 1989, 230~231에서 재인용.
6) 박진영, 「알퐁스 도데와 불평등한 세계문학」, 『코기토』 78, 2015, 94~99쪽.

의 어느 보통학교를 생각하며 읽어야 할지도 모른다. 그런 상황이라면 "프랑스 만세"를 "대일본제국 만세"로 고쳐 읽어야 할 것이다. 해방을 맞이한 제주도의 그 어린이가 이제 새로운 국어 시간에 배워야 하는 '국어'는 그러나, 일본어만큼은 아니지만 자신의 모어라고 하기에는 여전히 생경한 그런 '국어'(서울말)일 터였다.

> 교실 뒤편을 보니, 오제 영감님도 안경을 쓴 채 프랑스어 책을 들고 우리
> 들과 함께 따라 읽고 있었다. 영감님은 무척 열심이었는데, 목소리는 감동
> 에 젖어 떨고 있었다. (…)
> 　선생님은 목이 메어 더 이상 말을 이룰 수가 없는지, 하던 말을 끝맺지
> 도 못한 채 칠판 쪽으로 돌아섰다. 그리고는 분필을 집어든 다음 온 힘을
> 다해 아주 커다란 글씨로 이렇게 쓰셨다.
> 　'VIVE LA FRANCE(프랑스 만세)!'[7]

『마지막 수업』의 주인공이었던 알자스 로렌의 프랑스 소년 프란츠는 지금까지 자신의 모어였지만 외국어였던 독일어 대신 '국어', 즉 프랑스어를 학습해야 했던 것이라면, 보불전쟁 후 이제 엘자스 로트링겐의 독일인이 된 프란츠가 새롭게 배워야 할 '국어'는 자신의 모어이자 독일어 방언인 알레만어가 아니라 표준 독일어였다. 정도의 차이가 있겠으나 표준어를 기반으로 한 '국어'의 보급 과정에서 국민국가 내의 이 언어와 방언이 정책적으로 배제되고 억압되는 이와 같은 과정은 근대 사회 일반의 문제이다.

---

7)　알퐁스 도데, 김택 옮김, 「마지막 수업」, 『별』, 태동출판사, 2002.

문어에서 실현된 균질적 단일언어 사회

그러나 이러한 언어정책에도 불구하고 현실적으로 각 국민국가가 결국 균질적인 단일언어 사회를 이루었는가 하면, 그러한 일 자체가 애초에 실현 불가능한 이상적인 과제가 아닌가 싶을 정도로 여전히 우리는 지역과 계층, 세대, 젠더 등등에 의해 달라지는 언어적 변이를 너무나 쉽게 확인한다. 단 한 마디 말만으로도 우리는 그 발화자의 성별이나 연령대는 물론이고 그의 출신 지역, 심지어는 계층이나 학력 수준까지 추측할 수 있을 정도로 다양한 언어적 변이를 일상적으로 경험한다. 물론 변이를 통한 발화자에 대한 예측이 빗나가는 경우가 다반사이고 심지어 발화자는 그러한 오해를 노리고 변이를 조절하기도 한다. 그럼에도 불구하고 이해든 오해든 또는 속임수든 그러한 것이 가능한 것은 언어적 변이가 매우 다채롭게 나타나고 우리가 그것에 의식적이든 무의식적이든 매우 민감하게 반응하고 있기 때문이다.

그런데 문어(文語)의 영역에 진입하는 순간 그러한 다채로운 변이는 말끔히 사라지고 우리는 표준어가 전일하게 지배하는 균질적 단일언어의 세계와 맞닥뜨리게 된다. 물론 이때의 문어는 이른바 '언문일치'가 이루어졌다고 가정되는 그러한 문어라는 점에서 그 의미가 독특한 것이다. 사실 모든 국민이 평등하고 차별 없이 공유하는 '국어'란 바로 이 문어의 세계에서나 발견할 수 있는 것이다. 그러한 점에서 균질적 단일언어 사회는 최소한 글쓰기의 영역에서만큼은 실현 불가능한 이상이 아니라 이미 실현된 그 무엇이라고 해야 할 것이다. 문어 층위에서 이루어진 이러한 균질적 단일언어 사회는 물론 글쓰기 규범의 통일이 없이는 가능한 일이 아니다.

그러나 언급한 바와 같이 근대 이전에는 세속어로의 글쓰기 자체가 일반적인 것이 아니었고, 따라서 모범이 될 만한 규범적인 문장의 형태도, 합의된 표기법도 마련되어 있지 않았다. 그러므로 세속어를 글쓰기에 적극적으로 사용하기 위해서는 일정한 표기법의 통일 및 자국어 문법서와 사전의 편찬을 포함하는 문어의 규범화가 필수적으로 요청되는 상황이었다. 한국어로 쓴 최초의 한국어 문법서인 유길준의 『대한문전』이 1909년, 주시경의 『국어문법』이 1910년에 출판되었으며, 완성되었더라면 표제어와 뜻풀이를 모두 한국어로 작성한 최초의 사전이었을 『말모이』 편찬 작업이 진행되던 때 역시 1910년대 초반이었다.

『독립신문』이 창간된 1896년과 주시경의 『국어문법』이 박문서관이라는 출판사에서 발간된 1910년 사이, 근대계몽기라고 불리는 이 시기에 비로소 '국문'과 '국어'가 전 사회에서 주목하는 진지한 논의의 대상으로 떠올랐고, 이는 한국어 문어규범이 형성되는 데에 중요한 바탕이되었다. 1933년도에 제정된 조선어학회의 〈통일안〉 역시 이러한 논의와 직접적으로 연결된다. 2절에서는 '언어적 근대'에 대한 앞선 논의를 바탕으로 하여, 한문 대신 국문과 국어를 써야 한다고 했던 근대계몽기 '국문론'이 어떠한 양상으로 전개되었는지를 간략히 살펴보기로 하겠다.

2. 언어적 근대와 근대계몽기의 '국문론'

'한글'이라는 명칭의 유래에 대하여

식민지 시기 이전에 이루어진 국문 관련 논의를 살펴보기 앞서 우선 지적할 사항은 '한글'이라는 글자의 명칭이 1910년 이전에는 없었다는 사실이다. 5장에서 다시 언급하겠지만, 조선어학회의 전신인 조선어연구회가 1926년 지금의 한글날에 해당하는 기념일을 제정하면서 붙인 이름은 '가갸날'이었다. 당시까지만 해도 '한글'이라는 명칭이 생소했기 때문인데, 1930년대 〈통일안〉을 두고 격렬한 논쟁이 벌어졌을 때 조선어학회 측을 '한글파', 이에 반대하던 박승빈을 중심으로 하는 조선어학연구회 측을 '정음파'라고 한 데서도 알 수 있는 것처럼 당시에 '한글'은 주시경과 그 제자들이 중심이 된 조선어학회의 트레이드 마크 같은 것이었지, 지금처럼 중립적인 용어가 전혀 아니었다. 6장과 8장에서 다루게 될 안확이나 박승빈 같은 이들은 주시경과 그 제자들이 '한글'이라는 생경한 신조어를 사용한다며 비난하기도 했다.

'한글'이라는 명칭을 정확히 누가 언제 지었는지는 불분명하다. 다만, 1910년대 초반에 주시경이 활동하던 조선언문회나 최남선이 주도한 조선광문회 및 신문관 주변에서 이 말이 사용되기 시작했다는 것만은 분명하다. 조선언문회는 1913년 3월 임시총회에서 단체의 명칭을 '한글모'로 개칭한다는 결정을 내린다. 그리고 1913년 9월에서 1914년 8월까지 신문관에서 발행한 『아이들보이』라는 잡지는 '한글'난을 별도로 마련하여 한글 풀어쓰기를 시도했다. 따라서 최소한 1913년부터는 '한글'이라는 명칭이 사용된 것으로 확인된다. 조선언문회의 중심이 주시경이었고, 조선광문회와 신문관을 주도한 것이 최남선임을 감안하면 이 둘 중에 한 사람이, 혹은 그 주변의 인물 가운데 누군가가 '한 글'이라는 명칭을 지었을 것이라는 추측이 가능하다. 1914년 작고하는 주시경이 말년에 조선광문회에서 『말모이』 편찬에 열중했다는 사실을 생각해보면 조선언문회와 조선광문회의 교집합을 이루는 그룹 공동의 소산일 수도 있다.

다만, 조선어학회의 〈통일안〉을 비판하며 '한글'이라는 명칭까지 도 싸잡아 비난하는 과정에서 박승빈은 이 말의 저작권자를 최남선으 로 지목한 바 있다. 그런데 정작 당사자인 최남선은 『조선상식문답』 (1946)이라는 책에서 '한글'이라는 말의 유래를 밝히면서 단지 광문회 에서 이 말을 처음 쓰기 시작했다고만 했을 뿐, 자신이 이 말을 지었다 고는 하지 않았다는 점에서 박승빈의 증언을 신뢰할 수 있을지는 의문 이다.[8] 그런데 최남선은 이 글에서 '한글'의 '한'에 대해 "大를 의미함 과 함께 韓을 표시하는 말"이라고 했다. '한길, 한시름' 등과 같은 말에 서 알 수 있듯이 지금도 '한'은 '大', 즉 '크다'라는 의미를 지니고 있다. 그런데 거기서 그치지 않고 최남선이 '한글'의 '한'이 '韓'을 (의미한다고 하지 않고) '표시'하고 있다고 한 것은 의미심장한 대목이다.

주시경은 말년에 조선언문회의 회원들과 더불어 대종교에 입교한 것으로 알려져 있다. 시기는 그가 조선광문회에서 활동하던 때로 추측 되는데, 당시 광문회에서는 후일 대종교의 2대 교주가 되는 김교헌 등 이 중요한 역할을 하고 있었기 때문이다. 그런데 대종교에서는 '환인, 환웅'의 '桓'이 고유어 '한울, 한얼'의 '한'을 한자를 빌려 적은 것이며

---

8) 박승빈, 「조선어학회 사정 「한글마춤법통일안」에 대한 비판 (1)」, 『정음』 10, 1935, 30쪽 및 최남선, 『조선상식문답』, 동명사, 1946, 180쪽. '한글'이라는 명칭을 지은 사람이 누구인가에 관한 논의는 임홍빈, 「주시경과 "한글" 명칭」, 『한국학논집』 23, 1998 참조.

그 뜻은 '大, 天'이라고 설명한다.[9] 즉, '한울'의 '한'이 단군신화에서는 한자 '桓'으로 표기되었지만 그 한자의 의미와는 무관하다는 말인데, 이러한 설명은 최남선이 '한글'의 '한'이 '韓'과 관련은 있지만 그 한자의 의미와는 무관하다는 듯이 말한 것과 겹쳐진다. 더 나아가 '대한제국'이라는 국호가 단군조선과 기자조선의 정통성이 삼한(三韓)으로 이어졌다는 당시의 역사 인식을 배경으로 하고 있다는 점을 고려하면 '한-桓-韓'의 관계는 예사로워 보이지 않는다.

주시경과 조선언문회, 그리고 최남선과 조선광문회는 '한글'이라는 명칭이 처음 사용된 곳이라는 점뿐만 아니라 바로 그 시기에 그들이 대종교와도 밀접한 관련을 맺고 있었다는 공통점을 갖고 있다. 따라서 '한글'의 유래와 관련해서는 이러한 점들이 두루 고려되어야 할 것이다. 물론 '한글'이라는 명칭을 누가 어떤 뜻으로 처음 사용하기 시작했는지는 여전히 확실하지 않다. 그러나 이상의 상황을 염두에 둔다면 '한글'이라는 말이 만들어질 때쯤이면 이미 한글이라는 글자에 대한 가치 평가나 의미 부여에 민족적인 관점이 깊이 개입되어 있었다는 사실만은 분명할 것이다. 전통적인 학술과 종교 서적에는 물론이고 공식적인 문서에도 사용되지 못하던 한글에 어느 날 갑자기 그러한 가치 평가가 이루어질 리는 없다.

아래에서는 한글이 '한글'로 불리어지기 전, 그러나 드디어 공적인 논의의 대상이 된 시점에 과연 그에 대한 어떤 논의가 있었는지를 살펴보기로 한다. 1890년대 후반에서부터 1910년까지 신문과 잡지에 나타난 '국문' 관련 논의를 1905년을 경계로 구분하여 검토해보겠다. 1905년 이전의 문자 중심의 논의가 1905년 이후에는 문장, 더 나아가

---

9) 윤세복, 『譯解倧經四部合編全』, 대종교총본사, 1968, 54쪽.

언어에 대한 관심으로 확대되어 나가기 때문이다.

문자에 대한 근대적 시각의 전개: 1905년 이전

잘 알려진 바와 같이 한글은 15세기 중반(1443년) 세종에 의해서 '훈민
정음'이라는 이름으로 창제되었으나 오랜 세월 동안 '언문'으로 불리며
그 가치를 인정받지 못했다. 그러다가 앞서 언급한 바와 같이 1894년
갑오개혁을 거치며 한글은 드디어 '국문(國文)'의 지위에 오르게 되었
으나 여전히 지식 계층에서는 한글을 공적 영역에서의 커뮤니케이션
도구로 사용하는 데에 거부감이 있었다. 따라서 한글의 사용을 주장하
던 이들은 과거의 시각에서 벗어나지 못하고 있던 전통적인 지식인들
을 설득할 필요가 있었다. 그런데 한글 사용에 대한 강조는 단순히 문
자의 차원에만 머무르는 것이 아니라 근대적 생활 습속이나 정치 체제
의 문제와도 직결된 것으로 여겨지기도 했다. 이러한 사정은 순한글로
발행되던 『독립신문』에 실린 1896년 6월 4일자 「잡보」 기사가 잘 보여
준다.

　이 기사의 필자는 학부대신 신기선의 상소를 비판하고 있는데, 신기
선은 그 상소에서 '국문'을 쓰는 것은 사람을 짐승으로 만드는 것이라
고 주장하고 있다. 그가 이런 주장을 펼친 이유는 한문 대신 '국문'을
쓰는 것이 상투를 자르고 양복을 입는 일이나 중국의 달력을 버리고
서양의 달력을 택하는 일, 그리고 임금의 권리를 빼앗아 국민에게 주는
일 등과 같은 의미를 지닌다고 보았기 때문이다. 즉, '국문'의 사용이
단지 문자의 문제로만 다루어지는 것이 아니라 머리 모양이나 의복의
양식, 역법의 선택과 같은 생활 습속의 문제, 그리고 더 나아가 정치권
력의 정당성을 어디에서 찾을 것이냐 하는 정체(政體)의 문제와 동일한

차원에서 다루어지고 있는 것이다.

이와 같이 '국문'의 사용이라는 문제는 문자의 차원을 넘어서서 근대적인 생활 습속과 정치 체제의 문제와 연결되는 것으로 인식되었던 만큼 1890년대 이래 여러 매체에서는 '국문'에 대한 다양한 논의가 전개되었다. 그런 논의는 크게 보아 2가지 주제로 정리할 수 있는데, 하나는 '왜 국문을 써야 하는가?'에 대한 것이고, 다른 하나는 '어떻게 국문을 써야 하는가?'에 대한 것이다. 왜 국문을 써야 하는가를 논하는 글들은 대체로 우선 글자의 종류를 둘로 나누고 몇 가지 관점에서 이들의 우열을 가리는 형식을 취하고 있다. 예컨대 주시경이 1897년 4월 22~24일 『독립신문』에 발표한 그의 첫 번째 「국문론」에서는 글자를 표음문자와 표의문자로 나누고 전자의 우월성을 강조하고 있다.

즉 주시경은 우선 표음문자는 말소리를 그대로 옮겨 적는 것이므로 말과 글이 일치하게 되고 따라서 알파벳이나 한글 같은 표음문자가 진정한 글자라는 입장을 취한다. 그에 비해서 사물의 형상이나 개념을 시각화한 것은 말과는 서로 부합할 수 없기 때문에 한자와 같은 표의문자는 참된 글자가 아니라고 주장한다. 또 표음문자는 자음과 모음의 숫자만큼만 글자를 만들면 되지만, 표의문자는 세상의 사물만큼의 글자를 만들어야 하기 때문에 글자가 수없이 많아지고 따라서 배우기가 어렵다고 주장한다. 그리고 이러한 차이는 지식 교육에서의 격차를 가져오고 이는 결국 한 사회의 발전 단계에도 영향을 미칠 수밖에 없으니 한자 대신 한글을 써야 한다는 것이 그의 결론이었다. 당시 '국문'의 사용을 주장하던 대부분의 글들은 이와 같이 글자의 종류에 따라 사회의 발전이 결정된다는 논리를 취하고 있었다.

예컨대 1898년 9월 28일 『황성신문』에 실린 「국문한문론」 역시 표음문자인 로마자를 쓰는 서양은 문명한 데에 비해 표의문자인 한문을 쓰는 동양은 몽매의 상태에서 벗어나지 못하고 있다는 점을 들어 표음문자인 '국문'을 써야 한다는 주장을 펼치고 있다. 그런데 이와 같이 '국문' 사용을 주장하기 위해 글자의 우열을 논하던 당시 글들은 하나같이 글자는 말소리를 있는 그대로 잘 반영하면 그뿐이라는 생각을 가지고 있었다. 즉, 글자에 대해 말소리가 우선한다는 인식, '음성중심주의'라고 할 만한 입장을 취했던 것인데, 이는 한자가 언어를 초월하는 형이상학적 원리를 반영한다고 보았던 전통적인 문자관과는 분명하게 구분되는 지점이다. 앞서 언급한 「국문한문론」의 필자는, 말로 표현하기 어려운 고귀하고 고상한 뜻이 담겨 있는 한자야말로 진정한 글자가 아니냐는 전통적 지식인의 입장을 낡고 썩어빠진 유교적 사고라며 매섭게 비난하고 있는데, 이 역시 문자보다 말소리가 우선한다는 음성중심주의라는 맥락에서 이해할 수 있을 것이다.

이와 같이 '왜 국문을 써야 하는가'라는 질문에 대한 답이 음성중심주의와 밀접히 연관된 것이었기 때문에, '국문을 어떻게 써야 하는가' 하는 질문에 대한 답 역시 대체로 말소리를 정확히 반영하는 방법에 초점이 맞추어졌다. 1896년 12월 『대조선독립협회보』 1호에 발표한 「국문론」에서 지석영이 펼친 주장 역시 '국문'이 말소리를 정확하게 표시하지 못하는 부분이 있다는 것이었는데, 그는 음의 높낮이에 따라 점을 치는 방법을 그 해결책으로 제시하고 있다. 예컨대 '東(동쪽), 動(움직임), 棟(대들보)'의 음을 한글로 적으면 '동, 동, 동'과 같이 전혀 구별되지 않는 문제점이 있는데 이는 당시에 사용하는 한글에는 음의 높낮이를 구별할 수 있는 방법이 없기 때문이라고 지적한다. 그리고 나서 낮은 음에는 점을 치지 않고, 조금 높은 음에는 점을 하나 치고, 제일 높은 음에는 점을 두 개 친다면 이들의 음과 뜻이 거울같이 분명해진다는 것이다.

물론 지석영의 이러한 주장은 훈민정음이 만들어졌던 시기와는 달리 한국어가 이미 소리의 높낮이에 따라 의미가 변별되는 특성을 상실했다는 사실을 이해하지 못한 주장이다. 오히려 소리만을 반영했을 경우 동음이의어를 변별해내지 못하는 표음문자의 본질적 한계를 본의 아니게 드러낸 것이라고 볼 수도 있다. 그런 점에서 1897년 9월 25~28일 『독립신문』에 발표된 주시경의 두 번째 「국문론」은 특별한 의미가 있다. 그의 첫 번째 「국문론」이 '왜 국문을 써야 하는가'를 주제로 삼았다면, 이 글은 '국문을 어떻게 쓸 것인가'에 대한 것인데, 여기서 그는 국문을 옳게 쓰려면 문법을 알아야 하고 문법에 맞게 글을 쓴다는 것은 바로 말의 경계를 분명히 하는 것이라고 보았다. 예컨대 그는 실제 소리대로라면 "이거시, 소네, 무그로"라고 써야 하겠지만, 문법에 맞는 글쓰기란 소리대로가 아니라 말의 경계를 분명히 나누어서 "이것이, 손에, 묵으로"와 같이 쓰는 것이라고 주장한다.

이는 물론 현재적 관점에서 보았을 때는 너무나 당연한 언급이지만, 실제로 귀에 들리는 소리가 아니라 이론적으로 구성된 문법 단위를 염두에 둔 표기를 주장했다는 점에서 1905년 이후 그가 새롭게 주장하는 독특한 표기이론의 출발점이 된 것이라 하겠다. 주시경의 새로운 표기법에 대해서는 3장에서 자세히 다루기로 한다.

'국어'의 발견과 근대적 언어 인식의 형성: 1905년 이후

1905년 이후 국문에 관한 논의의 양상은 그 이전과 구별되는 점이 있다. 우선 그 이전의 논의와는 달리 1905년 이후에는 문자보다는 문장,

더 나아가 언어를 중심 주제로 삼는 논의들이 등장하기 시작한다는 특징이 있다. 물론 이때에도 '국문'의 중요성을 강조하는 이들은 논의의 초점을 여전히 문자의 문제로 삼는 경우가 많았지만, 그중에는 문자 자체가 중요한 것이 아니라 그것으로 어떤 문장을 쓸 것인가가 문제의 핵심이라고 주장하는 사람들이 있었다. 그리고 이때의 바람직한 문장이란 한국어의 통사 구조에 맞는 것이어야 했다.

1905년 이전과 이후의 국문 관련 논의가 가지는 또 다른 특징은 '국문'의 가치를 민족, 혹은 국가라는 집단적 정체성의 관점에서 평가하게 된다는 점이다. 즉, 그 이전의 '국문' 관련 논의들이 지식 획득에 더 유리한 문자를 사용하여 부국강병을 이루자는, 도구적 관점에 서 있었다면, 1905년 이후의 논의들은 말과 글이 국가의 자주와 독립에 직결된다는 관점, 즉 민족적 정체성의 입장에서 언어와 문자를 평가하게 된다. 이렇게 문자가 아니라 언어가 논의 중심에 오고 그것이 국가의 정체성 차원에서 다루어질 때 드디어 '국어'가 담론의 중심에 떠오르게 된다.

우선 1905년 이후의 '국문' 담론이 가지는 첫 번째 특징과 관련해서는 1906년 6월 1~2일 『황성신문』에 발표된 이능화의 「국문일정법의견서(國文一定法意見書)」를 살펴볼 필요가 있다. '국문' 사용의 필요성을 논하는 이 글에서 이능화는 이전의 글들과는 달리 한자 사용의 필요성 역시 동시에 제시하고 있다. 즉 표음문자는 소리만을 반영하기 때문에 의미 파악이 어려운 데에 비해, 한자는 비록 배우기는 어렵지만 의미를 표시하는 글자이므로 문장의 의미 파악이 용이하다는 것이다. 결국 이능화의 주장은 각각의 단점을 보완하기 위해 한글과 한자를 함께 사용해야 한다는 것인데, 그 참고의 예로 일본의 글쓰기 방식을 들고 있다.

즉 일본의 근대적 글쓰기는 한자와 가나(假名)를 섞어서 쓰되 한자의 음이나 훈(訓)을 가나로 표시해주기 때문에 한자를 모르는 사람들도 서적을 쉽게 읽을 수 있다며 우리 역시 이러한 형태로 한자와 국문을 함께 쓰자고 주장한다.

　그러면서 이능화는 한자라는 남의 글자를 쓴다는 것을 부끄러워할 필요가 없으며, 중요한 것은 그것을 가지고 우리의 문장을 적으면 그만이라는 입장을 밝힌다. 물론 이때 '우리의 문장'이라는 것은 고전 한문 문법에 따른 것이 아니라 한국어의 통사 구조에 맞는 문장을 뜻한다. 한자를 쓰더라도 그것으로 한국어 문장을 적는다면 문제될 게 없다는 것이다. 그가 예로 든 문장은 다음과 같은 것인데, 첫 번째 문장을 읽으면 '천지지간만물지중에 유인이 최귀하니'와 같이 되어 비록 국문, 즉 한글이 사용되었지만 여전히 '우리의 문장'은 아니다. 그러나 두 번째 문장처럼 한자의 훈을 한글로 적어주면 '천지 사이 만물 가운데에 오직 사람이 가장 귀하니'와 같은 식으로 읽을 수 있어서 '우리의 문장'이 가능해진다는 것이다.

　　天地之間萬物之中에 唯人이 最貴ᄒᆞ니

　　天地텬디之間ᄉᆞ이 萬物만물之中가운디에 唯오직 人사ᄅᆞᆷ이 最가장貴귀ᄒᆞ니

　이와 유사한 견해를 보이는 글은 유길준의 「소학 교육에 대한 의견」이다. 1908년 6월 10일에 『황성신문』에 실린 이 글에서 유길준은 소학 교육에서 '한문'은 완전히 폐지하고 오로지 '국문'만을 사용해야 한다고 주장한다. 그런데 이때 유길준이 주장하는 '한문'의 전폐와 '국문'의 전용이 한자를 쓰지 않고 한글만을 쓴다는 것을 의미하지는 않는다.

이때의 '한문' 폐지는 고전 한문 문법에 입각한 글쓰기를 완전히 없애야 한다는 뜻이고, '국문'의 전용이란 한국어의 통사 구조에 입각한 문장만을 써야 한다는 의미이다. 그리고 그런 문장에 한자를 쓰는 것은 전혀 문제될 것이 없다고 보았다. 유길준이 '한문'과 '한자'를 전혀 다른 차원의 것으로 보았음을 알 수 있는데, '한자'는 낱낱의 글자를 뜻하는 데에 비해 '한문'은 그 글자를 사용해 (고전 한문 문법에 맞게) 작성된 문장을 가리키는 것으로 보았던 것이다.

유길준의 이 글에서 주목할 만한 또 다른 내용은 이전의 '국문' 관련 논의들이 문자의 종류를 둘로 나누고 그 우열을 가리는 식으로 '국문' 사용의 필요성을 주장했다면, 유길준은 이 글에서 언어의 종류를 나누고 있다는 사실이다. 즉 중국어나 영어와 같이 어순이 중요한 언어와 한국어와 일본어처럼 조사나 어미의 문법적 기능이 중요한 언어를 구별하고 있는데, 이는 결국 중국어와 다른 한국어의 특성을 살려서 문장을 구성해야 한다는 주장으로 이어진다. 그 밖에 신채호의 「문법을 의통일(宜統一)」(『기호흥학보』 5, 1908. 12. 25.)이나 이광수의 「금일 아한용문(我韓用文)에 대하여」(『황성신문』, 1910. 7. 24~27.)와 같은 글들도 문자가 아니라 문장을 주제로 삼는 것인데, 이들 역시 한국어 문장 구조를 염두에 둔 것이라는 점에서 문자가 아니라 언어에 초점을 맞춘 당시의 경향을 잘 보여주는 글들이다.

1905년 이후의 '국문' 관련 논의들이 가지는 또 다른 특징은 언급한 바와 같이 언어와 문자의 문제를 국가/민족적 정체성의 차원으로 확대해서 다루고 있다는 사실이다. 박태서의 「국어유지론」(『야뢰(夜雷)』 1, 1907. 2.)은 이 시기 글 가운데에서도 특히 '국어'의 문제를 전면에 내세운 글이라 할 수 있는데, 그는 이 글에서 '국어'를 국가 정신에 연결 짓고 있다. 그는 우선 '국어'를 통해 인민의 교육과 역사의 전달, 그리고 '국시(國是)'의 통일이 비로소 이루어질 수 있다는 주장을 편다. 그리고 더 나아가 부모는 '국어'를 통해 아이들의 순수한 뇌수에 국가사상과 애국정신을 주입해주어야 하며, 이런 과정에 의해 어떤 어려움에도 꺾이지 않는 나라 사랑의 마음이 생기게 된다는 것이다. 심지어 그는 '국어'를 소중히 여기지 않고 함부로 외국어를 사용하는 사람은 국민의 자격을 박탈하여 추방해야 한다고 주장하기도 한다.

이 시기는 대체로 '국어'가 독자적인 주제로 다루어지기보다는 '국문'을 논하는 과정에서 '국어'가 함께 언급되는 경우가 많다는 점에서, '국어' 자체를 주된 논의의 대상으로 삼은 박태서의 이 글은 다소 예외적인 경우이다. 그러나 이 글이 '국어'를 국가사상을 형성, 전수하는 데에 필요한 도구 정도로 인식하고 있는 것에 비해, 주시경의 「국어와 국문의 필요」(『서우』 2호, 1907. 1.)나 「필상자국문언(必尙自國文言)」(『황성신문』, 1907. 4. 1~6.) 같은 글은 '국어'를 국가적 정체성과 동일시하고 있다는 점에서 더 주목할 필요가 있다.

주시경은 이 글들에서 일정한 지역과 그 지역에 사는 사람, 그리고 그 사람들이 말하는 언어가 서로 본질적으로 내적 특성을 공유한다고 주장한다. 즉 산이나 바다와 같이 자연적으로 구획된 지역은 그 자연적 환경이나 기후, 풍토에 영향을 받은 특정한 인종이나 종족을 만들어내고, 그 사람들은 역시 자연 환경과 기후, 풍토에 적합한 저마다의 특수한 언어를 말하게 된다는 것이다. 영토와 인종과 언어가 서로 자연적으로, 본질적으로 연결되어 있음을 주장한 것인데, 이는 하나의 독립한 언어가 있다면 그것을 사용하는 사람들 역시 하나의 독립한 국가를 가지는 것이 당연하다는 논리로 이어진다. 언어가 국가적 정체성의 문제와 직결되는 것은 바로 이러한 맥락에서이다. 언어는 이와 같이 이제 국가적 차원에서 문자보다 더 중요한 무엇이 되고, 그때에 논의의 초점은 자연히 '국문'에서 '국어'로 이동하게 된다. 주시경의 '국어문법'이 등장하는 것 역시 바로 이 지점이다.

3. '언어적 근대'와 '식민지 근대화론'이라는 쟁점

언어의 문제에서 제기되는 식민지 근대화론

보편 문어와 세속어/민족어가 각기 '공 vs. 사, 성 vs. 속, 글 vs. 말'이라는 배타적 영역을 점유하는 중세적 다이글로시아 상황을 극복하고 세속어/민족어를 전 사회의 의사소통 영역에서 전일하게 사용하게 하는 것이 바로 언어적 근대의 지향이라고 지적했다. 위에서 살펴본 근대 계몽기 '국문론'은 동아시아의 보편 문어였던 한문이 아니라 국문을 사용해야 하는 이유는 무엇인가, 그리고 그것을 어떻게 사용하는 것이 옳은가에 대한 1910년까지의 논의였다. 그러나 알다시피 대한제국은 1910년 8월 일본에 의해 강제 병합되었다. 그럼에도 불구하고 언어적 근대의 발걸음은 멈추지 않고 지속되어 1933년 조선어학회의 〈통일안〉이라는 성과를 거둔다. 〈통일안〉의 제정이 언어적 근대를 이루기 위해 필수적으로 요청되는 표기법의 확립을 위한 것임은 물론이다.

그런데 1910년 이후 표기법을 비롯한 한국어 문어규범의 정비에는 조선총독부 역시 관여했다는 사실을 기억할 필요가 있다. 그 대표적인 예의 하나로 총독부가 제정한 이른바 '언문철자법'을 들 수 있다. 조선총독부는 1912년 〈보통학교용 언문철자법〉, 1921년 〈보통학교용 언문철자법 대요〉, 그리고 1930년에는 〈언문철자법〉을 제정한다. 세 차례에 걸쳐 만들어진 언문철자법의 구체적인 내용에 대해서는 4장에서 다루게 되겠지만, 우선 이 언문철자법이 애초 보통학교의 교재인 『보통학교 조선어급한문독본』을 편찬하기 위해서 제정된 것이라는 사실을 지적할 필요가 있겠다.

물론 이 조선어 수업은 1938년에 수의과목, 즉 선택과목이 되고

1943년에는 아예 폐지되어버리지만. 1911년의 제1차 조선교육령에서는 주당 22시간(한문 포함, 일본어 40시간, 총 시수 106시간), 1922년의 제2차 교육령에서는 주당 20시간(한문 별도, 일본어 64시간, 총 시수 161시간, 이상 주당 시수는 각 학년의 시수를 모두 더한 것)의 조선어 과목이 필수로 지정되어 있었다.[10] 필수과목인 조선어 수업을 위한 교재의 집필에도 필요했을 뿐만 아니라 그 수업에서 학생들에게 가르칠 올바른 글쓰기 규범을 위해서도 역시 조선어의 일관된 표기법은 필수적으로 요청되는 것이었다.

1930년의 언문철자법은 아예 '보통학교용'이라는 꼬리표를 떼어버리는데, 이는 초등교육에서의 교수용만이 아니라 일반 사회의 인쇄·출판에도 이 표기법을 적용하려는 의도가 있었기 때문일 것이다. 그런데 1930년의 이 언문철자법 제정에는 권덕규, 신명균, 최현배, 정렬모, 장지영과 같은 주시경의 제자들이 조사위원으로 참여했으며, 그 영향으로 인해 전통적인 표기법에서 벗어나지 못하던 이전 두 차례의 언문철자법에서 크게 변화하게 된다. 1931년 10월 동아일보 주최의 한글날 기념 좌담에서는 조선어학회 인사 중심의 참석자들이 '개정 철자법'을 어떻게 효과적으로 보급할 것인가 하는 점을 하나의 안건으로 다루게 된 것은 바로 이러한 맥락을 고려해야 할 것이다.

그런데 이러한 사실들은 그간 일반에 알려져온 상식적인 관점, 즉 조선총독부는 조선어 말살을 획책하고 조선어학회 인사들은 이에 대해 저항했다는 이분법적 논리와는 다른 관점이 필요함을 제기한다. 실제로 조선총독부는 언문철자법 제정 외에도 조선의 구관(舊慣) 및 제도 조사의 일환으로 사전 편찬을 시도하는데, 1911년 어휘 조사를 시작하

10) 허재영, 『일제강점기 교과서 정책과 조선어과 교과서』, 경진, 2009, 77쪽.

여 1920년 3월 『조선어사전』을 펴냈다. 물론 최종적으로는 조선어 뜻풀이가 삭제된 채 조선어 표제어에 대한 일본어 뜻풀이만 남은 형태로 귀착되기는 했으나, 어쨌든 총독부 당국이 조선어의 어휘를 조사·정리했다는 사실만큼은 분명하다.[11]

그 밖에도 총독부가 일선 경찰들의 조선어 능력을 신장시키기 위해 소위 '조선어 장려 정책'을 폈다는 사실 역시 지적할 필요가 있다.[12] 물론 이는 말할 것도 없이 효과적인 식민통치를 목적으로 한 것이었다. 그러나 그럼에도 불구하고 급여 외에 인센티브까지 주어가며 일본인 경찰들에게 조선어 학습을 독려했다는 사실은 '조선어 말살'과는 어울리지 않는 면이 있다. 조선총독부의 조선어 억압과 말살, 그리고 조선어학회를 비롯한 조선인 사회의 저항이라는 기존의 이분법적인 논리만으로는 해석되지 않는 측면이 있는 것이다. 그리고 이러한 문제는 이미 2000년대 초반부터 제기되어왔는데, 그와 같은 논의는 '식민지 근대화론'이라는 맥락에서 해석될 수 있는 여지가 없지 않다.

식민지 근대화론을 거칠게 요약하자면, 일제의 식민지배가 우리의 근대화에 일정하게 기여했다는 주장일 것이다. 대체로 경제적인 영역에서 이루어진 이러한 논의를 언어의 문제로 확대한다면, 한국어/조선어의 언어적 근대에 있어서도 일제의 식민 당국이 긍정적인 역할을 했다는 해석이 될 터인데, 총독부가 주도한 언문철자법은 아마 그 대표적인 사례가 될 것이다. 〈통일안〉이 형성되는 역사적인 맥락을 살피는 데

---

11) 조선총독부 『조선어사전』의 편찬 과정에 대해서는 안예리, 「조선총독부 편 『조선어사전』의 편찬 경위―'조선사서원고'와의 비교 분석을 중심으로」, 『한국사전학』 30, 2017 참조.

12) 오대환, 『식민지 시기 일본인을 위한 조선어교육 연구―조선어 장려 정책과 경성조선어연구회를 중심으로』, 연세대학교 박사학위 논문, 2009 참조.

에 있어 언문철자법과의 관계를 매우 중요하게 보는 이 책의 입장에서는, 따라서 언어적 근대의 맥락에서 제기될 수 있는 식민지 근대화론을 어떻게 해석할 것인가 하는 문제에 대해 언급하지 않을 수 없을 것 같다. 그리고 이 문제는 근대의 성격, 즉 '근대성' 자체에 대한 성찰을 요구하는 것이기도 하다.

식민지 근대화론을 통해 '근대'를 성찰하기

언급한 바와 같이 식민지 근대화론은 애초에 경제적인 영역에서 제기되었다. 그중에서도 특히 조선총독부의 초기 정책 가운데 하나인 토지조사사업에 대한 평가를 들 수 있겠다. 즉 총독부의 토지조사사업을 통해 결과적으로 토지의 근대적 소유권이 확립되었을 뿐만 아니라, 법적으로 제도화된 토지 소유권은 토지의 상품화를 촉진하고 이를 통해 농업자본주의의 발전을 가져왔다는 것이다. 물론 이에 맞서는 식민지 수탈론의 입장에서는 이러한 총독부의 토지조사사업은 실질적으로는 총독부에 의한 대규모 토지 약탈로 귀결되었으며, 더 나아가 토지 소유권 조사를 통해 조세 수탈을 극대화한 일제는 이를 식민지 운영에 필요한 경비로 충당했다고 설명한다.[13] 다시 말해 수탈론의 입장에서 보면 총독부의 토지조사사업은 자본주의 발전과 같은 근대화와는 전혀 무관한, 수탈을 목적으로 한 것이었다는 말이다.

그런데 조선총독부의 정책이 근대화에 일정한 역할을 했다는 식민지 근대화론이나, 총독부의 그러한 정책은 조선의 근대화를 염두에 둔

---

13) 토지조사사업에 대한 식민지 근대화론과 수탈론의 대립에 대해서는 김동노, 「식민지시대의 근대적 수탈과 수탈을 통한 근대화」, 『창작과비평』 99, 1998, 114~120 참조.

것이 아니라 오로지 수탈을 목적으로 한 것이었다는 입장의 대립은 사실 '근대(화)'에 대한 동일한 인식에 기반하고 있다. 다시 말해 '근대(화)'는 역사의 전개 과정에서 반드시 도달해야 하는 어떤 지점이며, 거기에 긍정적인 가치가 담겨 있다고 보는 점에서는 식민지 근대화론과 수탈론이 다를 게 없다. '근대화론'에 '수탈론'이 그렇게 결연히 맞서는 까닭은 '근대(화)'를 '선한 것'으로 보고 그러한 것을 일제 식민 당국이 시도했다고는 볼 수 없기 때문일 것이다. 그러나 수탈이나 착취가 전근대 사회의 전유물이 아닌 이상, 다시 말해 근대적 자본주의 사회에서도 수탈이나 착취가 전혀 예외적인 현상이 아니라면 '근대적 수탈', 혹은 '수탈을 통한 근대'[14]는 충분히 가능한 일이 될 터이다. 만약 그렇다면 '식민지 근대화론 vs. 수탈론'이라는 대립 구도 역시 재고되어야 하는 것은 아닐까?

예컨대 칼 폴라니는 『거대한 전환』에서 자기 조정(self-regulating) 능력을 갖는 시장경제 체제를 근대 자본주의의 가장 큰 특징으로 꼽는데, 이 자기 조정 시장은 노동과 토지, 그리고 화폐가 상품 시장에 편입되면서 비로소 완성된다. 폴라니에 따르면 노동, 토지, 화폐가 상품으로 시장에 편입됨으로써 거의 모든 인간 활동이 시장에서 형성된 가격에 따라 등가교환되고 이로 인해 완성된 자기 조정 시장은 '사탄의 맷돌(satanic mill)'이 되어 사회의 모든 요소를 갈아 균질화해버리는 결과를 초래했다는 것이다.[15] 앞서 총독부의 토지조사사업이 토지의 소유권을 확립함으로써 토지의 상품화를 촉진시켰다고 본 식민지 근대화론의 입장을 언급했다. 토지의 상품화는 물론 자본주의 발전의

---

14) 김동노, 앞의 글.
15) 칼 폴라니, 홍기빈 옮김, 『거대한 전환』, 도서출판 길, 2009, 163~164 및 240~245쪽.

전제이다. 그러나 폴라니와 같은 입장에 선다면, 토지의 상품화로 인해 성립한 근대의 시장경제는 공동체적 삶과 생태의 순환을 뿌리째 거덜내는 '사탄의 맷돌'일 뿐이다. 그에게 근대가 '극복'의 대상인 것은 바로 그 때문이다.

요컨대 '근대(화)' 그 자체를 궁극적인 선으로 생각해서는 곤란하다는 것인데, 이는 언어적 근대의 문제에 있어서도 마찬가지이다. 앞서 우리는 중세적 다이글로시아 상황을 극복하는 것이 언어적 근대의 지향이라고 했다. 물론 보편 문어에 대한 접근, 그리고 이를 통한 고급문화의 향유가 귀족, 혹은 양반계급에게만 허용되어 있던 전근대 사회보다 보통교육에 의해 모든 시민이 읽고 쓰는 능력을 갖추게 되는 근대가 더욱 평등한 사회인 것은 분명하다. 그러나 균질적인 단일언어 상황을 창출해내기 위해서는 해당 공동체에 필연적으로 존재할 수밖에 없는 각종의 소수어나 방언을 배제하고 억압하는 운동이나 정책 역시 필수적이라는 사실은 분명하다. 앞서 알자스 로렌, 혹은 엘자스 로트링겐을 배경으로 한 『마지막 수업』에서 보았듯이.

우리의 〈한글 맞춤법〉과 〈통일안〉은 물론이고 조선총독부의 언문철자법이 표준어(서울말)만을 대상으로 하고 있다는 사실 역시 방언으로는 공적 영역에서의 글쓰기가 원천적으로 배제되어 있는 상황을 여실히 보여준다. 그런 점에서 다이글로시아가 '분리에 의한 지배'라면 '국어'가 전일하게 사용되는 언어적 근대의 상황은 '동화에 의한 지배'라고 지적한 일본의 언어사회학자 가스야 게스케(糟谷啓介)의 통찰에 주목할 필요가 있다.[16] 즉 전근대의 다이글로시아 상황에서는 '성 vs. 속, 공 vs. 사, 글 vs. 말'의 영역에서 엄격한 분리가 이루어졌고, 보편 문어

---

16) 가스야 게스케, 앞의 책, 35~36쪽.

와 세속어가 서로의 영역을 침범하는 일은 좀체 벌어지지 않았다. 따라서 역설적이게도 세속어는 자기 자신의 존립을 걱정할 필요가 별로 없었다. 소수어나 방언의 절멸 위기는 오히려 한 공동체의 언어를 균질화하여 남김없이 통일하려는 언어적 근대의 상황에서 더욱 심각해지는 것이다.

그런데 근대의 언어 상황이 '동화에 의한 지배'라는 이 생각은 사실 그람시의 헤게모니 이론에 입각한 것이다. 그람시는 그 이전의 모든 지배계급은 자기들의 생활 습속이나 문화 활동을 사회의 다른 영역으로 확대시키려고는 하지 않았던 데에 비해 부르주아 계급은 전 사회를 자기 자신의 문화적·경제적 수준으로 동화시키려 한다는 점에서 구별된다고 지적한 바 있다.[17] '교양 있는 사람들'의 표준어를 모든 계층이 사용하도록 독려하는, 그리하여 마침내 문어의 세계에서는 이를 관철시키고야 만 것 역시 그런 맥락에서 이해할 수 있을 것이다. 그리고 그람시가 제기한 이 '동화에 의한 지배'는 헤게모니 이론에 입각한 것이므로, 국가권력의 강제에 의해서는 가능하지가 않고, 시민사회의 자발적인 동의에 의해 비로소 실현될 수 있다는 점에서도 근대의 특수한 현상이라 할 수 있다.

이러한 관점은 균질적 단일언어 사회를 지향하는 근대 사회의 언어정책이 국가권력의 강제에 의한 것이 아니라 민간 영역의 자발적인 의견 개진과 합의에 기반하고 있다는 사실을 새삼 깨닫게 해준다. 실제로 소수어와 방언을 배제하고 '국어'에 의해서 공적 언어생활을 전일하게 통일하려는 노력은 국가권력의 물리력이나 처벌에 의해서가 아니라 시민사회의 자발적인 합의에 기반한 것이 아닌가. '국어학' 연구자는

---

17) 안토니오 그람시, 이상훈 옮김, 『그람시의 옥중수고 2』, 거름, 1999, 308쪽.

전략을 수립하고, 출판사의 편집자와 신문사의 교열기자, 방송사의 아나운서 등은 누가 시키지 않아도 야전에서 '비국어/비표준어'와의 전투를 치열하게 수행한다. 그들은 이 전투에 효과적으로 대응하지 못하는 국립국어원을 신랄하게 비판하기도 한다.

그런데 이런 양상은 식민지 시기의 언문철자법 개정 과정에서도 찾아볼 수 있다. 1920년대가 되면 신문과 잡지에서는 집요하게 총독부 언문철자법의 여러 문제점을 제기하게 되고 20년대 후반에는 언문철자법의 이런 문제를 어떻게 해결할 것인지에 대한 민간의 논의가 거의 합의점을 찾아가게 된다. 그리고 1930년의 언문철자법은 이 민간에서의 논의를 대부분 반영하는 선에서 결정된다. 총독부의 권력이 언문철자법 개정을 주도했다기보다는 민간에서의 논의가 권력을 견인했다고 보는 편이 오히려 옳을 것이다.

언어적 근대를 과연 어떤 시각에서 볼 것인가 하는 문제는, 근대 자체에 대한 성찰과 더불어 여전히 큰 고민거리이다. 다만 '근대(화)'를 궁극적인 선으로 보기보다는 '근대의 질곡'을 발견하고 이를 극복해야 한다는 관점을 취하는 것이 현재의 문제를 해결하는 데에 더 도움이 되지 않을까 한다. 이 책 역시 언어적 근대의 문제를 다루면서 그러한 관점을 놓지 않으려고 한다.

제2장

'훈민정음'을 찾아서:
전통적 표기와 근대적 대응

이 장에서는 훈민정음이 창제된 이래 전통적인 표기 양식이 어떤 원칙을 따르고 있었는지를 몇 가지 문헌을 통해 살펴보고, 1910년 이전에 국가적 차원에서 표기법에 해당하는 것을 제정하려고 했던 움직임에 대해서도 알아보도록 하겠다.

앞서 1장의 2절에서 근대계몽기에는 국문을 '왜' 써야 하는가, 그리고 그 국문을 '어떻게' 써야 하는가에 대한 논의가 활발히 진행되었다고 했다. 이때 특히 '어떻게'에 대한 논의는 과거의 전통 문헌을 참조로 하지 않을 수 없었다. 물론 세종 당대의 서적, 즉 『훈민정음』을 통해 각 글자의 음가나 사용방식을 확인하는 것이 그들의 최대 목표였다. 그러나 그들이 『훈민정음』의 일부 내용이나마 그 실체에 접근할 수 있었던 것은 대략 1905년 전후의 일이었던 것 같다. 그 이전에는 후대의 문헌인 『훈몽자회』와 『화동정음통석운고』가 주된 참조의 대상이었다. 그리고 근대계몽기에 이런 문헌을 통해 국문의 사용방식에 대해 논했던 이들은 그 결과를 「신정국문」, 「국문연구의정안」 등으로 정리했다.

1절에서는 『훈민정음』, 2절에서는 『훈몽자회』와 『화동정음통석운고』, 3절에서는 「신정국문」과 「국문연구의정안」을 주로 다루되, 특히 2절과 3절에서는 한글 자모(字母)의 명칭과 그 순서에 대해서도 언급하겠다.

1. 훈민정음과 『훈민정음』

『훈민정음』의 구성과 이본(異本)

우선 '훈민정음'이라는 말에는 두 가지 의미가 있다는 사실을 지적해야 하겠다. 물론 '훈민정음'은 무엇보다도 세종이 1443년에 창제한 글자, 즉 한글을 뜻한다. 그런데 '훈민정음'은 이 글자의 창제 목적과 제작 원리, 그 사용방식 등을 규정한 책의 이름이기도 하다. 이 책으로서의 '훈민정음'이 완성된 때는 글자가 만들어지고 나서 약 3년 뒤인 1446년 음력 9월이었다. 우리가 매년 기념하는 한글날은 바로 책으로서의 '훈민정음'이 완성된 때를 기준으로 한 것인데, 이는 이 책의 출간과 함께 글자로서의 '훈민정음'이 정식으로 일반에 반포되었다고 보기 때문이다. 북한에서는 매년 1월 15일을 훈민정음 창제 기념일로 삼고 있다. 1443년 음력 12월에 글자로서의 훈민정음이 만들어졌다고 보기 때문이다.

> "이 달에 임금께서 친히 언문 28글자를 만드셨는데, (…) 그것을 일러 훈민정음이라 하셨다."(是月 上親制諺文二十八字 (…) 是謂訓民正音,『세종실록』권102. 세종 25년(1443) 12월)
>
> "이 달에 『훈민정음』이 완성되었다. 임금께서 글을 지어 말씀하시기를 나라의 말소리가 중국과 달라 …."(是月 訓民正音成 御製曰 國之語音 異乎中國 ….『세종실록』권113. 세종 28년[1446] 9월)

위에서 보듯이 1443년에 훈민정음이라는 글자가 완성된 사실과 1446년에 『훈민정음』이라는 책이 편찬된 사실은 모두 『세종실록』에 기록되어 있다. 이 둘을 구별하기 위해서 일반적으로 글자를 가리킬 때는 그냥 '훈민정음'이라 하고 책을 뜻할 때는 겹낫표(『 』)를 사용해 『훈민정음』이라고 표기한다. 이 가운데 여기서 우선 다룰 것은 훈민정음의 창제 원리와 사용방법을 기술한 책, 즉 『훈민정음』이다. 근대계몽기는 물론이고 식민지 시기에도 저마다 자기가 주장하는 표기법의 근거를 바로 이 책에서 찾으려고 했기 때문이다. 그런데 이 『훈민정음』에는 몇 가지 이본(異本), 즉 서로 다른 종류의 판본이 있다. 그리고 이들은 이후 표기법 논의에도 일정한 영향을 미치기 때문에 이본의 종류와 그 내용에 대해서 간략하게라도 살펴볼 필요가 있겠다.[1]

『훈민정음』은 우선 크게는 한문으로 되어 있는 한문본과 이를 한글을 사용해 번역하고 구절마다 해설을 단 언해본으로 나눌 수 있다. 앞서 1446년 음력 9월에 완성되었다고 한 책은 바로 한문본을 말하는 것이다. 이 책은 크게 '어제(御製) 서문'과 '예의(例義)', 그리고 그 뒤에 이어지는 '해례(解例)'와 '정인지 서문'으로 구성되어 있다. "國之語音 異乎中國"(우리나라의 말소리가 중국과 달라)으로 시작하는 '어제 서문'은 세종이 쓴 서문으로서 창제 목적을 담고 있으며, '예의'는 각 글자의 음가와 운용 방법을 간략히 규정한 부분이다. '해례'는 글자의 제작 원리를 성리학적인 관점에서 총체적으로 설명하고 초성, 중성, 종성 등을 해설한 것인데, 이 책에서 가장 많은 분량을 차지한다. '정인지 서문'은 말 그대로 집현전 학자 가운데 대표로 정인지가 작성한 서문이다. 임금의 서문이 앞에 있으므로 신하인 정인지의 서문을 맨 뒤로 돌린 것이다.

---

1) 『훈민정음』의 이본과 그 내용, 구성에 대해서는 강신항, 『(증보판) 훈민정음 연구』, 성균관대학교출판부, 1996; 안병희, 『훈민정음 연구』, 서울대학교출판문화원, 2007; 김주원, 『훈민정음—사진과 기록으로 읽는 한글의 역사』, 민음사, 2013 등을 참조했다.

아래는 『훈민정음』의 구성을 표로 보인 것인데, 분량을 알 수 있도록 각각의 행수를 표시했다.

집필자	내용		행수
세종	어제 서문 예의		5 42
집현전 학자	해례	제자해	103
		초성해	10
		중성해	19
		종성해	28
		합자해	35
		용자해	34
(정인지)	정인지 서문		48

1446년 간행된 『훈민정음』은 한동안 그 실체를 확인할 수 없다가, 1940년 안동에서 발견되었고 현재는 간송미술관에 소장되어 있다. 첫 장을 제외하고는 원래의 상태를 유지하고 있는 것으로 알려져 있다. 2008년 상주에서 발견된 또 다른 『훈민정음』 역시 간송미술관 소장본과 마찬가지로 1446년 간행된 판본으로 알려져 있는데, 일반에는 물론이고 학계에도 제대로 공개되어 있지 않을뿐더러, 특히 앞부분이 여러 장 훼손된 것으로 알려져 있다.

그런데 언급한 바와 같이 1446년 간행된 『훈민정음』은 오래지 않아 자취를 감추어 1940년 안동에서 발견되기까지 한글의 맞춤법을 논하던 사람들은 이러한 책이 있는지조차 알지 못했다. 그렇다면 근대계몽기, 그리고 1920~30년대에 국문 또는 한글의 표기방식을 두고 논쟁하던 이들은 어떻게 『훈민정음』을 자기 주장의 근거로 삼을 수 있었던 것일까? 그것은 위에서 언급한 1446년의 『훈민정음』 외에 또 다른 『훈민정음』들이 전하고 있었기 때문이다. 그런데 이 『훈민정음』의 이본들은 사실 하나의 독립된 책이 아니라 다른 책의 일부분이거나 부록처럼 딸려 있는 것들이다.

우선 『세종실록』에 실려 있는 것이 그 하나이다. 앞서 1446년 음력 9월에 『훈민정음』이 완성되었다는 사실을 알리는 글이 있음을 언급했거니와, 그 뒤에 위의 표에 보이는 내용 가운데 '어제 서문'과 '예의', 그리고 '정인지 서문'이 실려 있다. 원래 한문으로 된 책의 일부 내용을 발췌한 것이므로 이 실록본 역시 한문으로 되어 있는 한문본이다. 나머지는 앞서 언급한 언해본으로서 '어제 서문'과 '예의'를 우리말로 번역한 것인데, 1449년 세조 5년에 간행된 『월인석보(月印釋譜)』의 맨 앞에 실려 있다. 『월인석보』는 『월인천강지곡(月印千江之曲)』과 『석보상절(釋譜詳節)』을 합친 책으로 석가모니의 일대기를 그린 책인데, 한글로 지어졌기 때문에 그 앞에 훈민정음에 관한 내용을 수록한 것으로 보인다.

정리하면, 『훈민정음』의 이본에는 크게 한문으로 된 한문본과 한글을 사용해서 이를 우리말로 번역한 언해본이 있다. 그리고 한문본은 1446년에 발간된 원래의 독립된 책과 이후 그중 일부가 실록에 실린 것으로 다시 나뉘는데, 실록에 실려 있는 것은 대개 실록본이라고 부른다. 실록본과 언해본은 언급한 것처럼 원래의 내용이 일부만 담겨 있고, 특히 '해례' 부분이 모두 빠져 있다. 따라서 1446년에 원래 간행된 『훈민정음』을 해례본이라고 부르는 것이다.

『훈민정음』의 이본과 표기법 논란

지석영은 1896년 12월 『대조선독립협회보』라는 잡지에서 국문을 어떻게 써야 할 것인가에 대해 논하면서 소리의 높낮이에 따라 점을 찍어야 한다고 주장했다. 즉 글자는 모름지기 말소리를 정확히 구별해서

적을 수 있어야 하는데 현재의 국문은 예컨대 한자 '東, 動, 棟'을 모두 '동'으로밖에 적을 수 없고, 이런 문제 때문에 국문으로 쓴 글을 읽기가 어렵다는 것이다. 이를 해결하기 위해 평성에는 점을 찍지 않고, 상성에는 점 하나, 거성에는 점 둘을 찍어 이들을 구별해야 한다고 역설했는데, 그는 이 주장의 근거를 무주 적상산 사고(史庫)에 보관되어 있던 『세종실록』에서 찾고 있다. 비록 직접 본 것은 아니고 전해 들은 내용이었지만, 그럼에도 실록본 『훈민정음』이 국문을 어떻게 적을 것인가 하는 데에 중요한 근거로 제시되는 거의 첫 사례이다.

물론 지석영의 주장은 여러 가지 오류에 기초하고 있다. 우선 세종 당대와 달리 현대 한국어는 소리의 높낮이로 낱말의 의미를 구별하지 못한다. 또 『훈민정음』에는 상성에 점 둘, 거성에 점 하나를 찍게 되어 있는데 지석영은 이 둘을 뒤바꾸어 놓았다. 점을 찍어 소리의 높낮이를 구분해야 한다는 이 주장은 주시경에게도 영향을 주었으나 1910년 이후에는 거의 영향력을 발휘하지 못한다. 그런데 '예의'에 있는 "종성부용초성(終聲復用初聲: 종성은 다시 초성을 가져다 쓴다)"이라는 구절은 근대계몽기 '국문론'에는 물론이고 1940년 해례본이 발견되기 전까지 30년대의 표기법 논의에도 대단히 큰 영향력을 발휘한 것이다.

1905년 지석영으로부터 실록본을 얻어 본 주시경은 바로 이 "종성부용초성" 규정을 확인하고 대단히 기뻐했다. 그 이유는 자신이 이즈음에 주장하기 시작한 새로운 한글 표기법이 바로 이 규정과 딱 맞아 들어간다고 보았기 때문이다. 그가 주장한 새로운 표기법에 관해서는 다음 3장에서 자세히 논하겠지만, 간략히 말하면 그는 당시에 받침으로 쓰던 7자(ㄱ, ㄴ, ㄹ, ㅁ, ㅂ, ㅅ, ㅇ) 외에 다른 자음 글자들을 모두 다 받침으로 써야 한다는, 당시로서는 대단히 특이한 주장을 하고 있었다.

즉 'ㄷ'은 물론이고 'ㅈ, ㅊ, ㅌ, ㅍ, ㅎ', 더 나아가 'ㅄ, ㄺ, ㆆ' 등과 같은 것들도 모두 받침으로 써야 한다고 보았던 것이다.

워낙 당대의 표기 관행과는 괴리가 있는 것이어서 주시경의 표기법에 손을 들어주는 사람은 거의 찾을 수가 없었다. 그러던 차에 『훈민정음』에서 발견한 '종성부용초성'을 주시경은 '종성에는 모든 초성을 다시 쓸 수 있다'는 뜻으로 해석하고 자신의 표기법이 오히려 훈민정음 창제 당시의 표기 원리에 부합한다고 보았던 것이다. 주시경의 생각에 동의하는 사람들이 나타나기 시작한 것도 바로 이 훈민정음 '예의'에 '종성부용초성' 규정이 있다는 사실이 알려지고 난 뒤부터이다. 그러나 1940년의 해례본이 발견되면서 이런 해석은 오해였음이 드러난다. 즉, 해례본에 실려 있는 '종성해'에는 종성으로는 'ㄱ, ㄴ, ㄷ, ㄹ, ㅁ, ㅂ, ㅅ, ㅇ'의 여덟 자면 충분하다는 규정이 따로 있었던 것이다.

심지어 '빗곶'(배꽃)이나 '엿의 갗'(여우 가죽)과 같이 'ㅈ'이나 'ㅊ', 'ㅿ' 등도 받침으로 쓰는 것이 가능은 하겠지만, 그렇게까지 할 필요는 없고 이들은 모두 'ㅅ' 받침으로 한다는 부연 설명까지 달았다. 이는 단순히 받침은 8자만 쓴다는 것이 아니라, 주시경이 주장한 것과 같은 표기가 가능하다는 것은 알고 있지만 그렇게 할 필요가 없음을 분명히 한 것이다. 따라서 해례본의 이 종성해는 자신의 표기법이 훈민정음 창제 당시의 표기 원리와 부합한다고 생각했던 주시경에게는 큰 타격이 될 수도 있었을 텐데, 이 해례본은 조선어학회의 〈통일안〉(1933)이 완성되고 난 뒤에야 발견되었다. 그러나 주시경 당대에 해례본이 발견되었다고 해서 주시경이 자신의 주장을 철회했을 것 같지는 않다. 왜냐하면 주시경은 『훈민정음』의 '예의'를 근거로 자신의 표기법을 생각해낸 것이 아니라 그 이전부터 독자적인 논리를 토대로 그러한 표기법을 구상해냈던 것이기 때문이다. 이에 대해서는 3장에서 다시 자세하게 다루도록 하겠다.

『훈민정음』과 관련한 표기법 논란에 대해서 한 가지 더 언급할 것은 된소리 표기와 관련한 것이다. 1920~30년대의 한글 표기법 논란 중에는 된소리 표기를 그 당시의 관습적인 방식, 즉 'ㅅㄱ, ㅅㄷ, ㅅㅂ'과 같은 식으로 할 것인가, 아니면 'ㄲ, ㄸ, ㅃ'과 같은 식으로 새롭게 개혁할 것인가 하는 문제가 있었다. 예를 들어 '쌍'이 옳으냐, '땅'이 옳으냐 하는 문제이다. '땅'으로 바꾸어야 한다는 쪽이 근거로 제시한 것은 역시 『훈민정음』이다. '예의'에서는 'ㄱ, ㄷ, ㅂ' 등을 '병서(並書)'하라, 즉 나란히 쓰라고 했으며, 언해본에는 그에 해당하는 것으로 '끃(虯), 땀(覃), 뽕(步)'과 같은 표기를 보여주고 있다. 따라서 된소리를 『훈민정음』 당대의 표기에 맞게 'ㄲ, ㄸ, ㅃ'으로 적는 것이 맞다는 주장이 가능하다.

그러나 언해본에서 같은 글자 두 개를 나란히 써서 'ㄲ, ㄸ, ㅃ'로 표기한 것은 'ㅆ'을 제외하면 대체로 고유어가 아니라 한자의 음을 표시한 것이며 더구나 그것들은 모두 현재는 된소리로 발음되지 않는 것들이었다. 위에서 든 예 '끃(虯), 땀(覃), 뽕(步)'도 모두 한자의 음일뿐더러 이들은 각각 현재에는 '규, 담, 보'로 발음되는 것이어서 된소리가 아니다. 즉, 된소리 아닌 예사소리에 'ㄲ, ㄸ, ㅃ'를 쓴 것이다. 그런데 언급한 바와 같이 'ㅆ'를 제외하면 고유어에서는 "ㄲ, ㄸ, ㅃ" 같은 표기가 전혀 등장하지 않고, 『용비어천가』나 『월인석보』 등의 문헌을 확인해보면 고유어의 경우 오히려 현재의 된소리에 해당하는 것들이 'ㅅ고리, ㅅ굼, ㅅ다, ㅅ덕, ㅅ벼, ㅅ뽕나무(이는 각각 현재의 '꼬리, 꿈, 땅, 떡, 뼈, 뽕나무'에 해당함)' 등과 같이 표기된 예를 쉽게 찾을 수 있다. 따라서 된소리를 'ㅅㄱ, ㅅㄷ, ㅅㅂ'으로 표기해야 옳다고 주장했던 이들도 나름의 이유가 있었던 것이다. 그리고 이것이 〈통일안〉 제정 이전까지 유지되었던 관습적인 표기이기도 했다.

사실 1940년에 발견된 해례본에서는 'ㄲ, ㄸ, ㅃ'과 같은 것을 각자병서라고 하고 'ㅺ, ㅼ, ㅄ'과 같은 것을 합용병서라고 했는데, 전자의 예로 '혀'(지금의 '켜')를, 후자의 예로 '짜'(지금의 '땅')를 들고 있다. 따라서 두 표기가 다 가능한 것인데, 현재의 된소리에 해당하는 것들은 대개 합용병서('ㅺ, ㅼ, ㅄ')로 적혀 있었다. 다만, 당시에 '짜'이라고 적은 것을 지금의 된소리, 즉 [따]로 읽었는가 하는 데에는 이론의 여지가 많다. 즉 훈민정음 창제 당시에는 'ㅼ'을 [st]와 같이 각 글자의 음가 그대로 읽었을 가능성이 크기 때문이다. 물론 이에 대해서는 여전히 논란이 없지 않다. 다만, 앞서 받침 표기처럼 이 된소리 표기 역시 1920~30년대 표기법 논쟁에서 중요한 주제였으며 각자의 주장을 『훈민정음』에서 찾고 있었다는 점만을 우선 기억하고, 실제 구체적인 논의의 양상은 뒤에서 다시 다루기로 하자.

훈민정음에 대한 오해와 진실

근대계몽기 이후 표기법 관련 논의의 근거로 사용된 전통문헌에 대해 다루기에 앞서 책으로서의 『훈민정음』이 아니라 글자로서의 훈민정음에 대해 몇 가지 사항을 짚고 넘어가겠다. 국문으로 불리기 시작하면서부터 훈민정음은 세계 어디에 내놔도 손색이 없는 최고 수준의 글자라는 상찬이 줄곧 이어져왔다. 물론 한글이 어느 글자보다도 과학적인 글자임에는 분명하다. 그러나 대단한 글자라는 자부심이 너무나 크다 보니 본의 아닌 오해도 없지 않은 듯하여 한글에 관한 몇 가지 오해에 대해 언급하고 싶다.

우선 훈민정음 창제의 목적이다. 우리는 대개, 글자생활을 하지 못하는 백성들을 안타까이 여긴 세종이 한글을 창제한 것으로 알고 있다. 물론 그런 목적이 없지는 않았지만, 그보다 세종이 더 관심을 기울인 부분은 동아시아의 보편 문자였던 한자의 음을 정비하는 것이었을 가능성이 크다. 특히 중국에서 표준 한자음으로 통용되던 것을 기준으로 해서 조선에서의 표준 한자음을 정하려는 의지가 강했다. 앞서 언해본의 한자음에서 지금의 '규(虯)'를 '끃'로 '보(步)'를 '뽕'로 적은 것은 당시의 한자음이 그랬기 때문이 아니라 그것을 교정하려고 했기 때문이었다. 세종 당대에 편찬한『동국정운』과 세종 때에 시작되어 단종 때 완성된『홍문정운역훈』과 같은 책은 바로 한자음의 교정에 필요한 것들이었다. 이렇게 본다면 세종이 백성에게 가르치고자 한 올바른 소리, 즉 '훈민정음(訓民正音)'은 사실 한자의 음이었을 가능성이 크다.

백성들의 글자생활을 위한 훈민정음 창제라는 것 역시 한자를 모르는 그들에게 유교적인 가르침을 전하기 위해『삼강행실도』와 같은 그림책을 펴낸 것과 동일한 맥락에서 이해해야 할 것이다. 어리석은 백성들을 그림으로, 혹은 쉬운 글자로 교화하고자 했던 것이지, 조선의 공적이고 학술적인 담론에서 한자를 몰아내고 한글을 전 사회적인 의사소통의 매체로 삼으려 했다고 보기는 어렵다. 세종이 총명하고 지혜로운 왕이었던 것은 분명하지만, 그는 어디까지나 계급을 기반으로 한 중세 사회의 군주였을 뿐이다.

훈민정음이 훌륭한 글자라는 데에는 이견이 없지만, 이 세상의 모든 소리를 적을 수 있는 글자라는 평가 역시 과하다. 훈민정음은 어디까지나 한국어를 적기 위해 아주 정교하게 만들어진 글자이다. 물론 정인지는 해례에서 바람소리와 학이 우는 소리, 그리고 닭이 울고 개가 짖는 소리까지 다 훈민정음으로 적을 수 있다고 했다("雖風聲鶴唳 鷄鳴狗吠 皆可得而書矣"). 우리는 정말 '꼬끼오'하고 닭 우는 소리를 한글로 적을 수 있다. 그러나 영어권에서 닭은 'cock-a-doodle-doo'하고 운다고 생각한다. 우리한테 '멍멍'으로 들리는 개 짖는 소리를 영어권에서는 'bow-wow'라고 한다.

즉, 정인지는 훈민정음으로 닭 우는 소리, 개 짖는 소리를 다 적을 수 있다고 했지만, 그 소리는 정말 자연 그대로의 동물 울음소리가 아니라 어디까지나 한국어라는 필터를 통해 걸러진 소리이다. 우리는 문이 '삐그덕'하고 열리는 소리를 한글로 적을 수 있지만, 그 '삐그덕'하고 들리는 소리는 자연 그대로의 날것이 아니라 한국어 어휘 체계 속에 들어와 있는 의성어일 뿐이다. 다시 말해 한글은 이 세상 모든 소리를 온전히 적을 수 있다기보다는 한국어를 정확하게 적을 수 있게 과학적으로 설계된 글자이다. 한국어 음운체계에 없는 영어권의 'f, v, th' 같은 소리를 한글로 적기가 곤란한 것 역시 그래서이다.

그렇다면 한국어를 정확히 적을 수 있게 과학적으로 설계되었다는 것은 무엇을 의미하는 것일까? 그것은 무엇보다도 한국어의 음운체계를 정확하게 파악하고 그에 입각해서 글자를 만들었다는 뜻이다. 자음 글자의 경우 조음 위치와 조음 방법에 따라 소리를 계열화하고 그에 대응해서 글자를 만들었다. 더 나아가 조음 위치에 따라 기본자 하나를 정하고 여기에 획을 하나씩 더하거나 중복하는 방식으로 글자들을 만들어나갔기 때문에 조음 위치가 같으면 그 형태가 유사하고 조음 방식이 같으면 기본자에 변형을 가한 방식이 같다. 예컨대 윗잇몸과 혀끝 사이에서 나는 소리인 'ㄴ, ㄷ, ㅌ, ㄸ, ㄹ'은 모두 'ㄴ'에서 출발했기 때문에 모양이 비슷하다. 알파벳의 'n, d, t, r' 등에 아무런 유사성이 없는 것과 좋은 대조를 이룬다.

이렇게 한국어 음운체계를 정확하게 파악한 뒤에 만들어진 글자이기에 훈민정음, 즉 한글은 세계 그 어떤 문자보다도 과학적이라고 할 수 있다. 훈민정음 창제자(들)가 파악한 한국어의 음운체계는 현대 언어학 이론으로 보더라도 별 손색이 없다. 그런데 그들은 어떻게 그런 '과학적' 분석을 할 수 있었을까? 그들, 특히 세종이 중국의 성운학(聲韻學)에 정통했기 때문이다. 성운학이란 간단히 말해 한자의 음운을 연구하는 학문이다. 훈민정음 창제의 목적으로 한자음의 교정을 말했는데, 훈민정음의 과학적 근거를 찾는 데서도 다시 한자의 문제로 돌아오게 되는 것이다. 한자의 음을 제대로 파악하기 위한 학문이었던 성운학을 통해 세종은 한국어의 음운체계를 체계적으로 정리할 수 있었던 것이다(성운학에 대해서는 『화동정음통석운고』를 다루면서 다시 언급하겠다).

세종이 이해한 성운학은 성리학 체계를 전제로 한 것이라는 점도 아울러 지적해야 하겠다. 『훈민정음』 해례의 핵심을 이루는 제자해의 첫 문장은 "천지의 도는 오직 음양과 오행뿐이다(天地之道 一陰陽五行而已)"이다. 훈민정음은 음양오행이라는 동아시아의 중세적 세계관을 그 밑바탕으로 하고 있었다. 그래서 소리의 분류 역시 '목, 화, 토, 금, 수'라는 오행에 따라 이루어졌다. 오행에 맞추어 분류된 다섯 가지 소리, 즉 오음(五音: 아, 설, 순, 치, 후)은 방위(동, 남, 중앙, 서, 북)와 계절(춘, 하, 계하, 추, 동), 색깔(청, 적, 황, 백, 흑), 심지어 신체의 장기(간, 심, 비, 폐, 신)와 인간이 지켜야 할 도리(인, 예, 신, 의, 지)에까지 대응되는 것이었다. 현대를 사는 우리는 음양오행을 미신적인 것으로 생각하지만, 세종은 이 '미신적인' 음양과 오행에 기초해서 우리말의 음운체계를 '과학적'으로 분류했던 것이다.

2. 한자 학습서와 운서에 호출된 훈민정음

『훈몽자회』

『훈민정음』의 실록본이나 언해본이 일반에 잘 알려지기 전인 근대계몽기의 '국문론'에서 한글 표기법과 관련하여 자주 언급되던 문헌은 최세진의 『훈몽자회(訓蒙字會)』이다. 물론 지석영 같은 이는 자신이 마련한 국문 개혁안(「신정국문」)의 기본 토대를 이 책에서 찾았고 주시경은 자신의 새로운 표기법을 주장하면서 이 책의 저자인 최세진이 국문을 망친 주범이라고 비난했을 정도로, 평가는 엇갈렸다. 그러나 훈민정음에 관한 신뢰할 만한 문헌이 절대적으로 부족했던 당시의 상황에서 이 책이 차지하는 비중은 상당히 높을 수밖에 없었다.

그런데 이『훈몽자회』는 아이들에게 한자를 가르칠 목적으로 간행된 책이다. '훈몽(訓蒙)'이란 아이들을 가르친다는 뜻이고, '자회(字會)'란 글자를 모아놓았다는 의미인데, 이때의 글자란 한자를 말한다. '字'라는 글자는 20세기 초까지도 한자만을 뜻하는 것이어서, '자음(字音)'이라고 하면 여느 일반적인 글자가 아니라 대개 한자의 음을 말하는 것이었다. 마찬가지로 '훈몽자회'의 '자' 역시 훈민정음을 포함한 여타의 일반적인 글자가 아니라 한자를 뜻한다. 보편 문어로서의 한문의 권위가 절대적이었던 당시의 상황을 고려하면 이해할 수 있는 대목이다.

1527년에 발간된 『훈몽자회』는 상, 중, 하 3권으로 구성되어 있는데, 각 권마다 1120자씩 총 3360자의 한자가 수록되어 있다. 이 책의 저자인 최세진은 연산군에서 중종 때에 활동한 중인 출신의 학자인데, 특히 중국어에 능통하여 외교문서 작성 등에서 중요한 역할을 했던 것으로 알려져 있다. 그가 저술한 책으로는 중국어 학습서인 『번역노걸대』와

『번역박통사』가 유명하고 그 외에도 『사성통해』라는 운서(韻書)를 남겼다. 운서란 한시의 운율을 맞추기 위해 필수적인 운(韻)을 기준으로 한자를 분류한 책이다. 『훈몽자회』 역시 중국어와 한자에 대한 그의 전문적인 지식이 발휘된 책인데, 『천자문』과 같은 당시의 한자 학습서가 고사성어 등의 추상적인 어휘 위주로 이루어져 아동용으로는 적합하지 않다고 보아 이 책을 지었다고 한다.[2]

그렇다면 국문의 표기법을 논하던 이들은 왜 아동용 한자 학습서인 『훈몽자회』에 주목했던 것일까? 그것은 최세진이 이 책에서 제시한 3300여 자의 한자에다 한글, 당시 표현으로는 언문으로 그 음과 훈을 밝혀놓았고 또 앞부분에 이 언문의 사용법에 대한 간략한 설명을 붙였기 때문이다. 예컨대 이 책의 본문 제일 처음에 등장하는 글자는 '天'과 '地'인데 여기에 각각 '하ᄂᆞᆯ텬', '따디'라고 한글로 각각 음과 훈을 표시해놓은 것이다. 3300여 자의 한자에 이렇게 당시의 고유어(하ᄂᆞᆯ, 따)와 한자음(텬, 디)을 기록해놓았기 때문에 그 시절의 우리말이 어떠했는지를 알 수 있는 매우 중요한 자료가 된다. 그런데 한글 표기법에 관해서더 주목해야 할 부분은 언문에 대한 설명 부분이다.

이 책의 상권에는 본문이 시작되기 전에 '범례(凡例)'가 실려 있는데, '범례'의 끝에 '언문자모(諺文字母)'라는 제목 아래에 자신이 사용한 한글의 체계와 용법을 간략히 규정했다. 우선 그는 당시의 언문(최세진은 한글에 대해 '훈민정음'이라는 표현을 쓰지 않았다)을 크게 세 부류로 나누었다. 첫째는 초성과 종성에 모두 쓸 수 있는 글자, 둘째는 초성에만 쓸 수 있는 글자, 셋째는 중성에만 쓸 수 있는 글자이다. 아래에서 볼 수 있듯

2) 이상 이기문, 『훈몽자회 연구』(한국문화연구총서 5), 서울대학교 한국문화연구소, 1971 참조.

이 세 번째의 중성에만 쓸 수 있는 글자는 'ㆍ'를 제외하면 현재의 것과 완전히 동일하다. 아래는 최세진이 제시한 '언문자모'에 관한 세 가지 규정과 그에 대한 현대어 해석이다. (번호는 원문에 없는 것인데, 편의상 붙였다.)

① 初聲終聲通用八字

ㄱ其役 ㄴ尼隱 ㄷ池(末) ㄹ梨乙 ㅁ眉音 ㅂ非邑 ㅅ時(衣) ㆁ異凝

② 初聲獨用八字

ㅋ(箕) ㅌ治 ㅍ皮 ㅈ之 ㅊ齒 △而 ㅇ伊 ㅎ屎

③ 中聲獨用十一字

ㅏ阿 ㅑ也 ㅓ於 ㅕ余 ㅗ吾 ㅛ要 ㅜ牛 ㅠ由 ㅡ應(不用終聲) ㅣ伊 ㆍ思

(不用初聲)

(※ 'ㄷ' 옆의 '末', 'ㅅ' 옆의 '衣'는 원래 괄호가 아니라 동그라미 안에 들어 있던 것인데, 한자의 음이 아니라 훈으로 읽으라는 표시이다. 즉, '衣'를 '의'가 아니라 그 훈인 '옷'으로 읽으라는 것인데, '末'은 현재는 '끝 말'이지만 당시에는 '귿 말'이었으므로 '귿'으로 읽으라는 뜻이다. 이 밖에도 몇 가지 설명이 삽입되어 있는데, 여기서는 생략했다.)

① 초성 종성에 모두 쓰는 8자

ㄱ기역 ㄴ니은 ㄷ디귿 ㄹ리을 ㅁ미음 ㅂ비읍 ㅅ시옷 ㆁ이응

② 초성에만 쓰는 8자

ㅋ키 ㅌ티 ㅍ피 ㅈ지 ㅊ치 △싀 ㅇ이 ㅎ히

③ 중성에만 쓰는 11자

ㅏ아 ㅑ야 ㅓ어 ㅕ여 ㅗ오 ㅛ요 ㅜ우 ㅠ유 ㅡ으 ㅣ이 ㆍ ㅇ

③은 'ㆍ'를 제외하면 현재와 같으므로, 문제가 되는 것은 ①과 ②이다. 최세진은 초성 가운데 'ㄱ, ㄴ, ㄷ, ㄹ, ㅁ, ㅂ, ㅅ, ㅇ'은 종성에도 쓸 수 있지만, 'ㅋ, ㅌ, ㅍ, ㅊ, ㅈ, ㅊ, ㅿ, ㅇ, ㅎ'은 종성에 쓸 수 없다고 보았다. 이는 물론 앞서 살펴본『훈민정음』종성해의 규정과 일치하는 것이다. 그러나 해례본을 보지 못한 이들 입장에서는 판단이 다를 수 있었다. 그런 이유 때문에 앞서 설명한 것처럼 지석영은 이『훈몽자회』의 규정에 입각해서 자신의 국문 개혁안을 발표했지만, 주시경은 받침에 올 수 있는 글자를 8자로 제한한 것은『훈민정음』의 근본 정신을 저버린 망극한 행동이라고 비난해 마지않았다. 그러나 결과적으로『훈민정음』에서『훈몽자회』로 이어지는 받침 표기의 원리를 따른 지석영이 아니라 오히려『훈민정음』에서 거부한 방식을 주장한 주시경의 방식이 채택되었다는 것은 아이러니한 일이 아닐 수 없다. 주시경과 그의 제자들이 어떤 논리와 방식으로 그들의 표기법, 결국 현재 우리가 쓰고 있는 표기법을 지식인 사회와 대중에 설득하고 관철해나갔는지는 차차 설명하겠다.

그런데『훈몽자회』'범례'가 우리에게 중요한 것은 현재 쓰고 있는 자모의 명칭과 순서가 여기에서 유래하는 것이기 때문이기도 하다. 물론 최세진은 글자의 이름과 그 순서를 정하겠다는 생각이 전혀 아니었고, 각 글자가 어떠한 소리로 나는지, 즉 그 음가(音價)를 표시해주고 싶었던 것이었다. 예컨대 'ㄱ'의 음가를 나타내주기 위해 '기'와 '역'을 보기로 들어 각각 초성에서 나는 'ㄱ'의 소리와 종성에서 나는 'ㄱ'의 소리를 나타낸 것이다. 이는 ①에 모두 해당되는 것이다.

그런데 ①의 글자들을 잘 살펴보면 'ㄱ, ㄷ, ㅅ'을 제외하고는 모두 초성의 음가는 모음 '이'의 첫소리로, 종성의 음가는 모음 '으'의 받침으로만 표시해주고 있음을 알 수 있다. 최세진은 아마도 '기역, 디귿, 시옷'도 '기윽, 디은, 시읏'과 같이 규칙적으로 표시해주고 싶었겠으나, '윽, 은, 읏'에 해당하는 한자가 없었기 때문에 '윽' 대신 '역(役)'을 쓰고 '은, 읏'에서는 그마저도 어려워서 '말(末)'과 '의(衣)'의 훈(訓)을 빌려 '귿, 옷'으로 할 수밖에 없었던 것이다. 이처럼 각 글자의 소리가 초성과 종성에서 어떻게 실현되는지를 보여주기 위해서 예로 들었던 것이 현재 우리가 쓰는 자모 명칭의 유래가 되었다고 할 수 있다. ②의 글자들도 종성에 쓰게 하면서 현재와 같은 2음절 명칭('키윽, 티읕' 등)으로 정착하게 되는데, 이에 대해서도 역시 뒤에서 다시 다루겠다.

자모 명칭뿐만 아니라, 다소의 차이는 있으나 자모의 순서 역시 대체로 『훈몽자회』의 이 범례에서 비롯된 것으로 보아야 할 것이다. 『훈민정음』 예의에서 서술되는 순서는 'ㄱ'이 제일 처음이고 그 뒤에 이것의 병서(竝書), 즉 'ㄲ'이 설명되고, 그 다음에 'ㅋ'과 'ㆁ'이 온다. 그 뒤에는 'ㄷ-(ㄸ)-ㅌ-ㄴ, ㅂ-(ㅃ)-ㅍ-ㅁ' 등의 순서이니 지금과는 사뭇 다르다. 『훈몽자회』에서 유래하는 이 자모의 명칭과 순서는 이후 「신정국문」과 「국문연구의정안」에서 변화를 겪다가 조선어학회의 〈통일안〉에 이르러 현재와 같이 정리된다.

『화동정음통석운고』

『화동정음통석운고(華東正音通釋韻考)』에 대해 언급하기 위해서는 우선 '운서'에 대한 설명이 필요하겠다. 운서는 앞서 간략히 언급한 바와 같이 운(韻)에 따라 한자를 분류한 책이다. 중국에서는 전통적으로 한자의 음절을 둘로 나눌 때 초성을 하나로, 그리고 그 나머지인 중성과 종성을 합한 것을 또 다른 하나로 나눈다. 즉, 한 음절을 '초성+(중성+종성)'의 구조로 파악했다는 것인데, 이때 앞부분인 초성을 '성모(聲母)', 뒷부분인 '(중성+종성)'을 '운모(韻母)'라고 한다. 예컨대 '東(동, tong)'을 둘로 나누었을 때 성모는 초성인 'ㄷ, t'이고 운모는 중성+종성인 'ㅗㅇ, ong'이 된다.

이 성모와 운모에 대한 학문이 바로 성운학이다. 그런데 한글이나 알파벳 같은 표음문자가 없었던 중국인들은 앞서 보인 음절의 분해 과정을 한자로 설명해야 했다. 그래서 앞의 '東'의 음을 둘로 나누어 표시할 때 '德紅切'이라고 했는데, '德(덕)'의 성모로 '동, tong'의 'ㄷ, t'을, '紅(홍)'의 운모로 '동, tong'의 'ㅗㅇ, ong'을 표시하는 방식이다. 즉, '德'의 성모('t')와 '洪'의 운모('ong')를 합치면 '東'의 온전한 음('tong')이 되는 것이다. '절(切)'은 음절을 둘로 나누었다는 뜻인데, 이런 방식을 '반절(反切)'이라고 하고, 성모를 표시하는 글자를 반절 상자(上字), 운모를 표시하는 글자를 반절 하자(下字)라고 한다. 전통적으로는 훈민정음을 반절이라고도 불렀는데, 이는 훈민정음이 하나의 음절을 쪼갠 것이라는 의미를 담고 있다. 물론 중국의 반절은 한 음절을 둘로 나눈 데에 비해, 훈민정음은 셋으로 나누었다는 데에 큰 차이가 있다.

그런데 한자음에는 성조에 따라 평성(平聲), 상성(上聲), 거성(去聲), 입성(入聲)의 사성(四聲)이 있다. 앞에서 말한 운모에 이 사성을 합친 것이 바로 '운(韻)'이 된다. '東'의 음을 반절로 '德紅切'이라고 표시했을 때 반절 하자인 '紅'은 '東'과 성조까지 같아야 한다(이 경우에는 상성이다). 그리고 이렇게 운이 같은 한자끼리 분류해놓은 책이 바로 운서인 것이다. 운서는 중국에서는 물론이고 우리나라에서도 매우 중요하게 다루어졌다. 성운학이라는 것 자체가 경전을 해석하고 세상의 이치를 논하는 '대학'을 위해 필수적으로 요청되는 '소학'의 중요한 분야였기 때문이기도 했지만, 무엇보다도 한시 작법에서는 운을 맞추는 압운이 핵심적인 요소였기 때문이었다. 그때그때 운에 맞추어 한시를 지어내야 했던 조선의 사대부들에게 운서는 필수품이었던 것이다.[3]

세종이 훈민정음을 창제하고 나서 가장 힘을 기울여 진행한 작업 가운데 하나인『동국정운』(1447)은 우리나라에서 처음으로 간행한 운서이고 ,『홍무정운역훈』(1455)은 중국의 운서를 번역한 것이다. 또 앞서 언급한 최세진은 이『홍무정운역훈』을 보완하기 위해『사성통해』(1517)라는 운서를 지었다. 박성원이 1747년에 간행한『화동정음통석운고』역시 우리나라 한자음을 교정하기 위한 운서인데, 중국에서 통용되는 화음(華音)과 조선의 동음(東音)을 함께 배열했다는 특징이 있다. 그런데 이 책 역시 중국과 조선의 한자음을 한글로 표시했기 때문에 범례에 그에 대한 간략한 설명을 덧붙였다. 특히 아래와 같이 자음 글자들을 오음(五音)으로 분류한 표를 제시하고 각각 그 특성을 기술한 부분은 훈민정음에 관한 문헌에 목말라하던 근대계몽기 지식인들에게 주목의 대상이었다.

角	牙音	ㄱㅋㆁ	
徵	舌音	ㄷㅌㄴ	變徵半舌音ㄹ
商	齒音	ㅈㅊㅅ	
羽	脣音	ㅂㅍㅁ◇	
宮	喉音	ㅇㅎ	變宮半喉音ㅿ

---

3) 성운학 및 조선 시대의 운서에 대해서는 최영해,『중국어 음운학』, 통나무, 2000; 강신항,『(증보 개정판) 국어학사』, 보성문화사, 1992; 박형익,『한국 자전의 역사』, 역락, 2012 등 참조.

예컨대 1899년 5월 2일에서 3일에 걸쳐 『황성신문』에 실린 「국문원류(國文原流)」라는 글에서는 위의 내용이 '국문의 원류'로서 제시되어 있다. 기자 시대부터 써온 한문을 대신하여 문무에 능하신 세종께서 국문을 지으셨으니 지금의 대황제께서 그 뜻을 이어받으려고 한다는 전반부의 내용에 이어 후반부에서는 그 국문의 원류가 바로 이런 것이라는 뜻으로 『화동정음통석운고』의 범례 부분을 제시하고 있는 것이다. 물론 아래에서 보듯이 『훈민정음』 해례에서 제시된 내용과는 다소 다른 점이 있다. 그러나 해례본은커녕 실록본마저 쉽게 접할 수 없었던 당시의 상황에서는 『화동정음통석운고』의 이러한 기술은 주목의 대상이 되지 않을 수 없었다(아래의 표는 해례본의 내용에 근거하여 위의 『화동정음통석운고』의 표를 수정한 것이다).

角	牙音	ㄱㅋㆁ	
徵	舌音	ㄷㅌㄴ	半舌ㄹ
商	齒音	ㅅㅈㅊ	**半齒 ㅿ**
宮	脣音	ㅂㅍㅁ	
羽	喉音	ㆆㅎㅇ	

아울러 이 『화동정음통석운고』의 말미에는 최세진이 『훈몽자회』에서 제시한 '언문자모'의 세 가지 분류, 즉 '초종성 통용 8자, 초성 독용 8자, 중성 독용 11자'가 실려 있다. 『황성신문』의 「국문원류」에도 이 부분까지 그대로 실려 있는데, 정황상 『훈몽자회』를 직접 보았다기보다는 이 『화동정음통석운고』에 실린 내용을 옮겨 실은 것으로 보인다. 만약 『훈몽자회』를 직접 보았다면 연대가 앞서는 최세진의 분류를 먼저 제시했을 텐데, 제시된 순서가 『화동정음통석운고』와 같다는 점에서

그런 추측이 가능한 것이다. 1905년경의 것으로 알려진 주시경의 『국문문법』에서도 똑같은 내용이 인용되고 있는데, 심지어 그는 책 이름을 '훈민자회'라고 잘못 인용하고 있다. 결국 주시경도 이때까지는 『훈몽자회』를 직접 보지 못한 채 『화동정음통석운고』만을 참조했을 것으로 추측된다.

직접 보았든 혹은 간접적으로 내용을 파악했든 『훈몽자회』와 『화동정음통석운고』는 1900년대 초반의 국문 관련 논의에서 대단히 중요하게 여겨진 문헌이었던 걸로 보인다. 1905년에 지석영이 작성하고 고종의 재가를 받아 반포된 「신정국문(新訂國文)」이 바로 이 두 문헌의 내용을 기본적인 틀로 삼고 있기 때문이다.

3. '국문'의 새로운 교정을 위한 발걸음

「신정국문」

「신정국문(新訂國文)」은 1905년 7월 지석영이 올린 상소를 고종이 재가한 문서이다. '신정(新訂)'이란 새로 교정한다는 뜻이므로 '신정국문'이란 국문을 시대에 맞추어 새롭게 교정한다는 뜻이 될 터이다. 물론 이 개혁안이 대한제국이라는 국가적 차원에서 실시되지는 못했지만, 이로 인해 국문에 대한 논란이 더욱 촉발되고 1907년 학부에 국문연구소가 설치되는 계기가 된 것으로 평가받는다.[4] 「신정국문」은 ① 오음상형변(五音象形辨), ② 초중종삼성변(初中終三聲辨), ③ 합자변(合字辨), ④ 고저변(高低辨), ⑤ 첩음산정변(疊音刪正辨), ⑥ 중성이정변(重聲釐正辨)의 여섯 부분으로 이루어졌는데, 이들에 대해 간략히 설명하고 특히 ②에 대해 현재의 자모 규정과 관련하여 언급하겠다.

'오음상형변'은 위의 「화동정음통석운고」에서 제시한 오음(五音)의 분류표를 교정한 것인데, 'ㅿ'이 후음으로 되어 있던 것을 치음으로 바로잡고 'ㆆ'도 되살렸다. 그런데 더 눈에 띄는 것은 여기에 제시된 글자들이 각각 어떤 것을 상형(象形)했는가, 즉 어떤 모양을 본떠서 만들어졌는가 하는 점을 추가했다는 점이다. 즉, 'ㄱ'은 어금니 모양을, 'ㄴ'은 혀의 모양, 'ㅁ'은 입의 모양, 'ㅅ'은 이의 모양을 본 뜬 것이라는 등의 설명을 추가했다. 물론 이는 『훈민정음』의 설명과는 다르다. 예컨대 『훈민정음』에서는 'ㄱ'에 대해 "혀뿌리가 목구멍을 막는 모양(舌根閉喉之形)"을, 'ㄴ'에 대해 "혀가 윗잇몸에 닿는 모양(舌附上齶之形)"을 본떴

---

4) 「신정국문」에 대한 전반적인 사항은 김민수, 「신정국문(新訂國文)에 관한 연구」, 『아세아문화연구』의 Ⅵ-Ⅰ, 1963 참조.

다고 했다. 지석영이 '오음상형변'에서 설명한 상형의 원리로 든 것은 홍양호가 「경세정음도설서(經世正音圖說序)」라는 글의 마지막 부분에 덧붙인 '초성상형도(初聲象形圖)'의 내용 그대로이다. 그러나 지석영이 제시한 오음의 표는 『화동정운통석운고』의 틀을 그대로 유지한 것이다.

두 번째 '초중종삼성변'은 『훈몽자회』의 '언문자모' 규정을 틀로 하여 초성과 중성, 종성에 적을 수 있는 자모를 나열한 것인데, 구체적인 내용은 다른 항목들을 먼저 설명한 뒤에 다시 다루겠다. 세 번째의 '합자변'은 초성과 중성, 종성이 합하여 한 음절을 이룬다는 것을, 네 번째 고저변은 상성과 거성은 점을 하나 찍어서, 점을 찍지 않는 평성 및 입성과 구별한다는 것을 규정한 것이다. 다섯 번째 '첩음산정변'은 'ᄀ, ᄂ, ᄃ, ᄅ' 등이 결과적으로 '가, 나, 다, 라' 등과 같아 중복되므로 전자는 폐지한다는 것을, 여섯 번째 '중성이정변'은 'ᄭ, ᄯ, ᄲ' 등의 된소리 표기방식은 옳지 않으므로 'ㄲ, ㄸ, ㅃ'으로 바로잡는다는 것이다.

결국 「신정국문」에는 아래아('ㆍ')와 된소리 표기 문제를 포함하여 근대계몽기에 다루어진 국문 관련 쟁점들이 대거 반영된 것이라 하겠다. 그 가운데 두 번째의 '초중종삼성변'의 내용을 살펴보면 아래와 같다.

　　신정국문 초중종삼성변
　　초성종성통용팔자(初聲終聲通用八字)
　　　　　ㄱ기윽 ㄴ니은 ㄷ디읃 ㄹ리을 ㅁ미음 ㅂ비읍 ㅅ시옷 ㅇ이응
　　초성독용육자(初聲獨用六字)
　　　　　ㅈ지 ㅊ치 ㅋ키 ㅌ티 ㅍ피 ㅎ히
　　중성독용십일자(中聲獨用十一字)
　　　　　ㅏ아 ㅑ야 ㅓ어 ㅕ여 ㅗ오 ㅛ요 ㅜ우 ㅠ유 ㅡ으 ㆍ ᅟᆜ으 ㅣ이

위의 내용을 보면 『훈몽자회』에서 제시한 '언문자모'의 세 가지 분류, 즉 '초종성 통용 8자, 초성 독용 8자, 중성 독용 11자'를 기본 틀로 하되 이를 새로이 교정한 것임을 알 수 있다. 종성으로는 『훈민정음』 및 『훈몽자회』와 마찬가지로 8개 글자만 쓸 수 있다고 규정하고 있으며, 그 종류도 동일하다. 그런데 그 글자의 음가를 『훈몽자회』에서는 '其役, 尼隱' 등과 같이 한자로 표시했다면 여기서는 '기윽, 니은'처럼 한글을 사용했다는 차이가 있다. 그리고 한글을 사용했으므로 모든 글자의 음가를 초성은 'ㅣ'의 앞에, 종성은 '으'의 받침으로 예외 없이 규칙적으로 표시해줄 수 있게 되었다. 즉, '기역, 디귿, 시옷'이 아니라 '기윽, 디읃, 시읏'으로 해서 다른 글자들과 동일한 방식을 적용한 것이다. 사실 북한에서는 이 「신정국문」에서와 같은 자모 명칭을 사용하고 있다. 왜 〈통일안〉에서는 다시 '기역, 디귿, 시옷'으로 되돌아갔을지에 대해서는 7장에서 다루도록 하겠다.

'ㅈ, ㅊ, ㅋ, ㅌ, ㅍ, ㅎ' 등은 『훈몽자회』와 마찬가지로 종성으로 쓸 수 없다고 규정했기 때문에 여전히 '지읒, 치읓, 키읔' 등이 아니라 '지, 치, 키'처럼 음가 표시가 1음절로 되어 있다. 다만, 『훈몽자회』에서는 초성에 올 수 있는 것으로 보았던 'ㅿ'이 빠졌고, 또 'ㅇ'과 'ㆁ'이 둘로 구별되었던 것을 하나로 합치게 됨으로 인해 초성에만 쓰이는 글자의 숫자가 6개로 줄어들었다. 『훈민정음』에서는 'ㅇ'는 소리 없음, 즉 초성에 자음이 오지 않음을 표시하는 글자였고 'ㆁ'는 '웅'의 받침에 오는 소리([ng])를 나타내는 글자였는데, 이를 현재처럼 하나로 합친 것이다. 이렇게 해서 자음 글자의 숫자가 14개가 되었는데, 이는 현재의 개수와 일치하는 것이고 그 순서도 현재와 동일하다.

'중성 독용 11자' 역시 각 글자의 소리를 한자가 아닌 한글로 표시해주었으며, 그 순서도『훈몽자회』및 현재의 것과 거의 동일하다. 다만,『훈몽자회』에 있던 'ㆍ'가 없어지고「신정국문」에서는 'ᆖ'라는 생소한 글자가 생겼다는 것이 다르다. 물론 현재는 'ㆍ'도 'ᆖ'도 없다는 사실은 두말할 필요가 없다. 사실「신정국문」은 'ㆍ' 대신에 'ᆖ'라는 새로운 글자를 만들었다는 점이 가장 큰 특징인데, 이것이 논란이 되어 결국 1907년 국문연구소의 설립에까지 이어졌다는 것이 통설이다.

'ᆖ'라는 글자를 만들어야 한다는 지석영의 입장은 'ㆍ'가 'ㅣ'와 'ㅡ'의 합음(合音)이라는 주장에서부터 시작한다.『훈몽자회』에 제시된 중성자 중에 단모음은 'ㅏ, ㅓ, ㅗ, ㅜ, ㅡ, ㅣ'인데, 이 단모음 가운데 'ㅣ'를 제외하면 모두가 이 'ㅣ'와 결합하여 이중모음을 만든다. 즉 'ㅣ'와 'ㅏ'는 'ㅑ'를, 'ㅣ'와 'ㅓ'는 'ㅕ'를, 'ㅣ'와 'ㅗ'는 'ㅛ'를, 'ㅣ'와 'ㅜ'는 'ㅠ'를 만든다. 오직 'ㅡ'만이 'ㅣ'와 결합한 이중모음이 없다. 따라서 그 음가를 알 수 없었던 'ㆍ'가 바로 'ㅣ'와 'ㅡ'의 결합으로 이루어지는 이중모음이어야 한다는 것이다. 그런데 'ㆍ'라는 글자의 모양은 'ㅣ'와 'ㅡ'와는 너무나 다르므로 다른 이중모음을 참고하여 'ᆖ'라는 글자를 새로 만들자는 것이 지석영의 생각이었던 것이다.

물론 이는 완전한 오해였다.『훈민정음』해례에 따르면 'ㆍ'는 'ㅣ'와 'ㅡ'의 합음이 아니었고, 오히려 이 세 글자는 다른 모음 글자를 만들어내는 가장 원초적인 글자였다. 해례에 따르면 중성은 천지인(天地人) 삼재(三才)로부터 시작하는데, 'ㆍ'가 바로 천(天), 'ㅡ'가 지(地), 'ㅣ'가 인(人)을 상징하는 것이었다. 근대계몽기 '국문론'에서 'ㆍ'라는 글자가 도대체 어떠한 소리를 나타내는 것인가 하는 문제는 풀기 어려운 난제였다. 주시경은 한때 이 'ㆍ'를 '아래아'라는 이름에 착안해서 'ㅏ'와 같되 그보다 낮은 소리라고 보기도 했고,『국문강의』라는 책에서는

'ㆍ'가 'ㅣ'와 'ㅡ'의 합음이라는 사실을 자신이 지석영에게 알려주었다고 회고한 바도 있다.

어쨌든 지석영이 상소의 형태로 올린 이「신정국문」은 고종의 재가를 받았으나, 특히 'ㆍ' 대신 'ㅡ'라는 글자를 새로 만들자는 안에 대해 논란이 일었고, 결국 국문연구소가 세워져 근대계몽기의 '국문론'을 큰 틀에서 정리하기에 이른다.

「국문연구의정안」

국문연구소는 대한제국 시절인 1907년 7월 교육에 관한 업무를 맡아 보던 관청인 학부(學部)에 설립되어 1909년 12월까지 운영되었다. 위원장은 윤치오(학무국장)였으며 어윤적, 이능화, 주시경, 지석영, 이종일, 현은 등이 위원으로 활동했는데, 현재 남아 있는 개인 보고서 등으로 미루어 보았을 때 이들 가운데 어윤적, 이능화, 주시경의 활약이 단연 돋보인다. 국문연구소는 전체 위원들의 의견을 모아 만든 최종 보고서「국문연구의정안(國文硏究議定案)」을 남겼는데, 그 외에도 개별 위원들이 자신의 의견을 최종적으로 정리한 보고서들을 한데 묶은『국문연구』와 매번 회의 때마다 각각의 주제에 맞추어 작성한 개인 보고서를 모은『국문연구안』등의 자료가 남아 있다.[5]

국문연구소의 운영 방식을 살펴보면 다음과 같다. 우선 위원장이 해당 회의에서 다루어야 할 문제를 각 위원들에게 제출하면, 그 문제에 대해 위원들이 자신의 입장을 정리하여 연구안을 제출한다. 위원장은 이 연구안을 수합한 뒤 이를 전체 위원에게 나누어주고 상호 검토하도

---

5) 이기문,『개화기의 국문 연구』, 일조각, 1970 및 한동완,『국문연구의정안』, 신구문화사, 2006 참조.

록 한다. 동료 위원들의 연구안을 검토한 후에 자신의 의견을 달아 위
원장에게 제출하면 위원장은 이를 바탕으로 평정안을 작성하고 이를
토대로 전체 위원들이 모여 회의를 진행한 후 최종 결론을 도출한다.
이런 방식을 통해 작성된 최종 보고서가 바로 「국문연구의정안」인데,
여기에는 다음과 같은 10가지 문제가 다루어져 있다.

일 국문의 연원과 자체(字體) 및 발음의 연혁

이 초성 중 ㆁㅎㅿㆆ묭병퐁뼝 8자의 부용(復用) 당부(當否)

삼 초성의 ㄲㄸㅃㅆㅉㆅ 6자 병서의 서법 일정(一定)

사 중성 중 ㆍ자 폐지 ᆖ자 창제의 당부(當否)

오 종성의 ㄷㅅ 2자 용법 및 ㅈㅊㅋㅌㅍㅎ 6자도 종성에 통용 당부(當否)

육 자모의 칠음과 청탁의 구별 여하(如何)

칠 사성표의 용부(用否) 및 국어음의 고저법

팔 자모의 음독(音讀) 일정(一定)

구 자순 행순의 일정(一定)

십 철자법

이러한 10가지 문제를 다룬 「국문연구의정안」은 앞서도 언급한 바
와 같이 근대계몽기에 다루어지던 국문 관련 논의들의 총정리라고 할
수 있다. 훈민정음의 연원은 어디에 있으며, 이 글자들은 원래 어떻게
쓰는 것이 옳은가, 만약 이전 방식에 변화를 주어 새롭게 개혁해야 한
다면, 어떤 방향으로 어떻게 수정할 것인가 하는 내용 등이 폭넓게 다
루어져 있기 때문이다. 예컨대 위의 첫 번째 항목은 국문이 어떻게 만
들어졌으며 이후 어떤 변화를 겪어왔는가 등을 다루었는데, 이는 앞서

언급한 『황성신문』의 「국문원류」를 연상시키는 내용이다. 그러나 그 기술은 한결 정교해졌는데, 특히 훈민정음이라는 글자가 세종 25년 계해년에 만들어지고 그로부터 3년 후에 이를 해설하는 책 『훈민정음』이 편찬되었다고 하여 이때 이미 글자로서의 훈민정음과 책으로서의 『훈민정음』을 명확히 분리하여 인식하고 있음을 보여준다.

「국문연구의정안」이 다룬 두 번째 문제는 이제는 더 이상 사용될 필요가 없는 글자들을 정리하기 위한 것이었다. 'ㅇ'과 'ㆁ'는 통합되었으며(「국문연구의정안」에서는 이 둘 중 'ㅇ'를 쓰도록 했다.), 'ㅿ, ㆆ, ㅸ'는 세종 당대와 달리 이제는 우리말에서 의미가 없는 소리가 되었고, 'ㆁ, ㅱ, ㆄ, ㅹ'는 애초부터 중국 한자음을 표시하기 위한 것이었으므로 사용할 이유가 없다고 했다. 세 번째 문제는 된소리 표기를 'ㅅㄱ, ㅅㄷ, ㅅㅂ'이 아니라 'ㄲ, ㄸ, ㅃ'과 같은 식으로 하자는 것인데, 「신정국문」과 같은 결론이다. 네 번째는 'ㆍ'와 관련한 것인데, 지석영이 제안한 'ᆖ'라는 글자는 폐기되고 'ㆍ'와 'ㅏ'를 구별하여 사용할 방법을 찾아보자는 것이 결론이었다.

다섯 번째 문제는 종성 표기에 관한 것인데, 「국문연구의정안」의 큰 특징 가운데 하나는 바로 이 부분이다. 앞서 본 바와 같이 『훈몽자회』와 「신정국문」에서는 종성으로 쓸 수 있는 글자를 'ㄱ, ㄴ, ㄷ, ㄹ, ㅁ, ㅂ, ㅅ, ㅇ(ㆁ)' 8자로 한정했다. 그러나 이 「국문연구의정안」에서는 그 외에 'ㅈ, ㅊ, ㅋ, ㅌ, ㅍ, ㅎ'까지 모두 종성, 즉 받침으로도 쓸 수 있도록 했다. 이런 결정에는 위원으로 활동한 주시경과 어윤적의 역할이 컸다. 그리고 이들의 가장 강력한 근거는 앞에서 언급한 바대로 『훈민정음』예의에 등장하는 '종성부용초성'이라는 표현이었다. 물론 주시경은 예의의 이것을 보기 전부터 자신의 독자적인 표기법을 발전시켰지만,

'종성부용초성'이라는 구절은 그의 주장을 강하게 뒷받침해주는 것이었다. 어윤적과 같은 보수주의자가 전통적인 표기법과는 완전히 다른 혁신안을 지지한 것 역시 그 때문이었다. 그러나 이런 표기방식은 당시로서는 쉽게 받아들이기 어려운 것이었기에 1930년대까지도 많은 논란을 야기할 수밖에 없었다.

여섯 번째는 『화동정음통석운고』에서 보인 것과 같은 초성의 분류 체계에 관한 것이다. 아래의 표가 바로 그것인데, 이를 『화동정음통석운고』의 오음과 비교해보면 우선 '청음, 격음, 탁음'의 분류 기준이 추가된 것을 알 수 있다. 이는 성운학에서 소리를 청탁(淸濁)으로 구별하던 것을 염두에 둔 것으로 보이는데, 『훈민정음』에서 전청(全淸), 차청(次淸), 전탁(全濁), 불청불탁(不淸不濁)으로 나눈 것과는 차이가 있다. 『훈민정음』에서의 불청불탁에 해당하는 'ㆁ, ㄴ, ㅁ' 등은 모두 청음으로 분류되었고, 전청은 나머지 청음, 차청은 격음, 전탁은 탁음에 해당한다.

	청음(淸音)	격음(激音)	탁음(濁音)
아음(牙音)	ㆁ ㄱ	ㅋ	ㄲ
설음(舌音)	ㄴ ㄷ ㄹ	ㅌ	ㄸ
순음(脣音)	ㅁ ㅂ	ㅍ	ㅃ
치음(齒音)	ㅅ ㅈ	ㅊ	ㅆ ㅉ
후음(喉音)	ㅎ		

일곱 번째 문제는 평, 상, 거, 입 사성(四聲)에 따라 점을 찍어 구별해야 하는가인데, 「국문연구의정안」에서는 사성 자체가 국어에는 해당하지 않는다며 소리의 길고 짧음만 구별하면 된다고 보았다. 즉 장음에는 점 하나를 찍고, 단음에는 점을 찍지 않는 방식이다. 훈민정음이 창제

되던 15세기에는 음의 높낮이로 뜻이 구별되는 경우가 있었으나 이제는 높낮이가 아니라 길고 짧음, 즉 장단이 그것을 대신하게 된 점을 비로소 인식하게 되었다는 점에서 중요한 부분이 아닐 수 없다.

여덟 번째와 아홉 번째 문제는 자모의 이름과 순서에 관한 것이다. 우선 눈에 띄는 것은 아래에서 보듯이 자모의 이름이다. '기역, 디귿, 시옷'이 아니라 '기윽, 디은, 시옷'으로 한 것은 「신정국문」과 같은데, 그와 달라진 것은 이때 비로소 'ㅈ, ㅊ, ㅋ, ㅌ, ㅍ, ㅎ'도 2음절 이름을 갖게 되었다는 점이다. 이는 「신정국문」까지는 이들을 종성으로는 쓸 수 없다고 보았기 때문에 초성 음가만 가지고 있었던 데에 비해 「국문연구의정안」에서는 이들을 종성으로도 쓸 수 있다고 규정했기 때문에 종성 음가까지 갖게 되었기 때문이다.

ㅇ이응 ㄱ기윽 ㄴ니은 ㄷ디은 ㄹ리을 ㅁ미음 ㅂ비읍 ㅅ시옷 ㅈ지읒 ㅎ히
웅 ㅋ키윽 ㅌ티읕 ㅍ피읖 ㅊ치읓

다음으로 언급할 사항은 자모의 순서가 대단히 특이하다는 점이다. 'ㅇ'이 'ㄱ' 앞에 와서 첫 번째 글자가 되고, 'ㅎ'이 맨 뒤가 아니라 'ㅈ' 과 'ㅋ' 사이에 왔으며, ㅊ이 맨 뒤로 갔다. 「신정국문」의 순서가 현재의 것과 완전히 동일했다는 점을 생각하면 이렇게 정한 이유가 궁금해지지 않을 수 없는데, 아마도 바로 위에서 본 표를 기준으로 한 것 같다. 즉 오음과 청탁을 기준으로 새로 작성한 이 표에서 청음에 해당하는 '아, 설, 순, 치, 후'를 먼저 배열하고, 그 뒤에 격음에 해당하는 것을 다시 '아, 설, 순, 치 후'의 순서로 놓은 것이다. 아음에서 'ㅇ'이 'ㄱ' 앞에 온 것은 설음의 'ㄴ'이 'ㄷ'보다, 순음의 'ㅁ'이 'ㅍ'보다 먼저 온 것

을 참조했으리라고 여겨진다. 'ㅇ, ㄴ, ㅁ'은 'ㄱ, ㄷ, ㅂ'보다 여린 소리이고 유성음이므로 이들 모두 같은 성질을 갖는다고 할 수 있기 때문이다.

열 번째 문제는 '철자법'이다. 국문연구소에서 3년간 논의한 철자법에 대한 결론은 그러나 다소 허망하다. 「국문연구의정안」의 이 열 번째 문제에 대한 답은 단 한 줄뿐인데, 이에 대해서는 위원들 간의 이견이 없었다는 설명과 함께, '『훈민정음』 예의대로 쓰라'는 것이 전부이다. 그것이 무엇을 의미하는지는 불분명하다. '종성부용초성'을 뜻하는 것이라면 이미 다섯 번째 문제에서 다룬 것이고, 초성-중성-종성 셋을 합하여 하나의 음절로 만든다는 뜻이라고 해도 별 의미가 있는 내용은 아니다. 현재의 표기법이 어떠한 과정 속에서 완성되었는가 하는 시각에서 보았을 때는 특히 실망스러운 대목이 아닐 수 없다.

그런데 사실 「국문연구의정안」에서 다룬 10가지 문제는 우리가 현재 따르고 있는 「한글 맞춤법」 규정은 물론이고 1933년의 〈통일안〉과도 그 성격이 매우 다르다. 「신정국문」도 마찬가지이지만, 「국문연구의정안」은 논의의 초점이 글자 자체에 가 있었다. 즉, 어떤 글자를 쓸 것이냐 말 것이냐 하는 문제에만 초점이 맞추어져 있었으며, 기껏해야 이 글자를 종성에 쓸 수 있느냐 없느냐 정도의 문제가 다루어졌을 뿐이다. 그 외에는 국문의 역사가 어떻게 되는가, 아니면 이들의 이름이나 순서 등을 어떻게 할 것이냐 하는 것이 전부였다. 어떤 단어를 A로 적기도 하고 B로 적기도 하는데 과연 어떤 표기가 옳은가, 그 이유나 원칙은 무엇인가와 같은 논의가 이루어지지는 않았던 것이다.

예컨대 '텬디'가 옳으냐 '천지'가 옳으냐, 아니면 '노동'으로 쓸 것이냐 '로동'으로 적을 것이냐 하는 문제에 대해서 「신정국문」이나 「국문

연구의정안」은 답을 줄 수 없다. 이런 표기들은 모두 나름의 타당한 이유가 있기 때문에 이를 해결하기 위해서는 일정한 원리와 원칙이 필요할 수 있다. 우리가 채택하고 있는 표기법은 그러한 원리와 원칙 아래에서 작성된 것인데, 이러한 의미의 표기법 규정은 조선총독부의 언문철자법에 가서야 그 형태를 갖추게 된다. 그러나 「신정국문」이나 「국문연구의정안」에서는 찾아볼 수 없는 표기의 원리와 원칙에 관한 내용이 이들이 작성되던 시기 주시경의 저술에서는 나타나고 있었다. 그리고 이것은 이후 조선총독부의 언문철자법을 거쳐 조선어학회의 〈통일안〉으로 가는 과정에서도 매우 중요한 역할을 하게 된다.

3장에서는 바로 이 주시경의 표기이론이 어떠한 과정 속에서 제출되었으며 '국어문법'과는 어떠한 관계를 맺고 있는지에 대해 살펴보도록 하겠다.

제3장

타자의 시선과 '국어문법'의 발견: 주시경의 표기법과 문법

주시경이 자신의 표기법을 처음으로 제시한 것은 『국문문법』(1905)에서이다. 이 책의 거의 마지막 부분에서, 그는 우리말에는 종성에도 'ㄷ, ㅌ, ㅍ, ㅈ, ㅊ, ㄲ'과 같은 것들이 많이 있음에도 불구하고, 글에는 이런 것들을 받침에 쓰지 않기 때문에 말과 글이 서로 달라지게 되었으며, 글이 '원체, 본음, 법식'에 맞지 않게 되었다고 지적한다. 국문이 매우 혼잡하고 문리가 없어지게 된 것 역시 그 때문이라는 것이다. 그에 따르면 원체와 본음과 법식에 맞게 글을 쓸 때 비로소 말과 글이 일치할 수 있으며 그것은 종성에도 'ㄷ, ㅌ, ㅈ, ㅊ, ㄲ' 같은 글자를 쓰는 것에서부터 출발한다. 'ㄷ'은 『훈민정음』과 『훈몽자회』에서도 받침으로 쓸 수 있는 것이었지만, 이미 이 시기에는 'ㄷ'마저 더 이상 받침으로는 쓰이지 않고 'ㅅ'이 그것을 대신하고 있었다.

주시경은 예컨대 당시에 일반적으로는 '더퍼도, 더프면, 덥고' 또는 '덥허도, 덥흐면, 덥고'라고 쓰고 있지만, 원체와 본음과 법식에 따르자면 '덮어도, 덮으면, 덮고'가 맞는 표기라고 설명한다. 그리고 아래와 같이 받침으로 'ㄷ'과 'ㅅ'을 잘 가려서 써야 할 뿐만 아니라 'ㅌ, ㅈ, ㅊ, ㅍ, ㄲ' 등도 받침으로 써야 한다며 그 예를 들어주고 있다.

우리말의 ㅅ종성: 씻(洗), 쌧(奪), 솟(湧), 잇(有), 리웃(隣), 못(淵) 등

우리말의 ㄷ종성: 걷(撤), 닫(閉), 묻(埋), 믿(信), 받(受), 북돋(培) 등

우리말의 ㅌ종성: 옅(淺), 같(似), 맡(住), 흩(散), 긑(末), 밭(田) 등

우리말의 ㅈ종성: 꾸짖(叱), 잊(忘), 맞(迎), 맺(結), 부딪(着), 찢(裂) 등

우리말의 ㅊ종성: 좇(從), 및(及)

우리말의 ㅍ종성: 읊(吟), 앞(痛), 높(高), 앞(前)

우리말의 ㄲ종성: 섞(雜), 깎(削), 닦(修), 엮(編)

지금의 관점에서 보면 위의 표기가 너무나 당연하지만 'ㅌ, ㅊ, ㅍ' 등을 받침으로 쓰는 것은 훈민정음 창제 이래로 매우 희귀한 일이었기 때문에, 주시경의 제안은 당시로서는 대단히 낯선 것이었다. 그가 한글 표기 옆에 한자를 괄호 속에 넣어 병기한 것은 이 표기가 어떤 단어를 뜻하는 것인지를 당시의 독자들로서는 이해하기 어려웠기 때문이다. 물론 2장에서 언급한 바와 같이 「국문연구의정안」에서는 주시경과 어윤적의 강력한 주장으로 초성에 오는 글자는 모두 종성에도 쓸 수 있다고 했지만, 주시경처럼 그 실례를 보여주지도 않았을 뿐만 아니라 그 이유를 '국어문법'과 연관 지어 설명하지도 않았다. 그런 점에서 주시경의 '본음, 원체, 법식'에 따른 표기법은 당시로서는 매우 새롭고 혁신적인 것이었을 수밖에 없다.

　이 장에서는 이와 같은 주시경의 표기법이 어떠한 과정을 거쳐서 나올 수 있었으며, 그것의 구체적인 실체는 무엇인지, 더 나아가 '국어문법'의 관점에서 볼 때 그것이 의미하는 바는 무엇인지를 살펴보겠다. 우선 주시경이 본격적으로 자신의 주장을 펴기 전의 이력을 검토하겠다. 그가 제안한 본음, 원체, 법식에 따른 표기원칙을 어떻게 구상하게 되었는지, 그 실마리를 찾을 수 있기 때문이다.

1. 타자의 시선으로 본 우리말

주시경의 1905년 이전의 이력에 관하여

다음 페이지의 표는 주시경의 이력을 연도별로 '학업 및 사회 활동'과 '국문/국어 관련 활동', '저술'로 나누어 정리한 것이다. 물론 '국문/국어' 관련 활동과 사회 활동이 분명히 구분될 수 있는 것은 아니나 논의의 편의상 이렇게 나누었다.

이 표를 보면 1905년부터 주시경의 국문, 국어 관련 활동이 비약적으로 증가하고 주요 저술 역시 이때부터 본격적으로 나타나기 시작한다는 것을 알 수 있다. 그 이전에는 주로 배재학당, 이운학교, 흥화학교 등에서의 학업이나 독립협회, 독립신문 등에서의 사회 활동이 있었을 뿐이다. 참고로 이운학교에서는 선박의 운항 기술을, 흥화학교에서는 측량 기술을 배웠다. 이런 공부가 근대적 지식의 습득을 위한 것임에는 틀림없지만, 국문이나 국어 연구와는 별로 관계가 없는 이력이라고 하겠다. 물론 독립신문에서는 교보원으로서 지금의 교열에 해당하는 일을 담당하기도 했지만, 1905년 이후 각급 학교에서의 국어 강의, 국어강습소 설립, 문법서 저술과 같은 전문적인 활동과 비교하기는 어렵다.

따라서 1905년 이후부터 비로소 주시경이 국문이나 국어와 관련하여 전문적인 연구와 활동을 하기 시작했다고 보는 것이 타당할 터이다. 그렇다면 1905년 이전의 어느 시점에선가 주시경은 최소한 『국문문법』에 나타나는 정도의 생각을 가다듬었고, 1905년 이후에는 이를 알리고 수정·보완하기 위해 부단한 노력을 기울였다고 보아야 할 것이다. 그런 점에서 눈에 띄는 대목은 1901년경부터 1905년 사이의 주시

	학업 및 사회 활동		국문/국어 관련 활동		저술
1876	출생				
1894	배재학당 입학				
1895					
1896	배재학당 (특별과/ 보통과)	관립 이운학교	독립신문 교보원	국문동식회 조직	
1897					「국문론」1, 2
1898		독립협회 위원			
1899			제국신문 기재(記載)		
1900		흥화학교 양지과			
1901					「말」
1902			외국인 한어 교사		
1903					
1904					
1905			각급 학교 국어교사 (1910년까지 지속)		『國文文法』
1906		서우학회 협찬원	가정잡지 교보원		『國文講義』,「국문」
1907	정리사 (精理舍)		국문연구소 연구위원 상동청년학원 내에 하기 국어강습소, 국어 야학과 설치		「국어와 국문의 필요」,「必尙自國言文」,『國文研究案』,『安南亡國史』
1908			국어연구학회(봉원사)		『말』,『國語文典 音學』
1909			국어연구학회 강습소 1회		『國文研究』
1910			국어연구학회 강습소 2회		『國語文法』,「한나라말」
1911			조선어강습원 중등과 1회		『朝鮮語文法』(2판)
1912			강습원 중등과 2회, 고등과 1회		『소리갈』
1913			강습원 중등과 3회, 고등과 2회		『朝鮮語文法』(3판)
1914			강습원 중등과 4회, 고등과 3회		『말의 소리』

경의 행적인데, 그 이전의 왕성한 사회 활동과 학업, 또 그 이후의 국문이나 국어 관련 활동 및 저술과 비교해 이 시기는 이상하리만치 활동이 적다. 따라서 『신학월보』에 「말」이라는 짧은 글을 발표한 것을 제외하면 이 시기의 유일한 활동이라 할 '외국인 한어(韓語) 교사'라는 이력에 주목하지 않을 수 없는 것이다.

현재 남아 있는 주시경의 이력서 15통을 검토해보면 그 가운데 5통에서 외국인에게 '국어', 또는 '한어(韓語)'를 가르쳤다는 기록이 확인된다. 대체로 1900년 혹은 1901년 1월부터 1905년 9월까지 영미인에게 우리말을 가르쳤다는 내용인데, 이와 관련하여 주시경이 스크랜턴(W. B. Scranton)의 국어 교사였다는 증언도 있다.[1] 이력서에 따르면 주시경은 5년이라는 결코 짧지 않은 기간 동안 외국인들에게 우리말을 가르친 것인데, 그 기간 이후 국어와 국문 관련 저술 및 활동이 비약적으로 증가한다는 점을 어떻게 해석해야 할까. 여기서 한 가지 추정할 수 있는 점은 주시경이 이 '한어 교사' 시절 우리말을 외국인의 입장에서, 다시 말해 비모어 화자라는 '타자의 시선'에서 바라볼 기회를 가졌을 수 있다는 점이다. 이 '타자의 시선'을 통해 바라본 우리말에서 주시경은 과연 어떤 새로운 사실을 발견할 수 있었던 것일까?

음운변동 규칙의 발견과 주시경의 표기법

주시경은 1905년부터 서울 시내 각급 학교에서 국어를 강의했는데, 그 처음이 상동청년학원이었고 거기에서 강의한 내용이 바로 『국문문법』에 담겨 있다. 그런데 그 내용을 살펴보면 제1과에서 제7과까지는 그

---

1) 김민수, 『초기 국어문전 연구—특히 『대한문전을』 중심으로 하여』, 통문관, 1975: 91쪽.

가 이전에 썼던 글들에서 이미 기술했던 것이거나 당시에 일반적으로 알려진 국문 관련 사실들로 이루어져 있다. 그런데 '제7과 자음'에 이어지는 '무음(無音)'과 '상접변음(相接變音)'이라는 부분은 그가 이전에 어디서도 밝힌 바 없고, 또 다른 이들의 국문 관련 논의에서도 찾아볼 수 없는 내용이다. '무음'이란 '년세, 례물' 등이 '연세, 예물'로 소리 나는 현상, 즉 두음법칙에 관한 것이고, '상접변음'이란 아래에서 보는 바와 같이 하나의 음운이 다른 음운을 만났을 때 그 영향으로 소리가 변하는 현상, 흔히 자음동화라고 알려진 것이다. (번호는 원래 없는 것인데 편의상 붙였다.)

①　ㄱ이 ㄴ이나 ㄹ이나 ㅁ 우에셔는 ㅇ으로 변ᄒᄂ니라 본) 빅년, 빅만, 빅리

②　ㄴ이 ㄹ 우에셔는 ㄹ로 변ᄒᄂ니라

③　ㄷ이 ㄴ이나 ㄹ이나 ㅁ 우에셔는 ㄴ으로 변ᄒᄂ니라

④　ㅂ이 ㄴ이나 ㄹ이나 ㅁ 우에셔는 ㅁ으로 변ᄒᄂ니라 본) 십년, 십류, 십만

⑤　ㅅ이 ㄴ이나 ㄹ이나 ㅁ 우에셔 ㄴ으로 변ᄒᄂ니라 본) 몃리[幾里], 잇ᄂ니라[有], 갓모[笠帽]

⑥　ㅌ ㅈ ㅊ가 ㄴ ㄹ ㅁ 우에셔는 ㄴ으로 변ᄒᄂ니라 이와 달은 쌍음과 탁음들도 단음ᄌ의 변흠과 갓ᄒ니 어ᄂ 것이던지 이를 미루어 쓸 거시니라

①은 'ㄱ'이 그 뒤에 'ㄴ, ㄹ, ㅁ'이 오면 'ㅇ'으로 변한다는 것을 말하는데, '백년[뱅년], 백만[뱅만], 백리[뱅니]'가 그 예로 제시되었다. ②

는 예를 보이지는 않았으나 '신라[실라]'에서와 같이 'ㄴ'이 'ㄹ' 앞에서 'ㄹ'로 변한다는 것이다. ③은 '받는[반는], 맏며느리[만며느리]' 등에서 보듯이 'ㄷ'이 'ㄴ, ㅁ' 등의 앞에서 'ㄴ'으로 변하는 것, ④는 '십년[심년], 십류[심뉴], 십만[심만]'에서와 같이 'ㅂ'이 'ㄴ, ㅁ' 등의 앞에서 'ㅁ'으로 변하는 것을 말한다. ⑤는 '시냇물[시낸물]'에서처럼 'ㅅ'이 'ㄴ, ㅁ' 등의 앞에서 'ㄴ'으로 변하는 것을, ⑥은 '홑몸[혼몸], 맞는[만는], 쫓는[쫀는]'에서 보듯이 'ㅌ, ㅈ, ㅊ'이 'ㄴ, ㅁ' 앞에서 'ㄴ'으로 변하는 것을 말하는데, 받침으로 쓰인 'ㅅ, ㅌ, ㅈ, ㅊ'이 모두 'ㄷ'으로 소리 난다는 점에서 ⑤와 ⑥은 사실 ③을 전제로 하고 있다고 하겠다.

하나의 음운이 다른 음운과 만나 그 소리가 변하는 이와 같은 음운변동 현상은 지금은 중고등학교 국어문법 시간에도 배우는 매우 상식적인 내용이다. 그러나 국문을 논하던 이들 가운데 이러한 음운변동을 비교적 체계적으로 정리한 것은 주시경이 처음이다. 그렇다면 외국인들에게 우리말을 가르친 이후 비로소 기술되기 시작한 이 '무음'과 '상접변음'이 갖고 있는 특징은 무엇일까? 앞서 '무음'은 두음법칙에 해당한다고 했다. '법칙'이라는 점에서 이 두음법칙은 일정한 규칙을 따르는 현상이다. 즉, 어떤 의미의 낱말이냐를 가리지 않고 특정한 음운 환경에 있는 'ㄹ'은 규칙적으로 'ㄴ' 혹은 'ㅇ'으로 변하는 것이다.

'상접변음'에 해당하는 음운변동 현상도 모두 대단히 규칙적인 현상이다. 즉, 어떤 어휘인가를 따지지 않고 일정한 음운 환경에서는 예외 없이 일어나는 변동이다. 그런데 모어 화자의 입장에서는 이러한 변동을 자각하거나 의식하기 매우 어렵다는 특징이 있다. 그러한 규칙을 사전에 인지하고 그것을 의식해가며 발음하는 것이 아니라 무의식적인 층위에서 일어나는 현상이기 때문이다. 즉 '먹는다'를 발음하려고 보니 받침 'ㄱ'의 뒤에 'ㄴ'이 왔으니 'ㄱ'을 'ㅇ'으로 소리 내야겠구나, 하고 의식하면서 발음하는 것이 아니라, 무의식적인 차원에서 자동적으로 일어나는 음운변동이라는 것이다.

따라서 모어 화자에게는 이 변동이 너무나 당연하고 자연스러워서 이것을 새삼스레 가르치거나 강조할 필요가 없다. 이런 변동 규칙이 당시 '국문'에 관심을 가지고 사회적 발언을 하던 이들에게 전혀 관심을 끌 수 없었던 것은 그 때문이다. 모어 화자들은 이를 인식하는 것 자체가 쉽지 않은 일이고, 게다가 그들에게 이를 가르쳐야 할 이유는 더더욱 없었다. 그러나 비모어 화자들이라면 이 변동 규칙에 즉각적으로 반응할 것이다. 모어 화자에게는 자연스럽고 당연해서 아무런 문제도 일으키지 않지만, 이 규칙을 공유하지 않는 타자에게는 이 규칙 자체가 큰 장벽으로 다가오기 때문이다. 따라서 비모어 화자라는 타자의 시선으로 보았을 때 비로소 명확해지는 것이 바로 음운변동 규칙이고, 이를 주시경은 '무음'과 '상접변음'이라는 개념으로 정리한 것이다.

그런데 『국문문법』에서 이 '상접변음' 다음에 이어지는 내용이 바로 주시경 특유의 표기법, 즉 '본음, 원체, 법식'에 맞는 표기를 주장하는 부분이다. 사실 '상접변음'에서 '본음, 원체, 법식'이란 개념으로 연결되어가는 것은 매우 자연스러운 일이다. '백년'의 'ㄱ'이 'ㄴ' 앞에서 'ㅇ'으로 변한다는 게 '상접변음'이라면, 이러한 음운의 변동을 표기에 반영하지 않고 본래의 음을 적어야 한다는 것이 바로 그의 표기이론이기 때문이다. 이렇게 본다면 그의 '본음, 원체, 법식'에 따른 표기법 역시 음운변동 규칙의 발견과 더불어 '한어 교사' 시절에 나왔을 가능성이 크고, 만약 그렇다면 이 역시 '타자의 시선'으로부터 출발한 것일 가능성을 배제할 수 없다.

사실 이 음운변동 규칙에 대한 주시경의 정리가 온전히 독창적인 것이라고 할 수는 없다. 지적한 바와 같이, 이 음운변동은 무의식적 차원에서 일어나는 자동적인 현상이므로 모어 화자에게는 잘 인식되지 않고 또 하나의 지식으로 교육하거나 학습할 필요도 별로 없는 것이다. 그러나 한국어를 배우려고 하는 비모어 학습자의 입장에서는 반드시 이러한 음운변동 규칙을 체계적으로 학습해야 할 필요가 있다. 따라서 근대 시기 우리말을 외국어로서 학습하고 연구하던 외국인 선교사들의 여러 저작에는 이러한 음운변동 규칙이 상세히 기술되어 있었다. 예컨대 파리 외방선교회 소속의 리델(F. C. Ridel)이 프랑스어로 쓴 한국어 문법서 『Grammaire Coréenne』(1881)나 미국의 장로교 선교사였던 언더우드(H. G. Underwood)가 펴낸 『한영문법』(1890) 등에서는 공통적으로 'ㄱ'과 'ㄹ'에 대해 다음과 같은 설명을 하고 있다. 즉 'ㄱ'이 보통 [g]나 [k]로 소리 나지만 'm, n, r' 앞에서는 [ng]이 된다거나 'ㄹ'이 환경에 따라 [l, r, n]으로 실현된다는 내용이 바로 그것이다.

앞서 설명했듯이 비모어 화자들에게 이와 같은 음운변동 현상은 한국어를 배우는 과정에서 즉각적으로 부딪히는 문제일 수밖에 없고, 따라서 중요한 관찰의 대상이 될 수밖에 없었을 것이다. 그런데 그 가운데 'ㄱ'이 환경에 따라 'k'나 'g'로 발음된다는 사실이나, 'ㄹ'이 어디에 오느냐에 따라 'r'이나 'l'로 달리 소리 난다는 것은 유럽인이나 미국인들에게는 매우 중요한 사실이지만, 한국어 모어 화자에게는 아무런 의미도 없는 것이다. 즉, 영어권 화자들에게 '가게'라는 단어의 첫 번째 'ㄱ'은 무성음이므로 'k'와 비슷하게 들리고 두 번째 'ㄱ'은 유성음이므로 'g'와 비슷하게 들리지만, 한국어에서 이 둘은 모두 'ㄱ'일 뿐이다. 역시 영어권 화자들에게 '사람'의 'ㄹ'은 'r'로, '벌'의 'ㄹ'은 'l'

로 들리지만, 한국어 음운체계에서 이 둘은 변별되지 않는 하나의 음운일 뿐이고 따라서 글자 역시 'ㄹ' 하나면 족한 것이다. 주시경의 '무음'이나 '상접변음'에 한국어 음운체계에서는 변별되지 않는 (음성학적 차원의) 소리들이 다루어지지 않는 것은 바로 그 때문인 것이다.

다시 말해 환경에 따라 하나의 소리가 여러 가지로 달리 실현되는 현상에 대해서 민감하게 반응하고 이를 기술하기 시작한 것은 서양 선교사들처럼 한국어를 외국어로 학습하고 연구해야 했던 비모어 화자들이었다. 그러나 이를 모어 화자의 입장에서 재해석하고 한국어의 음운체계에 맞게 체계적으로 정리한 것은 주시경이었다. 그리고 그는 이것을 바탕으로 자신의 '본음, 원체, 법식'에 따른 표기이론을 도출해냈던 것이다. 그런데 이때 주시경이 말한 '본음'이란 입 밖으로 내뱉을 수 있는, 그리하여 귀로 들을 수 있는 구체적인 소리가 아니라 추상적인 층위에 있는 그러한 소리였다. '덮다[덥따]'에서처럼 받침으로서의 'ㅍ'은 실제로는 어느 누구도 발음할 수 없으며, 따라서 그 어떤 사람도 들어본 적이 없는 소리이기 때문이다. 다음 절에서는 주시경의 표기이론이 함의하는 바를 조금 더 자세히 살펴보도록 하자.

2. 본음을 찾아서

추상적 층위의 소리와 '국어'의 존재론

주시경은 1908년에 출간된『국어문전 음학』에서 "국문은 국어의 그림자이고 사진이다. 그런데 그림자가 그 원래의 형체와 같지 않으면 그것의 그림자가 아니고, 사진이 그 원래의 형체와 같지 않으면 그것의 사진이 아니다(國文은 國語의 影子요 國語의 寫眞이라 影子가 其體와 不同ᄒ면 其體의 影子가 안이요 寫眞이 其形과 不同ᄒ면 其形의 寫眞이 안이라)"라고 한 바 있다.[2] 즉, 주시경의 관점에서 국문은 국어의 반영물일 뿐이었다. 마치 그림자나 사진이 그것의 원본을 있는 그대로 반영하는 것처럼 표음문자인 국문 역시 국어를 왜곡하지 않고 있는 그대로 모사해내야 하는 것이다.

그런데 그가 보았을 때 당시의 국문은 국어를 있는 그대로 반영하지 못하고 있었다. 그 이유는 바로 국어에는 종성에도 'ㄷ, ㅌ, ㅍ, ㅈ, ㅊ, ㄲ'과 같은 것이 있는데도 불구하고 국문으로는 그것들을 적지 않고 있기 때문이었다. 그리고 그는 이런 결과로 말과 글이 서로 일치하지 않게 되었다며 한탄한다. 이는 물론 이 장의 맨 앞에서 언급한『국문문법』(1905)에서부터 보이는 말과 글에 대한 주시경의 독특한 인식이다. 아래의 인용문은『국문문법』직후의 저술인『국문강의』(1906)에 보이는 것들인데, 모두 종성 표기의 문제를 거론하며 그 때문에 말과 글이 서로 어긋나게 되었다고 주장하고 있다. 참고로 주시경은 여기서 '상좌(相左)'라는 표현을 쓰고 있는데 이는 '서로 달라 어긋난 상태'라는 뜻이다.

---

2) 주시경,『국어문전 음학』, 박문서관, 1908, 60쪽.

"우리나라 말을 캐어 본즉 ㄷ ㅌ ㅍ ㅈ ㅊ ㅎ ㄲ이 종성으로 쓰이는 말이 만으되 글에는 종성으로 쓰지 안이홈으로 **말과 글과 샹좌되어** 그 말의 원톄와 본음과 법식이 잘못 되어 혼잡ㅎ고 ……"(25쪽 앞면~26쪽 뒷면)

"각 ᄌ음들은 훈민졍음디로 초종셩에 다 통용ㅎ여야 **말과 글이 샹좌되지 안코** 법과 음이 다 합당홀 터이니 ……"(33쪽 앞면~뒷면)

"우리말 종성에는 ㅅ ㄷ ㅌ ㅈ ㅊ ㅍ ㅎ ㄲ 등 음들이 각각 달으게 쓰임을 반듯이 알겟도다 말신지 변ㅎ면이어니와 말은 변치 안이ㅎ고 말에 ᄌ지흔 음들을 문ᄌ에는 억지로 쓰지 안이ㅎ니 **엇지 말과 문ᄌ가 샹좌되지 안이 ㅎ며** 법식에 합당홀 수 잇스리오"(37쪽 뒷면~38쪽 앞면)

위의 인용문 모두 받침을 제한함으로써 말과 글이 서로 어긋나게 되었음을 지적하고 있는데, 『국문문법』에서부터 주장한 'ㄷ, ㅌ, ㅍ, ㅈ, ㅊ, ㄲ' 외에 'ㅎ'도 받침으로 써야 한다는 내용이 추가되었다. 그런데 종성에 'ㅌ, ㅍ, ㅊ, ㅎ, ㄲ' 같은 소리들이 '자재(自在)', 즉 스스로 존재하며 따라서 이 소리들을 반드시 받침으로 써야 말과 글이 서로 일치하게 된다는 주시경의 주장은 사실 소리에 대한 대단히 독특한 관점을 담고 있다. 예컨대 주시경은 『국문강의』에서 아래와 같이 '맡-, 덮-, 좇-, 좋-'와 같은 용언들의 활용형을 제시하며 이와 같이 'ㅌ, ㅍ, ㅊ, ㅎ'을 받침으로 써야 '원체, 본음, 법식'에 맞는 표기임을 주장하고 있다.

任		覆	
法	맡아도 맡으면 맡고 맡는	法	덮어도 덮으면 덮고 덮는
俗	마타도 마트면 맛고 맛는	俗	더퍼도 더프면 덥고 덥는

116

맛하도 맛흐면 맛고 맛는 　 덥허도 덥흐면 덥고 덥는

맛타도 맛트면 맛고 맛는 　 덥퍼도 덥프면 덥고 덥는

従　　　　　　　　　　　　好

法 좇아도 좇으면 좇고 좇는 　 法 좋아도 좋으면 좋고 좋은

俗 조차도 조츠면 좇고 좇는 　 俗 조하도 조흐면 조코 조흔

좃차도 좃츠면 좇고 좇는

　그러나 '원체, 본음, 법식'에 맞다는 '맡-, 덮-, 좇-, 좋-'의 'ㅌ, ㅍ,
ㅊ, ㅎ'은 종성으로는 절대로 발음될 수가 없는 소리들이다. 물론 뒤에
'-어도, -으면'과 같이 모음으로 시작하는 어미가 오게 되면 받침으로
쓰인 'ㅌ, ㅍ, ㅊ' 등이 제소리를 내게 된다.[3] 그러나 이때는 어디까지나
초성으로서 소리 나는 것이지 종성으로 나는 것은 아니다. 'ㅌ, ㅍ, ㅊ,
ㅎ'은 종성으로는 누구도 입 밖으로 내뱉을 수 없는 소리이고 귀로 들
을 수도 없는 소리이다. 그럼에도 불구하고 주시경은 우리말에 종성으
로 'ㅌ, ㅍ, ㅊ, ㅎ'는 물론이고 'ㅄ, ㅈ, ㅀ, ㄾ' 같은 것이 '자재'하며, 그
렇기 때문에 이런 것들을 받침으로 적어야 비로소 말과 글이 일치한다
고 보았다.

　그렇다면 그가 국문이 있는 그대로 반영해야 한다고 주장한 말소리
는 실제로 발화되고 그래서 직접 들을 수 있는 그런 구체적인 소리가
아니라 어떤 추상적인 층위에 있는 소리였다고밖에는 달리 말할 수가
없을 것이다. '핥다'의 받침 'ㄾ'은 뒤에 자음이 오면 '핥고[할꼬], 핥는

---

3)　하지만 '좋아[조아], 좋으면[조으면]'에서와 같이, 'ㅎ'받침은 뒤에 모음이 와도 제
　　소리가 나지 않는다.

[할튼], 핥지[할찌]'에서와 같이 언제나 'ㄹ'로만 소리 난다. 모음이 올 때는 '핥아[할타], 핥으니[할트니]'에서와 같이 'ㅌ'이 소리 나게 되지 만, 이때의 'ㅌ'은 물론 종성이 아니라 초성으로서 나는 소리일 뿐이다. 그러나 주시경의 입장에서 볼 때는 '핥-'의 'ㅌ'은 초성이 아니라 'ㄹ' 과 함께 종성으로 존재하는 소리이다.

그러므로 'ㄾ'이 종성으로 엄연히 '존재'하는 소리라고 했을 때, 이때 의 '존재한다'는 것은 구체적이고 실제적인 발화가 아니라 그것을 가 능하게 하는 추상적 층위의 소리에 대한 것일 수밖에 없다. 다시 말해 비록 실제로는 발음할 수 없지만 추상적 층위에 '핥'이 존재하고 있으 며, 이것들이 어떤 조건에서는 '할꼬, 할튼'으로, 그리고 다른 조건에서 는 '할타, 할트니'로 실현된다는 것이다. 따라서 주시경이 말한 '본음, 원체, 법식'에 따른 표기에서 그 본음(本音)과 원체(原體)는 실제 발화를 통해 구체적으로 감지할 수 있는 물리적인 소리가 아니라 실제로 실현 된 발화들을 일정하게 추상화한 결과라고 할 수 있다.

주시경은 이 추상적 층위의 소리를 '본음'이라고 한 데에 비해 실제 로 발화된 구체적인 소리를 '임시의 음'이라고 했는데, 이는 결국 본음 이 좀더 근원적인 것이며 임시의 음은 조건에 따라 변덕스럽게 요동 하는 그것의 파생물일 뿐이라고 간주했음을 뜻한다. 그런데 그는 점차 이 추상적 층위에 존재하는 본음을 통해 '국어(國語)'의 실체를 개념화 해나간다. 주시경이 '국어'라는 단어를 쓰기 시작한 것은 『국문강의』 (1906)에서부터인데, 이때는 '국어'가 몇 번 언급되지도 않았고 또 중요 한 개념어로 사용되지도 않았다. 그러던 것이 『국어문전 음학』(1908)에 이르면 '본음, 원체, 법식'에 따른 표기를 '국문을 국어대로 적는 것'이 라고 표현하고, 앞서 언급한 것처럼 그렇게 해야 국문이 국어를 그림자나 사진같이 있는 그대로 반영해낼 수 있다고 주장하게 된다. 다시 말해 '맡-, 덮-, 좇-, 좋-'으로 써야 '국어대로' 적는 것이고 그것이 '국어'를 있는 그대로 재현한 것이라는 뜻이다. 그렇다면 이때의 '국어' 역시 본음, 원체와 마찬가지로 실제 발화에서 구체적으로 감지할 수 있는 것이 아니라 그것의 너머 어딘가에 있는, 추상적인 층위에 존재하는 것일 수밖에 없게 된다.

사실 현실발화에서 손쉽게 관찰할 수 있는 지역과 계층, 세대와 성별에 따른 수많은 변이에도 불구하고 모두가 하나의 동일한 '국어'를 사용한다는 생각은 구체적 발화를 초월해 존재하는 어떤 추상적인 층위의 말을 상정하지 않고는 불가능하다. 주시경은 그러한 '국어'를 자신이 주장한 특유의 표기원리인 본음과 원체로부터 도출해냈던 것이다. 더 나아가 그는 본음, 원체, 법식에 따른 표기 원리가 우리를 '국어문법의 사상으로 인도'한다고도 했다. 주시경의 '국어문법' 자체가 바로 그의 표기이론에서부터 도출되었던 것이다.

표음문자의 '표의화'라는 역설이 의미하는 바

주시경이 구상한 국어문법이 어떠한 특성을 갖는지를 살펴보기에 앞서 그의 표기법이 함의하는 바를 '표음문자의 표의화(表意化)'라는 또 다른 측면에서 살펴보도록 하자.

주시경의 제자이자 조선어학회의 기관지 『한글』의 편집인이었던 신명균은 1932년 이 잡지의 "철자법 특집"에서 한글로 쓴 글을 읽기 쉽게 하기 위한 방법으로 '소리글자(표음문자)인 한글을 뜻글자화(표의문자화)해야 한다'고 주장한다. 즉, 우리의 한글이나 일본의 가나와 같은 것은 본래 소리글자이기 때문에, 글자 하나가 아무 의미 없이 소리만을 나타내서 한자와 같이 그 의미를 즉각적으로 파악하지 못한다는 것이다. 그렇지만 한글을 그 소리 나는 대로만 적지 않고 (즉, '꼳빧, 바딤자, 낟짬'이 아니라) '꽃밭(花田), 밭임자(田主), 낮잠(晝寢)'과 같이 어느 정도 뜻글자화한다면, 한자만큼은 아니라고 해도 한결 의미 파악이 쉬워진다는 것이 신명균의 주장이다.[4]

한자만큼은 아니지만 그래도 읽기가 수월해질 것이라는 신명균의 언급은, 한글 전용을 염두에 둔 이 표기법이 사실은 한자를 대단히 의식하고 있었음을 잘 보여준다. 앞서 언급했듯이 주시경이 제안한 표기법이 당시에는 매우 낯선 것이었기 때문에 이 새로운 표기가 과연 어떤 단어를 적은 것인지를 보여주기 위해서 항상 한자가 동원되어야만 했다. 이러한 모습은 사실 표음문자인 한글이 갖고 있는 본질적인 약점을 인식한 것이기도 하다. 예컨대 역시 주시경의 제자인 김윤경은 당시에 '낫'으로밖에 적지 않던 것을 '낫[鎌], 낮[晝], 낯[面], 낱[個]'과 같이 구별해서 적어야 한다고 주장했는데,[5] 받침을 확대함으로써 소리로는 서로 변별되지 않는 것들을 구별해낼 수 있다는 것이다. 이것은 소리의 시각화이며 표의화라고 할 수 있다.

김윤경이 제시한 예 말고도 '낟알'의 '낟'과 '낳는'의 '낳'까지 염두에 둔다면, 전통적인 표기에서는 '낫' 하나로밖에 적지 않던 것을 주시경식 표기에서는 '낟, 낫, 낮, 낯, 낱, 낳'과 같이 그 의미를 시각적으로 변별해낼 수 있었다. 이를 주시경의 제자들은 표음문자의 표의화라고 했거니와, 이들이 소리로는 전혀 변별되지 않는다는 점에서, 다시 말해 실제로는 구별해서 발음할 수 없는 것들이라는 점에서 위에서 언급한

---

4) 신명균, 「맞춤법의 합리화」, 『한글』 1-3, 1932, 113쪽.
5) 김윤경, 「조선말과 글에 바루 잡을 것」, 『동광』 5호, 1926, 50쪽.

추상적 층위의 '본음'을 시각적으로 구현했다고 볼 수 있다. 한자를 배제한 한글 전용의 관점에서는 어쩌면 이러한 '소리의 시각화', '표음문자의 표의화'는 불가피했을 것이다.

그런데 주시경이 이러한 표기법을 구상하고 이를 적극적으로 알려나갈 무렵에는 이와는 전혀 다른 표기방식이 제안되고 있었다. 1장의 2절에서 근대계몽기 국문 관련 논의를 다루며 한자와 국문을 함께 쓰되 한자의 훈(訓)을 국문으로 표시하자는 주장이 있었음을 언급한 바 있다. 이를 한자 훈독식 표기라고 할 수 있는데, 국문연구소의 위원이기도 했던 이능화가 「국문일정법의정서」(『황성신문』 1906. 6. 1~2.)라는 글에서 이러한 방식을 제안한 바 있고 또 비슷한 시기에 창간된 『만세보』에서 실제로 한자 훈독식 표기를 일부 실시하기도 했다. 『대한문전』의 저자인 유길준 역시 「소학교육에 대한 의견」(『황성신문』 1908. 6. 10.)에서 한자 훈독식 표기의 필요성을 주장하고 『노동야학독본』(1908)이라는 책에서는 그러한 표기를 실행해 보였다.

이러한 한자 훈독식 표기는 지금은 완전히 잊혀졌지만, 1920~30년대까지도 여러 문장작법의 하나로 예시되던 것이다. 아래는 1912년 발행된 『실용작문법』이라는 책에서 선보인 문장의 형태인데, 1은 완전한 한문 문장이고, 2는 여기에 토만 붙인 것이고, 3은 한자를 음으로 읽는 문장이며, 4는 한자를 훈으로 읽어야 하는 문장, 그리고 5는 한자를 완전히 배제한 순국문 문장이다. 3은 예컨대 '學'을 '학'으로 읽지만 4는 같은 '學'을 '배우다'의 '배'로 읽는 방식이다.

一, 學而時習之不亦說乎.

二, 學而時習之면不亦說乎아.

三, 學ᄒᆞ야此를時로習ᄒᆞ면ᄯᅩᄒᆞᆫ悅치아니ᄒᆞᆫ가.

四, 學[ᄇᆡ]와셔此[이]를時[ᄣᅢ]로習[익]키면亦[ᄯᅩ]ᄒᆞᆫ悅[깃브]지不[아니]ᄒᆞᆫ乎[가].

五, ᄇᆡ와셔이것을ᄣᅢ마다익키면ᄯᅩᄒᆞᆫ깃브지아니ᄒᆞᆫ가.

주시경식 표기와 4의 이른바 한자 훈독식 표기의 중요한 차이는 우선 전자가 한글 전용을, 후자는 당연히 국한문 혼용의 표기를 전제로 하고 있다는 점이다. 한글 전용을 전제하고 있는 주시경식 표기에서는 앞서 본 것처럼 독서의 편의성을 위해 표음문자의 표의화가 불가피한 측면이 있다. 그러나 한자 훈독식 표기에서는 낱말의 의미가 한자로 표시되기 때문에 한글은 소리를 전달한다는 표음문자 본연의 기능에만 충실하면 된다는 중요한 차이가 있다. 따라서 예컨대 '맡, 덮, 좇, 좋'과 같은 당시로서는 낯선 주시경식 표기가 아니라 아래와 같이 실제 소리에 좀더 근접한 소리가 가능할 수 있었다.

任[마]타도 任[마]트면 任[맛]고 任[맛]는　覆[더]퍼도 覆[더]프면 覆[덥]고 覆[덥]는

從[조]차도 從[조]츠면 從[좇]고 從[좇]는　好[조]하도 好[조]흐면 好[조]코 好[조]흔

언급한 바와 같이 주시경이 제안한 표기법은 1933년 〈통일안〉이 제출되고 나서도 한동안 매우 극심한 반대에 부딪혔다. 전통적인 표기관습과 너무나도 다를뿐더러, 실제로는 발음할 수도 없는 기괴한 글자를 강요한다는 것이 중요한 이유였다. 당대의 지식인들이나 대중이 조선어학회의 〈통일안〉을 난해하다고 비난했던 근본 이유는 아마도 주시경의 표기이론이 구체적인 소리 너머 어딘가에 존재하는 '본음, 원체, 법식'과 같은 추상적 층위를 설정했기 때문인지도 모른다. 그에 비하면

위의 한자 훈독식 표기는 그러한 이론적 가공물을 필요로 하지 않는다는 점에서 큰 차이가 있다.

그런데 공교롭게도 1930년 조선어학회와 날카롭게 대립했던 조선어학연구회의 중심인물이었던 박승빈이 애초부터 한자 훈독식 표기의 주창자였다는 사실은 1930년대의 대립이 어디에서부터 비롯되었는지를 가늠하게 한다. 변호사였던 박승빈은 1908년『언문일치 일본국 육법전서』를 간행하는데 여기에서 사용한 표기가 바로 한자 훈독식 표기였으며, 그는 1921년 주시경의 문법과 자신의 문법이 무엇이 다른지를 설명하는 자리에서 자기 문법의 근원을 이 『언문일치 일본국 육법전서』의 표기법에서 찾고 있었다.

박승빈의 표기법과 문법에 대해서는 1930년대 표기법 논쟁을 설명하는 이 책의 8장에서 다시 다루기로 하고, 다음 절에서는 '본음, 원체, 법식'에 따른 표기에서 '인도'된 주시경의 '국어문법'이 가지고 있는 특징을 대략적으로 살펴보기로 한다.

3. '국어문법'의 구상

타자의 시선과 국어문법이라는 규칙의 성격

주시경이 『국문문법』에서 정리한 '상접변음'은 앞서 언급한 바와 같이 음운의 변동 규칙이라 할 수 있다. 이 규칙은 한국어 모어 화자라면 누구나 따르는 것이지만, 그러나 특별한 상황이 아니라면 모어 화자가 잘 의식하지는 못하는 것이기도 하다. '먹는다'의 '먹'을 '멍'으로 발음하는 것은 무의식적인 차원에서 이루어지는 자동적인 현상이지 의식적 행위가 결코 아니다. 따라서 이 자동적인 음운의 변동 규칙은 사실 모어 화자에게는 큰 쓸모가 없고 그렇기 때문에 굳이 하나의 지식으로 가르치거나 학습할 필요도 없다. 그러나 한국어를 외국어로 학습해야 하는 비모어 화자의 입장에서는 이러한 규칙이야말로 가장 먼저 부닥치는 장벽과도 같다. 주시경이 이 음운변동 규칙에 주의를 기울일 수 있었던 까닭 역시 외국인들에게 우리말을 가르친 경험 때문이었을 것이다.

그런데 사실 우리가 문법이라고 하는 것의 대부분이 이러한 성질을 지닌다고 해도 무방할 듯하다. 문법은 그 언어에 있는 여러 규칙, 혹은 그 규칙을 체계적으로 정리한 것을 말한다. 그런데 그 규칙의 대부분은 모어 화자가 의식적으로는 잘 인식하지 못하지만 말을 하면서 자기도 모르게 따르고 있는 것이고, 반면에 비모어 화자라면 그런 규칙을 하나하나 배우지 않고는 그 말을 제대로 구사할 수가 없다. 한국어 화자는 어떤 문법을 의식하지 않고도 "선생님이 학교에 도착하셨겠다"라고 말할 수 있다. 그러나 여기에는 무수히 많은 문법이 개입되어 있다.

일단 이 문장은 주어, 부사어, 서술어의 어순을 취하고 있다. 물론 영어의 어순은 이와 다르다. 그러나 한국어 화자도 영어 화자도 그러한 어순을 의식하며 말하지는 않는다. 또 한국어에서 명사를 주어로 만들 때는 주격 조사 '이'나 '가'가 사용될 수 있는데 '선생님'과 같이 모음이 아니라 자음으로 끝나는 음절 뒤에는 '이'가 온다는 것도 비모어 화자라면 반드시 숙지해야 할 규칙이다. 그러나 모어 화자는 그러한 규칙이 있는지조차 모르지만 말하는 데는 아무런 어려움도 없다. 더 나아가 '도착하-' 뒤에는 '-시-, -었-, -겠-, -다'라는 세 개의 선어말어미와 하나의 어말어미가 결합해 있는데, 주체를 높이는 '-시-'와 행위의 시간적 속성을 나타내는 '-었-', 추측을 나타내는 '-겠-'은 반드시 이 순서로만 결합한다. '도착하였시겠다'나 '도착하시겠었다' 등은 모어 화자라면 절대로 입 밖으로 내뱉을 리 없는 표현이다. 한국어를 배우려는 비모어 화자라면 한국어를 말하며 이상의 간단치 않은 규칙들을 염두에 두지 않을 수 없으나, 한국어 화자는 이런 문법 규칙을 전혀 인식하지 못하는데도 한국어를 잘도 말한다.

'국어문법'이란 이와 같이 모어 화자의 입장에서는 인식하기조차 쉽지 않지만 비모어 화자라는 타자의 시선으로 바라보는 순간 정밀한 규칙의 구성물로 그 모습을 드러내는 그런 것이다. 타자의 시선으로 바라보지 않았을 때에는 인식하기도 어렵고 인식한다 해도 그것을 몰라도 얼마든지 말할 수 있다는 점에서 특별한 지식이 될 수 없었던 것이지만, 타자의 시선을 통해 발견된 이 '국어문법'은 이제 우리가 모르고 있던 '국어'의 가장 내밀한 본질을 간직하고 있는 것으로 여겨지게 된다. 별로 대수롭지 않게 여겨졌던 우리말이 고도의 지적 탐구를 통해 그 전모를 밝혀내야 하는 학술 대상이 되는 것은 바로 그때이다.

주시경 역시 국어문법의 이러한 속성에 대해 어느 정도 인식하고 있었던 것 같다. 앞서 몇 차례 언급한『국어문전 음학』(1908)의 마지막 부분에서 그는 자신의 표기법 관련 주장을 펼치고는 그런 논의가 바로 '국어문법의 사상을 인도'하는 것이라고 했기 때문이다.

> ㅅ 종성 행 이하는 음학(音學)에 관계가 아조 무(無)하다고는 위(謂)치 못하겠으나 차(此)는 국어에 당(當)한 의론(議論)이니 차차(此次)에 연속하여 강습할 **국어문전과(國語文典科)** 자학(字學) 변체학(變體學) 격학(格學) 도해식(圖解式) 실용연습과(實用演習科)**의 사상(思想)을 인도(引導)**하는 것이요.
>
> 차(此) 음학은 총(總)히 국어문전을 학습홀 준비과가 되는 고로 제(題)를 국어문전의 음학이라 ᄒ니 곳 국문의 음학이니라.[6]

여기서 'ㅅ 종성 행 이하'란 이 장의 맨 앞에서 보았던 여러 가지 종성 표기를 예로 든 것을 말하는데('ㅈ, ㅊ, ㅌ, ㅎ' 등을 종성으로 사용한 표기에),『국문문법』에서『국문강의』를 거쳐 이『국어문전 음학』에 이르면 그 내용이 훨씬 다양하고 정교해진다. 그런데 이런 내용을 주시경은 '음학', 즉 소리에 관한 연구와 관계가 없는 것은 아니지만 그보다는 '국어' 해당하는 논의라고 규정한다. 그리고는 이것을 이후에 연속하여 다루게 될 '국어문전과'의 사상을 인도하는 것이라고도 했다.

당대에는 '문법'이라는 용어 외에도 같은 의미로 '문전'이라는 말을 쓰기도 했다. 주시경은 대체로 '문법'이라는 용어를 썼는데, 이 책에서만큼은 '문전'이라고 했다. 따라서 지금의 표현으로 한다면 그의 표기 이론이 '국어문법의 사상을 인도'한다고 한 것이 된다. 그리고 그 국어

---

6) 주시경,『국어문전 음학』, 박문서관, 1908, 62쪽

문법이라는 과목을 구성하는 것으로 '자학, 변체학, 격학, 도해식, 실용연습과'를 들었다. 여기서 '자학'은 지금의 품사 분류를 말하고, '변체학'은 그 품사 가운데 용언의 활용이나 파생처럼 원래의 모습이 변형되는 것을 다루는 분야이다. 또 격학은 문장 성분에 관한 것을, 도해식은 이를 그림으로 풀어서 설명하는 분야를 말한다.

사실 이 『국어문전 음학』에까지는 주시경의 문법이 온전히 드러난 바가 없다. 그 직후의 저작인 『국어문법』에서 비로소 주시경의 문법이 체계를 갖추어 제시된다. 그러나 그의 '국어문법'이 일정하게 형태를 갖추게 된 것은 바로 이 『국어문전 음학』이 출간되는 1908년 무렵일 것으로 생각된다. 이때는 이미 자신의 표기법을 정교하게 정리했을 때이며 국문연구소에서 연구위원으로 활동하며 자신의 주장에 확신을 갖게 된 시기이기도 하다. 더 나아가 이때는 국어강습소를 열어 국어에 대한 보다 전문적인 내용을 다루며 거기서 제자들을 키워나가기 시작하던 무렵이다. 『국어문전 음학』 자체가 바로 제2회 하기(夏期) 국어강습소의 강습 내용이었던 것이다.

주시경 문법의 분석과 종합

그렇다면 주시경이 구상한 '국어문법'의 특징은 무엇이었을까. 우선 그의 '국어문법'이 표기이론에서 '인도'되었다는 말의 의미부터 따져보자. 주시경은 예컨대 '마타'나 '맛하'가 아니라 '맜아'로 적는 것이 '본음'과 '원체'에 맞는 표기라고 했다. 이때의 본음이 실제 발화로 실현되는 구체적인 소리가 아니라 추상적 층위에 있는 것임은 누차 지적한 바대로이다. 그런데 이런 주시경의 표기는 추상적 층위에 존재하는 본음을 적을 수 있을 뿐만 아니라, 동시에 말이 원래 가지고 있던 모습,

즉 '원체(原體)'를 있는 그대로 살려주는 것이기도 하다. 즉, '맡-'이라는 동사와 여기에 어미 '-아'가 붙으면 실제 발화에서는 '마타'로 실현되지만, 결합 이전의 원체인 '맡-'과 '-아'를 온전히 보존해줄 수 있다는 것이다. 이에 비해 '마타' 혹은 '맛하'는 결합하기 이전의 원래 모습, 즉 원체가 무엇인지 알 수 없을뿐더러 이 둘의 경계가 분명히 드러나지 않는다는 문제가 있다.

사실 '말의 경계'를 분명히 밝혀주어야 한다는 이런 문제의식은 그가 1897년 9월에 『독립신문』에 발표한 두 번째 「국문론」에서부터 나타나는 것이다. 거기서 그는 '이것이'로 써야 옳은데 '이거시'라고 적는다면 '이것'이라는 말과 여기에 붙는 '-이'의 경계가 불분명해지므로 잘못이라고 했다. 말의 경계를 분명히 한다는 것은 곧 그 말의 원래 모습을 밝혀 적는다는 것과도 상통하는데, 말의 이 원래 모습을 주시경은 '원체'라고 했고 지금의 용어로 이것은 '어근(語根)'이라고 할 수 있을 것이다. 주시경의 '국어문법'은 따라서 현실발화에서는 물론이고 당시의 일반적인 표기에서도 명쾌하게 분석되지 않던 낱말의 어근과 여기에 붙는 요소들을 명확히 인식하고('맡-아도, 맡-으면, 맡-고, 맡-는'), 특히 어근에 붙는 여러 요소들('-아도, -으면, -고, -는')의 기능을 섬세히 정리하는 작업을 통해 완성될 수 있는 것이었다.

오른쪽의 표는 주시경의 문법서에 나타나는 품사 분류를 시기별로 정리한 것이다(괄호 안의 예는 편의상 설명에 필요한 것만 제시했다). 주시경의 문법에서 소략하게나마 품사 분류가 시도된 것은 역시 『국문문법』에서가 처음이었다. 여기서 '명호'는 대략 현재의 명사, '동작'은 동사에 해당한다. '경각'은 지금의 감탄사, '인접, 간접, 조성'은 『국어문법』의 '겻, 잇, 끗'이 되는 것으로 현재의 조사나 어미에 해당한다고 하겠다.

『국문문법』 (1905)	『말』 (1908?)		『국어문법』 (1910)	『말의 소리』 (1914)
	「형용의 분별」	「언체의 변법」		
명호 동작 **형용**7) 　-형명(큰, 새8)) 　-형동(크게, 매우) 　-형형(크게, 매우) 인접 간접 조성 경각	형용 　-형용본체(크다) 　-형명(큰, 새) 　-형동(크게, 매우)	원체부 　-명호 　-동작 　-**형용(크다)** 관계부 　-인접 　-간접 　-조성 **변체** 　-**형명(큰)** 　-**형성(크게)**	임(책) 움(읽) **엇(크)** **언(큰, 새)** **억(크게, 매우)** 겻(이/가, 을/를… 　에, 에서, 으로) 잇(와/과, 으며, 고) 끗(다, 느냐) 놀(참)	**임(책, 새, 매우, 참)** 움(읽) **엇(크)** **겻**(이/가, 을/를… **의, ㄴ, 는**… 게, 　에, 에서, 으로) 잇(와/과, 으며, 고) 끗(다, 느냐)

　주시경 문법의 큰 특징은 이 조사나 어미의 분석과 분류 방식에 있는데 이에 대해서는 조금 뒤에 다시 언급하겠다.

　『국문문법』의 품사 가운데 이제 남는 것은 '형용'인데, 여기에는 지금의 관점에서 보면 형용사의 관형사형('큰')과 부사형('크게'), 그리고 관형사('새')와 부사('매우')가 혼재되어 있다. 즉, 현재는 '큰, 크게'를 아예 품사 분류의 대상으로 삼지 않고 그 기본형인 '크다'만을 형용사로 본다. 그리고 여기에 관형사형이나 부사형 어미 '-ㄴ, -게' 등이 붙은 '큰, 크게'는 '크다'의 활용형으로 볼 뿐이다. 그런데『국문문법』에서는 '큰, 크게'가 '형용'이라는 별도의 품사로 분류되어 있을 뿐만 아니라, 정작 '크다'의 자리는 어디에도 마련되어 있지 않았다.

　이러한 문제는『말』에 이르면 어느 정도 해소가 된다. 출판되지 않은

---

7)　사실『국문문법』에서는 '형동'과 '형형'에 대한 예 없이 설명만 제시되어 있는데, 뒤의 원고인『말』을 참고하여 추정해본 것이다.『국문문법』에서는 '형동'을 "동작을 형용하는 것들", '형형'을 "형용을 형용하는 것들(곳 형동이로되 쓰임만 갓지 아니흠)"이라고 풀이했다. '형형'에 대해 '곧 형동이로되 쓰임이 같지 않다'라고 한 것은 형태는 같으나 수식하는 대상이 다름을 말한 것으로 풀이된다.

8)　'새 책'이라고 할 때의 '새'를 뜻하는 것이다.

일곱 꼭지의 원고로 이루어진 이 『말』에는 『국문문법』과는 다른 품사 분류가 보이는데, '크다'를 비로소 '형용 본체'라고 하여 기본적인 형태, 즉 '원체'로 잡고 여기에 어미가 붙은 '큰, 크게'를 '변체'로 설정한 것이다. 그러나 그 뒤의 『국어문법』에까지 이 '큰, 크게'는 여전히 '새, 매우'와 더불어 품사의 지위를 부여받고 있다. '형명, 형동'이라는 한자식 명칭이 각각 '언, 억'이라는 고유어로 바뀌었을 뿐이다. 이런 상황은 주시경의 마지막 저작인 『말의 소리』에 오면 크게 바뀐다. '큰, 크게'에 붙어 있던 관형사형 어미 '-ㄴ'과 부사형 어미 '-게'를 비로소 분리해 내기 때문이다.

'크다' 자체는 이미 『국어문법』에서부터 '크-'와 '-다'로 분리하여 전자는 '엇', 후자는 '끗'이라는 품사로 설정했다. 물론 이런 방식은 용언 어간에 붙은 어미를 용언의 일부로 보고 용언 어간과 어미의 결합을 활용이라는 용언 내부의 문제로 파악하는 현재의 문법과는 사뭇 다른, 주시경 문법의 가장 큰 특징이다.[9] 그러나 그의 『국어문법』에서는 '크다'를 '크-'와 '-다'로 분리해서 별도의 품사로 분석하면서도, '큰, 크게'는 여전히 더 분석하지 않고 하나의 품사로 설정하고 있었던 것이다. 『말의 소리』에 가서야 비로소 이것들 역시 분석하여 '-ㄴ'과 '-게'까지 별도의 품사로 인식하게 된다.

그런데 이 '-ㄴ'과 '-게'를 어떻게 처리했는가 하는 점이 흥미로운 대목이다. 『말의 소리』에서 이들은 모두 '겻'으로 분류되었는데, 이 '겻'은 원래는 대체로 현재의 주격, 목적격, 관형격(속격), 부사격을 나

---

9) 잘 알려져 있듯이 용언 어간과 어미의 결합을 활용으로 설명하는 현재의 문법은 최현배의 이론에 따른 것인데, 이러한 변화가 생기게 된 이유에 대해서는 7장에서 다시 다루도록 하겠다.

타내는 격조사에 해당하는 것들이었다. 격조사에 해당하는 '겻'에 현재는 어미로 분류되는 '-ㄴ'과 '-게'를 추가했다는 점은 주시경이 현재와는 전혀 다른 문법을 구상하고 있었음을 의미한다. 즉, 지금은 명사에 붙는 것은 조사, 용언의 어간에 붙는 것은 어미라고 보아 이 조사와 어미를 완전히 다른 범주로 설명한다. 물론 주시경 역시 조사와 어미가 서로 다른 품사에 결합한다는 것쯤은 잘 알고 있었다. 그러나 그가 더 중요하게 생각했던 것은 이들이 무엇과 결합하느냐가 아니라 문장에서 어떤 역할을 하느냐 하는 점이었다.

예컨대 '그의 큰 이마가 빛난다'라는 표현에서 '-의'와 '-ㄴ'은 비록 하나는 명사('그')와, 하나는 형용사('크-')와 결합한다는 점에서는 차이가 나지만, 모두 자신이 결합한 말이 '이마'를 꾸며주게 한다는 점에서는 동일한 역할을 한다. 즉, '-의'와 '-ㄴ'은 모두 문장에서 관형어를 만드는 역할을 한다. 또 '원숭이가 나무에 오르다'에서의 '-에'와 '담뱃값이 크게 오르다'에서의 '-게' 역시 그것들이 결합하는 낱말의 품사는 비록 다르지만, 모두 '오르다'라는 서술어를 수식하게 한다는 점에서는 동일하다. 즉, '-에'와 '-게'는 모두 문장에서 부사어를 만드는 역할을 하는 것이다.

주시경의 문법은 이와 같이 체언과 용언에 붙는 요소들을 남김 없이 분석해내고 이들이 문장에서 어떤 역할을 하는가 하는 점을 중심으로 분류해나갔다는 데에 가장 큰 특징이 있다. 주시경이 『국어문법』에서 여느 문법서와는 달리 품사를 다루는 '기난갈'이 아니라 문장을 분석하는 '짬듬갈'을 더 앞쪽에 배치한 것 역시 그의 품사 분류가 문장의 층위를 우선적으로 고려했기 때문이다. 그런데 그는 다음 페이지 그림에서 보듯이 『국어문법』의 '짬듬갈'에서 문장의 구조를 시각적으로 도

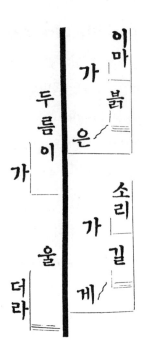

식화해서 분석하고 있다.

　위의 그림에서 세로로 굵게 내려 그은 선은 이 문장의 '줄기'가 '두름이가'와 '울더라'임을 보여준다. '줄기'에서 왼쪽으로 뻗어나간 선[10]은 '두름이가'는 '두름이'와 '가'로, '울더라'는 '울-'과 '-더라'로 분석되며 각각이 주어와 서술어로 기능한다는 것을 나타내는 것이다. 그리고 줄기의 오른쪽으로 뻗어나간 선에 의해 주어 '두름이'는 '머리가 붉은'에 의해, 서술어 '울더라'는 '소리가 길게'에 의해 수식받고 있음이 표시된다. 그런데 이 수식하는 말들 역시 주어-서술어 관계에 있으므로 여기에도 세로줄이 그어져 이들의 구조를 동일한 방식으로 분석하게 된다. 이때 주어와 서술어를 수식하는 말들이 '-은'과 '-게'를 통해 줄기('두름이가, 울더라')와 결합하고 있음을 알 수 있는데, 이는『국어

───
10)　한 줄은 주어, 두 줄은 목적어, 세 줄은 서술어임을 보여주는 선이다.

문법』에서 이미 관형사형 어미와 부사형 어미의 문법적 기능이 온전히 파악되고 있었음을 알려주는 대목이다. 따라서『말의 소리』에서의 품사 분류는 이미『국어문법』의 '짬듬갈'에서 예정되어 있었던 것이라고 보아도 좋을 것이다.[11]

앞서 주시경의 표기법은 '본음'이라는 추상적 층위의 설정과 깊은 관련을 맺고 있다고 했다. 그리고 현실발화에서는 구체적으로 발음되지 않는 그 본음을 세심하게 분별해내는 작업을 통해 '국어문법'이라는 근대적인 학술담론으로 나아갈 수 있었음을 주시경은 스스로 증언했다. 추상적 층위에 존재하는 본음을 찾아가는 과정은 말의 '원체'를 확인하고 여기에 붙는 요소들을 잘게 분석해내는 한편 그것들을 원형 그대로 보존하는 작업과도 직접적으로 연결되어 있었다. 그리고 그 과정에서 위에서 본 것과 같은 문장의 층위를 발견해낸 것이다. 소리와 낱말과 문장의 층위가 아우러질 때라야 비로소 '국어문법'은 온전한 모습을 갖출 수 있게 된다. 국문의 올바른 표기를 위한 노력은 이러한 과정을 통해 '국어문법'으로 결실을 맺을 수 있었던 것이다.

그러나 주시경의『국어문법』이 출간된 1910년은 대한제국이 일제에 의해 강제 병합된 때이기도 하다. 한글 표기법은 물론이고 우리말에 대한 논의는 새로운 전환을 맞지 않을 수 없게 된다. 총독부의 언문철자법 제정은 바로 그러한 논란을 촉발하게 된 가장 대표적인 계기였다. 다음 장에서는 이 언문철자법의 내용과 여기서 가장 논란이 되었던 문제가 무엇이었는지를 살펴보기로 한다.

---

11) 주시경 문법의 품사 분류가 갖는 특징 및 문장 층위와의 관계에 대한 더 자세한 논의는 김병문,『언어적 근대의 기획—주시경과 그의 시대』, 소명출판, 2013의 5장 2절, 7장 1절 참조.

제4장

언문철자법의 쟁점과 언어적 근대

이 책의 1장 3절에서 언급한 바와 같이 조선총독부에 의한 '조선어 말살 정책'과 조선어학회를 비롯한 민간이 전개한 '한글운동의 저항'이라는 이분법적 구도만으로 식민지 시기 동안의 언어 상황을 설명하는 데에는 어려운 점이 있다. 인센티브를 주어가며 일본인 경찰이나 관리들에게 조선어 학습을 독려했던 총독부의 이른바 '조선어 장려 정책'은 물론 효과적인 식민 통치를 위한 것이었지만,[1] 그럼에도 불구하고 이를 '조선어 말살 정책'만으로 설명하기는 쉽지 않다. 보통학교에서 조선어 과목의 수업 자체가 폐지되고, 명시적으로 교수 용어(수업 내용을 설명하기 위해 사용하는 언어)를 일본어만으로 제한하는 1930년대 후반부터의 총독부의 방침은 분명 '조선어 말살 정책'이라고 부를 만하다.[2] 그러나 정치·사회적인 여건에 따른 정책의 변화를 고려하지 않고 식민지 시기 전체를 조선어 말살 정책만으로 일관되게 설명하는 것은 무리가 따를 수밖에 없다.

이러한 사정은 조선총독부가 제정한 3차례의 언문철자법 문제에 대해서도 그대로 적용된다. 이 언문철자법의 개정 과정에는 조선의 민간인 학자들이 제기한 비판적 의견이 큰 영향을 미쳤을 뿐만 아니라, 특

---

1) 조선총독부의 '조선어 장려 정책'의 구체적인 내용과 시행 방식 등에 대한 상세한 사항은 山田寬人, 『植民地朝鮮における朝鮮語奨励政策―朝鮮語を学んだ日本人』, 不二出版, 2004; 오대환, 『식민지 시기 일본인을 위한 조선어교육 연구―조선어 장려 정책과 경성 조선어연구회를 중심으로』, 연세대학교 박사학위 논문, 2009 참조.

2) 1920년대 민간신문에 교수 용어를 조선어로 하라는 문제제기가 끊이지 않았던 점을 참작해보면 교수 용어를 일본어만으로 규정한 1938년의 제3차 조선교육령 이전에도 주된 교수 용어가 일본어였을 것임은 의심의 여지가 없다. 다만, 예컨대 일본어 교육에서 조선어를 보조로 사용할 것인가 말 것인가에 대한 논쟁이 있었던 것으로 보아, 조선어 사용을 완전히 금지한 1938년 이전에는 조선어를 보조적인 교수 용어로 사용할 수 있었음을 알 수 있다. 야마다 간토 「식민지 조선에서의 근대화와 일본어 교육」, 한일역사공동연구위원회 편, 『제2기 한일역사공동연구보고서』 제4권, 경인문화사, 2010, 252~254쪽.

히 1930년의 개정에는 이후 조선어학회로 이름을 바꾸는 조선어연구회 인사들이 대거 참여하여 주시경식 표기법을 상당한 정도로 관철시키게 된다. 그런데 이 언문철자법의 제정 및 개정 과정을 총독부의 조선어 말살 정책의 일환으로 본다면 조선어학회 인사들이 조선어 말살을 기도한 총독부 당국의 정책에 협력했다는 예기치 못한 결론에 도달하게 된다. 오히려 글쓰기 규범의 확립을 핵심으로 하는 언어적 근대의 달성에는 국가권력 못지않게 민간에서의 자율적인 합의가 더 중요한 역할을 한다는 점에서 이 문제를 살펴볼 필요가 있다.

이번 장에서는 총독부가 제정한 언문철자법의 내용을 확인해보고 그 가운데 쟁점이 되었던 내용은 무엇이며 이들이 어떻게 정리되어나 갔는지를 알아보겠다. 그리고 이어지는 다음 5장에서는 식민지 민간의 조선어 연구자들이 벌였던 논의, 논쟁을 이 언문철자법 개정 과정과 연관 지어 해석해보겠다.

언문철자법에 대해 다루기에 앞서 우선 이에 대한 용어를 정리할 필요가 있겠다. 언문철자법의 정식 명칭은 1912년에 처음으로 만들어진 것이 〈보통학교용 언문철자법〉, 1921년에 개정된 것이 〈보통학교용 언문철자법 대요〉, 1930년에 재개정된 것이 〈언문철자법〉이다. 이 책에서는 이들을 편의상 각각 1차 언문철자법, 2차 언문철자법, 3차 언문철자법으로 지칭하도록 하겠다.

1. 1차, 2차 언문철자법의 핵심 내용

1차 언문철자법

1911년 제1차 조선교육령을 통해 각급 학교의 규칙이 제정되었고 그에 따라 조선인 아동에게는 조선어 교육이 제도화되었다. 그런데 이 조선어 교육에 사용할 교재를 편찬하기 위해서는 집필 과정에서 기준으로 삼을 만한 철자법이 필요했고, 그에 따라 1912년에 제정된 것이 1차 언문철자법이다. 1914년에 간행된 『보통학교 조선어 급(及) 한문』이라는 교재는 바로 이 1차 언문철자법에 바탕을 둔 것이었다. 1차 언문철자법 제정 과정에 참여한 위원은 일본인 관리 3명 외에도 다카하시 도루(高橋亨)라는 일본인 학자, 그리고 조선인으로는 유길준, 어윤적, 현은, 강화석 등 모두 8명이었다.[3] 다카하시 도루는 『한어문전』(1909)이라는 문법서의 저자였으며 후일 경성제대 조선어 및 조선문학 담당 교수가 되는 이이다. 유길준 역시 잘 알려진 바와 같이 『대한문전』(1909)이라는 문법서의 저자였으며, 어윤적과 현은은 대한제국의 국문연구소에서도 위원으로 활동했던 인물들이다.

그런데 이 1차 언문철자법의 성격을 가장 명확하게 보여주는 것은 다음과 같은 '서언(緖言)'의 세 항목이다.

    (1) 경성어를 표준으로 함.

    (2) 표기법은 표음주의에 의하고 발음에서 원(遠)한 역사적 철자법은 차를 피함.

---

3)   미쓰이 다카시, 고영진·임경화 옮김, 『식민지 조선의 언어 지배 구조』, 소명출판, 2013, 73~75쪽.

(3) 한자음으로 된 어(語)를 언문으로 표기하는 경우에는 특히 종래의 철
  자법을 채용함.[4]

  앞서 2장의 말미에서 지적한 바와 같이 「신정국문」이나 「국문연구의
정안」은 대체로 어떤 글자를 쓸 것이냐 말 것이냐 하는 데에 집중하고
있을 뿐 현재적 의미의 표기법 규정과는 다소 차이가 있었다. 그에 비해
이 언문철자법의 '서언'은 표기의 대원칙을 간명하게 제시하고 있다는
데에서 큰 차이가 있다. 먼저 (1)항에서 '경성어를 표준으로 한다'고 한
것은 여러 지역적 변이가 있음을 전제하고 그 가운데 이 철자법이 서울
말을 대상으로 한다는 점, 즉 다른 지역적 변이형들을 배제한다는 원칙
을 천명한 것이다. 서울말을 대상으로 한다는 것은 이후 2차, 3차 언문
철자법은 물론이고 조선어학회의 〈통일안〉, 그리고 현재의 〈한글 맞춤
법〉에까지 그대로 이어지는 원칙이다.
  그런데 (1)과 달리 (2)와 (3)은 언문철자법의 제정과 개정 과정에서
가장 문제가 되었던 사항이고, 따라서 〈통일안〉 제정 과정에서도 상당
히 주목되었던 부분이다. (2)는 이 철자법이 '표음주의', 즉 현실 발음
을 최대한 존중하여 표기하는 원칙에 입각하고 있으며, 실제 발음과 멀
어진 '역사적인 철자법'은 가급적 피한다는 규정이다. 예컨대 훈민정
음 창제 당시에는 당연히 모음 'ㆍ'가 별도의 음운으로 존재하고 있었
으나 17세기가 넘어가면 이 소리는 더 이상 의미를 변별해줄 수 있는
하나의 음운으로 기능하지 못하게 된다. 따라서 당시에 'ᄆᆞᆯ'[馬]은 '말'

---

4) 김민수·고영근 엮음, 「보통학교용 언문철자법」, 『역대 한국 문법 대계』 제3부 제8책,
    2008. 이하에서 인용하는 언문철자법은 모두 이 『역대 한국 문법 대계』에 실린 것
    을 기준으로 했다.

과 변별되지 않았고 '며ᄂᆞ리'는 '며느리'로 소리 나고 있었다. 그럼에도 불구하고 글을 쓸 때에는 소리 나는 대로가 아니라 여전히 과거에서부터 이어져온 관습적인 표기를 따라 'ᄆᆞᆯ, 며ᄂᆞ리'로 적고 있었다. 또 17세기에서 18세기에 일어난 것으로 알려진 구개음화 현상에 의해 '뎌긔'는 '저기'로 '됴타'는 '조타'로 발음되고 있었지만, 역시 전통적이고 역사적인 표기인 '뎌긔, 됴타'로 적고 있었다.[5]

따라서 (2)항에 의하면 'ᄆᆞᆯ, 며ᄂᆞ리, 뎌긔, 됴타'는 표음주의라는 원칙에 따라 모두 발음대로 '말, 며느리, 저기, 조타'로 적어야 하는 것이 된다. 이는 전통적으로 내려오던 관습적인 표기가 아니라, 당대의 현실 발음을 기준으로 한다는 점에서 대단히 혁신적인 방안이었다. 그러나 이 원칙은 바로 아래에 있는 (3)항에 의해 부정된다. '한자음으로 된 어', 즉 한자어에 한해서는 특별히 발음대로가 아니라 종래의 철자법으로 적도록 규정하고 있기 때문이다. 예컨대 실제 발음은 '천지, 제자, 자녀, 내외'로 나고 있었지만 이들은 모두 한자어이기 때문에 이전부터 관습적으로 써오던 종래의 표기, 즉 '텬디, 뎨ᄌᆞ, ᄌᆞ녀, ᄂᆡ외'로 적어야 한다는 것이다.

이러한 '서언'의 방침은 물론 각론에서도 그대로 확인된다. 다음은

---

5) '구개음화(口蓋音化)'란 'ㄷ, ㅌ' 등과 같은 비구개음이 'ㅣ'나 'ㅑ, ㅕ, ㅛ, ㅠ' 등의 이중모음 앞에서 'ㅈ, ㅊ' 등과 같이 구개음(口蓋音), 즉 입천장에서 나는 소리로 변하는 현상을 말한다. 그런데 역사적으로는 'ㅈ, ㅊ' 역시 원래는 윗잇몸 쪽에서 나는 소리(치음)였다가 구개음으로 변한 것이고, 그 결과 '쟈'와 '자', '져'와 '저', '죠'와 '조', '쥬'와 '주', '챠'와 '차', '쳐'와 '처', '쵸'와 '초', '츄'와 '추'의 소리가 서로 변별되지 않게 되었다. 이 밖에 '샤, 셔, 쇼, 슈' 역시 특정 시점에 그와 같은 변화가 있었던 것으로 여겨지고 있다. 음운론적으로는 이 가운데 맨 앞의 것만 구개음화로 인정하고, 뒤의 두 가지는 구개음화의 결과로 발생한 현상으로 본다. 그러나 여기서는 이들을 모두 구개음화와 관련한 표기 문제로 함께 다루기로 한다. 구개음화 현상에 대한 전반적인 사항은 이진호, 『국어 음운론 용어 사전』, 역락, 2016, 70~76쪽 참조.

'서언'에 이어진 철자법의 각론 가운데 2번과 3번 항목인데, 각각 'ㆍ'와 구개음화 문제를 다루고 있다. 그런데 두 항목 모두에 '순수 조선어에 대하여'라는 한정 표현이 사용되어 있다. 이것은 '서언' (2)의 표음주의 원칙이 순수 조선어에만 적용되고 한자어에는 적용되지 않는다는 사실을 보여주고 있다.

2. **순수 조선어에 대하야는** 'ㆍ'를 사용하지 아니하고, 'ㅏ'로 일정(一定)함.

3. **순수 조선어에 대하야는** ㄷ행 급(及) ㅌ행은 ㅏ열, ㅓ열, ㅗ열, ㅜ열에만 사용하고, 기타 열에는 ㅈ행 급(及) ㅊ행을 사용함.

2는 말 그대로 'ㆍ'를 사용하지 않는다는 것을 말하고, 3은 '다, 더, 도, 두'와 '타, 터, 토, 투' 등은 허용하지만, '댜, 뎌, 됴, 듀, 디' 및 '탸, 텨, 툐, 튜, 티' 등은 모두 구개음화를 적용하여 '자, 저, 조, 주, 지' 및 '차, 처, 초, 추, 치'로 적는다는 것을 뜻한다. 그러나 언급한 것처럼 이런 규정은 '순수 조선어'에만 해당하고 한자어에는 적용되지 않는 사항이었다. 고유어에서는 당대의 발음에 따라 표음적인 표기를 하게 하고, 한자어에서는 종래의 관습적인 표기, 즉 역사적 표기를 하게 한 이 규정은 표음주의와 역사주의가 혼재되어 있는 것이라고 하겠다. 이 문제는 제정 당시부터도 논란이 되었던 것인데, 아래에서는 이것의 수정을 꾀한 2차 언문철자법의 내용을 살펴보겠다.

2차 언문철자법

1차 언문철자법의 개정은 3·1운동 이후의 이른바 '문화통치'와도 관련이 있다. 1919년 이후 민간에서 제기된 보통학교 교육제도의 시정 요구를 일부나마 수용한 것이 1922년 2월의 제2차 조선교육령인데,[6) 이에 따라 1923년 3월부터 새로이 발행되기 시작한 『보통학교 조선어 독본』에 사용할 철자법의 개정 문제가 1921년 초부터 논의되기 시작했다. 당시의 민간신문에서도 이 언문철자법 개정 소식을 매우 신속하고 자세히 전하고 있는 것을 보면 이에 대한 민간의 관심이 컸음을 알 수 있다.[7)

2차 언문철자법 제정에 참여한 위원을 살펴보면. 일본인으로는 통역관 2인 외에 가나자와 쇼자부로(金澤庄三郞)라는 언어학자가 포함되어 있었다. 도쿄제국대학에서 근대 언어학을 공부한 가나자와는 일본어와 한국어가 같은 언어에서 갈라져나왔다고 주장한 『일한 양국어 동계론(日韓兩國語同系論)』으로 당시에도 잘 알려져 있던 인물이다. 이 밖에 조선인으로는 어윤적, 현은, 지석영, 유필근, 현헌, 최두선, 권덕규, 신기덕 등 모두 8명이 참여하고 있었다.[8) 어윤적과 현은은 1차 언문철자법 제정에도 참여했던 인물이며, 지석영은 이들과 함께 대한제국의 국문 연구소 위원이었다. 그 밖에는 대체로 일본인 또는 조선인들에게 우리말을 가르쳤던 인물들인데, 그 가운데 최두선과 권덕규는 나중에 조선어학회로 이름을 바꾸는 조선어연구회의 창립 회원이며 특히 주시경의 제자인 권덕규가 포함되었다는 점이 눈길을 끈다.

---

6) 야마다 간토, 앞의 글, 249~251쪽. 1차에서 4차에 걸친 각 시기 조선교육령의 내용과 정책 방향에 대해서는 국사편찬위원회 편, 『배움과 가르침의 끝없는 열정』, 두산동아, 2008, 304~323쪽 및 최규진, 『일제의 식민교육과 학생의 나날들』, 서해문집, 2018, 39~46쪽 참조.

7) 김병문, 「1920년대 『동아일보』, 『조선일보』의 어학 관련 기사 분석」, 『한말연구』 61, 2021, 50쪽.

8) 미쓰이 다카시, 앞의 책, 122~123쪽.

앞서 살펴본 것처럼 1차 언문철자법은 표음주의를 원칙으로 세웠으나 한자어에서는 전통적인 역사적 철자법으로 되돌아갔다는 문제가 있었다. 여러 정황상 2차 언문철자법은 처음부터 이 문제를 해결하고자 했던 것으로 보인다. 2차 언문철자법에서는 '서언'과 같은 것을 별도로 마련하지는 않았지만 1항과 2항이 그런 역할을 대신하고 있는데, 여기에는 순수 조선어와 한자어 등을 구별하지 않고 '가급적 발음대로의 철자법'을 채택한다고 규정하고 있다. 그러나 막상 구체적인 항목으로 들어가면 역시 1차 언문철자법과 달라진 것이 별로 없다. 아래의 5, 6, 7번 항목이 그러한 부분을 여실히 보여주고 있다.

1. 용어는 현재의 경성어를 표준으로 함.
2. 가급적 발음대로의 철자법을 표준으로 함.
   (생략)
5. **순수 조선어에 대하야는 표음적 표기법**에 종(從)하야 ㆍ를 사용하지 아니하고[**자음(字音)은 역사적 철자법**에 의하야 릭(來), 밐(每)로 서(書)함], ㅏ로 차(此)에 대(代)함.
   예) 말(馬, 본래는), 사람(人, 본래는 사)
   (생략)
6. **순수 조선어에 대하야는 표음적 표기법**에 종(從)하야 댜, 뎌, 됴, 듀, 디, 탸, 텨, 툐, 튜, 티를 자, 저, 조, 주, 지, 차, 처, 초, 추, 치로 서(書)하고 샤, 셔, 쇼, 슈를 사, 서, 소, 수로 서(書)하고 쟈, 져, 죠, 쥬를 자, 저, 조, 주로 書함.
   례) 절(寺, 본래는 뎔), 좃소(善, 본래는 둇소), 질(落, 본래는 딜),
       소(牛, 본래는 쇼)

144

7. 한자어에 대하야는 역사적 표기법에 종(從)하야 댜, 뎌, 됴, 듀, 디, 탸, 텨, 툐, 튜, 티, 샤, 셔, 쇼, 슈, 쟈, 져, 죠, 쥬 등을 그대로 보존함.

例) 뎡녕(丁寧), 텬디(天地), 샤례(謝禮), 죠셕(朝夕)

5번은 'ㆍ' 문제에 대한 것인데, '순수 조선어에' 대해서는 발음 그대로 표음적 표기를 하라고 했기 때문에 'ᄆᆞᆯ'은 '말'로, '사ᄅᆞᆷ'은 '사람'으로 적게 된다. 즉 'ㆍ'가 더 이상 음운으로 기능하지 못하므로 글자로도 사용하지 않는다는 것이다. 그러나 그 말이 채 끝나기도 전에 괄호를 열어 '자음(字音)', 곧 한자음에 대해서는 그와 배치되는 별도의 규정을 제시한다. 한자음에서만큼은 '역사적 철자법'을 따르라는 것이 그것인데, 그리하여 '來日'과 '每日'은 '내일, 매일'이 아니라 'ᄅᆡ일, ᄆᆡ일'로 적도록 한 것이다. 6번과 7번을 보면 구개음화 문제 역시 동일한 방식을 취했음을 알 수 있다.

즉 '순수 조선어'의 경우에는 종래에 '돗소, 디다'라고 표기하던 것을 구개음화 현상을 적용하여 '좃소, 지다'라고 적게 한 데에 비해, 한자어에 대해서는 발음은 '정녕, 천지'라고 하면서도 종래의 표기대로 '뎡녕, 텬디'로 적으라고 한 것이다. 이렇게 본다면 1차 언문철자법의 '서언'을 통해 확인한 문제, 즉 당대의 말소리를 반영한다는 표음주의 원칙을 세웠으면서도 한자어는 종래의 역사적 철자법을 허용하는 예외를 두는 바람에 결국에는 일관성을 잃고 표음주의와 역사주의가 혼재되어 있다는 문제가 2차 언문철자법에서도 시정되지 못하고 그대로 반복되었다는 사실을 알 수 있다.

앞서 언급한 것처럼 2차 언문철자법은 1차 언문철자법의 문제를 해결하기 위한 목적에서 출발했던 것으로 보인다. 애초의 개정 취지가 어떠했으며 그것이 왜 실현되지 않았는가 하는 문제에 대해서는 다음 절에서 다루기로 하고, 2차 언문철자법에는 1차에서와는 달리 받침 문제에 대한 논의가 명시적으로 기록되어 있다는 사실을 지적하겠다. 3장에서 언급한 바와 같이 주시경은 당시 한글 표기의 가장 큰 문제가 받침에 쓸 수 있는 자음 글자를 제한하고 있다는 데에 있다고 보았다. 그래서 모든 자음 글자를 받침에 쓸 수 있게 해야 한다고 주장했는데, 2차 언문철자법 논의 과정에서는 바로 이 문제를 진지하게 다루었던 것으로 보인다. 다음 인용문은 "종성(밧침)에 관하야는"으로 시작하는 8번 항목의 아래에 덧붙여진 것인데, 여기서 이야기하는 '갑(甲)'은 종래의 전통적인 표기 관행대로 받침을 제한하는 것이고, '을(乙)'은 모든 자음 글자를 받침으로 쓸 수 있게 하는 안을 말한다.

갑(甲) 을(乙) 어느 철자법에 종(從)할 것인가 자못 중대한 문제나 을호의 제례(諸例)를 채용할 시는 종래 관용되여오던 ㄱ, ㄴ, ㄹ, ㅁ, ㅂ, ㅅ, ㅇ의 종성 이외에 오히려 ㄷ, ㅈ, ㅊ, ㅋ, ㅌ, ㅍ, ㅎ의 칠 개 종성도 허용하고, 또 이중종성(둘밧침)도 허용하지 아니 할 수 업시 된다. 이에 대하야 **갑 을 쌍방에 관하야 학문상 또 실제 교수상으로부터 각종의 의론(議論)이 생긴다.** 취중(就中) 금일 보통으로 행하지 아니 하는 종성을 새로 채용하는 가부, 또 차등(此等) 종성의 발음 여하, 급(及) 차(此)를 채용한 경우에 대한 실지 교수상의 난이(難易)에 관하야는 아직 연구를 요할 점이 불소(不少)하다. 요컨대 **갑 을 양설(兩說) 어느 것이든지 상당한 이유가 잇서서 즉시 흑백을 결(決)하기 곤란한 고로 본 교과서에 대하야는 금후의 결정을 보기까지 대체로 종래의 철자법에 종(從)하야 대략 갑호에 준거(準據)하기로 함.**

8번 항목에서 든 예를 살펴보면 '을'에 해당하는 것은 '숯이, 낮에, 꽃이, 밭에, 같을, 깊을, 닦을, 없을, 삯이' 등과 같은 것인데, 바로 주시경이 『국문문법』에서부터 주장해왔던 것이다. 이에 비해 '갑'은 '숫치, 낫에, 꼿치, 밧헤, 갓흘, 깁흘, 닥글, 업슬, 삭시' 등과 같이 전통적인 표기법에 가까운 것이었다. 위의 인용문을 보면 2차 언문철자법 제정에 참여한 위원들은 '갑'과 '을' 모두 '학문상, 실제 교수상' 여러 논의거리가 제기될 수 있으며 둘 다 '상당한 이유'가 있다고 평가했음을 알 수 있다. 2차 언문철자법이 받침 문제에서 종래의 표기법을 유지한 것은 그것이 옳기 때문이 아니라 당장은 양단간에 결론을 내리기 쉽지 않았기 때문인 것이다.

물론 2장에서 언급한 바와 같이 이미 「국문연구의정안」에서도 모든 초성을 종성에 쓸 수 있다고 한 바 있으나, 구체적인 표기의 예를 제시하지는 않았다. 그에 비해서 2차 언문철자법에서의 예들은 체언과 조사, 또는 용언 어간과 어미의 결합 과정을 염두에 두고 가능한 표기의 경우들을 따져보았다는 데서 중요한 의미가 있다고 하겠다. 이는 아마도 이 논의에 참여한 위원에 국문연구소의 위원 어윤적과 주시경의 제자 권덕규가 포함되어 있었기 때문이었을 것으로 보인다. 그러나 이 받침 표기를 포함하여 앞서 든 'ㆍ'와 구개음화 문제까지 2차 언문철자법은 1차 언문철자법과 결과적으로는 거의 차이를 보이지 않게 되었다. 이들 문제는 3차 언문철자법에 가서야 현재 우리가 따르고 있는 표기법과 유사한 형태로 변화하게 되는데, 3차 언문철자법의 내용을 본격적으로 살펴보기 전에 1차 및 2차 언문철자법에서는 도대체 왜 '역사적 철자법'에 발목을 잡혔던 것인지, 그 내막에 대해 살펴보기로 한다.

2. 언문철자법의 최대 쟁점:
역사적 전통과 당대의 소리

왜 역사적 철자법인가

앞서 살펴본 바와 같이 1차 언문철자법은 '서언'에서 당대의 발음에서 멀어진 '역사적 철자법'을 피하고 '표음주의'에 의거한다는 원칙을 세웠으면서도 한자어에 한해서는 종래의 철자법을 채용한다는 이중적인 태도를 취하고 있었다. 그리고 그것은 2차 언문철자법에서도 그대로 반복되었다. 그렇다면 이러한 혼란이 발생한 이유가 무엇이었는지 궁금해지지 않을 수 없다. 이를 해결하기 위해서는 당시 언문철자법 제정에 참여했던 위원들이 어떠한 생각을 갖고 있었는지를 확인하는 작업이 필요할 것이다. 다행히도 회의록이 남아 있어서 당시의 사정을 짐작할 수 있다.[9]

우선 제1회 회의에서부터 가장 문제가 된 사항은 구개음화에 관한 것이었다. 예컨대 '텬'을 '천'으로 통일할 것인가와 같은 문제에 대해, 유길준은 평안도에서 이것을 구별한다고는 하지만 그 이외의 지역에서는 모두 '천'으로만 발음하고 있으므로 현실 발음대로 '천'으로 적어야 한다고 주장했다. 그런데 어윤적, 현은, 강화석, 그리고 일본인 관리 2명은 한자음에 한해서는 『규장전운』과 『옥편』에 근거해서 이들을 구

---

9) 이하 회의록의 내용은 모두 미쓰이 다카시, 앞의 책, 70~88쪽에서 밝힌 내용을 근거로 하고 있다. 미쓰이 다카시가 분석한 자료는 다음과 같다. 1)「조선어 조사회의 회의록」제1회~제5회, 2) 조선어 조사회의 연구 사항 제2회~제3회, 3)「조선어 조사에 관한 보고 원안」,「조선어 조사회의 결의에 대한 의견」(가나자와 쇼자부로), 4)「조선어 조사 보고서」. 이 가운데 2)는 1)의 회의를 위해 작성된 것이고, 3)은 그 결과를 정리한 것과 그에 대한 가나자와의 의견서이며, 4)는 이를 바탕으로 학무국에 보고한 내용이다.

별해야 한다는 주장을 펼치고 있었다. 다시 말해 '天'은 '텬'으로, '千' 은 '쳔'으로 구별해서 적어야 한다는 것이다. 그리고 그들이 그 근거로 제시한 것은 전통적인 운서(韻書)와 자전(字典)이었다.

운서는 2장에서 언급한 바와 같이 운(韻)에 따라 한자를 분류해놓은 책인데, 중국에서뿐만 아니라 우리나라에서도『동국정운』이래 여러 번 편찬되었다. 앞서 다룬『화동정운통석운고』(1747)가 바로 그런 운서 의 하나였는데, 어윤적 등이 언급한『규장전운』(1796) 역시 정조의 명에 따라 규장각에서 편찬한 운서였다. 그런데 운서는 운을 기준으로 하기 때문에 찾고자 하는 글자가 어떤 운에 속하는지를 정확히 알지 못하면 운서에서 해당 글자를 찾기가 쉽지 않다. 따라서 한자를 자형이나 자획 에 따라 배열한 옥편을 따로 만들어 운서를 보완했다. 결과적으로 각 운서는 대개 그것을 보완할 수 있는 옥편을 자매편 격으로 갖고 있었 는데,『규장전운』에는『전운옥편』이라는 옥편이 있었다.[10] 위에서 어윤 적 등이 언급한 옥편 역시 이『전운옥편』인 것으로 보인다.

문제는 이와 같은 운서와 옥편이 언문철자법의 논의 과정에서 규범 서의 역할을 하는 것으로 언급되었다는 점이다. 현실 발음을 표기에 반 영할 것인가 하는 문제에서 전통적인 표기방식을 고수한 이들이 주장 한 근거가 바로 이 운서와 옥편이었기 때문이다.『규장전운』과『전운옥 편』에 규정되어 있듯이 '天텬'과 '千쳔'은 엄연히 다른 소리이므로 비 록 현실 발음과는 멀어지더라도 이들을 구별해서 적어야 한다는 것이 그들의 주장이었는데, 심지어 어윤적은 제2회 회의에서는 아래와 같이

---

10) '옥편'은 본래 중국 남조 시대의 양나라에서 편찬된 책을 가리키는 말이었으나, 우 리나라에서는 '한자 사전'이나 '자전(字典)'의 의미를 갖는 보통명사로 쓰이고 있 다. 박형익,『한국 자전의 역사』, 역락, 2012, 38~41쪽 및 142~145쪽.

당시 사람들의 발음이 잘못된 것이니 이를 교정해야 한다고까지 주장하고 있다.

> 어윤적 씨: 나는 옥편대로 이것('텬'-인용자)을 사용해야 한다고 생각합니다. (…) **만약 이것을 천이라고 쓸 때는** 평안도 사람들은 天인지 千인지 구별할 수 없게 됩니다. 그래서 고래로 텬이라고 쓰도록 했던 것입니다. 또한 이것을 일본, 지나의 한자와 비교해도 天과 千 사이에는 명확한 구별이 존재합니다.
>
> 다카하시 씨: 그렇다면 어윤적 씨의 주장은 한자음에 대해서는 경성지방 및 삼남지방 사람들로 하여금 평안도처럼 ㅊ과 ㅌ, ㅈ과 ㄷ을 **구별하여 발음하게 하도록 교정해가려 하는 것입니까?**
>
> 어윤적 씨: **그렇습니다.** 점차 언문에 대한 일반의 지식이 진보함에 따라서 텬, 천으로 바르게 발음하게 될 것입니다.
>
> 다카하시 씨: **저는 그 상상은 도저히 실현되지 않을 것으로 믿습니다.**

옥편에 따라 '텬'과 '천'을 구별해야 한다는 주장에 대해 다카하시 도루는 그럼 옥편을 수정해서 규범을 바꾸는 것이 좋지 않겠느냐고 제안했다. 그러나 그에 대한 어윤적의 답은 규범을 수정하여 표기를 바꾸는 것이 아니라 사람들의 잘못된 발음을 교정해야 한다는 것이었다. '텬디'라고 쓰고 '천지'라고 읽는 사람들에게 발음대로 '천지'로 쓸 수 있도록 하자는 것이 다카하시의 생각이었다면, 어윤적은 '텬디'라고 쓰고 '텬디'라고 발음할 수 있도록 사람들을 교육시켜야 한다고 주장했다. 이에 대해 다카하시는 그러한 일은 상상 속에서라면 모르겠으나 실현 불가능한 일이라고 단언하고 있다. 표기를 현실 발음에 맞출 것이냐, 사람들의 발음을 전통적인 표기에 따르도록 강제할 것이냐 하는 문제인데, 이는 1차 언문철자법은 물론이고 2차 언문철자법에서도 뜨거운 쟁점이었으며, 1절에서 살펴본 대로 한자어에서만큼은 전통적인 규범을 따르는 것으로 결론이 났다.

이러한 논쟁은 관점에 따라 다소 기묘하게 느껴질 수도 있다. 소리를 반영하는 표음문자인 한글이라면 당연히 발음대로 적는 것이 옳다고 생각할 수 있기 때문이다. 물론 이는 우리가 이미 '텬디'와 같은 역사적인 표기가 아니라 '천지'와 같은 표음적 표기를 하고 있는 상황과도 무관치 않을 것이다. 그러나 사실 현재의 한글 표기 역시 변화된 발음을 반영하지 못하고 이전의 표기를 그대로 답습하는 경우가 없지는 않다. 예컨대 지금 대부분의 세대는 '외'와 '왜'를 구분하지 못한다. 그러나 '외갓집'을 '왜갓집'으로는 적지 않고, 또 '임진왜란'을 '임진외란'으로 적는다면 금방 지적의 대상이 될 것이다. '웨' 역시 이들과 구분되지 않아서 '왼쪽'의 '왼'과 '왠지'의 '왠', '웬일이니?'의 '웬'을 모두 동일한 소리로 발음하지만, 〈한글 맞춤법〉은 이들을 구태여 구분해주고 있다. '돼지'의 '돼'와 '된장'의 '되'를 소리로는 구별하지 못하지만 한글 표기에 익숙한 이들은 여간해서는 이 둘을 혼동하지 않는다. 사실 소리가 같은 동음이의어들을 이와 같이 역사적으로 굳어진 관습적 표기를 통해 구별해주는 것은 표음문자의 단점을 보완하는 측면이 있다.

그럼에도 불구하고 근대 언어학은 원칙적으로 소리를 문자에 우선하는 것으로 본다. 다시 말해 소리와 문자가 일치하지 않았을 때 기준이 되는 것은 소리이지 문자가 아니다. 언문철자법의 제정과 개정 과정 내내 '표음주의와 역사주의', 혹은 '표음적 표기와 역사적 표기'가 충돌을 일으킨 것은 따라서 단순한 해프닝만은 아니다. 오히려 이 문제에는 문자와 언어에 대한 전통적인 시각과 근대적인 감각이 맞부딪히면서 발생한 긴장 관계, 그리고 '언문일치'라는 시대적인 과제에 대한 당대 지식인들의 고민 등이 복합적으로 작용한 것이라고 보아야 할 것이다.

2차 언문철자법의 좌절

앞서 1절에서, 2차 언문철자법은 애초 1차 언문철자법에서 제기된 문제를 시정하고자 하는 의도에서 출발했지만 결국 그러한 목적을 이루지 못하고 1차 언문철자법의 문제를 거의 그대로 반복했다고 했다. 특히 표음적 표기와 역사적 표기의 문제와 관련해서 2차 언문철자법이 애초부터 지향했던 바가 무엇이었는가를 명시적으로 보여주는 것은 1921년 4월 3일과 5일 『매일신보』에 실린 「보통학교 교과서용 언문철자법 개정안」이다. 이 개정안을 들여다보면 이것이 앞서 살펴본 2차 언문철자법의 최종 결과와 사뭇 다르다는 사실을 알 수 있다. 아래에서 보는 바와 같이 2항에서 '발음과 같이', 즉 발음대로 표기하는 것을 원칙으로 삼았을 뿐만 아니라, 5항의 'ㆍ' 문제, 그리고 6항의 구개음화 문제에서 모두 '순수한 조선어이든지 한자음이든지' 동일한 원칙을 적용하도록 했기 때문이다. 그리고 그 원칙은 역사적 철자법이 아니라 표음적 표기였다.

> 1. 용어는 현대의 경성어로써 표준으로 흠.
>
> 2. 가급적[11] **발음과 여(如)히** 철법(綴法)을 정흠.
>
>   (생략)
>
> 5. **순수흔 조선어이던지 한자음이던지** 'ㆍ'는 사용치 안이흐고 'ㅏ'로써

---

11) 『매일신문』 원문에는 '可成的'으로 되어 있으나, '可及的'의 오기로 보인다.

차(此)에 대(代)홈.

(제1 예)   갈—굴(磨, 日)   말—몰(馬)

           갈(耕, 往)   말(語)

(제2 예)   간—ᄀᆞᆫ(艮)   내—ᄂᆡ(內)

           간(干)   래—ᄅᆡ(來)

(생략)

6. **순수흔 조선어던지 한자음이던지** '댜, 뎌, 됴, 듀, 디, 탸, 텨, 툐, 튜, 티'
등은 '자, 저, 조, 주, 지, 차, 처, 조, 치' 등으로 서(書)홈.

(제1 예)   절—뎔(寺)   조흘—됴흘(善)

(제2 예)   조총—됴총(鳥銃)   천지—텬디(天地)

즉, 애초 개정안에서는 고유어든 한자어든 막론하고 모두 표음적 표
기를 하도록 해서, 한자어에서도 'ᄀᆞᆫ, ᄂᆡ'가 아니라 '간, 내'로(5항), '됴
총, 텬디'가 아니라 '조총, 천지'로(6항) 적도록 했던 것이다. 그러나 2차
언문철자법의 최종 결과는 개정안과는 사뭇 달랐다는 것, 그러니까 한
자어인 경우는 고유어와 달리 'ᄀᆞᆫ, ᄂᆡ'와 '됴총, 텬디'로 적게 했다는 점
은 이미 언급한 바대로이다. 그렇다면 고유어와 한자어를 불문하고 모
두 표음적 표기를 하게 하려던 애초의 원안이 거센 반대에 부딪혀 실
현되지 못했음을 짐작할 수 있다. 그러한 정황은 2차 언문철자법의 개
정 과정을 설명한 당시의 총독부 학무국 편집과장 오다 세이고(小田省
吾)의 글을 통해 어느 정도 확인할 수 있다.

즉, 오다는 심의 과정에서 '순수 조선어'를 표음적 철자법으로 한다
는 데에는 이견이 없었지만, '자음(字音)'에 관해서는 'ᄂᆡ內'를 '내', '됴
鳥'를 '조'로 하는 것처럼 완전히 표음적 철자법을 채택하자는 의견과

'ᄂᆡ'와 '내', 'ᄃᆈ'와 '죠'를 "구별 병존"하자는 두 의견이 있어서 서로 간에 뜻을 굽히지 않았다고 전하고 있다. 당시에 시행 중이던 보통학교용 언문철자법을 이번 개정에서는 "갱진(更進)"하여 일괄적으로 표음적 표기가 되도록 개정하려 했으나, "심의의 정세(情勢)"가 이러해서 애초에 개정하려 했던 안을 이번에 실행하는 것은 아직 시기상조인 것 같다는 게 그의 소감이었다.[12]

그런데 오다는 이 한자음의 표기원칙 외에 받침의 확대 문제가 또 다른 쟁점사항이었음을 지적하고 있다. 이는 물론 받침을 종래의 7자로 제한할 것인가, 아니면 다른 자음 글자 모두를 받침으로 쓸 수 있도록 허용할 것인가 하는 문제를 말하는데, 앞서 언급한 바와 같이 받침 문제를 다룬 2차 언문철자법의 8항 끝에 이 두 의견에 모두 상당한 이유가 있기 때문에 양단간에 결론을 당장 내리기는 어렵다는 점이 특별히 기록되어 있는 것과도 일치하는 내용이다. 심의에서 논란이 된 것은 이와 같이 한자음의 표기와 받침의 확대 문제였는데, 그 과정에서 어떤 의견들이 오갔는지를 구체적으로 확인하기는 어렵다. 다만 심의에 참여했던 이들이 그 와중에 『매일신보』에 발표한 글들이 있어 대략적인 상황을 살펴볼 수 있다.

조선의 언문은 **진묘(眞妙)**ᄒᆞᆫ **원리 원칙** 정신상에서 기(其) 조직이 주밀(周密)ᄒᆞ야 28자에 불과ᄒᆞᆫ 문자이로되 일체 규칙적으로 되여 기(其) 운용의 자유자재함은 실로 세계에 가과(可誇)ᄒᆞ기 족ᄒᆞ다 (…) **금번 조사위원 중 산삭(刪削) 혹은 가첨(加添)의 논(論)을 창도(唱導)ᄒᆞᆫ 자 유(有)ᄒᆞ나 여(余)ᄂᆞᆫ 절대로 불인홈은** 28자의 언문은 **현묘ᄒᆞᆫ 원리 원칙**이 잇슴으로

12) 오다 세이고(小田省吾), 「언문철자법 개정안」, 『매일신보』, 1921. 4. 1.~2.

여배(余輩)는 오즉 차(此) 원리 원칙하에셔 연마탁구(研磨啄究)ᄒ야 ○道에 실(失)ᄒ얏던바 정신을 복구 발휘식힐지언정 **차(此)에 산첨(刪添)은 대불가(大不可)**ᄒ니 (…) 여배(余輩)가 **신비한 원리 원칙**을 능해(能解)치 못흔다 ᄒ야 엇지 장래 신인물에게ᄭ지 토연공구(討研攻究)의 도(道)를 절단(切斷)케 하리오 차(此)는 대불가론(大不可論)이라[13]

위의 글은 1차와 2차 언문철자법 제정에 모두 관여한 어윤적이 2차 언문철자법 심의 과정인 1921년 3월에 발표한 글인데, 제목이 '현묘ᄒ 원칙을 보수(保守)ᄒ라'이다. 훈민정음에는 그윽하고 오묘한 원리가 들어 있으니 이것을 지키고 고수해야 한다는 뜻이다. 제목에서뿐만 아니라 본문에도 '진묘한 원리 원칙, 현묘한 원리 원칙, 신비한 원리 원칙' 등이 반복되고 있는데, 우리가 설혹 지금은 언문이 왜 이렇게 만들어졌는지 이해하지 못하는 부분이 있다 하더라도 거기에는 '현묘한 원리'가 있기 때문에 함부로 수정을 가해서는 안 된다는 것이 그의 주장이다. 그러면서 어윤적은 이번 심의에 참여한 위원 가운데는 무언가를 빼거나 더하려는 자가 있으나, 본인은 이를 절대로 인정하지 않고 그런 논의 자체를 거부한다며 '대불가!'라고 기염을 토하고 있다.

이 글에서 어윤적은 '현묘한 원리'가 과연 무엇을 말하는 것인지, 그리고 언문을 수정하려는 시도가 구체적으로 어떤 것인지에 대해서는 밝히고 있지 않다. 다만 훈민정음에는 우리가 이해할 수 없는 그 어떤 그윽하고 오묘한 원리가 있으니 지금의 관점에서 그것을 수정하려고

---

13) 어윤적,「현묘ᄒ 원칙을 보수(保守)ᄒ라―언문철자법에 취(就)ᄒ야」,『매일신보』1921. 3. 17.

들어서는 안 된다고 하고 있을 뿐이다. 그런데 그는 1차 언문철자법에서부터 한자음의 역사적 표기, 즉 전통적인 규범에 입각한 표기를 주장하고 있었다. 심지어 현실의 소리를 인정하는 것이 아니라 대부분의 사람들이 내는 현실의 발음을 전통적인 규범에 맞게 교정해야 한다는 시각을 가지고 있었다.

아울러 그는 「국문연구의정안」을 작성한 국문연구소 위원 시절부터 받침의 확대를 주장하고 있었는데, 이는 앞서 본 것처럼 2차 언문철자법 제정 과정에서도 큰 논란이 되었던 사항이다.[14] 사실 모든 자음 글자를 받침으로 써야 한다는 주장은 3장에서 살펴본 대로 1905년 이후 주시경이 주장하기 시작한 것이다. 그리고 이는 훈민정음 창제 당시 잠깐의 실험 이후 한 번도 전면적으로 채택된 적이 없는 대단히 새로운 표기법이었다. 그러나 주시경은『훈민정음』예의의 '종성부용초성'이라는 규정을 오해하여 자신의 표기법이 훈민정음 창제 당시의 표기법이라고 믿었다. 그가 주위의 지식인을 일부 설득할 수 있었던 것 역시『훈민정음』의 그 구절 때문이었다. 전통을 수정하려는 시도에 '대불가!'를 외친 어윤적이 주시경식 표기의 핵심인 받침의 확대를 적극 주장한 것도 바로 그와 같은 받침의 확대가 훈민정음 창제자의 의도에 부합한다고 보았기 때문이었다. 따라서 어윤적의 받침 확대 주장은 일견 대단히 개혁적인 것으로 보이지만, 실은 훈민정음의 '현묘한 원리와 원칙'을 고수하려는 의도에서 비롯된 것이라고 해야 할 것이다.

어윤적과 같은 보수주의는 그러나 당대의 현실 언어를 중요하게 생각하는 입장과는 날카롭게 대립할 수밖에 없었다. 특히 소리를 문자에

---

14) 사실 1차 언문철자법 제정 과정에서 작성된 회의록에 의하면, 이때에도 어윤적은 받침의 확대를 강력하게 주장하고 있었다. 미쓰이 다카시, 앞의 책, 84~89쪽.

우선하는 근대 언어학적 시각에서는 문자에 맞추어 말소리를 교정하려는 시도는 도저히 용납할 수 없는 것이었다. 아래는 2차 언문철자법 심의 과정에 참여한 오구라 신페이(小倉進平)의 글이다. 오구라 신페이는 도쿄제대에서 언어학을 전공하고 나중에 경성제대에서 조선어 및 조선문학 담당 교수가 되는 이이다. 특히 처음으로 향가에 대한 언어학적 해독을 시도한 인물로도 잘 알려져 있다. 근대 언어학으로 무장한 그가 강조하는 것은 역시 현실적인 말소리였다.

조선의 언문도 시대의 변천흠에 종(從)ᄒ야 당연히 정리 통일을 행ᄒ지 아니치 못흘 것으로 자신무애(自信無疑)흠은 조선 언문은 장구ᄒ 역사를 유(有)ᄒ 것임으로써 시대의 추이흠에 종(從)ᄒ야 차(此)도 역(亦) 현대에 적합ᄒ 언문으로 개혁치 아니치 못흘 것인 짜닭이라 (…) **문자를 발음과 동일케 ᄒᄂ 방칙**을 취흠이 타당ᄒ다 ᄒ노라. **언문은 즉 언어를 표시ᄒᄂ 것**으로 언어와 차(此)를 표시ᄒᄂ 언문과 상이흘 것 갓흐면 죠금도 언문의 필요를 감(感)흘 여지가 무(無)ᄒ 즉 **발음을 본위 삼아 차(此)에 적합한 문자로 통일을 취흠이 최(最) 유효흘** 줄로 사(思)ᄒ노라 (…) 여하ᄒ 방식을 취ᄒ더리도 **발음만 상(傷)치 안이ᄒ고 최(最) 간단 통일적인 것이라야 가흘지며** 이상으로ᄂ 훌륭히 정리 통일흘 방식이 잇다 ᄒ더라도 **실지 발음과 호리(毫釐)의 차(差)만 유(有)ᄒ야도 차(此)ᄂ 대불가(大不可)ᄒ다 ᄒ노라**[15]

---

15) 오구라 신페이(小倉進平), 「문자와 발음을 동일ᄒ게 ᄒᄂ 것이 타당ᄒ다」, 『매일신보』 1921. 3. 20. 미쓰이 다카시, 앞의 책, 122쪽에 따르면, 다른 위원들과 달리 오구라 신페이는 『조선총독부관보』에 언문철자법 조사위원으로 선정된 기록이 없지만, 이 『매일신보』 기고문에는 그가 "언문철자법 조사위원"으로 명시되어 있다.

장구한 역사를 자랑하는 조선의 언문을 시대의 추이에 따라 개혁하지 않을 수 없다고 전제한 오구라가 위의 글에서 초지일관 주장하는 것은 문자와 발음을 동일하게 해야 한다는 것이다. 발음을 기준으로 해서 문자를 통일해야 하며, 발음을 상하게 하지 않는 범위 내에서 가장 간단한 방식을 찾아야 하다는 것이 그가 줄곧 강조하는 바이다. 그리하여 결국 문자가 실제의 발음과 털끝만큼이라도 차이가 난다면 이는 '대불가!'라는 결론을 맺는다. 이 '대불가'라는 말은 훈민정음의 현묘한 원리에 조금이라도 수정을 가하려는 시도에 '대불가'를 외친 어윤적의 글을 염두에 두고 의도적으로 사용한 표현으로 짐작된다. 결국 훈민정음 창제 당시의 원칙을 지켜야 한다는 어윤적과 당대의 현실 발음을 기준으로 표기법의 개혁을 주장하는 오구라 신페이는 서로의 주장에 '대불가'를 외치며 맞서고 있던 형국이라 하겠다.

앞에서 설명한 바대로 2차 언문철자법의 최대 쟁점은 'ㆍ' 및 구개음화 문제에서 표음적 표기로 할 것이냐 역사적 표기로 할 것이냐, 그리고 받침의 수를 종래대로 제한할 것이냐 확대할 것이냐 하는 두 가지 사항이었다. 물론 그 결과는 이미 설명한 바와 같이 1차 언문철자법을 거의 그대로 답습하는 것이었으며, 이는 어윤적도 오구라 신페이도 만족할 수 없는 것이었다. 어윤적의 입장에서는 한자음에서의 역사적 표기법을 관철했으나 훈민정음 창제 당시의 현묘한 원칙이라고 믿었던 받침의 확대를 이루지 못했다. 오구라의 입장에서는 한자음에서 실제의 소리와 달리 역사적 표기를 답습하게 된 것은 도저히 용납할 수 없는 결과였을 것이다. 다만, 발음을 상하게 하지 않는 한도 내에서 가장 간단한 방식을 취해야 한다는 그의 관점에서는 발음 불가의 받침을 대거 사용하게 되는 것을 막았다는 데에 위안을 삼았을지도 모른다. 따라서 1933년 조선어학회의 〈통일안〉이 성립하기 위해서는 당대의 말소리에 기반하면서도 현실 발음에만 집착하지 않고 오히려 그것을 가능하게 하는 그런 원리를 발견해내야만 했다. 다음 절에서는 이러한 측면을 염두에 두고 3차 언문철자법을 살펴보기로 한다.

3. 3차 언문철자법: 표음주의의 승리와 '약간의 예외'

표음주의의 관철

1928년 9월 4일자 『동아일보』의 「조선어독본 철자법 개정」이라는 기사는 지금까지 사용해온 조선어독본은 철자법에 결점이 많았으므로 이를 개정하기로 했는데, 학무국 편집과의 편수관 및 편수서기 등이 개정 초안을 만들어 민간의 위원들과 토의하여 결정되는 것을 채택하기로 했음을 전하고 있다. 1930년의 3차 언문철자법이 이즈음부터 논의되었다는 사실을 알 수 있는데, 이때는 철자법 개정의 과정이 민간에 비교적 소상히 공개되었으며 또 관련 전문가들도 신문이나 잡지 지면을 통하여 각자의 의견을 표출했다. 특히 당시에는 민간의 조선어 교사와 학자들이 표기법 문제에 대단히 큰 관심을 갖고 나름의 입장을 제출하고 있던 시기이기도 했다(이에 대해서는 5장과 6장에서 자세하게 다루겠다).

그러한 사회적 분위기를 반영하여 3차 언문철자법 심의 과정에는 민간의 전문가들이 대거 참여하게 되는데, 특히 장지영, 권덕규, 정렬모, 최현배, 신명균 같은 주시경의 제자들이 여기에 포함된 것이 눈에 띈다. 그에 비해 이전에 줄곧 심의 과정에 참여했던 어윤적은 이번에는 명단에서 제외되었다. 3차 언문철자법이 1차, 2차 언문철자법에서 제기되던 문제를 상당 부분 해소할 수 있었던 것 역시 이러한 인적 구성과도 무관치 않았을 것이다. 3차 언문철자법이 이전의 두 언문철자법과 확연히 달라졌다는 점은 아래의 '총설'을 통해서도 잘 드러난다.

一. 총설

1. 조선어독본에 채용할 언문철자법은 각 학교를 통하야 차를 동일케 할

160

사(事).

2. 용어는 현대 경성어로 표준함.

3. 언문철자법은 순수한 조선어거나 한자음임을 불문하고 발음대로 표기
함을 원칙으로 함. 단 필요에 의하야 약간의 예외를 설함.

이 책의 '여는말'에서 언급한 바와 같이 〈통일안〉의 총론 1항은 '표
준어를 대상으로 한다', '소리대로 적는다', '어법에 맞도록 한다'라는
세 가지 요소로 구성된다. 그런데 3차 언문철자법의 2항과 3항은 이 중
에 두 가지, 즉 표준어를 발음/소리대로 적는다는 점을 명시적으로 제
시하고 있다. 여기에서 빠진 것은 '어법에 맞도록 한다'인데, 3항의 맨
마지막 '필요에 의하야 약간의 예외를 설한다'고 하는 단서 조항이 바
로 〈통일안〉의 '어법에 맞도록 한다'에 연결되는 것이다. '어법'에 따른
다는 것은 곧 소리대로만 적지는 않는다는 것인데, 이런 표기를 3차 언
문철자법에서는 표음적 표기의 '예외'로 처리했다. 그러나 〈통일안〉은
그것을 '예외'가 아니라 한글 표기의 중요한 원칙으로 삼았다. 언문철
자법이 단순히 '예외'로 얼버무린 것을 '어법(語法)'이라는 말로 개념화
해냄으로써 '소리'와 '어법'을 모두 원칙으로 삼을 수 있게 한 것이 바
로 〈통일안〉의 가장 큰 특징이라 하겠다.

〈통일안〉 총론과의 관계는 7장에서 다시 다루기로 하고, 여기서는
3차 언문철자법 총설의 3항에 나타난 발음대로의 표기와 이에 대한 약
간의 예외에 대해 살펴보기로 한다. 아래의 인용문은 3차 언문철자법
'각설'의 1항과 2항인데 각각 'ㆍ'의 사용 여부와 구개음화 현상의 적
용 여부에 관한 것이다. 총설에서 원칙으로 세운 바와 같이 고유어이거
나 한자어이거나를 가리지 않고, 모든 경우에서 'ㆍ'는 폐지하여 더 이

상 한자어에서도 'ㆍ'를 사용하지 않도록 했다. 구개음화 역시 한자어에까지 일괄 적용하여, 예컨대 '텬디'는 '천지'로, '뎍당'은 '적당'으로 적게 했음을 알 수 있다.『규장전운』이나 『옥편』과 같은 전통적인 규범이 아니라 당대의 현실 발음을 표기의 기준으로 삼게 된 것이다.

1. **순수한 조선어거나 한자음임을 물론하고** 'ㆍ'는 전부 폐(廢)하고 좌례(左例) 갑호와 가티 'ㅏ'로 서(書)함.

   예)　　　　갑　　　　　　을

   　　　　　말(馬)　　　　　　　 ᄆᆞᆯ

   　　　　　사방(四方)　　　　　 ᄉᆞ방

   　　　　　배(腹)　　　　　　　 ᄇᆡ

2. **순수한 조선어거나 한자음임을 불문하고** '댜, 쟈, 뎌, 져, 됴, 죠, 듀, 쥬, 디'가 '자, 저, 조, 주, 지'로 발음되거나 '탸, 챠, 텨, 쳐, 툐, 쵸, 튜, 츄, 티'가 '차, 처, 초, 추, 치'로 발음되거나 '샤, 셔, 쇼, 슈'가 '사, 서, 소, 수'로 발음될 째는 표음적 표기법을 조차 후자로 일정(一定)하야 좌례(左例) 갑호와 가티 서(書)함.

   예)　　　　갑　　　　　　을

   　　　　　절(寺)　　　　　　　 뎔

   　　　　　적당(適當)　　　　　 뎍당

   　　　　　좃소(好)　　　　　　 둇소　(이하 생략)

　　그런데 이른바 '역사적 표기'가 언문철자법에서 완전히 사라진 것은 아니다. 두음법칙 관련 표기가 그러한 경우인데, 2차 언문철자법의 4항은 "한자음의 두음이 ㄹ인 것은 발음의 여하를 불구하고 항상 ㄹ로 서

162

(書)함."이라고 규정하고 '란초, 룡산, 리익, 릭일'과 같은 예를 들어 보
였다. 그런데 이 3차 언문철자법에서도 다음과 같은 규정을 두어 두음
법칙을 표기에 반영하지 않도록 했다.

7. **'나'행 '라'행의 한자음은 역사적 철자법을 쓰나** 중성으로 씃나는 音下
   에서는 〈나〉행 음이 〈라〉행 음으로 변하고 〈라〉행 음이 〈나〉행 음으로
   변하는 경우는 표음적 표기법에 쌀하 갑호와 가티 씀.

예)　　　　　갑　　　　　　을
　　　　회령(會寧)　　　　회녕
　　　　야료(惹鬧)　　　　야뇨
　　　　의논(議論)　　　　의론

다만 위의 7항에서 예를 들어 보인 것들은 두음법칙과는 상관이 없
는 것이고, 진하게 강조 표시한 부분만이 두음법칙 관련 규정이다. '나'
행과 '라'행이란 '나, 냐, 너, 녀, 노, 뇨, 누, 뉴, 느, 니', '라, 랴, 러, 려, 로,
료, 루, 류, 르, 리' 등의 음절을 말하는데, 이런 음들은 발음대로 적지 않
고 '역사적 철자법'에 따른다고 한 것은 2차 언문철자법의 '란초, 룡산,
리익, 래일'을 그대로 유지한다는 뜻이다. 이 항목은 3차 언문철자법에
서 유일하게 '역사적 철자법'을 존속시킨 규정이다. 이에 비해서 〈통일
안〉에서는 두음법칙 관련 표기를 소리 나는 대로 적도록 했다. 그러나
'란초'와 같은 표기가 과연 '역사적 표기'인지는 따져볼 필요가 있다.
이 문제는 현재 남북의 표기법 차이와도 밀접한 관련을 맺고 있는데,
역시 7장에서 자세히 다루도록 하겠다.

소리와 관련하여 마지막으로 언급할 사항은 된소리 표기이다. 2차 언

문철자법까지는 된소리를 된시옷을 사용해서 적도록 했다. 즉 '쑴, 짱, 쑈리'와 같은 것이 올바른 표기였다. 그러나 3차 언문철자법은 12항에서 된소리는 '써, 까' 등과 같이 병서로 하고 '뻐, 까, 씀' 등과 같은 이전의 표기는 폐지한다고 하여 '꿈, 땅, 뿌리'로 적도록 했다. 현재의 표기와 동일해진 것인데, 그러나 당시는 '쑴, 짱, 쑈리'가 더 익숙했고 'ㄲ, ㄸ, ㅃ'을 사용한 표기는 상당히 낯선 것이었다. 그러한 상황은 2장에서 언급한 바와 같이 훈민정음 창제 시기까지도 거슬러 올라갈 수 있는 오래된 관습 때문이었다. 물론 된소리를 'ㄲ, ㄸ, ㅃ'로 적게 한 3차 언문철자법의 이 규정은 〈통일안〉에서도 그대로 이어지지만, 그러나 1930년대 내내 격렬했던 표기법 논쟁의 중요한 쟁점 중의 하나는 바로 이 된소리 표기였다. 박승빈을 중심으로 한 조선어학연구회 쪽에서는 전통적인 된시옷 표기, 즉 '쑴, 짱, 쑈리' 쪽을 주장했기 때문이다. 이에 대해서는 8장에서 다시 다루도록 한다.

'약간의 예외'와 〈통일안〉의 '어법'

지적한 바와 같이 3차 언문철자법의 '총설' 3항에서는 고유어나 한자어를 불문하고 "발음대로 표기함을 원칙"으로 하되, "약간의 예외"를 인정한다고 했다. '、'를 더 이상 쓰지 않고 구개음화 현상을 인정하여 이를 표기에 반영한 것은 '발음대로'의 표기원칙을 잘 보여주는 예이다. 물론 지적한 대로 두음법칙 표기는 '발음대로'가 아니라 '역사적 철자법'을 쓰도록 하고 있었는데, 3차 언문철자법에서 '발음대로'의 '예외'에 해당하는 것은 이 밖에도 몇 가지가 더 있었다. 대표적으로는 '、'와 구개음화 문제 바로 다음에 제시된 다음의 4항이다.

4. 순수한 조선어거나 한자음임을 불문하고 좌기(左記)의 **갑호와 가튼 것은 을호처럼 발음되나** 이는 갑호와 가티 독(讀)하야서 **자연 을호처럼 발음되는 것인고로 갑호에 준거하고** 쌀하 종성을 변(變)치 안 함.

갑	을
갓모(笠帽)[16]	간모
아홉말	아홈말
국내(國內)	궁내
십만	심만
산림(山林)	살림

발음은 '간모, 아홈말, 궁내, 심만, 살림'으로 나지만 '발음대로' 적지 않고 '갓모, 아홉말, 국내, 십만, 산림'처럼 발음과는 달리 적으라는 것이다. 이는 3장에서 주시경의 『국문문법』을 다루며 언급한 '상접변음'과 관련이 있는 것이다. 'ㅂ'이 뒤에 'ㅁ'을 만나면 'ㅁ'으로 변한다는 것이 '상접변음'이고, 그런 소리의 변동에도 불구하고 원래의 '본음'을 밝혀 적는 것이 바로 주시경의 표기원칙이었던 것이다. 1차, 2차 언문철자법에서는 위와 같은 내용의 항목 자체가 없었다. 사실 '국내'와 '십만'이 '궁내', '심만'으로 소리 나지만 그럼에도 불구하고 발음대로가 아니라 '국내, 십만'으로 적는다는 것은 너무나 당연한 것이라서 특별한 규정이 필요하지 않은 것이다.

그러나 이른바 '표음주의', '표음적 철자법'을 완전히 관철하려고 하자, 전에는 지극히 당연하고 자연스러웠던 그와 같은 표기가 기본 원칙

---

16) 보통 '입모' 혹은 '갈모'라고 하는 것으로, 비가 올 때 갓 위에 덮어 쓰던 고깔과 비슷하게 생긴 모자를 뜻한다.

과는 배치되는 골치 아픈 문젯거리가 되어버리고 만 것이다. '총설'에서 '약간의 예외'로 설정할 것에 위의 4항이 포함된다는 것은 '표음적 철자법'의 대표적인 예인 'ㆍ'와 구개음화 문제를 다룬 1항~3항 바로 다음에 "순수한 조선어거나 한자음임을 불문하고" 이러한 예들은 발음대로 적지 않는다는 것을 명시한 사실에서 분명히 드러난다. 조선어학회의 〈통일안〉은 3차 언문철자법에서 표음주의의 예외로 처리한 이것을 오히려 원칙적인 것으로, 다시 말해 원래의 형태를 밝혀주는 방식을 표기원칙으로 끌어올렸다는 데에 그 의의가 있다. 물론 그러기 위해서는 소리대로 적는다는 것과 형태를 밝혀 적는다는 것이 서로 충돌하는 원칙이 아니라 서로 다른 층위에서 제각각의 의미를 갖는 두 원칙이라는 인식이 필요했다.

주시경의 '상접변음'이 받침의 확대 문제와 밀접한 관계를 맺고 있었듯이, 이 4번 항목의 삽입 역시 3차 언문철자법에서 비로소 이루어진 받침의 확대와 무관치 않아 보인다. 즉, 1차, 2차 언문철자법에서 중요한 논의의 대상이었으나 결국 채택되지 못했던 받침의 확대 문제가 3차 언문철자법에서는 거의 현재와 같은 수준으로 이루어졌던 것이다. 13항의 "종성(받침)은 종래 사용되든 ㄱㄴㄹㅁㅂㅅㅇ ㄲ ㄳ ㄽ ㄲ 이외에 ㄷㅌㅈㅊㅍ ㄲ ㄳ ㄵ ㄾ ㄿ ㅄ을 가(加)함."이 바로 받침의 확대를 확인해주는 대목이다. 새로운 받침의 도입에 따른 표기의 예 역시 '얻다/ 밭, 같다/ 낮, 짖다/ 숯, 쫓다/ 잎, 깊다/ 밖, 묶다/ 넋/ 앉다/ 핥다/ 읊다/ 값' 등과 같이 가능한 한 체언과 용언의 경우를 함께 제시하고 있다. 다만, 'ㅎ'과 'ㆆ'이 들어간 겹받침('ㄶ, ㅀ')은 인정하지 않았다. 즉, '좋다'가 아니라 '조타', '많다'가 아니라 '만타', '옳다'가 아니라 '올타'로 적도록 한 것이다.

이는 'ㅎ'이 어떻게 해도 절대로 받침으로는 소리가 날 수 없는 것이라는 점을 의식했기 때문인 것으로 보인다. 실제로 이 13항의 '부기(附記)'에는 받침으로 쓰인 'ㄷ, ㅌ, ㅈ, ㅊ, ㅍ' 뒤에 모음이 오면 제 소리가 "명료히 발음되"며, 또 뒤에 자음이 올 때에는 'ㄷ, ㅌ, ㅈ, ㅊ'은 'ㅅ'받침과, 그리고 'ㅍ'은 'ㅂ'받침과 "동양(同樣)의 작용"을 한다고 특별히 명시하고 있다. 즉, 'ㅎ'과 달리 'ㄷ, ㅌ, ㅈ, ㅊ, ㅍ' 등은 모음이 오면 제 소리가 나고, 자음이 와도 'ㅅ, ㅂ'과 동일한 작용을 한다는 것이다. 이때 'ㅅ, ㅂ'으로 소리 난다고 하지 않고 동일한 '작용'을 한다고 한 것은 'ㅅ'받침이 실제 발음은 'ㄷ'으로 된다는 점, 그리고 이들이 4항에서처럼 다른 자음과 만났을 때 그 소리가 변하는 것까지 염두에 둔 것으로 보인다.

이에 비해 'ㅎ'은 '좋아[조아], 좋으면[조으면]'에서와 같이 모음이 와도 그 소리가 실현되지 않을뿐더러, 자음이 왔을 때 역시 '좋고[조코], 좋다[조타]'에서처럼 받침으로는 전혀 발음되지 않는다. 비교하자면 예컨대 '같고[갇꼬], 같다[갇따], 엎고[업꼬], 엎다[업따]'와 같이 'ㅌ, ㅍ'은 비록 그 소리가 'ㄷ, ㅂ'으로 변한 것이기는 하지만 그럼에도 불구하고 받침으로 소리 나는 것이 분명하지만, 'ㅎ'은 그런 작용조차 없다는 것이다. '표음주의'를 천명하고 이를 관철하려고 했던 3차 언문철자법에서 받침으로는 그 소리를 전혀 확인할 수 없는 'ㅎ'을 끝내 받침 표기로 인정하지 않은 것은 그 때문일 것이다.

그에 비해서 〈통일안〉은 'ㅎ'을 받침으로 인정했다. 이는 〈통일안〉이 상정한 '어법에 맞도록 한다'는 새로운 원칙이 어떤 성질의 것이었는지를 잘 보여주는 대목이기도 하다. 'ㅎ'받침은 비록 그 실체가 물리적으로는 확인되지 않아도 '조타, 조코'라는 실제 소리를 통해 추론 가능한, 이론적으로 구성된 가상의 소리이다. '조타'와 '조코'에서 '-다'와 '-고'라는 어미를 분석해낸다면 남는 것은 '좋-'일 수밖에 없기 때문이다. 물론 주시경은 이런 가상의 소리를 '본음'이라고 했다. '어법'은 바로 이와 같이 실제 물리적인 소리 자체가 아니라 그것을 통해 발견할 수 있는 말의 일정한 규칙과 관계된 것이다. 그러나 '어법'이라는 원칙이 없었던 3차 언문철자법에서는 받침을 확대하면서도 소리에 계속 집착하지 않을 수 없었고, 'ㅎ'받침을 인정할 수 없었던 것도 바로 그 때문이었다.

3차 언문철자법이 현재의 관점으로는 불필요한 것으로 보이는 다음과 같은 규정을 만들지 않을 수 없었던 이유 역시 실제 소리에 대한 집착 때문이었다.

15. 조사 이, 조동사 인데, 이오, 입니다 등은 종성 ㅌ로 종(終)하는 체언 하(下)에서는 표음적 표기법을 종(從)하야 치, 친데, 치오, 칩니다 등으로 씀.
밭, 밭치, 밭친데, 밭치오, 밭칩니다
끝, 끝치, 끝친데, 끝치오, 끝칩니다

위의 15항은 '밭'이 '-에'와 결합하면 '바테'가 되는 것과 달리 뒤에 '-이'가 왔을 때 '바치'로 소리 나기 때문에 이를 '표음적'으로 적어야 함을 규정한 것이다. 그러나 사실 이는 17~18세기에 일어난 역사적 구개음화와 지금 당대에 일어나는 공시적(共時的) 구개음화라는 두 가지 종류의 구개음화를 구별하지 못했기 때문에 제기된 규정이라고 할 수 있다. 지금 우리는 역사적 구개음화에 해당하는 '텬디'는 소리 나는 대

로 '천지'라고 적지만, 공시적 구개음화에 해당하는 '밭+-이'는 발음과
달리 '밭이'로 적는다.[17] 조선어학회의 〈통일안〉 총론에 따르면 전자,
즉 역사적인 구개음화는 '소리대로' 적는 것에 해당하고 후자, 즉 공시
적인 구개음화는 '어법에 맞게' 적는 것에 해당한다. 〈통일안〉의 총론
에서 세운 원칙, '소리'와 '어법'은 이와 같이 서로 상보적인 관계를 갖
는데, 3차 언문철자법에서는 '소리'만이 제시되었을 뿐 '어법'은 아직
개념화되지 못했기 때문에 '밭치'라는 별도의 표음적 표기가 필요했던
것이다.

　3차 언문철자법과 관련해서 마지막으로 언급할 내용은 용언의 불규
칙 활용에 대한 규정이다. 21항에 다루어진 내용이 바로 그것인데, 예
컨대 '덥다'의 경우 '덥'의 종성 'ㅂ'이 모음으로 변할 때 그 변하는 소
리를 '표음적 표기법'을 사용하여 적는다고 규정하고 있다. '덥다'가 어
미 '-어'와 결합할 때 '덥어'가 아니라 '더워'가 되는 현상을 말하는 것
이다. 지금의 관점에서 보면 이는 너무나 당연한 내용이다. 그러나 주시
경식 표기 원칙인 '본음, 원체'에 따른 표기라면 어간 '덥-'과 어미 '-
어'의 형태를 그대로 살려둔 '덥어'의 형태가 옳은 표기가 된다. 그리
고 이것이 〈통일안〉의 '어법'에도 맞는 것이 될 가능성이 크다. '먹는'
이 실제 소리는 '멍는'으로 나지만 그 원형을 밝혀 적는 것이 '어법'에
맞는 것이라면, '덥-'+'-어' 역시 실제 소리는 '더워'로 나지만 표기는
'덥어'로 하는 것이 '어법에 맞는 것'일 수 있기 때문이다.

---

17)　역사적인 구개음화는 어느 특정한 역사적인 시기에 일어난 구개음화를 가리키는
　　데, 예를 들어 17~18세기에 '天'의 음이 '텬'에서 '천'으로 변한 것을 말한다. 이에
　　비해 공시적인 구개음화는 어느 역사적인 시점에서 일어난 변화가 아니라 당대의
　　음운변동에 따른 것인데, 주로 형태소의 결합 과정에서 발생한다. 예컨대 '굳다'의
　　'굳-'이 접사 '-이'를 만나 '굳이'가 되었을 때 '구지'로 발음되는 것을 말한다.

그러나 '날이 더웠다'를 '날이 덥었다'로, 또는 '하늘이 아름다우니'를 '하늘이 아름답으니'로 적는 것은 현실 발음과 너무나도 괴리가 되는 표기이다. 그럼에도 불구하고 1920년대 후반이 되면 주시경식 표기법, 즉 원형을 밝혀 적자는 주장이 상당한 정도로 세력을 얻으면서, '덥어, 아름답어'가 문법적이고 옳은 표기라는 주장이 조선어 연구자들로부터 제기되고 있던 실정이었다. 3차 언문철자법에서 이들을 '더워, 아름다워'와 같이 '표음적'으로 적어야 한다는, 일견 불필요할 것 같은 규정을 구태여 만든 것은 바로 그러한 이유 때문이었다. '표음적' 표기만을 원칙으로 삼았던 3차 언문철자법에서는 '덥-어'와 '더워' 중에 무엇을 선택해야 하는가 하는 것이 그리 곤란한 문제가 아니었으나, '어법'을 중요한 원칙으로 세운 〈통일안〉에서는 이 문제의 해결이 그리 간단치 않을 수 있었다. 언급한 바와 같이 '어법'에 따른다면 '더워'가 아니라 '덥어'가 되어야 하기 때문이다.

'소리'와 '어법'에 관련된 이러한 문제를 〈통일안〉이 해결한 방식에 대해서는 7장에서 자세하게 다루기로 하고, 그에 앞서 1920년대 조선어 연구 과정에서 제기된 문제들은 어떤 것이 있었는지, 그리고 그것이 총독부의 3차 언문철자법을 어떻게 견인하고, 결과적으로 〈통일안〉의 밑바탕이 되었는지를 살펴보도록 하겠다.

1920년대 민간에서의 표기법 논의: 식민지 사회에서의 헤게모니 관철 방식

4장에서는 조선총독부가 모두 세 차례에 걸쳐 언문철자법을 만드는 과정에서 가장 문제가 되었던 쟁점사항은 무엇이었으며, 이러한 것들이 어떻게 정리되어갔는지를 살펴보았다. 그런데 언문철자법에서 문제시되었던 사항들은 단지 철자법 제정이나 수정에 관여했던 일부 위원들만의 관심사항은 아니었다. 당시 보통학교에는 조선어 과목이 있었으므로 조선어 교사들이 조선인 학생들을 대상으로 조선어를 가르치고 있었는데, 그 과정에서 교사들은 언문철자법에 여러 가지 문제의식을 갖지 않을 수 없었다. 특히 1921년의 2차 언문철자법 제정 당시에는 그 과정이나 위원들 사이의 의견 대립이 『매일신보』 등에 실리기도 했기 때문에 한글 표기법에 대한 문제가 사회적인 논의의 장에서 다루어지는 하나의 계기가 될 수 있었다.

무엇보다 1919년 3·1운동 이후의 이른바 '문화정치'를 계기로 『동아일보』와 『조선일보』 같은 일간지와 여러 잡지들이 발간될 수 있었던 상황은 자연스럽게 조선어와 한글에 대한 진지한 관심을 갖게 했다.[1] 그리고 이러한 사회적 분위기 속에서 조선어와 한글을 전문적으로 연구하는 단체가 조직될 수 있었는데, 그 대표적인 것이 바로 조선어연구회이다. 이후 조선어학회로 명칭을 바꾸는 이 단체는 1927년 1월부터는 동인지 『한글』을 펴내며 조선어와 한글에 대한 전문적인 담론을 주도해 나간다. 조선어와 한글에 대한 공론장에서의 진지한 관심은 전문가 집단의 형성과 그들에 의한 전문적 논의를 가능하게 했고, 이는 다시 총독부라는 국가권력의 정책에 일정한 압력으로 작용할 수 있었던 것이다.

---

1) 1920년대 초반 신문과 잡지에 실린 조선어 및 한글 관련 글들 가운데 비교적 장문의 글은 다음과 같은 것들을 들 수 있다. 이필수, 「조선 민족의 반성을 촉(促)하는 조선 문자」, 『동아일보』 1922. 8. 7~13.; 최현배, 「우리의 말과 글에 대하야」, 『동아일보』 1922. 8. 29.~9. 23.; 박승빈, 「조선 언문에 관한 요구」, 『계명』 1호~3호, 1921.

이 장의 1, 2절에서는 1920년대 조선어와 한글 표기에 대한 민간에서의 진지한 관심이 결과적으로 총독부의 언문철자법에 어떻게 반영되었는지를 살펴보기로 한다. 그리고 3절에서는 언문철자법에서는 전혀 문제시되지 않았던 새로운 쟁점이 민간의 조선어 연구로부터 제기되던 맥락을 짚어본다. 이러한 논의를 위해 1927년 1월에 있었던 『동광』이라는 잡지의 설문조사 내용을 검토해보겠다. 10가지의 문항이 언문철자법의 핵심 쟁점을 담고 있을 뿐만 아니라 그 설문의 결과가 1930년의 3차 언문철자법을 예견하는 것처럼 보이기 때문이다. 응답자들이 밝힌 논리와 근거들은 당시의 조선어 연구의 수준을 보여주는 것이기도 한데, 이 설문 내용을 본격적으로 다루기에 앞서 1920년대 조선어와 한글에 대한 관심이 어떠했는지를 전문가 집단의 형성이라는 측면에서 살펴보도록 하겠다.

1. 1920년대 민간의 조선어 연구

조선어연구회라는 조직

언급한 바와 같이 1920년대에는 조선어를 연구하는 단체가 조직되고 또 그와 연관된 각종 강연회나 강습회가 활발히 개최되는 시기인데, 그 가운데 가장 먼저 결성된 단체는 조선어연구회이다. 1921년 12월 2일 『조선일보』에 실린 「조선어연구회」라는 제목의 기사에는 조선의 말과 글이 일정한 법리로 통일되어 있지 못함이 유감이라며 최두선, 권덕규, 장지영, 이승규, 이규방, 임경재가 조선어연구회를 조직하여 연구회 및 강연회를 개최하기로 했다는 사실이 보도되어 있다. 「동아일보」 역시 그 다음날 거의 동일한 내용을 보도했고, 거기에 더해 12월 4일에는 사설을 통해 조선어연구회 창립의 의의를 강조하고 있다. 약간의 시차가 있기는 하지만, 1922년 4월 1일에는 조선어연구회 회원 가운데 한 명인 권덕규가 「조선어 연구의 필요」라는 글을 발표하기도 한다.

조선어연구회는 이후 조선어학회(1931)로, 해방 이후 한글학회(1949)로 명칭을 바꾸어 현재까지 이어져 오는 단체이다. 이 조선어연구회는 1926년 지금의 한글날에 해당하는 '가갸날' 기념행사를 기점으로 활발하게 활동하고 사회적으로도 큰 주목을 받게 되지만, 그 이전인 1920년대 전반까지는 특별한 활동의 흔적을 찾아보기가 어렵다. 오히려 1920년대 전반기에 조선어 및 한글과 관련한 단체 가운데 신문에 자주 거론된 것은 조선문통신강습학회(朝鮮文通信講習學會)였다. 1923년 3월 22일자 『조선일보』 기사는 유도진흥회(儒道振興會) 회장 박기양과 총무 정진홍이 조선문을 발전시키려는 목적으로 조선문통신강습학회를 발기하여 1922년 11월 9일에 인가를 받은 것으로 보도하고 있다.

같은 해 5월 22일자 기사에는 이 단체가 강연회를 개최한 사실을, 6월 9일자 기사에는 간행할 '강습록'의 체제와 활자, 연구방법 등에 대해 협의회를 열었다는 사실을 보도했다. 이 협의회의 참석자가 현채, 지석영, 박승빈, 장지영, 이필수, 안확 등인 것으로 보아 1921년에 조직된 조선어연구회와는 다소 성격을 달리 하는 모임이었던 것으로 보인다.

그런데 전문적인 조선어 연구단체가 개최한 것은 아니더라도 조선어 혹은 한글에 대한 강연회 및 강습회는 1920년대 초반부터 매우 자주 보도되었다. 예컨대 종로청년회가 주최한 학술 강연회에서 이필수가 조선문, 즉 한글 연구에 대한 강연을 했고(『동아일보』 1923. 3. 30.), 조선교육협회에서 주최한 교육자들에 대한 조선어 강습에는 권덕규와 신명균이 강사로 참여했다(『동아일보』 1923. 7. 16.). 1920년대 중반에도 조선어와 한글에 대한 강연회는 꾸준히 이어져서, 조선문정음부활회라는 곳에서 강연이 개최되었고(『조선일보』 1925. 4. 13.) 조선학생과학연구회라는 곳에서는 과학 문제 대강연회를 개최하면서 '조선말의 변천'이라는 주제로 권덕규를 연사로 초청하기도 했다(『조선일보』 1926. 1. 8.).

그런데 1920년대 후반으로 갈수록 권덕규, 신명균, 최현배, 정렬모, 이병기 등 1926년 말 조직을 재정비한 조선어연구회의 회원들이 연사로 참여하는 강연회가 비중 있게 보도되는 것을 확인할 수 있다. 예를 들어 1929년 7월 28일자 『조선일보』의 기사 「조선어학계 권위 철자법 강연 개최」를 보면 조선어만을 전문으로 연구한 권위자들로 조직된 조선어연구회가 논란을 빚고 있는 철자법 문제에 대해 강연회를 연다는 사실을 보도하고 있다. 이때의 논란이란 앞서 살펴본 언문철자법의 개정 과정에서 불거진 것을 말하는 것으로 보이는데, 조선어연구회의 회원들은 여기서 '조선어 연구를 전문으로 한 권위자'로 소개되고 있다.

그들이 이와 같이 일정한 그룹을 이루고 있는 전문 연구자 집단이라는 사실을 사회적으로 공인받기 시작한 것은 1926년 '가갸날', 즉 지금의 한글날을 제정하고 이를 기념하는 행사를 개최하기 시작한 때부터인 것으로 보인다.

앞서 언급한 바와 같이 조선어연구회는 1921년 12월에 결성되었지만, 그 이후 이렇다 할 만한 활동 기록이 거의 남아 있지 않다. 그러다가 1926년 11월 '가갸날' 기념행사를 즈음하여 비로소 활발한 움직임을 보이게 되는데, 이때는 회원 대부분이 주시경의 제자들로 바뀌고 동인지 『한글』을 발행하는 등 조직을 재정비하는 시기이기도 하다. 사실 조선어연구회는 1924년 2월에도 훈민정음 '창제' 480주년 기념행사를 열었는데, 약 2년 10개월 뒤인 1926년 11월에는 훈민정음의 '반포' 480주년을 기념하는 행사를 한 것이다. 2장에서 언급한 바와 같이 1443년 12월(음력)에는 훈민정음이라는 글자가 만들어졌고, 1446년 9월(음력)에는 『훈민정음』이라는 책이 완성되어 훈민정음이 공식적으로 반포되었다. 따라서 1924년 2월은 양력으로 환산한 1443년 12월(창제일)의 480주년이 되는 것이고, 1926년 11월은 역시 양력으로 환산한 1446년 9월(반포일)의 480주년이 되는 때이다.

창제와 반포라는 점에서 차이가 있기는 하지만 어쨌든 둘 다 훈민정음의 480주년 기념행사였는데, 1924년 2월의 행사는 별다른 호응을 얻지 못한 연구회 내부의 자체 모임이었던 데에 비해, 1926년 11월의 행사 때는 사회 유명인사들이 다수 참석하는 등 사회적으로 큰 호응을 불러일으켰다.[2] 약 3년 만에 이런 차이가 생긴 데에는 여러 요인이 있

---

2) 「각 방면의 명사 운집―대성황의 가갸날」, 『조선일보』 1926. 11. 6.; 「이 하늘과 이 짜 우에 거듭 퍼진 「한글」의 빛」, 『동아일보』 1926. 11. 6.

었겠지만, 무엇보다도 1920년대 초반부터 생겨난 조선어와 한글에 대한 관심이 1920년대 중반이 넘어가게 되면 조선어 연구와 한글 철자법의 통일이 필요하다는 사회적 공감대로까지 발전했기 때문일 것이다. 1926년 '가갸날'이라는 이름으로 시작된 행사는 1928년부터는 '한글날'로 그 명칭이 바뀌기는 하지만 매년 지속되고, 그때마다 『동아일보』와 『조선일보』에는 한글과 조선어에 대한 각종 기사와 전문가들의 기고문이 10여 편씩 게재된다. 그리고 그 중심에는 거의 언제나 조선어연구회와 (1931년에 이름을 바꾼) 조선어학회가 있었다.[3]

그리고 이러한 사회적 분위기가 1928년부터 논의되기 시작한 언문철자법의 재개정 문제와 맞물리면서 조선어의 표기법을 통일해야 한다는 문제는 조선 지식인 사회의 큰 관심사항이 될 수밖에 없었다. 2차 언문철자법이 여러 논란에도 불구하고 1차 언문철자법이 안고 있던 문제를 전혀 해결하지 못한 것이었음은 4장에서 언급한 대로이다. 3차 언문철자법에서 그러한 문제들이 상당 부분 해결될 수 있었던 것은 총독부라는 국가권력의 의지가 관철된 것이라기보다는 오히려 민간의 지속적인 문제제기와 자율적인 합의 과정 때문이었다고 해야 할 것이다. 그러한 사정을 잘 보여주는 것이 바로 1927년 1월 『동광』의 표기법 관련 설문조사이다.

『동광』의 표기법 설문

『동광』은 흥사단 계열의 민족주의 운동단체인 수양동우회가 펴내던 월

---

3) 1920년대 중후반 조선어 전문가 집단의 형성에 관한 이상의 내용은 김병문, 「1920년대 『동아일보』, 『조선일보』의 어학 관련 기사 분석」, 『한말연구』 61, 2021의 4장을 바탕으로 한 것이다.

간잡지인데, 1926년 5월에서 1933년 1월까지 통권 40호를 발행했다. 문예물을 포함한 종합지의 성격을 띤 이 잡지는 창간 초기부터 조선어의 표기법 문제에 깊은 관심을 가지고 있었던 것으로 보인다. 예컨대 1926년 5월에 발간된 창간호의 맨 마지막 부분에는 편집 후기 형식의 '독자와 긔자'라는 글이 실려 있는데, 거기에는 우리 글의 혼란을 바로 잡기 위하여 '운동'의 차원에서 '우리문법의 태두되시는 선생님들'의 '국문문법'을 따라서 잡지를 편집하겠다는 방침이 천명되어 있다.

> 조선글의 문법이 초창시대라 하더라도 오늘가티 혼란하여서는 어떠케 할런지오. 보통학교 교과서에서 쓰는 문법, 신문 잡지에서 쓰는 문법, 예수교 출판물에서 쓰는 것 제각기 다르니 어떤 것이 바른지 글 쓰는 사람이나 글 보는 사람이나 표준을 잡을 수 업습니다. 우리는 우리 글을 발전시키는 운동의 한 가지로 국문문법(문법 중에도 토 바침 쓰는 법)을 우리문법의 태두되시는 선생님들의 주장을 딸아 쓰기로 합니다. 아직까지는 인쇄의 관게로 이 잡지의 긔사 전부를 그러케 하지 못하고 멧 편만 신식 토 바침을 쓴 고로 혹 돌이혀 혼잡할 렴려가 잇스나 활자가 정리되는 대로 긔사 전부를 그러케 쓰려고 합니다.

보통학교의 교과서, 신문과 잡지, 예수교 출판물이 따르는 '문법'이 모두 제각각이라서 이에 대한 표준을 정할 필요가 있다는 내용이다. 물론 여기서 '조선글의 문법'이라 할 때의 '문법'은 표기법을 포함하는 의미일 텐데, 이러한 표기법의 혼란을 통일하기 위해서 이 잡지가 따르겠다고 한 '우리문법의 태두되시는 선생님들'이 구체적으로 누구인지를 밝히고 있지는 않다. 다만, '국문문법' 중에서도 특히 '토 바침'

의 문제를 중요시하고 있다는 점 정도를 확인할 수 있겠는데, 이 역시 무엇을 의미하는지 불분명하기는 마찬가지이다. 그런데 같은 해 8월에 발간된 4호의 '독자와 긔자'에는 다음과 같은 언급이 있어서, 이들이 중요하게 여기는 '국문문법'의 '토 바침'이 무엇인지가 비교적 선명해진다.

> 이런 질문이 들어옵니다. '만흔' '조흔' 가튼 쓰기 쉬운 글을 아니 쓰고 '많은' '좋은' 이러케 어렵게 쓰는가. 이 문제에 대하여는 다음호쯤에 여러분의 의견을 들어 볼까 합니다. 그러나 여기 말해 두는 것은 문법적으로 쓰는 것이 처음에는 불편한 듯하나 종네는 돌이어 편하리라 함이외다.

즉, 왜 '만흔, 조흔'과 같이 기존에 익숙한 표기가 아니라 낯설고 생소하여 어렵게 느껴지는 '많은, 좋은'과 같은 식으로 쓰는가 하는 독자들의 문제제기가 있었다는 것인데, 이 잡지의 편집자는 이에 대해 전자가 아니라 후자가 '문법적'인 표기이며 이것이 처음에는 어렵고 불편하게 느껴질지라도 오히려 결국에는 편리한 방식이라고 답하고 있다. 이미 언급한 바대로 'ㅎ'받침은 당시로서는 기괴하다고 느껴질 정도로 낯선 것이었다. '본음, 원체, 법식'에 따라야 한다는 주시경의 표기법에 의해 비로소 제안된 'ㅎ'받침을 '문법적'으로 옳은 것이라고 보고 있다는 점에서 이 잡지가 취하고 있는 입장이 무엇인지 가늠할 수 있다. 그리고 그 다음 달에 발간된 5호에는 그와 같은 표기의 정당성을 뒷받침할 수 있는 김윤경의 「조선말과 글에 바루잡을 것」이라는 글을 실었다.

김윤경은 잘 알려진 바와 같이 주시경의 제자로서 조선어학회에서 활동한 인물이다. 이 「조선말과 글에 바루잡을 것」이라는 글에서 그는 표준어나 표준적인 문장 형태에 관한 것은 물론이고 한문을 섞어 쓰지 말자, 한글을 음절 단위로 모아쓰지 말고 낱말 단위로 풀어쓰자는 등의 다양한 주장을 펼쳤는데, 그 가운데는 물론 주시경식 표기법에 관한 것도 포함되어 있다. '낫'으로만 쓰지 말고 'ㅈ, ㅊ, ㅌ' 등도 받침으로 인정하여 '낫, 낮, 낯, 낱'과 같이 서로 다른 뜻을 갖는 말들을 구별하여 표기할 수 있도록 하자는 예를 들고 있는데, 이는 물론 주시경이 주장한 '본음'과 '원체'를 밝혀 적는 표기이다. 그러나 이러한 표기법이 일반에게 받아들여지기란 쉬운 일이 아니었다. 그래서인지 『동광』은 1927년 1월에 발간된 7호에서 "우리글 표기 예의 몇몇"이라는 제목하에 조선어 교사 및 연구자들에게 표기법과 관련하여 설문조사한 결과를 실었다. 다음은 이 설문조사의 취지를 밝힌 편집자의 글이다.

> 오늘날 우리들의 우리 글 쓰는 법이 퍽 부정(不精)합니다. 세계에 둘도 없는 가장 좋은 글을 더 좋게 만들어 쓰지 못하고 이렇게 착잡(錯雜) 불통일(不統一)하게 쓰는대 대하여는 누구나 적이 맘이 있다면 한숨하지 아니하지 못할 것이외다. 이제 우리가 우리 글을 좀 다스리고 바루잡아 쓰도록 함이 당연한 일일뿐더러 무엇보담도 크게 급무(急務)인 줄 앎니다. (…)
> **위선(爲先) 하로 바삐 곧히어 쓰지 아니하면 안 될 우리 글 표기함에 용례 몇몇을 뽑아서 도하(都下) 전문학교 고등보통학교에 우리말 담임하여 게신 여러 선생님께와 및 사계(斯界)에 조예가 깊으신 몇 분 어른에게 해답을 구하였던바** 다행히 일쯕붙어 본지를 사랑하여 주신 여러분께로붙어 간독(懇篤)한 회답이 오았음니다. (…)

독자 여러분은 이 **각 방면의 연구를 서로 비교 대조하며 자유자재로 취사선택하여 바른 본 하나를 심역(尋繹)하시기에** 또한 흥미가 없지 아니할 줄 아나이다.

즉, 통일되지 못하여 혼란스럽게 사용되는 우리 글을 바로잡는 일이 무엇보다도 급하기 때문에, 그 가운데서도 중요한 예 몇 가지를 뽑아서 전문학교와 고등보통학교에서 조선어를 담당하고 있는 분들, 그리고 이 방면에 조예가 깊은 전문가들에게 해답을 구했다는 것이다. 그리고 이들의 연구를 비교 대조하여 어느 것이 옳은 것인지를 찾아보자는 것이 이 설문조사의 궁극적인 취지였다. 그런데 눈에 띄는 점은 설문에 답을 한 18명 가운데 주시경의 제자이거나 조선어연구회, 혹은 조선어학회에서 활동한 이들이 모두 8명이었다는 사실이다(권덕규, 장지영, 김윤경, 이병기, 최현배, 신명균, 이규방, 이상춘).

물론 어윤적과 같이 보수적인 인사나 당시에 계명구락부에서 활동하던 박승빈과 강매가 포함되었고, 독자적인 견해를 밝힌 장응진, 백정목, 이기석과 같은 이들이 있었으니, 설문조사의 대상이 주시경이나 조선어연구회 계열의 인사들로만 채워진 것은 아니었다. 그런데 위의 14명을 제외한 나머지 4명(김진호, 김지환, 그리고 이름을 밝히지 않은 2인) 역시, 비록 조선어연구회나 조선어학회와 직접적으로 관련을 맺고 있는 않았지만, 대체적으로 주시경식 표기법에 찬동하는 쪽으로 응답하고 있다. 이러한 결과는 『동광』이 처음부터 어떤 의도를 가지고 설문조사를 실시했기 때문이라기보다는 당시의 조선어 교사나 연구자들의 대체적인 의견이 반영된 때문이 아닌가 한다. 아래에서 살펴보겠지만, 이 설문조사의 결과가 대체로 3년 뒤에 민간의 의견을 대폭 반영하여 만들어지는 3차 언문철자법의 내용과 일치하기 때문이다.

그러나 설문조사의 취지를 밝힌 위의 글 자체가 'ㅎ'받침을 쓰고 있을 뿐만 아니라, 예컨대 '고치어 쓰다'를 '곤히어 쓰다'로 적고 있다는 점 등에서 이미 주시경식 표기를 염두에 두고 있다고 보아야 할 것 같다. '고치다'라는 구체적인 소리에서 '곤-히-다'라는 '본음'과 '원체'라 할 만한 것들을 분석해내고 있기 때문이다. '로붙어'라는 표기 역시 '부터'에서 '붙-어'를 분석해낸 결과이고, '(회답이) 왔다'가 아니라 군이 '(회답이) 오았다'고 표기한 것도 동사 '오다'의 어간 '오-'와 거기에 붙는 어미 '-아'의 원형을 분명히 밝혀주기 위함이다. 이러한 의식은 이 설문조사의 몇 가지 항목에도 반영되어 있는데, 그러한 것들은 표음주의와 역사주의라는 쟁점을 해결하는 데에 주력하던 언문철자법의 관점에서는 대단히 생소한 질문이기도 했다. 아래에서는 이 설문조사의 전체 문항과 그에 대한 답변들을 구체적으로 살펴보도록 하겠다.

2. 표음주의의 관철, 그러나 새롭게 제기되는 쟁점

무엇이 문제였는가?

『동광』에서 18명의 조선어 교사 및 연구자들에게 물어본 항목은 모두 10가지이다. 이들은 크게 보아 아래아('ㆍ') 폐지나 구개음화 반영과 같은 '역사적 표기 vs. 표음적 표기'의 문제, 된소리 및 두음법칙 표기, 받침의 확대, 그리고 용언 어간과 어미가 결합할 때 일어나는 음운변동에 관한 문제 등이었다. 그 10가지 문항의 내용은 아래와 같다.

> 1. 모음 중 ㆍ자를 폐용(廢用) 여부?
>
> 예하면 「ᄃᆞᆯ」「ᄆᆞᄋᆞᆷ」을 「달」「마음」으로 씀이 어떨가 함.
>
> 2. 된시옷이라 일컷는 ㅺ ㅼ ㅽ ㅾ 등을 ㄲ ㄸ ㅃ ㅉ의 병서체로 씀이 여하(如何)?
>
> 예하면 「ᄭᅮᆷ」「ᄯᅢ」「ᄲᅮᆯ」「ᄶᅡᆨ」 등을 「꿈」「때」「뿔」「짝」으로 씀이 어떨가 함.
>
> 3. ㄷ ㅅ ㅈ ㅊ ㅌ 행에 ㅑ ㅕ ㅛ ㅠ 등의 복모음을 합용하는 등자(等字)를 쓰지 아니할 여부?
>
> 예하면 「뎌긔」(彼處) 「죠션」(朝鮮) 「텬샹」(天上) 등을 「저긔」「조선」「천상」으로 씀이 어떨가 함.
>
> 4. 말의 두자(頭字)가 ㄴ행으로 될 때 ㅇ로 개용(改用)하게 할 여부?
>
> 예하면 「녀름」(夏) 「니르」(至) 등을 「여름」「이르」로 씀이 어떨가 함.
>
> 5. 받힘은 ㄱ ㄴ ㄷ ㄹ ㅁ ㅂ ㅅ ㅇ 이외에 ㄷ ㅈ ㅊ ㅋ ㅌ ㅎ 등도 다 사용하여야 할 여부?
>
> 예하면 「받」(受) 「찾」(尋) 「좇」(從) 「같」(如) 「높」(高) 「좋」(好) 「앉」(坐) 「옳」(可) 「핥」(舐) 「읊」(詠) 등(等字)를 씀이 어떨가 함.

6. 「드러가」(入去) 「거러가」(步行) 「버서」(脫)라도 쓰고 「들어가」「걸어가」「벗어」라도 쓰니 어느 것을 표준?

7. 「되여서」(爲) 「막혀서」(防) 「그려서」(畵)라도 쓰고 「되어서」「막히어서」「그리어서」라도 쓰니 어느 것을 표준?

8. 「더우니」(暑) 「지으니」(作) 「우니」(鳴)라도 쓰고 「덥으니」「짓으니」「울니」라도 쓰니 어느 것을 표준?

9. 우리말을 한자로 된 말까지라도 다 국음(國音)을 표준하여 씀이 여하? 예하면 「십월」(十月) 「녀ㅈ」(女子) 「리천」(利川) 등을 우리말로 쓸 때에 「시월」「여자」「이천」으로 씀이 어떨가 함.

10. 아레와 같은 말은 3종 이상으로 쓰니 어느 것을 표준?

한울(天) 하늘 하날

일음(名) 이름 일홈

아희(兒) 아이 아해

　1번 문항은 ' ㆍ'를 쓸 것이냐 말 것이냐에 관한 것이다. 설문에서 든 예는 모두 고유어('ᄃᆞᆯ/달, ᄆᆞᅀᆞᆷ/마음')였지만, 질문에서 2차 언문철자법까지 유지되던 고유어와 한자어의 구별을 별도로 하지 않았다는 점에서 고유어뿐만이 아니라 한자어에서까지의 폐지를 염두에 둔 것으로 해석된다. 실제 응답 역시 모두 고유어, 한자어 구별 없이 글자 자체의 존폐 여부에 대해 답하고 있다. 2번은 된소리 표기에 대해 묻고 있는데, 2차 언문철자법까지 된소리를 'ㅅㅣ, ㅅㄷ, ㅅㅂ' 등으로 표기하도록 했다는 점에서 이에 대한 수정 여부를 묻고 있다고 할 수 있다. 3은 구개음화와 관련된 문제인데, 예에는 고유어('뎌긔/저기')와 한자어('죠선/조선, 텬상/천상')가 모두 포함되어 있다.

4번은 'ㄴ'이 단어의 첫머리, 즉 어두에 올 때에는 'ㅣ'나 'ㅑ, ㅕ, ㅛ, ㅠ'와 결합할 수 없는 것과 관련되어 있으므로 두음법칙 문제에 해당하는 것으로 볼 수 있다. 다만, 현재 일반적으로 생각하는 두음법칙은 '근로(勤勞)'의 '로', '자녀(子女)'의 '녀'가 어두에서는 '노동', '여자'처럼 '노'와 '여'로 바뀌는 것을 뜻하고, 이는 모두 한자어에 관한 것이다. 그런데 사실 이 가운데 'ㄴ'은 훈민정음이 창제될 당시는 두음법칙이 적용되지 않는 것이어서 '니'나 '녀' 등의 발음이 가능했다. 그러던 것이 18세기경이 되면 지금과 같이 'ㅣ'와 'ㅑ, ㅕ, ㅛ, ㅠ' 앞에서 'ㄴ'이 탈락하는 현상이 발생했다. 따라서 4번은 18세기에 발생한 이러한 현상을 소리에 반영할 것인가를 묻는 것이므로 구개음화나 아래아 문제와 마찬가지로 사실상 역사적인 전통과 관습에 따를 것이냐('녀름, 니르다'), 아니면 변화한 소리를 표기에 반영할 것이냐('여름, 이르다') 하는 문제에 해당하는 것이었다.

5번은 받침을 전통적인 표기처럼 제한할 것인가, 모든 자음 글자로 확대할 것인가를 묻는 문제였고, 6번에서 8번은 용언 어간이 어미와 결합할 때 이들의 원형을 밝혀 적을 것인가, 아니면 소리 나는 대로 적을 것인가 하는 질문이다. 그런데 사실 6번 같은 내용은 1차와 2차 언문철자법에도 포함되어 있었던 것이다. 예컨대 2차 언문철자법의 9항은 "활용어의 활용 어미는 가급적 어간과 구별하야 서(書)함"이라고 하고 그 예로 '먹엇소, 들어간다'를 들었다. 언문철자법에서 별로 논란이 되지 않았던 문제가 『동광』의 조사에서 거론된 것인데, 이는 아마도 설문의 대상자 가운데 한 명인 박승빈의 이른바 '단활용설'을 고려한 것으로 보인다. 즉, 그의 문법에 따르면 '먹어'가 아니라 '머거', '들어가'가 아니라 '드러가'가 되기 때문이다.

그리고 8번 문항은 용언의 활용을 인정하지 않고 어간을 언제나 고정시켜야 한다는 주장, 그래서 '더워'가 아니라 '덥다'의 어간을 그대로 살린 '덥어'로 써야 한다는 주장을 반영한 질문이다. '본음, 원체'를 밝혀 적어야 한다는 주시경의 이론을 그대로 고수할 경우 이와 같은 표기가 불가피해진다. 따라서 6번에서 8번의 문항은 1차, 2차 언문철자법에서 논란이 되었던 문제라기보다는 주시경과 박승빈 문법의 차이에서 발생한 문제를 해결하기 위한 문항으로 보아야 할 것 같다(이에 대해서는 다음 절에서 별도로 다루겠다).

9번은 한자음의 표기에 관한 것인데 '녀자(女子), 리천(利川)' 같은 두음법칙, 그리고 '시월(十月)'처럼 원래의 한자음과 달리 소리 나는 이른바 '속음(俗音)'의 표기 문제를 물은 항목이다. 그리고 10번은 이상의 내용에 포함되기 어려운 어휘 개별적인 사항에 대한 것인데, 사실상 표준어를 무엇으로 할 것인가 하는 문제와도 연동되어 있는 것이다.

이상의 내용을 정리하면, 대체로 1~5번, 9번은 2차 언문철자법까지 해결되지 않고 남아 있던 문제들로서 아래아(‘ㆍ’) 폐지 여부, 구개음화와 두음법칙의 적용 여부, 된소리 표기의 선택, 받침의 확대 여부를 묻는 것들이다. 그리고 나머지 6~8번과 10번은 언문철자법에서 다루어지지 않았거나 크게 논란이 되지 않았던 사항들로서, 특히 6~8번은 용언 어간과 어미의 결합 시에 발생하는 음운변동의 문제에 관한 것이다. 아래에서는 이 문항들에 대한 응답이 대체로 어떠했는지를 살펴보도록 하겠다.

언문철자법의 쟁점 정리

우선 앞서 4장에서 밝힌 바와 같이 2차 언문철자법에까지 가장 쟁점이 되었던 사항은 바로 표음적 표기와 역사적 표기의 선택 문제이다. 1차 언문철자법에서부터 표음적 표기가 시도되기는 했으나 특히 한자음에서는 『규장전운』 등과 같은 전통적인 운서나 옥편에 규정된 규범 음을 따라야 한다는 주장에 따라 끝내 '표음주의'가 관철되지 못했다. 그리고 그 대표적인 사항은 아래아('ㆍ')의 폐지와 구개음화 적용 문제였다. 그렇다면 『동광』의 설문조사 결과는 어떠했을까? 우선 'ㆍ'라는 글자를 아예 폐지할 것인가 하는 문제에 대해서 의외로 이를 폐지할 수 없다는 의견이 다수였다. 주로 주시경의 제자들만이 이 글자를 아예 사용하지 않는 것이 좋겠다는 의견을 피력하고 있었다.

그러나 이 글자를 폐지할 수 없다고 한 이들도 대부분 'ㅁㆍㅁ'이나 'ㅁㆎㄹ'과 같은 표기를 하자는 것은 아니었다. 오히려 'ㆍ'를 'ㅏ'나 'ㅡ'로 소리 나는 글자에는 적지 말고 'ㆍ' 본연의 소리를 적을 수 있도록 일단 남겨는 두자는 쪽에 가까웠다. 즉 위의 'ㅁㆍㅁ', 'ㅁㆎㄹ'은 그 소리대로 '마음', '매일'과 같이 적고, 'ㆍ'는 원래 그 글자가 상정하고 있던 소리를 위해 남겨두어야 한다는 뜻이었다. 예컨대 배재고보 교원이었던 김진호는 "'ㆍ'자는 'ㅣ' 'ㅡ'의 합음(合音)이오 'ㅏ'와 갓지 아니한지라 우리 말에 '이으'의 음이 있기를 기다릴지오 제거는 불가함."이라는 의견을 냈다. 즉, 'ㆍ'가 'ㅣ'와 'ㅡ'의 합음이라는 주시경의 설을 따르면서 그런 소리를 적을 수 있도록 'ㆍ'를 없애지는 말아야 한다는 것이었다.

'ㆍ' 폐지 불가를 주장한 이들의 논리는 대개 이와 같은 것이었으므로, 사실상 'ㆍ'의 소리까지 염두에 두면서 표음적 표기를 관철해야 한다는 쪽이었던 셈이다. 따라서 'ㆍ' 폐지 불가를 주장한 사람들 역시 자신들의 글에서 'ㆍ'를 사용하고 있지는 않았다. 폐지할 수 없다고는 했지만, 정작 'ㆍ'의 실제 소리라는 'ㅣㅡ 합음'이 무엇인지는 그들도 몰

랐기 때문이다. '丶'를 자신들의 글에서 실제로 사용하고 있던 사람은 설문 대상 18명 가운데 어윤적과 백정목 단 2명뿐이었는데, 이들이 이 글자를 폐지할 수 없다고 본 이유는 훈민정음 창제의 의의를 살리기 위해서였다. 예를 들어 백정목은 '丶'를 훈민정음 11개의 중성 중에 '수위(首位)', 즉 제일 높은 지위에 있는 것이므로 폐지할 수 없다고 했다. 어윤적 역시 '丶'가 모든 중성 글자가 '발원(發源)한 기점'이므로 폐지 불가라는 주장을 펼쳤다.

사실 중성 글자의 창제 원리를 밝힌 『훈민정음』의 「중성해」에서는 중성의 기본 글자를 '丶, ㅡ, ㅣ'로 보고 이들이 각각 '천(天), 지(地), 인(人)'을 상형한 것이라고 풀이했다. 그리고 이 세 글자를 통해 다른 중성을 생성해내고 있으므로 어윤적과 백정목의 주장이 『훈민정음』의 내용과 부합한다고 하겠다. 그러나 이는 전통의 규범과 권위에 의존하는 것이지 당대의 소리에 따라야 한다는 '표음주의'에는 해당하지 않는 것이었다. 『동광』의 설문에서 전통의 권위와 규범에 근거하여 '丶' 문제를 처리하자는 이들은 이제 18명 중에서 이 두 명뿐이었다.

구개음화 적용 문제를 묻는 3번에 대한 응답 역시 비슷한 양상이었다. 3번의 질문을 다시 표현하면 '댜, 뎌, 됴, 듀'나 '탸, 텨, 툐, 튜', '샤, 셔, 쇼, 슈', '쟈, 져, 죠, 쥬'와 같은 글자들을 아예 폐지할 것인가가 된다. 이에 대한 답도 이들을 폐지할 수 없다는 쪽이 훨씬 많았는데, 그 이유 역시 '뎌긔, 죠선, 텬샹' 같은 역사적 표기를 하자는 것은 아니고, 다만 실제 '댜, 탸, 샤, 쟈'와 같은 발음이 나는 말들을 위해 남겨두어야 한다는 것이었다.

예컨대 이름 없이 배화여고보의 교원이라는 사실만 밝힌 응답자는 한자음의 구속에서는 벗어나야 한다면서도, 외국어의 음을 적거나 지방에 따른 사투리를 적을 때 필요할 수 있으니 이 글자들을 남겨두어야 한다고 응답했다. 또 보성고보의 이규방은 동사와 형용사 등에 토 '어'가 접속할 때 줄어드는 소리를 적기 위해 이들이 필요하다고 답했는데, 예를 들어 '가지다'의 '가지-'에 '-어'가 붙을 때 '가져'가 되니 '져'를 안 쓸 수 없다는 뜻이다. 즉 한자음의 역사적 표기는 인정하지 않지만 실제 그런 소리로 나는 말들이 있으므로 글자 자체를 없앨 수 없다는 것이다. 다만, 어윤적은 여전히 훈민정음의 '정의(精義)', 즉 정밀하고 자세한 의의에 결함을 가져올 수 있다는 이유로 폐지 불가라는 의견을 제시했다.

따라서 1차, 2차 언문철자법에서 가장 쟁점이 되었던 역사적 표기와 표음적 표기의 문제는 거의 압도적인 차이로 표음적 표기 쪽으로 의견이 기울었다고 보아도 좋을 것 같다. 2차 언문철자법이 1921년에 나온 것이고 이 『동광』의 설문조사가 1927년에 게재된 것임을 감안하면, 이미 민간에서는 특히 아래아와 구개음화 문제에 있어서는 표음적 표기 쪽으로 결론이 나 있는 상황이었던 것으로 보인다. 1930년의 언문철자법의 결과도 이런 상황이 반영된 것이라고 하겠다. 2차 언문철자법의 또 다른 주요 쟁점이었던 받침의 확대 문제 역시 대세는 이미 기울어진 상황이었다. 18명의 응답자 전원이 받침의 확대를 주장하고 있었기 때문이다. 1921년의 2차 언문철자법에서는 종래의 철자법과 받침을 새로 확대하는 방법이 모두 나름의 일리가 있어서 도저히 하나를 선택할 수 없다고 했었는데, 1927년의 민간 전문가들의 의견은 받침의 확대 쪽으로 완전히 통일을 이루었던 것이다. 3차 언문철자법이 민간 전문가들의 이런 의견 일치를 받아들인 것은 어쩌면 당연한 수순이었을 듯하다.

그런데 두음법칙 문제에 있어서는 어느 한쪽으로 의견이 기울었다고 보기가 어려웠다. 우선 앞서 언급한 대로 4번 문제는 고유어에 관한 것이었는데, 이에 대해서는 대체로 두음법칙을 인정하지 않은 '니르다, 녀름'의 표기가 더 우세했다. 그런데 그 이유가 바로 이들의 '본음'을 밝혀 적어야 하기 때문이라는 것이었다. 예컨대 이규방은 '냐, 녀, 뇨, 뉴, 니'가 어두에서는 '야, 여, 요, 유, 이'로 발음되는 것이 사실이나 전자가 '본음'이므로 "근본대로 바로 쓰는 것이 좋을 줄 압니다."라고 했다. 그러나 이렇게 역사적으로 이전에 있었던 소리를 '본음'이라고 한다면 구개음화나 아래아('ㆍ')의 문제에서도 똑같은 논리가 적용되어야 하는 문제가 발생한다. 즉, '져긔, 텬디'가 본음이므로 이를 그대로 적여야 한다는 주장이 가능한 것이다.

한자음을 다룬 9번 문제에서는 오히려 두음법칙을 적용하여 '여자, 이천'으로 적는 쪽이 우세했는데, 그러나 예컨대 주시경의 제자인 이병기는 오히려 '녀자, 리천' 쪽이 표준에 맞다는 의견을 제시하고 있다. 예컨대 '텬(天)'은 그 발음이 완전히 바뀌어 어느 자리에서나 '천'이라는 소리로 나지만, '녀(女)'와 '리(利)'는 낱말의 첫소리가 아니라면 '본음'을 그대로 유지하고 있기 때문에 바로 그 '본음'을 밝혀 적는 것이 옳다는 뜻이었다. 따라서 두음법칙 문제는 4번 항목에서 제시된 것과 9번 항목에서 제시된 것을 구별할 필요가 있는데, 전자는 고유어에 관한 것이며 또 소리의 역사적인 변화에 해당하는 것이다. 그에 비해 후자는 한자음에 관한 것인데, 그것은 역사적인 것이 아니라 해당 한자가 어느 자리에 오느냐에 따라 음이 결정되는 당대의 음운변동에 해당하는 것이다.

그러나 1927년 『동광』의 설문은 물론이고 이에 대해 답한 이들 역시 고유어와 한자어라는 차이에만 집중했을 뿐, 하나는 소리의 역사적인 변화에 관한 것(4번)이고 다른 하나는 당대의 음운변동에 관한 것(9번)이라는 차이를 명확히 구별하여 인식하지 못했던 것 같다. 따라서 설문에 대한 응답 역시 의견이 분분할 수밖에 없었는데, 이런 상황을 반영한 때문인지 3차 언문철자법에서는 앞에서 언급한 다른 항목들과는 달리 두음법칙 규정만은 1차, 2차의 것을 수정하지 않았다. 그러던 것이 1933년 조선어학회의 〈통일안〉에서는 두음법칙 문제 역시 표음적 표기를 일관되게 관철하는데 이에 대한 자세한 내용은 7장에서 다시 다루도록 하고, 아래에서는 6번~8번 항목에 대한 응답이 어떠했는지를 살펴보도록 하겠다.

3. '문법'이라는 새로운 쟁점

'소리'가 아니라 '문법'이라는 기준

『동광』의 설문 항목 10개 가운데 6번~8번은 언급한 바와 같이 1차, 2차 언문철자법에서는 크게 논란이 되지 않았던 것들이다. 그러나 사실 이 문제들은 받침의 확대라는 기존의 쟁점과 밀접히 연관되는 사항이었다. '국어'의 '본음'과 '원체'를 밝혀 적자는 것이 주시경이 주장한 표기원칙이었으며, 그러기 위해서는 받침을 종래의 7개, 혹은 8개에서 모든 자음 글자로 확대해야 한다는 것이 그의 주장이었다. 5번 설문은 바로 그와 관련되는 사항이었다. 하지만 비록 받침 자체의 문제는 아니었으나 6번, 7번, 8번 항목 역시 말의 원형, 특히 용언의 어간을 어디까지 밝혀 적어야 하는지 여부를 묻는 것이었으므로, 궁극적으로는 받침의 확대 여부와 같은 취지의 질문이었다고 해석할 수 있다.

예컨대 '들어가'와 '드러가' 중에 어느 것이 맞는가를 묻는 6번은 결국 '들다'의 '들-'이 '-어'와 만날 때 그 소리('드러')를 그대로 적을 것인지, 아니면 원래의 '들-'과 '-어'를 구별해서 적을 것인지 하는 문제이다. '막혀서, 그려서'인가, '막히어서, 그리어서'인가를 묻는 7번과 '더우니, 지으니'인가, '덥으니, 짓으니'인가를 묻는 8번 역시 마찬가지로 동사의 어간과 어미의 결합 시에 일어나는 소리의 변화를 표기에 반영할 것인지 말 것인지에 관한 문항이다. 즉, 소리 나는 대로 '그려서, 더우니'로 적는 것이 맞는지, 비록 소리와는 다르더라도 그 원형을 밝혀 '그리어서, 덥으니'로 하는 것이 옳은지를 묻는다는 차원에서 이 세 문항은 궁극적으로 동일한 취지라고 하겠다.

앞서 언급한 바와 같이 6번~8번 문항은 실상은 주시경과 박승빈의 문법 차이를 드러내는 것이었는데, 실제로 단어의 원형을 밝혀 적어야한다는 주시경의 이론에 동조하는 이들 가운데 상당수는 '들어가, 그리어서, 덥으니'가 맞다고 본 데에 비해, 박승빈은 그의 '단활용설'에입각해 '드러가, 그려서, 더우니'가 왜 옳은지를 설명하고 있다. '단활용설'에 입각한 박승빈의 설명이 구체적으로 어떠했는지 알아보기에앞서, 우선 7번과 8번 항목의 응답 결과를 통해 당시의 전반적인 분위기가 어떠했는가를 알아보도록 하겠다.

『동광』에서 집계한 7번 항목에 대한 응답 결과는 '되어서, 그리어서,막히어서'가 옳다고 한 이가 18명 가운데 8명이고, '되여서, 그려서, 막혀서'가 옳다고 한 이가 4명, 그리고 '되여, 막히여'가 옳다는 이가 1명,'그리어서'나 '그려서'나 양쪽이 다 옳다고 한 이가 4명이었다. 말의 원래 형태를 밝혀 적는 쪽이 좀더 우세했다는 사실을 알 수 있는데, 동시에 '그려서, 막혀서'와 같이 소리가 줄어드는 대로 적는 것을 옳지 않다고 본 사람이 다수였다는 점이 주목되는 대목이다. 예컨대 이상춘의 아래와 같은 답변은 이 질문의 쟁점이 무엇이었는지를 잘 보여준다.

> '막히어서', '그리어서', '되어서'가 옳다. **'막혀서', '그려서'는 원어(元語)와 토를 혼철(混綴)한 잘못이다.** '막히', '그리'는 동사이요 '어서'는 조사이다. '어서'를 '여서'로 쓰기도 하나 그러나 뜻이 같고 음이 멀지 아니한바에는 '어서'로만 오로지 써어 '되여서'라 말고 '되어서'라 씀이 좋다.

즉, '막히, 그리'라는 동사와 '어서'라는 '조사'를 구별하지 않고 '막혀, 그려'처럼 섞어서 표기하는 것은 잘못이니 이를 하나하나 분리해서적어야 한다는 것이다. 주시경의 '원체'를 '원어'라고 하고, '토'를 '조사'라고 했을 뿐 이 말들의 원형을 밝혀 적어야 한다고 본 점에서는 주시경의 표기법을 그대로 따르고 있는 주장이다. 3장에서 우리는 주시경의 표기원칙이 구체적으로 들리는 소리보다는 추상적 층위에 있는 '본음, 원체, 법식'에 기반을 두는 것이라고 했다. 그 결과 받침을 대폭 확대하게 되었다는 사실 역시 지적한 대로인데, 바로 그러한 입장을 고수한다면 위와 같이 소리의 축약까지 거부하는 것이 주시경식 표기의 원리에 맞게 된다.

물론 '되어'와 '되여'는 두 소리가 하나로 줄어드는 축약의 문제가 아니고 단지 '되-'와 '어'의 결합 시에 일어나는 소리의 변동에 관한 것이다. 현재도 '되여'는 복수의 표준 발음 가운데 하나로 인정받고 있는데(참고로 북한에서는 발음과 표기에서 모두 '되여'만을 인정하고 있다), 『동광』의 설문은 이 소리를 인정하여 표기를 아예 '되여'로 하는 방법에 대해 물었던 것이다. 따라서 '되어, 되여'의 문제는 음운의 축약으로 인해 발생하는 '막히어, 막혀'나 '그리어, 그려'의 경우와는 다른 것이다. 그럼에도 불구하고 '되어, 막히어, 그리어'만을 옳다고 한 이들은 동사의 어간과 어미의 결합 시에 발생하는 소리의 변화는 표기에 반영하지 않고 원형을 밝혀 적어야 한다는 동일한 문제의식을 가지고 있었던 것이다.

'덥으니'인가 '더우니'인가?

그런데 이와 같이 구체적인 소리가 아니라 말의 원형을 밝혀 적는다는 원칙을 극단적으로 관철하려고 들면 8번의 '덥으니, 짓으니'와 같은 현실적으로는 도저히 받아들여지기 어려운 형태가 '문법적'인 것이 된다는 곤란한 문제를 초래한다. 아래 이규방의 응답을 보면 '덥으니, 짓으니'를 택한 이들이 이를 '문법적'인 것으로 보았다는 것을 잘 보여준다.

'ㅂ', 'ㅅ'를 모음 우에서 습관으로 발음하지 안는 것이 있으니 **문법상에 규칙으로 제정한 이상에는 원(原) 말대로 쓰고 발음만 습관대로 함이 좋을 듯합니다.** 물론 지금도 영남이나 관북 지방에는 그대로 남어 있으니 더욱 편리할 듯하며 **'더우니', '추우니'의 '우'는 'ㅂ'을 약(略)하는 동시에 공연히 들어가는 음이니 문법상으로 보면 옳다 할 수 없는 것이올시다.** '덥어서, 덥으니, 짓어서, 닛어서, 짓으니, 닛으니'로 쓰고 발음만 '더어서, 더으니, 지어서, 니어서, 지으니, 니으니'로 함이 좋을 듯하외다.

즉, 관습적으로는 모음 앞에 오는 'ㅂ'이나 'ㅅ'을 발음하지 않는 경우가 있으나 '문법상'으로 보면 그러한 관습은 옳지 않은 것이므로 '문법상 규칙'에 맞게 "원(原) 말"대로 적고 발음만 '더으니, 지으니'와 같은 식으로 하자는 것이다. 표기는 문법에 맞게 하고 소리 내는 것은 현실 발음대로 하자는 말은, 예컨대 표기는 '먹는'으로 하고 발음할 때만 '멍는'으로 소리 내면 된다는 것과 동일한 원리에 입각한 것이다. 김윤경 역시 '덥으니, 짓으니, 울니'와 같은 식으로 어근을 밝혀 적는 것이 '문법적'이고 '더우니, 지으니, 우니'는 비문법적이므로 전자를 본보기로 삼아야 한다고 답했다.

물론 모두가 이와 같은 표기를 주장한 것은 아니다. 8번에 대한 실제 응답내용을 검토해보면 '덥으니, 짓으니' 쪽이 7명(여기에는 'ㅸ, ㅿ'을 사용하자는 의견도 포함했다), '더우니, 지으니' 쪽이 7명, 양쪽이 모두 가능하다고 한 이가 1명, 응답을 유보한 이가 2명, 응답하지 않은 이가 1명이었다. 결국 이 문제에 관해 거의 정확하게 반반으로 의견이 갈렸음을 알 수 있다. 그런데 문제는 어근을 훼손하지 않고 그대로 적는 것이 '문법상' 옳은 표기라는 '덥으니' 쪽에 비해 '더우니' 쪽에서는 이것이 '문법'에 맞는 표기라는 논거를 대기가 어려웠다는 사실이다.

예를 들어 장응진은 '덥다'의 '덥-'이나 '춥다'의 '춥-'과 같이 종성에 'ㅂ'이 있는 형용사는 '어, 으, 이' 등의 앞에서 '관습상'으로 'ㅂ'을 발음하지 않는다며 '음편(音便)', 즉 소리 내기에 편한 쪽으로 적는 것이 좋다고 주장했다. 신명균은 '표준어는 규칙보다도 통계 문제가 더 중대'한데, '덥으니, 짓으니'가 아무리 '법'에 맞고 또 그렇게 말하는 지방이 없지 않지만 '통계상' 그것이 도저히 표준이 될 수는 없다고 주장한다. 문법에는 '덥으니, 짓으니'가 맞지만 '관습상, 통계상'으로는 그렇게 쓸 수가 없다는 것이다. 그러나 이러한 반론을 의식한 듯, 이상춘은 "어떤 정도까지는 습관을 모시(侮視: 하찮게 여김-인용자)할 수가 없지마는 그렇다고 덮어놓고 습관을 좇을 수는 없다."며 문법에 맞는 표기, 즉 '덥으니'가 옳다고 주장하고 있다.

이러한 응답들을 종합해 볼 때 당시 주시경식 표기를 견지하는 쪽에서는 '더우니'를 문법의 틀로 설명할 방도가 없었음을 알 수 있다. 그러나 이로부터 몇 년 후인 1933년의 〈통일안〉에서는 규칙 용언과 변격 용언(불규칙 용언)이라는 개념을 통해 이 문제를 해결하게 된다. 즉, 용언의 어간과 어미가 결합할 때 규칙 활용을 하면 소리의 변화가 생기더라도 그 원형을 밝혀 적지만 불규칙 활용을 하는 경우에는 어간과 어미가 변한 대로 적는다고 한 것이다. 그래서 규칙 용언은 '먹는[멍는]'과 같이 소리가 변하더라도 그 원형을 그대로 적지만, 변격 용언은 원형('덥-+-으니')이 아니라 소리의 변화('더우니')를 표기에 반영하도록 한 것이다.

〈통일안〉의 이러한 해법에 이론적 근거를 제공한 것은 최현배의 문법이었다. 주시경은 우리말 용언의 활용을 인정하지 않았기 때문에 용언 활용이 규칙적이냐 불규칙적이냐 하는 문제 설정 자체가 불가능했다. 그러나 최현배는 1930년 「조선어 품사 분류론」에서 용언의 활용이라는 개념을 도입했고, 그에 따라 주시경의 문법과 큰 차이를 보이게 되었다. 즉, 주시경은 지금의 조사와 어미에 해당하는 것들을 모두 '토'로 분류하여 이들을 앞에 붙는 체언 및 용언과는 별도의 요소로 보았던 데에 비해, 최현배는 이 가운데 어미를 용언의 일부분으로 설정하고 용언 어간과 어미의 결합을 '활용'이라는 문법적 현상으로 설명했다.

예컨대 주시경 문법에서는 '먹다'의 '먹-'과 여기에 붙는 요소들, 즉 '-으니, -어서, -고, -지' 등이 모두 별개의 낱말이었다. 그에 비해 최현배의 문법에서는 '먹-'과 여기에 여러 요소들이 결합하여 '먹으니, 먹어서, 먹고, 먹지' 등으로 되는 것이 '먹다'라는 동사 내부의 일, 즉 '활용'이라고 본 것이다. 그리고 이 활용에는 모든 단어에서 규칙적으로 일어나는 것과 몇몇 어휘들에서만 한정적으로 일어나는 불규칙적인 것이 있다고 설명했다. 따라서 규칙적인 활용일 때는 원형을 밝혀 적고('먹는[멍는]') 불규칙일 때는 소리의 변화를 표기에 반영한다('더우니')는 〈통일안〉의 처리는 최현배의 체계를 기반으로 한 것이라고 할 수 있다.

그런데 정작 최현배는 '덥으니'가 옳은지 '더우니'가 옳은지를 묻는 8번 항목에 대해 "이것은 여기에 얼른 말슴 못하겠습니다"라고 답하고 있다. 1933년의 〈통일안〉에 이론적인 근거를 제공한 최현배였으나, 1927년의 상황에서는 '덥으니'와 '더우니' 중에 어떤 표기가 옳으냐는 질문에 문법적 설명이나 해설은 고사하고 어느 쪽으로 해야 하는지조차 고르지 못하고 있다는 사실은 대단히 흥미로운 대목이 아닐 수 없다. 김윤경은 '덥으니'가 문법적으로 옳다고 하고 신명균은 '더우니'

를 '통계상' 표준으로 설정할 만하다고 한 데에 이어 최현배는 어느 쪽인지 선택하기 어렵다고 한 것이다. 이는 주시경의 제자들이 이 문제에 있어서 전혀 의견의 일치를 보지 못하고 있었음을 뜻하며, 바로 이 문제가 주시경의 표기이론이 미처 고려하지 못했던 맹점이었음을 보여주는 것이기도 하다. 그런데 그들의 입장에서 더 큰 문제는 당시 박승빈은 '단활용'이라는 개념을 통해 이 문제를 문법적으로 설명해내고 있었다는 사실이었다.

'활용'의 도입

최현배에 따르면 '활용(活用)'은 주시경의 제자 그룹에서는 '이단시'해 왔던 개념이었다고 한다.[4] 아마도 '활용'은 '굴절어(屈折語)'인 인도유럽어에나 해당되는 것이지 우리말에는 맞지 않는다고 보았기 때문일 것이다. '굴절'이란 하나의 단어가 일정한 문법적 의미를 나타낼 때 그에 따라 어형의 변화가 일어나는 것을 말하는데, 예컨대 영어의 'I, my, me, mine', 'he, his, him, his'와 같은 대명사의 변화나 'go, went, gone', 'write, wrote, written' 같은 동사의 변화가 그것이다. 대명사의 변화는 문장에서 그것이 주격이나, 소유격, 목적격 등의 역할을 한다는 것을 보여주기 위한 것이고, 동사의 변화는 동작의 시간적인 관계 등을 보여주기 위한 것이다. 대개 체언의 변화를 '곡용', 용언의 변화를 '활용'이라고 구분한다.

이에 비해서 우리말은 고정된 어근에 비교적 규칙적으로 조사나 어미를 덧붙여 문법적 의미를 나타낸다. 대명사 '그'에 조사 '-가, -의, -를, -에게…' 등이 붙는다든가, 동사 '가다'의 '가-'에 어미 '-고, -니,

---

4) 최현배, 「조선어 품사 분류론」, 『조선어문연구』 1, 연희전문학교, 1930, 69쪽.

-서, -다…' 등이 붙는 예가 그렇다. 이렇게 어근에 문법적 요소가 규칙적으로 붙는다고 하여 이런 언어를 '첨가어(添加語)'라고 한다. 주시경의 표기법은 바로 이와 같이 어근에 문법적 요소가 규칙적으로 첨가되었을 때 그 소리의 변화를 인정하지 않고 원래의 형태를 밝혀 적는다는 것이었으므로, 활용이라는 개념 자체가 불필요했던 것이다.

그런데『동광』에서 제시한 설문 7번과 8번의 항목은, 예컨대 '먹는[멍는]'처럼 단순히 하나의 음운이 다른 음운으로 교체되는 것이 아니라 용언의 형태 자체에 변화가 생긴다고 할 수 있다. 이 경우에도 단어의 원래 형태를 밝혀 적는 것이 옳다고 한다면 '그려서'는 잘못이고 '그리어서'가 맞는 표기가 되고, 더 나아가 '덥으니'와 같이 현실발화와는 거리가 먼 것이 문법적으로 옳은 표기가 되고 만다. 실제로 앞서 언급한「조선말과 글에 바루잡을 것」이란 글에서 김윤경은 '부끄럽은, 쉽은, 어렵은'과 같은 표기를 하고 있는데, 이는 물론 그의 실수가 전혀 아니다. 그는 바로 이렇게 원형을 밝혀 적는 것이 문법에 맞는 표기라고 굳게 믿고 있었던 것이다.

그러나 주시경의 제자들이 모두 이러한 표기에 동의하고 있었던 것은 아니다. 오히려『동광』의 설문에 응답한 주시경의 제자들 가운데 '덥으니'를 선택한 이는 김윤경뿐이었다. 신명균이 '규칙'과 '법'으로는 '덥으니, 짓으니'가 맞겠지만 통계상 도저히 그것을 표준으로 삼을 수 없으니 '더우니'를 표준으로 삼아야 한다고 했음은 앞에서 본 바와 같고, 권덕규 역시 관습상 '더우니, 지으니'로 발음하니 그것을 표준으로 삼아야 한다고 보았다. 둘 중에 어느 것이 옳은지 선뜻 고르지 못하겠다고 한 최현배와 마찬가지로 이병기 역시 어느 것을 표준으로 결정하기 어렵다며 명확한 답을 피했다.

200

그러므로 주시경의 제자들 역시 대체로 '덥으니'를 선택하는 것을 꺼리고 있거나 주저하고 있었던 것으로 보인다. 그럼에도 불구하고 '더우니, 지으니'를 통계상, 관습상 표준으로 선택한다고 할 수 있을 뿐 그렇게 적어야 할 문법적인 설명을 내놓지는 못하고 있었던 것 역시 분명한 사실이다. 관습상, 통계상 우세한 것을 표준으로 삼는다면 '먹는'이 아니라 '멍는'이 표준이어야 할 것이다. 따라서 '덥으니'가 아니라 '더우니'로 표기하는 것이 옳다고 하려면 이것이 '먹는[멍는]'과는 어떻게 다른지를 통계와 관습이 아니라 '문법적'으로 설명해야 할 필요성이 제기되는 상황이었다.

그런데 박승빈은 '더우니, 지으니'를 선택한 이들 가운데 유일하게 관습이나 통계 등이 아니라 문법의 관점에서 이 문제를 설명하고 있었다. 그는 우선 '덥으니, 짓으니'를 주장하는 이들을 향해 '더우니, 지으니'라고 하는 실제로 있는 말을 어떻게 무시할 수 있느냐며 문제를 제기한다. 즉, 주시경의 이론에 따라 '덥'과 '짓'을 원형으로 오해하고 그것을 고정시키려 하다 보니 '덥으니, 짓으니'라는 실제로는 없는 말을 강요하게 되었다는 것이다. 그러면서 그는 오히려 '더우, 지으'를 기본형으로 설정하고 이 뒤에 어떤 요소가 오느냐에 따라 이것이 몇 가지 형태로 활용을 한다는 관점을 제시한다. 박승빈의 이와 같은 설명에는 물론 앞서 언급한 그의 '단활용설'이라는 특유의 개념이 전제되어 있다.

그는 예컨대 '기다리'와 같은 기본형의 맨 마지막 음절 '리'를 '어미'로, 그 앞의 부분을 '어간'으로 보는데, 이 뒤에 '니, 며'와 같은 것이 왔을 때는 아무런 변화가 없으나 '서, 도' 등이 왔을 때 '기다리'의 '리'(그의 용어로는 '어미')가 '려'로 변동되는 현상을 바로 활용이라고 설명했다.

이때 '기다리'는 '원단', '기다려'는 '변동단'이 되는데, '먹다'와 같은 경우에는 '머그니, 머그며' 등의 '머그'가 '원단', '머거서, 머거도' 등의 '머거'가 '변동단', '먹고, 먹지' 등의 '먹'이 '약음(約音)'이 된다는 것이다. '어미'가 변동하는 이와 같은 '법칙'에 적용해보면 '더우니'의 '더우'는 오히려 기본형에 해당하는 '원단'이 되고 '더워서'의 '더워'가 '변동단', '덥고, 덥지'의 '덥'이 '약음'이 되는 것이다.

원단	변동단	약음
기다리(니/며)	기다려(서/도)	
머그(니/며)	머거(서/도)	먹(고/지)
더우(니/며)	더워(서/도)	덥(고/지)
지으(니/며)	지어(서/도)	짓(고/지)

자신의 주장이 기존의 통설과 다르다는 점을 의식한 탓인지 박승빈은 이 설문의 마지막에 '부언(附言)'을 달아서 설문의 전반적인 사항에 관해 자신의 입장을 밝히는데, 여기서 그가 강조하는 것은 주시경과 자신의 문법에 어떤 차이가 있는가 하는 점이다. 우선 "주시경 선생 계통으로 조선어법을 연구하는 현재 다수의 학설"에 의하면 동사의 활용을 인정하지 않고, 그 때문에 '으며, 으니' 등의 '으'와 '어서, 어도' 등의 '어'라는 실체 없는 말을 만들어내게 되는데, 활용을 인정하는 자신의 문법에서는 그러한 불필요한 요소가 제기되지 않는다는 것이다.

즉, 주시경의 문법에 따르면 '먹으며, 먹어서'로 적게 되는데, 이런 표기는 이 말이 '먹-+-으며, 먹-+-어서'로 구성된 것임을 뜻한다. 그러나 박승빈의 '단활용설'에 따르면 이들은 '머그-+-며, 머거-+-서'로

202

분석된다. 그리고 이 둘의 궁극적인 차이는 '먹'을 고정된 것으로 볼 것인가 아니면 '머그, 머거'로 활용하는 것으로 볼 것인가 하는 데에 있다. 그리고 박승빈의 입장에서 볼 때, '먹'을 고정시킨 전자는 불가피하게 '며'와 '서' 앞에 '으'와 '어'라는 이론적 가공물을 도입할 수밖에 없다는 것이다. 이것이 이론적 가공물인 이유는 '그리니, 그려서'에서는 이러한 것들이 나타나지 않기 때문이다. 귀에는 '머그니, 머거서'로 들리지만 여기서 '먹'이라는 원형을 억지로 추상화해내다보니 어쩔 수 없이 '으, 어'라는 실체 없는 요소가 생겨난다는 것이 박승빈의 주장인 셈이다.

박승빈이 볼 때 이와 같은 주시경의 이론이 가지고 있는 문제를 가장 극명하게 보여주는 사례가 바로 '덥으니, 짓으니'와 같이 현실에는 전혀 없는 말을 문법적으로 옳은 표기라고 주장하게 된다는 사실이었다. 물론 주시경의 제자들 가운데에는 정작 '덥으니, 짓으니'를 주장한 이가 김윤경밖에 없었지만, '본음, 원체'를 밝혀 적어야 한다는 주시경의 이론을 예외 없이 관철하려면 그와 같은 표기는 불가피해진다. 김윤경을 제외한 다른 주시경의 제자들이 '덥으니, 짓으니'의 선택을 꺼렸던 것은 그들이 이러한 표기에 문제의식을 갖고 있었기 때문이었다. 그러나 언급한 바와 같이 그들은 '더우니, 지으니'를 통계나 관습으로밖에는 설명할 방법이 없었다. 그에 비해서 박승빈은 자신의 '단활용설'을 통해 이런 표기를 문법적으로 설명해내고 있었다.

3장에서 언급했듯이 주시경은 '본음, 원체'를 밝혀 적는 자신의 표기 이론이 '국어문법의 사상'을 인도하는 것이라고 했다. 따라서 주시경의 제자들 입장에서는 '더우니'를 문법적으로 설명해내지 못하는 당시의 상황이 문제적일 수밖에 없었을 것이고, 최현배가 1930년 「조선어 품사 분류론」에서 활용이라는 개념을 제시한 것 역시 이와 무관치만은 않을 것이다. 지적한 바와 같이 〈통일안〉은 규칙 활용과는 달리 불규칙 활용에서는 원형이 아니라 소리의 변화를 표기에 반영하도록 해 '더우니'가 가능하도록 했는데, 이러한 방식은 최현배가 도입한 활용이라는 개념을 통해서 가능했기 때문이다.

이는 물론 '머그니, 머거서'와 같은 박승빈의 '단활용설'을 받아들이지 않더라도 '더우니'를 문법적으로 설명할 수 있는 방식이었다. 결국 최현배는 활용이라는 개념을 도입함으로써 용언의 활용을 인정하지 않았던 주시경의 문법에서는 멀어졌지만, '국어문법의 사상'을 인도한다는 주시경의 표기법만은 지켜낼 수 있었던 셈이다. 그런데 사실 최현배의 활용이라는 개념이 〈통일안〉에 도입되는 과정에서 결정적인 역할을 한 것은 규칙 활용이 아니라 불규칙 활용이었다고 해야 할 것 같다. '더우니, 지으니'와 같은 불규칙 활용이 없었다면 활용이라는 개념 자체가 불필요했을지도 모르기 때문이다. 그렇다면 주시경의 문법 못지않게 최현배의 새로운 문법 역시 표기법의 문제와 깊은 연관 관계를 맺고 있었던 것이라 하지 않을 수 없다. 그리고 그것은 박승빈의 문법도 예외가 아니었다. 박승빈의 문법이 표기법, 더 나아가 글쓰기 양식과 어떤 연관 관계를 맺고 있었는지에 대해서는 8장에서 다시 다루도록 하겠다.

| 제6장

언어 연구에서 '과학'이란 무엇인가: '과학'과 한글운동의 갈등

5장에서는 1920년대 중반 민간의 조선어 및 표기법 관련 논의가 어떠했는지를 알아보았다. 특히 『동광』의 표기법 관련 설문과 이에 대한 응답내용을 집중적으로 살펴보았는데, 우선 1차, 2차 언문철자법에서 내내 논란이 되었던 역사적 철자법과 표음적 철자법의 문제가 당대의 소리를 적어야 한다는 '표음주의'로 수렴되어간다는 사실을 확인했다. 1930년의 3차 언문철자법이 고유어와 한자어를 불문하고 표음적 철자법을 채택한 데에는 이러한 흐름이 반영되어 있다고 보아야 할 것이다.

받침의 확대 문제 역시 3차 언문철자법에서는 그 이전과는 달리 ㅎ을 제외한 모든 자음 글자를 받침으로 쓸 수 있도록 하는데, 이 역시 받침을 확대해야 한다는 민간 전문가들의 일치된 의견이 반영된 것으로 보인다. 다만, 받침의 확대라는 문제는 근본적으로 주시경의 '본음, 원체, 법식'에 따른 표기이론에 따른 것인데, 낱말의 원형을 어디까지 밝혀야 하는가 하는 문제가 제기되지 않을 수 없었다. 특히 주시경의 이론을 따르는 조선어 교사들 다수가 원형을 밝혀야 한다는 취지에서 '덥으니, 짓으니'와 같은 표기를 옹호하고 있는 실정이기도 했다. 그런데 주시경에 의해 제안된 표기법이 몇몇 개인을 넘어 일정하게 형성된 세력에 의해 뒷받침되자 이에 대한 거부감이나 반발 또한 공개적으로 표출되기 시작했다.

주시경의 제자들을 중심으로 조직된 조선어연구회가 1926년 '가갸날' 기념식을 계기로 조선어 연구의 전문 단체로 본격적인 활동을 벌여 나갔음은 앞서 지적한 바대로인데, 바로 이들이 새로운 표기를 주장하는 주시경의 후계자로 지목되었던 것이다. 사실 주시경이 제안한 표기법은 당시로서는 매우 새롭고 낯선 것이어서 1930년대 후반까지도 조선어학회의 〈통일안〉에 대한 반대운동은 격렬했다. 그런데 그와 같은 대립의 전초전이라고 할 수 있는 것이 바로 1926년 12월부터 1927년 6월까지 『동광』의 '한글의 연구'라는 코너를 통해 전개된 논쟁이었다 (1927년 1월부터 명칭이 '한글 토론'으로 바뀜). 논쟁의 포문을 연 것은 안확이었고, 이에 대한 대응은 김윤경, 정렬모, 이윤재 등 주시경의 제자이거나 이후 조선어학회에서 이들과 함께 활동하는 이들이 했다.

안확은 우리의 고유한 언어와 역사, 문학은 물론이고 음악, 미술, 무술 등에 이르기까지 여러 방면에 걸쳐 관심을 갖고 연구한 '국학자'이다. 조선 문명의 고유한 특성을 근대적 학문의 방법론이나 개념을 통해 규명하고자 했던 것인데, 이런 연구를 통해 『조선문명사』, 『조선문학사』, 『조선문법』 등의 저술을 남겼다.[1] 그런데 그는 일본 유학 시절부터 주시경의 표기법이나 문법을 비판하는 글을 썼으며,[2] 특히 『조선문학사』(1922)의 부록으로 실린 「조선어 원론」이라는 글에서는 "주 씨 일파의 곡설(曲說)"이라는 제목으로 주시경의 문법이론과 표기법, 한자 폐지 주장 등을 조목조목 비판한 바 있다.

그러나 1910년대나 1920년대 초반에 이루어진 이러한 안확의 주시경 비판은 별다른 논쟁을 불러일으키지 못했다. 그에 비해 1926년 12월에 『동광』에 게재된 그의 「조선어 연구의 실제」라는 글은 앞서 언급한 바대로 주시경의 이론에 동조하고 있던 이들로부터 거센 비난을 받게 된다. 이는 아마 바로 이 시점이 조선어연구회가 조직을 재정비하고 본

---

1) 문학 및 역사 등에 관한 안확의 연구 전반에 대해서는 류준필, 「자산 안확의 국학사상과 문학사관」, 『자산안확국학논저집』 6, 여강출판사, 1994를, 조선어 연구에 대해서는 정승철·최형용, 『안확의 국어 연구』, 박이정, 2015를 참조할 수 있다.

2) 안확, 「조선어 연구자의 오해」, 『학지광』 10, 1916. 9. 이 글은 '硏語生'이라는 필명으로 발표되었는데, 다른 글들과의 내용상의 일치점 등을 근거로 여러 논자들에 의해 안확의 글로 인정되고 있다. 고영근, 『한국 어문 운동과 근대화』, 탑출판사, 1998, 9쪽과 정승철·최형용, 『안확의 국어 연구』, 박이정, 2015, 343쪽 참조.

격적인 활동을 시작하던 때이기도 하고, 또 조선어와 한글 표기에 관한 관심이 전 사회적인 관심사로 떠오르던 시기이기도 했기 때문일 것이다. 더구나 안확이 가한 비판의 초점이 주시경과 그에 동조하던 이들의 조선어 연구가 전혀 과학적이지 못하다는 데에 있었으므로 이런 비난을 그냥 보아 넘길 수만은 없었을 것이다. 이제 '과학'에 입각하지 않은 어떤 것도 진리로 인정될 수 없는 시절이 되었기 때문이다.

1. 안확의 문제제기: '조선어 연구의 실제'

감정이 아니라 과학으로

1926년 12월 『동광』 8호에는 '한글의 연구'라는 난(欄)이 신설되는데, 이 새로운 코너의 취지를 잡지의 편집자는 다음과 같이 설명한다.

> 우리 글은 가장 혼잡불일(混雜不一)하여 그 쓰는 법이 다 각기 다르니 딸아서 연구도 다 각기 다를 줄 앎이다. 그 중에서 바른 것 한 가지를 표준글로 정하여 쓰려고 할찐대 다만 한 사람의 입론을 고대로 맹종하여 딸아갈 것이 아니며 또 자긔의 의견만 고집하여 세울 것도 아니라 반듯이 여러 사람의 의견을 종합하여야 할찌니 한가지 문제를 가지고 비판도 하며 토론도 하며 반박도 하여 바른 본 하나 찾도록 연구하여 나아갈 것이외다.
> 금번에 실린 안곽 씨의 논문이 처음으로 토론적 의미로 된 것이외다. 그 논지가 비록 우리들의 주장과는 대단히 배치되나 연구의 일 방면으로 실지 아니할 수 없게 됨니다. 이로붙어 우리 글을 사랑하시는 여러분의 많은 비평과 토론과 반박이 있을 것을 예긔(豫期)함니다.

즉, 통일되어 있지 않은 우리 글에는 표준이 필요한데, 이것은 토론과 비판, 반박을 거쳐 여러 사람의 의견을 종합해서 마련해야 한다는 것이다. 예컨대 총독부가 제정한 언문철자법처럼 국가권력에 의한 규범도 아니고 또 특정한 개인이나 단체의 이론에 입각한 것도 아닌, 여러 전문가들의 이론과 주장이 공론장에서 토론에 붙여지고 그러한 논쟁의 결과로 일정한 표준이 정해져야 한다는 말이다. 『동광』의 편집자는 이러한 목적을 달성하기 위하여 여기에 안확의 글을 게재하여 토론의 촉매제로 삼고자 한다는 뜻을 밝히고 있다. 비록 안확의 주장이 『동광』의 주장과는 완전히 배치되는 것이지만 이 글을 통해 우리 글의 표준을 정하는 데에 필요한 토론과 논의가 시작되기를 바란다는 것이다.

『동광』이 제시한 안확의 글은 「조선어 연구의 실제」인데, 토론을 이끌어내기 위해 실었다는 편집자의 말대로 시종일관 논쟁적이다. '감정을 버리고 과학으로'라는 첫 번째 절의 제목대로 그는 당대의 조선어 연구가 모두 감정의 발로에서 나온 것일 뿐 학술적이지도 과학적이지도 않다고 비판하고 있다.

一. 감정을 버리고 과학적으로

근래 조선어를 연구하자는 소리는 사면(四面)에 들녀. 그러나 **그 연구라 하는 것은 다 감정적이오 학술적이 안이야**. 그럼으로 그 연구라고 써내는 글발들은 언문을 바로 쓰자 한문으로 된 말은 쓰지 말자 또는 문법 설명도 통례를 피하자 이러한 주견들로써 상투를 삼아 **한갓 외압적 반감의 동기로서 엇던 정치적 기분을 띄여 그 연구를 절대적 가치가 잇게 하지 안하는 모양**이 된지라 (…)

이런 경험은 서양 각국 언어학계에서 만히 지내본 사실이니 독일서는 순사를 연극장에까지 파송하야 광대들의 어법을 검속하엿고 영국서는 쉑스피아와 빅토리아 여왕이 나서 외래어를 축출하기에 애를 만히 쓴 일이 잇섯스되 필경 효과를 성취치 못하엿서. (…) **학술은 학술 자신의 가치를 위하야 연구하는 것이오 엇던 수단으로 할 것은 안이야** 이는 학술 기자(其者)가 허낙치 안는 일이라.

그런 고로 우리는 **감정을 버리고 그 진가치(眞價値)를 과학적으로 연구함이 정도**니 가령 언문이란 명사의 어원이 자비(自俾)에서 나온 것이니 언문이란 말을 피하고 정음 또는 본문(本文)이라 하자 하는 생각 가튼 것이 그런 예라. (…) 그런 연문(衍文)의 소리는 결코 문법 연구의 관계가 업는 일이니 지금부터는 그런 허문욕례(虛文褥禮)의 구습사상을 개선하고 새롭고 과학적으로 연구하기를 바라는 것이니 지금 말하고자 하는 것은 이 과학적으로 생각하여보자는 제목을 몟 가지 물어 보자함에 잇노라.

글의 서두에서부터 안확은 당시의 조선어 연구가 한갓 외압적 반감의 동기에서 비롯된 것일 뿐이며 어떤 정치적 기분을 띠고 있어서 연구의 절대적 가치를 가지지 못한다고 비난하고 있다. '외압적 반감'이나 '정치적 기분'이란 표현으로 안확이 겨냥하고 있는 것은 한자어 대신 고유어를 쓰자는 언어순화 운동에 깔려 있는 민족주의적 감정으로 보인다. 이는 조선어 연구라고 써내는 글들이 모두 '언문을 바로 쓰자, 한문으로 된 말은 쓰지 말자'라는 말뿐이라고 힐난한 데에서도 드러나지만 다음 단락에서 독일과 영국의 외래어 배척운동이 모두 실패했음을 언급하며 '학술은 어떤 수단으로 하는 것이 아니라 학술 자신의 가치를 위하여 연구하는 것'이라고 강조한 데에서도 알 수 있다.

다시 말해 안확은 당대의 조선어 연구가 모두 민족주의적 감정에서 비롯된 것이라 학술적 가치는 전무하다고 본 것이다. 더 나아가 '언문'이라는 말에 비하(卑下)의 의미가 있으니 쓰지 말아야 한다는 의견에 대해서는 그런 '허문욕례(虛文褥禮)의 구습사상'을 버리고 새롭고 '과학적인 연구'를 해야 할 것이라고 비난한다. 안확이 비판의 대상을 명확히 밝히고 있지는 않으나, 그가 민족주의적 감정에 치우쳐 비과학적 연구에 머물러 있다며 비난하는 이들이 주시경과 그 제자들임은 어렵지 않게 알 수 있다. 주시경과 그 제자들이 '언문'이라는 당시에 두루 쓰이던 명칭 대신에 '한글'이라는 새로운 이름을 사용하기 시작했음은 앞서도 밝힌 바와 같다.

더욱이 주시경과 그 제자들이 어려운 한자어 대신 고유어를 써야 한다고 주장했던 사실 역시 잘 알려져 있다. 주시경은 『국어문법』(1910)에서부터 그의 문법용어를 고유어로 바꾸었다. '임, 움, 엇, 언, 억, 놀, 겻, 맺, 잇' 등의 고유어 품사 명칭은 주시경 문법을 대표하는 것이자 동시에 이해할 수 없는 새말을 지어낸다는 비판의 대상이 되기도 했다. 그리고 그의 제자들인 김두봉과 이규영이 각각 펴낸 『조선말본』(1916)과 『현금조선문법』(1920) 등은 스승의 그러한 면모를 더욱 충실히 계승하고 있었다. 더군다나 안확의 이 글에 대해 김윤경이나 정렬모 같은 주시경의 제자들, 그리고 그들과 뜻을 같이하여 함께 활동하던 이윤재 같은 이들이 『동광』의 지면을 통해 안확의 주장에 거세게 반발했다는 사실은 안확의 글이 겨냥하고 있던 비난의 대상이 주시경과 그의 제자들이었음을 더욱 분명히 알 수 있게 해준다.

그런데 주시경과 그 제자들의 조선어 연구가 '비과학적'이라는 안확의 비판이 겨냥하는 것은 민족주의적인 경향뿐만이 아니었다. 그는 문법 연구라는 것은 표기법 문제와는 전혀 다른 것이며, 또 사람들에게 이렇게 써라 저렇게 써라 하고 강요하는 것도 아니라는 점을 강조했다. 그리고 언어 연구의 요체란 그런 것이 아니라 언어 사실을 있는 그대로 기술(記述)하는 데에 있다고 강조했다. 주시경의 제자들이 상대해야 했던 안확의 핵심적인 논리 역시 바로 이 부분이었다.

언어 사실의 기술로서의 문법

앞의 인용문에서 안확은 학술은 학술 그 자신의 가치를 위하여 연구하는 것이지 다른 것의 도구나 수단이 되어서는 안 된다고 했다. 정치나 종교, 더 나아가 경제적인 이해관계로부터 자유로운 진리의 탐구, 즉 학문적 자율성을 주장하는 것으로 보이는데, 이런 논리에 따르면 특정 이데올로기의 실현을 위한 운동적 차원의 학문 연구 또한 비과학적인 것으로 치부될 것임은 물론이다. 안확이 민족주의적인 감정에서 비롯한 조선어 연구를 과학적인 것이 아니라고 비난한 것은 바로 그러한 맥락에서 이해해야 할 것이다.

그런데 안확의 이러한 논리는 사실상 당시 일본의 학자들이 민족주의적인 시각의 조선 연구를 폄훼하는 논리이기도 했다는 점에서 복잡한 쟁점을 야기하는 것이기도 하다. 제국주의자들의 식민지 연구가 대체로 '과학'의 외피를 쓰고 있었으며, 동시에 그에 대항하는 저항의 무기 역시 '과학'으로 벼려진 것일 때가 많았기 때문이다. 당시에나 지금이나 '과학'은 대단히 복합적이고 중층적인 맥락 속에 놓여 있는 개념이기 때문에 안확이 과연 어떤 의미의 '과학'을 이야기하고 있는지를 좀더 살펴볼 필요가 있겠다.

민족주의적인 운동 차원의 언어 연구를 비판한 안확이 제시한 '조선어 연구의 실제'는 우선 '어원의 문제'인데, 여기서 그는 조선어를 한자어로부터 독립시킬 궁리만 하지 말고, 오히려 조선어가 만주어 및 몽골어와 어떤 관계에 있는지를 연구해야 하고 또 언어가 변천하는 법칙이 어떠한지를 밝혀내야 한다고 주장하고 있다. 조선어의 역사를 만주어, 몽골어 등과 같이 계통론적으로 연결되어 있는 언어들과의 비교를 통해 연구해야 하며 또 그런 과정을 통해 언어 변천의 법칙을 찾아야 한다는 것인데, 역사비교언어학의 방법론을 연상시키는 대목이다.

그리고 이어지는 것은 '음성의 문제'인데, 여기서 그는 당시의 조선어 연구자들이 'ㅑ', 'ㅕ', 'ㅘ' 등을 각각 'ㅣ, ㅏ', 'ㅣ, ㅓ', 'ㅗ, ㅏ'의 '합음'이라고 설명하는 것을 문제 삼고 있다. 이러한 설명 방식은 주시경이 그의 초기 저술에서부터 사용하던 것인데, 안확은 이를 소리와 문자를 혼동하는 것이라고 비판했다. 즉, 소리에 대해서라면 혀나 입 같은 발음기관이 어떻게 조절되어 그런 소리가 발성되는지를 설명해야 하는데 무슨 글자와 무슨 글자의 합이라고 설명하는 것은 문자와 소리를 구별하지 못한 결과라는 것이다. 이 역시 서구의 근대 언어학적인 방법론에서 볼 때 타당한 지적이라 하겠다.

그런데 주시경을 옹호하는 입장에 있는 이들이 가장 크게 반발한 대목은 '문법의 문제'였다. 여기서 그는 우선 문법을 저술한다는 것은 법률의 편찬과 같이 법을 세우는 것이 아니라, 사실의 "추상적 기재(記載)"라는 점을 강조한다. 즉, 문법의 편찬은 사람들이 따라야 할 어떤 '법'을 만드는 것이 아니라, 언어 사실을 객관적으로 관찰하여 이를 있는 그대로 기술하는 일이라는 것이다. 여기서 안확이 '추상적 기재'라는 표현을 쓴 것은 구체적인 언어 사실을 일일이 다 기술할 수는 없으므로 이를 일반화, 추상화하여 그 원리를 밝혀야 한다는 뜻이었을 것으로 이해된다. 즉, 문법의 저술이란 규범적이고 규제적인 '법'을 세워 사람들을 거기에 따르게 하는 것이 아니라, 언어 사실에 내재하는 '법칙'을 찾아 이를 기술하는 것이라는 게 안확의 주장이다.

그런데 그가 보기에 당시의 문법 연구가들은 마치 법률을 만드는 사람들처럼 새로운 법을 만들고 사람들을 자신의 이 새 법에 "복종하게 하는 압제적인 기분"이 있다고 강하게 비난한다. 예컨대 실제로는 '와

서, 누어'라고 말하는데 이를 무시하고 '오아서, 높어'가 문법적으로 맞으니 이렇게 쓰라고 강요한다는 것이다. 이는 분명히 '본음, 원체, 법식'에 따른 표기를 주장한 주시경을 겨냥한 것이고, 앞의 5장에서 살펴본 "우리글 표기 예의 몇몇"이라는 설문의 7번과 8번 항목에 해당하는 것이기도 하다. 우리는 주시경의 표기법에 동조하던 이들 중에는 '그려서, 더우니'는 틀리고 '그리어서, 덥으니'가 문법적으로 옳다고 대답한 이들이 있었음을 이미 확인했다.

실제에 없는 말을 사람들에게 강요한다는 안확의 지적은 뼈아픈 것이 아닐 수 없는데, 이 역시 서구의 '과학적'인 근대 언어학이라는 시각에서 보면 반박하기 어려운 대목이기 때문이다. 마치 과학이 자연이 변화하고 운동하는 법칙을 찾아 이를 기술하고 설명할 수 있을 뿐 자연에 그러한 변화와 운동을 강요하거나 강제할 수 없듯이, 언어학 역시언어 사실을 관찰하여 거기에 내재하는 법칙을 기술할 수 있을 뿐 사람들에게 어떻게 말하라고 강요할 수는 없다는 것이 근대 언어학의 기본 가정이기 때문이다. 이와 같이 안확이 당시의 조선어 연구를 과학적이지 못하다고 비난할 때의 기준은 대체로 서구의 근대 언어학이었다고 할 수 있을 것 같다.

안확의 이런 문제제기는 그 당시 막 조선어 연구의 중심세력으로 인정받고 있던 조선어연구회 인사들에게 언어 연구란 무엇인가 하는 문제에 대해 일정한 성찰의 계기를 마련해준 것으로 보인다. 안확은 이글에서, 문법이라고 하면 으레 받침 잘 쓰는 것으로 아는 이들이 많은데 철자법과 문법은 완전히 별개의 것이라며, 당시의 조선어 연구자들의 문제를 지적했다. 그런데 주시경은 받침의 확대와 이의 세심한 구별로 특징지어지는 자신의 새로운 철자법을 '국어문법'과 연결 짓고 있었다. 따라서 주시경의 이론을 옹호하는 입장에서는 근대 언어학의 관점에서 제기된 이러한 문제에 대해서 일정한 대응을 하지 않을 수 없었던 것이다.

그들이 대응할 수 있는 방법은 두 가지일 것이다. 하나는 안확이 제시한 기준을 받아들이고 자신들의 연구가 거기에 합당한 것임을 제시하는 길이다. 즉, 자신들의 문법 연구가 문자와 소리를 혼동한 것이 아니고, 또 실제에 없는 것을 사람들에게 강요하는 게 아니라 언어 사실의 관찰을 통해 발견한 법칙을 있는 그대로 기술했을 뿐이라는 점을 밝히는 것이다. 다른 하나는 안확이 제시한 기준 자체를 문제시하는 것이다. 즉, 서구의 근대 언어학이 제시한 방법론이 보편적이거나 절대적인 것이 아니라는 대응인데, 언어 사실의 객관적 관찰과 거기에 내재하는 법칙의 발견과 기술이라는 관점은 사실 자연과학적 모델을 따른 것이다. 그러나 언어는 자연 사물과는 달리 인간과 분리된 채로 존재하는 것이 아니다. 그런데도 언어를 마치 인간의 행위와는 분리된 대상인 것처럼 간주하고, 그리하여 인간의 활동과는 무관한 그 자체의 변화 법칙을 관찰한다는 관점이 과연 언어 연구에 적합한 것인지는 의문의 여지가 있다.

앞서 언급한 바와 같이 안확의 이 「조선어 연구의 실제」가 실린 뒤에 김윤경, 이윤재, 정렬모 등의 반박이 잇달아 실린다. 이들이 취한 입장은 결과적으로 서구의 근대 언어학적 관점에 비추어 보더라도 자신들의 언어 연구는 '과학적'이라는 것이었다. 그들은 자연과학적 방법론에 대해 문제를 제기하기보다는 오히려 안확보다도 더 명시적으로 자연과학의 방법론을 언급하며 자신들의 연구를 정당화하고 있었다.

2. 언어 연구의 자연과학적 모델

언어는 생명이 있는 생물

이미 언급한 바와 같이 안확이 주시경과 그에게 연원을 대고 있는 조선어 연구를 비판하기 시작한 것은 이 『동광』에서의 논쟁이 있기 훨씬 전의 일이었다. 그가 저술활동을 막 시작하던 시기인 1915년 『학지광』에 발표한 「조선어의 가치」에서 이미 그는 주시경을 비롯한 당시의 조선어 연구자들이 "수만의 외래어를 일절 폐지하고 고대어를 사용하자 하는" 불합리한 주장을 한다며 비난한 바 있다.[3]

그다음 해에 『학지광』에 발표한 「조선어학자의 오해」에서 역시 안확은 당대의 조선어 연구자들이 한자어를 일시에 폐지하고 그 대신 지금은 쓰이지 않는 고유어를 굳이 찾아내거나 새로 지어낸 말을 쓰자고 한다며 비난했다. 그러면서 이러한 주장이 과학적인 언어 연구와는 거리가 먼 이유를 다음과 같이 '언어에는 생명이 있는 것이어서 그 자체의 원칙에 따라 변화하는 것'이라는 데서 찾고 있다.

> 언어는 생명이 유(有)하야 변천 분리 동화 생사 등의 원칙이 유(有)한 자(者)라 차(此)의 변천은 가히 방지치 못하거널 엇지 써 현대어를 폐지하고 고어를 사용할 슈 잇슬이오.[4]

즉, 현대어를 고어로 대치할 수 없는 이유가 언어에는 '생명'이 있어 그 자체의 '원칙'에 입각하여 '변천, 분리, 동화, 생사'하기 때문이라는

---

3) 안확, 「조선어의 가치」, 『학지광』 4호, 1915. 2., 38쪽.
4) 안확, 「조선어학자의 오해」, 『학지광』 10호, 1916. 9., 26쪽.

것이다. 그리고 언어에는 생명이 있어 자체의 원칙에 의해 변화한다는 이러한 관점은 문법학과 언어학의 본령이 객관적 사실의 추상적 기술에 있으며, 부단히 변화하는 언어를 특정한 표준으로 속박하는 것은 제대로 된, 즉 과학적 언어 연구가 아니라는 논리로 자연스럽게 이어진다.

> 혹은 논리상 판단으로 제반 언어를 개량코자 할 새 (…) '**더워셔**'를 '**덥어 셔**'라 하니 차(此)는 (…) **문법의 정의를 부지**(不知)**하는 자**(者)라. 본래 **문법은 추상적 사실의 기재**(記載) 이이(而已)오 입법적으로 신리(新理)를 입(立)하야 변정(變定)함은 아니어널 엇지 논리와 문법을 일치케 할이오. (…) **문법은 단**(但) **정밀히 조사하고 명백히 기술하야 현행 어법의 자연 적 규범을 기재**할 이이(而已)오 부절(不絶)히 변천하는 언어로 하야곰 표 준을 입하야 구속하는 권리는 무(無)하니라.[5]

문법은 단지 추상적 사실의 기재, 즉 기술일 뿐이며 '덥어서'와 같이 실제에 없는 말을 사람들에게 강요할 권리는 없다는 것이다. 결국 「조 선어 연구의 실제」에서 본 바와 같이 안확의 주시경 비판은 크게 보았 을 때 한자어를 폐지하고 이제는 쓰지 않는 고유어를 찾아 부활시키려 는 것, 그리고 현행의 '자연적인' 문법을 무시하고 새로운 이론에 언중 을 따르게 하려는 것 두 가지로 모아지는데, 이는 모두 언어가 자체의 원리와 원칙에 의해 변화하는 생명이 있는 그 무엇임을 모르기 때문에 벌어지는 문제라는 것이다.

언어가 생명이 있는 생물과도 같은 것이라는 그의 이런 관점은 앞서 언급한 『조선문학사』의 부록으로 실린 「조선어 원론」에서도 분명히 드

---

5) 안확, 위의 글, 28쪽.

러난다. 즉 이 글의 제2절 '언어의 생명'에서 안확은 "언어는 일종의 생물"이며 '언어는 항상 진화하는 것'이라고 설명하고는, 따라서 "고어를 재활하야 사용하자 하는 이가 잇스니 실로 언어학을 부지(不知)하는 자라"고 비난한다. 더 나아가 "세계의 하(何) 국어를 물론하고 소멸 생장 신생의 법은 정칙(定則)이 유(有)하야 고의로 능히 좌우키 난(難)하니 차(此)가 즉 언어의 생명이라"[6]고 하여 이렇게 변화를 생명으로 하는 언어에 인위적인 힘을 가하여 과거로 되돌리려고 하는 것은 언어학과는 아무 관련도 없는 일이라는 게 안확의 입장이다.

그런데 안확은 이 글에서 주시경의 표기법을 '어원(語源)'을 밝혀 적자는 취지로 이해하고 있었다. 비록 표기법의 개량이라는 문제에 대해서는 동의하는 바가 없지 않다고 하면서도, 언어와 문자를 구별하지 못하고 어원을 밝히는 방식의 표기법을 문법의 주요한 내용으로 삼고 있다는 것이 주시경에 대한 안확의 주된 비판이었다. 그러나 주시경의 표기법을 어원의 문제와 연관 짓는 것은 온당한 이해라고 보기 어려운 점이 있다. 앞서도 여러 차례 언급한 바와 같이 주시경은 '본음, 원체, 법식'에 따른 표기를 주장하고 이를 위해 받침의 확대가 필수적이라고 했지만, 이를 '어원'의 문제와 연결시키지는 않았다.

예컨대 구체적인 소리는 '잉는, 익찌, 일거' 등으로 나지만 이 각각의 소리들을 그대로 적는 것이 아니라 이들을 일정하게 추상화한 소리, 즉 '본음'으로 적자는 것인데, 이 경우 '잉, 익, 일ㄱ'이라는 구체적인 소리는 '읽-'이라는 입 밖으로는 낼 수 없는, 그러나 구체적인 소리를 가능하게 하는 그런 소리('본음')로 추상화될 수 있는 것이다. 그러나 이는 이 말이 처음에 생겨났을 때 어떤 소리나 형태였는지 그 유래를 찾기

---

6) 안확, 「조선어 원론」, 『조선문학사』, 한일서점, 1922, 179~186쪽.

위해 옛 문헌을 찾아 과거로 거슬러 올라가는 어원 찾기와는 전혀 다른 차원의 것이다. 즉 주시경의 표기법은 당대의 소리를 기반으로 하되 그것을 추상화시키는 것인 데에 비해, 어원을 밝히는 작업은 그 말이 처음에 어떤 소리나 표기형으로 쓰였는지를 역사적인 관점에서 찾아가는 것이라는 점에서 큰 차이가 있다.

그러나 사실 당시에 주시경의 표기법은 역사적인 옛 표기나 어원을 되살리는 것으로 이해되는 경향이 없지 않았다. 이는 물론 한자어 대신 고유어를 되살리려는 주시경 그룹의 경향과도 무관치 않았겠지만, 무엇보다도 주시경 스스로가 자신의 표기법이 세종 당대의 것에 부합한다고 믿고 있었던 데에서 기인하는 바가 크다. 3장에서도 지적한 바와 같이 주시경은 『훈민정음』 '예의'에 있는 '종성부용초성' 규정이 모든 초성을 받침으로 적을 수 있다는 뜻을 담은 것으로 이해했고, 자신의 표기법을 관철하기 위해서 이 구절을 근거로 내세웠다. 어윤적과 같은 보수주의자들이 주시경의 표기법에 손을 들어준 것 역시 그것이 세종 당대의 표기로 되돌아가는 것이라고 이해했기 때문이다. 즉, 한글 표기의 역사에서 보면 대단히 혁신적이었던 주시경의 표기법이 오히려 과거의 정통으로 회귀하는 복고적인 것으로 이해되고 있었던 것이다.

주시경식 표기에 대한 이러한 이해는 보수주의자들에게만 해당되는 것은 아니었던 듯하다. 예를 들어 1927년 10월 25일 『조선일보』에는 '가갸날'을 기념하여 여러 기고문이 실리는데, 그 가운데 사회주의 성향의 몇몇 문인들은 당대의 한글운동이 과거 회귀적이라며 비판적인 입장을 표명하고 있다. 조선 프롤레타리아 예술가 동맹(Korea Artista Proleta Federatio), 즉 카프(KAPF)의 중심인물이었던 김기진은 우리 중에는 한글운동이 '민중적이지 못하기 때문'에 반대하는 의견을 가진 사람이 있다고 하면서 그 이유로 옛날의 철자를 강요한다는 것을 들고 있다. 즉 소리의 변화에 따라 표기가 달라졌음에도 이를 인정하지 않고 옛날식으로 적으라고 하고, 또 일반인이 발음할 줄 모르는 글자를 써놓고 이를 알라고 하는 것은 무리라는 것이다. 역시 카프의 회원이었던 김동환 역시 "현시(現時)의「한글」운동자에게는 불쾌를 늣기는 동시에 실망"한다며 그 이유로 도태된 옛글자를 부흥시키려 한다는 점을 들고 있는데, 그 예로 그는 '많'과 같은 글자를 거론하고 있다.[7]

'ㅎ'받침은 물론 주시경이 주장하기 전에는 쓰이지 않던 글자이고 따라서 이를 과거의 표기를 부활시킨 것이라고 이해하는 것은 완전한 오해이다. 그러나 주시경의 표기법이 이와 같이 과거의 특히『훈민정음』당대의 표기로 되돌아가려는 것이라는 이해가 당시에 널리 퍼져 있었던 것 역시 부인할 수 없는 현실이었던 듯하다. 그리고 그러한 오해는 '국학자' 안확과 카프의 중심인물 김기진이 함께 공유하고 있던 것이기도 했다. 한글운동의 당사자들은 따라서 자신들의 조선어 연구가 과거의 정통을 오늘에 되살리려는 복고주의적인 것이 아님은 물론이고 당대의 언어현실을 객관적으로 관찰하여 이를 있는 그대로 기술하는 과학적인 것임을 입증해야만 했다.

과학의 눈으로 본 언어

토론을 위해 일부러 논쟁적인 글을 실었다는『동광』편집자의 의도대로 안확의「조선어 연구의 실제」에 대한 반론은 바로 다음 호부터 실리

---

7) 김기진,「우견(愚見)」,『조선일보』, 1929. 10. 25.; 김동환,「공약부터 세우자」,『조선일보』, 1929. 10. 25. 사회주의자들이 당대의 한글운동을 어떻게 평가했는가 하는 점에 대해서는 9장의 1절에서 자세히 다루기로 한다.

게 된다. 「안확 씨의 '조선어 연구의 실제'를 보고」와 「안확 씨의 무식을 소(笑)함」이 그것인데, 글쓴이는 각각 '한빛', '재동경 ㅎㄱ생'이라고 되어 있다. 당시에는 글을 발표할 때 실명을 밝히는 대신 필명이나 아호를 쓰는 경우가 많았을뿐더러 이 두 글이 자신의 주장을 담은 일반적인 글이 아니라 특정인의 주장에 대한 반박을 목적으로 하는 것이었으므로 일부러 실명을 피했을 수도 있겠다. '재동경 ㅎㄱ생'은 당시 도쿄의 릿교대학에서 유학하고 있던 한결 김윤경이 확실해 보이는데, '한빛'이 누구의 호, 또는 필명인지는 불분명하다.[8]

이 한빛이라는 이는 안확의 주장이 '미신은 깨트리어 부시고 과학적으로 살자. 그리하여 이전과 같이 경 읽고 굿하고 이렇게 지내자'라는 식이라며 비판한다. 즉, 안확이 과학적 연구를 주장하면서도 말과 글에 대한 인위적인 개입을 반대하는 것이므로 결국 이전의 잘못된 관습을 그대로 고수하자는 이상한 논리를 펴고 있다는 것이다.[9] 그러나 안확은 미신을 깨트리자고 과학을 주장한 것은 아니었다. 언어를 자연의 생물처럼 관찰하고 그것을 객관적으로 기술하는 것이 언어학이고 그것이 과학이라는 주장이었지, 현실의 어떤 문제를 개혁하자고 과학을 주장한 것은 아니었다.

다시 말해 안확의 입장에서는 '미신을 깨트리자'는 시도 자체가 그가 주장하는 과학, 즉 객관적 사실의 기술과는 무관한 것이었다. 그는 "학술은 학술 자신의 가치를 위하야 연구하는 것이오 엇던 수단으로

---

8) 그동안 학계에서는 이 '한빛'을 '한빗 김희상'으로 추정해왔다. 그러나 최근에 이에 대한 문제제기가 이루어진 바 있다(고석주, 「한빗 김희상의 국어학사적 의의에 대하여」, 『한국어학』 92, 한국어학회, 2021, 24~25쪽.). 다만, 안확의 비판이 주시경 그룹을 향한 것이었던 만큼 이에 대한 반박문을 작성한 이 역시 그러한 맥락에서 추정되어야 할 것으로 생각된다.

9) 한빛, 「안확 씨의 '조선어 연구의 실제'를 보고」, 『동광』 9호, 1927. 1.

할 것은 안이야"라는 논리로 주시경 그룹의 조선어 연구를 비판했다. 물론 이는 언어 연구가 민족주의 운동의 수단이나 도구가 되어서는 안 된다는 맥락에서 제기된 것이기는 하지만, 학문이 다른 것의 수단이 아니라 그 자체의 목적을 위한 것이어야 한다면 구습의 타파나 현실 개혁의 도구로 사용되는 것 역시 안확이 주장하는 과학과는 거리가 먼 것임이 분명하다. 같은 호에 실린 글에서 김윤경은 안확의 글에 대해서 "그의 쓴 글이 넘우 값이 없고 무식"하여 "이 따위의 것은 한번 웃고 버리는 것이 차라리 좋을까"[10]라고 하며 다소 감정적으로 반응했을 뿐 진지한 대응을 했다고 보기는 어렵다.

이에 비해 같은 잡지의 10호에 실린 한뫼 이윤재의 글은 안확이 제기한 '과학'이라는 문제 설정을 좀더 진지하게 받아들이고 이에 응답했다고 할 만하다.

> 군의 말대로 예전에 한 번 있던 것이나 이미 습관으로 된 것을 도모지 변경하지 말고 고대로만 꼭 묵수(墨守)하는 것이 과학적이요 학리적이라면 이는 큰 모순이다. **뉴톤의 인력론(引力論)이 있었다 하여 아인스타인의 상대성론을 부인할 것인가.** 천동설이 있었다 하여 지동설을 반대할 것인가. 천원지방설이 있었다 하여 지구의 원체(圓體)를 불신할 터인가. (⋯) **군은 과학이란 것을 어떻게 해석하는가.** 아무 정률(定律)이 없이 자연적으로 일운 인습 그것을 과학적이라 하는가. 보수적 사상으로 현시(現時) 그릇된 습관을 그냥으로 지키어 가려 태고시대로 환원하는 것을 과학적이라 하는가. 이는 큰 오해다. 정말 **우리 글을 과학적으로 하려면 별 수 없이 종래의 인습을 벗어 버리고 법칙에 맞고 의리에 닿게 쓰어야 한다.**

10) 김윤경, 「안확 씨의 무식을 소(笑)함」, 『동광』 9호, 1927. 1.

(…) 군의 주장하는 바 현금에 일반이 쓰는 이 불규칙한 철법(綴法)과 불통일한 문체로서는 이야말로 비과학이요 불합리적이다.[11]

뉴턴의 상대성 이론을 넘어서서 아인슈타인의 상대성 이론이 나왔고 천동설을 극복하고 지동설이 나왔음을 강조하는 이윤재는 여기서 안확에게 '과학'이란 것이 과연 무엇이냐고 묻고 있다. 그는 '자연적으로 이룬 인습'을 도대체 어찌 과학이라고 할 수 있겠느냐며 우리의 글을 과학적으로 만들려면 종래의 인습을 벗어버리고 법칙에 맞게 쓰게 해야 한다고 역설하고 있다. 과학적 조선어 연구를 주장하는 안확에게 당신이 이야기하는 과학이 도대체 무엇이기에 종래의 관습대로 쓰자고 하는가, 과학이란 뉴턴에서 아인슈타인으로, 천동설에서 지동설로 진보해 나아가는 것이고 따라서 우리 글 역시 종래의 관습에서 벗어나 새로운 이론에 맞게 개혁해야 한다는 것이다.

그러나 이윤재의 논리는 과학의 정체를 논하면서도 여전히 문자 개량, 즉 구습 타파의 관점을 벗어나지 못하고 있다. 아인슈타인의 상대성 이론이 나왔다고 해서 뉴턴 역학에 맞춰 움직이던 물체를 아인슈타인의 새로운 이론에 따라 운동하도록 '개혁(?)'한다는 발상 자체가 불가능하듯이, 과학 이론은 현실 개입이 아니라 현실에 대한 합리적인 설명을 목적으로 한다. 그런데 이 글에서 이윤재는 현실을 어떻게 설명할 것인가가 아니라 현실을 어떻게 변화시킬 것인가에 관한 문제를 논하고 있는 것이다. 주시경과 그에 동조하는 이들이 문자의 문제(문자 개량)와 문법의 문제(언어 사실의 설명)를 구분하지 못하고 있다는 안확의 비판에 대한 제대로 된 반박이라고 보기 어려운 이유이다.

---

11) 이윤재, 「안확 군의 망론(妄論)을 박(駁)함」, 『동광』 10호, 1927. 2.

이에 비해 이 논쟁에서 제일 마지막으로 반박에 나선 정렬모야말로 가장 명쾌한 논리로 안확의 문제제기에 대한 답을 내놓았다고 할 만하다.

군은 본지 상년(上年) 12월호에서 조선어연구의 실제이란 제목을 가지고 말한 일이 있다. 그 첫머리에 『감정을 버리고 과학적으로』이란 허두를 내세웠다. 그 내용 여하는 말고라도 그 생각만은 물론 동감이다. 군이 그만한 생각을 가졌다는 것은 갸륵한 일이다. 그러나 군은 적어도 과학의 뜻을 모르는 사람 같다. (…) 한가지 쉬운 예를 들어서 과학이 무엇인가를 가르치려 한다. **가령 뉴톤의 인력설(引力說)을 보자. 평과(苹菓: 사과 – 인용자)가 나무에서 떨어지고 던진 돌이 따에 떨어지고 웅결한 증기는 비가 되어 떨어진다. 이 개개의 현상에서 추상한 개념이 「인력(引力)」이란 대발견 아니던가. 그와 마찬가지로 우리 문법에서도 음향상으로 「사라미, 사라마, 사라믈, 사라메, 사라믄」과 「바비, 바바, 바블, 바베, 바븐」하는 운용 법칙을 보고 「사람과 밥」이란 개념을 세우고 「이, 아, 을, 에, 은」 등 형식적 관념을 추상(抽象)하게 되는 것이니** 군은 이것이 문법상의 직능이 안이라 하는가. (…) 「안즈니, 안저서」와 「머그니, 머거서」와 「마트니, 마터서」와 「쪼츠니, 쪼처서」에서 「앉, 먹, 맡, 쫓」이란 관념의 집중된 말을 세우고 「으니, 어서」이란 운용의 형식을 분간하는 것이 무슨 부당한 이유가 있는 것인가.[12]

정렬모는 우선 안확이 '감정을 버리고 과학적으로'라는 구호를 내건 것에 대해서는 동감이라면서도 그가 정작 과학의 뜻을 제대로 알지 못

---

12) 정렬모, 「안확 군에게 여(與)함」, 『동광』 13호, 1927. 5.

하는 것 같다며 뉴턴의 '인력설'을 예로 들고 있다. 즉, 나무에서 사과가 떨어지고, 하늘을 향해 던진 돌이 결국 땅으로 떨어지고, 수증기가 비로 되어 떨어지는 등의 개개의 자연 현상을 통해서 '추상한' 개념이 바로 '인력'이듯이 '음향상(音響上)'으로 관찰할 수 있는 여러 소리들을 '추상'하여 문법적 개념들을 세우는 것이 바로 문법학이라는 것이다. 예컨대 '안즈니, 안저서', '머그니, 머거서', '마트니, 마터서', '쪼츠니, 쪼처서'라는 개별적인 소리의 덩어리들로부터 '앉, 먹, 맡, 쫓'이라는 동사의 어근을 추출하고 '으니, 어서'라는 문법적 요소를 추상화, 개념화할 수 있으니 이것이 바로 '과학'이 아니고 무엇이겠냐는 설명이다.

　여기서 정렬모는 안확의 두 가지 비판, 즉 주시경을 비롯한 당대의 조선어 연구자들이 문자와 소리를 구분하지 못하고 있다, 그리고 객관적 현실의 기술이 아니라 법전을 편찬하듯이 자신들이 이론을 강요한다는 비판을 동시에 반박하고 있다. '음향상'이라는 표현으로 그는 이것이 문자가 아니라 소리의 문제라는 것을 분명히 했고, 또 자신들의 개념이 어떻게 써야 한다는 규범의 문제가 아니라 자연적인 음운 현상을 관찰한 결과로부터 얻은 것, 즉 객관 사실로부터 추상화해낸 결과라는 점을 강조하고 있다. 물론 여기에는 과거로 돌아가려는 복고적인 의식도 없으며 민족주의적 감정 역시 개입할 여지가 조금도 없다. 그리고 이때의 과학은 구습 타파의 개혁운동과도 구별되는 진실 탐구일 따름이다.

　흥미로운 것은, 정렬모가 안확의 비판을 효과적으로 반박했지만, 그럼에도 불구하고 '언어가 무엇인가, 언어학은 어떠해야 하는가' 하는 문제에 대해서는 이들 사이에 큰 이견이 없어 보인다는 점이다. 둘 모두 언어학자는 언어를 마치 자연과학자가 자연 사물을 대하듯 면밀히 관찰하여 그것을 객관적으로 기술해야 한다는 점에 대해서는 의견의 일치를 보고 있다. 그런데 그러한 관점을 취할 때 언어는 자연과학자가 관찰의 대상으로 삼는 자연 사물과도 같은 것이 되고 만다. 물론 이는 언어에 나름의 변화 법칙이 있다는, 그리하여 그것을 인간이 좌지우지할 수 없다는 점에 근거한 태도이다. 그러나 동시에 언어는 사회적인 것이기도 하다. 언어를 자연 사물과 같은 관찰의 대상으로 다루는 태도와 언어에 이른바 사회성이 있다는 관점은 서로 어떤 긴장감을 유발하는 것은 아닐까?

3. 언어의 '소외'와 '과학'의 역설

안확은 앞서 언급한 바와 같이 비교적 이른 시기부터 주시경과 그 동조자들의 조선어 연구에 대해 비판적 입장을 취해왔다. 1916년 『학지광』에 실린 「조선어학자의 오해」와 1922년 『조선문학사』에 부록으로 실린 「조선어 원론」에서는 물론이고 1926년 『동광』의 「조선어 연구의 실제」에 이르기까지, 대체로 그의 비판은 일관된다. 언어 연구는 민족적 감정에서 벗어나 '과학적'으로 해야 한다, 그리하여 소리와 문자를 구별하고 언어 사실을 객관적으로 기술해야 한다는 게 그 요지였다. 언어 연구가 그래야 하는 이유는 언어는 생명이 있는 생물과도 같은 것이어서 사람이 좌지우지할 수 없는 그 자체의 원리와 원칙을 갖고 있기 때문이라는 것이다. 그의 입장에서 볼 때 '받침 잘 쓰는 것을 문법으로 아는', 그리하여 실제에는 없는 말이 '덥어'와 같은 것을 강요하게 되는 주시경의 문법은 완전히 '비과학적'인 것이었다.

그런데 정렬모의 글에서 확인한 바와 같이 주시경의 제자들 역시 이러한 자연과학적 모델에 입각한 언어 연구를 부정하지는 않았다. 정렬모 역시 과학적 언어 연구란 언어 사실을 객관적으로 관찰하고 이를 있는 그대로 기술하는 것이라고 보았고, 그들이 세운 여러 개념들이 바로 그러한 과정을 통해 도출된 것임을 입증했던 것이다. 그러나 이러한 자연과학적 모델은 언어를 인간의 발화행위와는 분리된 채로 존재하는 것으로 가정한다는 문제가 있다. 인간의 의지와 행위와는 무관하게 자연에 내재한 법칙을 찾으려는 자연과학에 비해 언어는 인간의 행위와 떼려야 뗄 수 없는 것임에도 불구하고, 이 자연과학적인 모델은 언어를 인간과 분리된 존재로, 즉 인간의 행위에서 소외(疏外)된 존재로 상정한다는 점에서 과연 적절한 것인지 의문의 여지가 있다.

그럼에도 불구하고 정렬모는 이런 자연과학적 모델에 입각한 언어 연구에 대해 아무런 문제제기도 하지 않았다. 오히려 그러한 관점을 적극적으로 인정하면서 자신들의 언어 연구가 바로 그러한 '과학적'인 연구를 충실히 수행한 결과임을 강조했다. 안확이 언어를 생명이 있는 생물과도 같은 것이라고 보았다는 점에서 자연과학 중에서도 생물학을 염두에 두고 있는 것처럼 보인다면, 뉴턴의 역학과 아인슈타인의 상대성 이론을 끌어온 정렬모가 상정한 모델은 물리학일 수 있겠다. 그럼에도 불구하고 과학적 언어 연구의 기본 관점에 동의가 이루어진 이상 이제 각자의 모델에 입각해 언어를 관찰하고 기술하는 일만이 남아 있을 뿐이다.

문법 연구와 언어의 통일

그러나 무엇이 '과학'이고 무엇이 '비과학'인가에 대해 동의가 이루어졌다고 해서 문제가 간단히 해결되는 것은 아니다. 오히려 과학으로서의 언어 연구가 무엇인지 분명해졌을 때 더 본질적인 문제가 제기된다고 할 수도 있다. 언어 연구는 마치 자연과학자가 그러하듯이 단지 객관적 실체로서의 언어를 있는 그대로 기술할 수 있을 뿐이라고 했을 때 가장 먼저 의문에 부딪히는 문제는 과연 '국어문법'이라는 것 자체가 성립할 수 있느냐 하는 것이다. 왜냐하면 실제 발화에서는 지역과 계층, 그리고 세대와 성별에 따라 수많은 언어적 변이가 존재하는데, '국어문법'은 이 수많은 변이 가운데 도대체 어떤 것을 '객관적'이고 '과학적'으로 기술할 것인가 하는 문제가 제기되기 때문이다.

물론 그 해답은 이미 주어져 있는 것인지도 모른다. '국어문법'이 기술해야 할 것은 그 실체가 불분명한 '국어'를 대신하여 선택된 '표준어'일 수밖에 없기 때문이다. 그러나 표준어의 설정은 과학적 언어 연구가 비난해 마지않는 언어에 대한 인위적인 개입, 즉 언어정책이나 운동을 통해서 비로소 가능해지는 것이다. 도량형의 경우에서와 마찬가지로 표준은 대체로 국가를 단위로 하는 통합, 통일을 목적으로 하기 마련이고, 이는 객관적 실체에 대한 중립적인 기술과는 거리가 먼 것이다. 결국 과학적 언어 연구를 통해 시도되는 '국어문법'은 표준의 설정과 언어의 통일이라는 과학적 언어 연구가 가장 멀리해야 하는 운동 및 정책을 전제한다는 역설과 마주하고 만다. 이와 같은 난점은 안확이 기술한 문법서에서도 그대로 드러난다.

문법은 법률 편찬과 가티 규칙을 제정함이 안이오 자연적으로 발달된 법칙을 정밀히 조사하야 표준을 입(立)함이 목적이라 고로 본서의 표준한 바는 경성언(京城言)의 발음을 의하야 아언(雅言)으로써 기(其) 법칙을 술(述)하고 특히 신례(新例)는 언(言)치 안 하며 쏘한 언어 변천의 대지도 설(說)치 안 함.[13]

종종의 문전에는 사투리를 용(用)하야 결렬(決裂)에 근(近)함이 만흔지라 연(然)이나 **본서는 경성언(京城言)의 발음 밋 그 아언(雅言)에 표준하야 기(其) 법칙을 술(述)하고 동시에 언어통일을 목적함이라.**[14]

위의 인용문은 안확이 지은 『조선문법』의 「저술 요지」인데, 앞의 첫

---

13) 안확, 「저술 요지」, 『조선문법』, 유일서관, 1917, 1쪽.

14) 안확, 「저술 요지」, 『(수정)조선문법』, 회동서관, 1923, 1쪽.

번째 것은 1917년에 펴낸 책에 있는 것이고 두 번째 것은 1923년에 펴낸 수정판에 실린 것이다. 1917년의 「저술 요지」에서 안확은 문법이라는 것은 법률의 편찬과는 달라서 '자연적으로 발달한 법칙'을 조사하는 것과 관련된다고 하고 있는데, 이는 물론 그가 언어 연구에 대해 초지일관 보였던 태도이다. 그런데 그 '자연적으로 발달한 법칙'에 대한 조사의 목적이 표준을 세우는 데에 있다는 의외의 의견을 피력한다. 그리고 이런 취지는 1923년의 수정판에도 그대로 반영되어 있는데, 그의 문법이 '경성의 아언(雅言)', 즉 서울의 고상한 말을 표준으로 했고 또 이를 통한 언어 통일을 목적으로 하고 있다는 것이다. 물론 이런 언급은 기존의 문법서(이 역시 주시경 그룹을 겨냥한 것으로 해석된다)에서 사투리나 신어, 고어 등을 사용하는 문제를 지적하려는 의도에서 나온 것으로 보인다. 그러나 사투리 대신 서울의 고상한 말을 채택했다는 것은 표준어의 설정과 언어 통일이 문법 기술의 목적이라는 점을 더욱 두드러지게 할 뿐이다.

그리고 수정판에 추가된 다음과 같은 언급은 그의 문법이 목적으로 한다는 언어 통일이 어떤 것이었는지를 더욱 분명하게 보여준다.

> 오인(吾人)이 **문법을 학(學)함은 언어를 통일하고 문(文)의 서(書)하는 법을 일치코자 함에** 재(在)한 것이라 **언어의 통일은 즉 (사투리)를 업새고 경성 즉 표준어를 사용함**이며 언문의 일치는 즉 문어를 특립(特立)할 것이 안이라 **언(言)과 문(文)을 동일케 하는 것이라** 기중(其中) **언과 문을 동일케 함은 문법의 목적을 행함의 제일 용이한 방법**이니 고로 오인이 항상 문을 서함에 대하야 차(此)를 크게 주의하지 안 하면 안 될 것이라 그런데 근일에 한자를 혼용함은 자연의 사(事)나 고어를 사용함은 언문

일치를 요구함의 대원(大遠)되는 사(事)라 하노라.[15]

　이 인용문은 『(수정)조선문법』의 맨 마지막 부분인데, 안확은 자신이 문법을 연구하는 목적이 사투리를 없애고 표준어를 사용하게 하는 언어 통일에 있으며, 더 나아가 '문(文)의 서(書)하는 법을 일치'하게 하는 것, 즉 글 쓰는 법의 통일에 있다는 점을 강조하고 있다. 그리고 언어 통일이라는 문법의 목적을 달성하는 가장 쉬운 방법이 바로 언(言)과 문(文)의 일치, 즉 '언문일치'라는 것이다. 그러나 사투리를 몰아내고 표준어를 중심으로 한 언어 통일이 언어운동이나 정책의 대상이지 그가 역설한 이른바 '과학적' 언어 연구의 영역이 아님은 분명하다. 게다가 글쓰기 방식의 통일과 '언문일치'를 문법 연구와 불가분의 관계에 있는 것으로 제시하고 있는데, 이는 사실 주시경 그룹을 향해 문자의 문제와 언어의 문제를 구분하지 못한다며 언어학의 기본을 좀 알라고 했던 비난이 그대로 적용될 수 있는 부분이기도 하다.

　그가 이러한 문제점을 스스로 인식했는지는 알 수 없다. 그러나 여기서 강조하고 싶은 것이 그의 거친 비판이 부메랑이 되어 그대로 그에게 날아오는 역설적인 상황은 아니다. 그보다는 오히려 표준어의 설정이나 문체의 통일이 있지 않고는 문법의 '과학적' 연구라는 것 역시 쉬운 일이 아님을 지적하고 싶은 것이다. 앞서 밝힌 바와 같이 언어 사실을 객관적으로 관찰하고 이를 있는 그대로 기술하려는 '과학적 연구'가 처음부터 부딪히는 문제는 과연 지역과 계층, 연령과 젠더에 따른 수많은 변이 가운데 도대체 무엇을 관찰과 기술의 대상으로 삼을 것인가이다. 따라서 이와 같이 숱한 언어적 변이를 포괄하는 '국어문법'을

---

15) 안확, 위의 책, 136~137쪽.

시도한다면 표준어의 설정은 불가피할 수밖에 없다.

그러나 표준어의 설정은 근대적 의미의 국민국가가 추구하는 언어의 통일과 불가분의 관계에 있으며, 이는 언어에 대한 중립적인 관찰과 기술이 아니라 언어에 대한 적극적인 개입을 의미한다. 표준의 설정이란 도량형의 통일과 같은 성질의 것이지 생명 현상이나 물리적 법칙을 찾아내는 자연과학과는 전혀 별개의 것이다. 더구나 '국어문법'은 단어 차원의 문제뿐만 아니라 문장의 구성 원리를 밝혀야 한다. 안확이 자신의 문법 연구와 언어 통일을 연관 지으면서 '언문일치'라는 문장 작법을 줄곧 이야기하는 것은 바로 그 때문이다. '국어문법'이 시도되기 위해서는 사투리를 골라내고 표준어만을 남겨야 하듯이 적절한 표준적인 문장의 모델 역시 필요했던 것이다. 19세기 말부터 20세기 초반까지 있었던 언문일치 운동은 따라서 '국어문법'이 기술되기 위한 또 하나의 전제조건이었다고 할 수 있겠다.

지금은 이미 문체를 포함하는 넓은 의미의 언어규범이 성립되어 있기 때문에 문법의 목적을 언어 통일에 두는 언어학자는 없다. 그러나 근대 언어학이 기술의 대상으로 삼는 언어는 자연적으로 그냥 주어진 것이 아니라 (지금은 자연스러운 것으로 보일지 모르지만) 근대 국민국가 특유의 표준화와 통일의 결과라는 점에 주의를 기울일 필요가 있다. 그런데 안확의 날선 비판을 가장 효과적으로 막아냈던 정렬모의 '국어'에 대한 인식 역시 바로 그러한 사실을 우리에게 시사하고 있음은 흥미로운 대목이 아닐 수 없다.

문어의 통일과 '국어'

앞서 언급한 바와 같이 1926년 12월 「조선어 연구의 실제」를 통해 이루어진 안확의 문제제기는 주시경의 제자들에게 과연 과학적 언어 연구란 어떠한 것이고 어떠해야 하는가 하는 문제에 대해 일정한 반성이나 성찰의 계기를 마련해주었던 것으로 보인다. 『동광』에서의 논전과는 별도로 조선어연구회가 막 펴내기 시작한 동인지 『한글』에 그와 관련된 주제의 글이 실리기 때문인데, 정렬모의 「조선어 연구의 정체는 무엇?」과 같은 글이 바로 대표적인 예이다. 1927년 3월과 4월 두 차례에 걸쳐, 그것도 이 잡지의 맨 앞에 실린 이 글에서 정렬모는 세상 사람들이 조선어 연구자들을 두고 '새말을 지어내고 없어진 말을 찾아 쓰는' 도깨비 떼 같은 이들이라고 비난한다는 사실을 토로한다. 그 몇 달 전에 있었던 안확의 비판을 연상시키는 대목이 아닐 수 없다.

그러나 이 글의 목적은 '세인(世人)의 무식'을 탓하고 그들을 계몽하려는 데에 있지 않다. 오히려 그는 이러한 사태의 원인이 조선어 연구자 자신의 불분명한 태도에 있으며, 조선어 연구자들 스스로가 자신들이 하는 일이 어떤 것인지를 명백히 의식하지 못하고 있기 때문에 발생한 문제라고 지적한다. 즉, 남다른 생각을 하고 있다는 몽롱한 기분으로 보수적이고 현학적인 문자 유희에 빠져 있다는 것이 조선어 연구자들에 대한 정렬모의 평가였다. 따라서 '조선어 연구의 정체'를 논하고 있는 이 글은 바로 당대의 조선어 연구자들을 향한 것이었다고 해야 하겠다. 더 나아가 정렬모가 동인으로 참여하고 있던, 당시에 조선어 연구의 중심세력으로 주목받기 시작하던 조선어연구회의 활동에 대한 성찰일 수도 있다.

그런데 정렬모는 이 글에서 언어 연구에 대한 분명한 자각이 없는 조선어 연구자들로 인해 여러 오해가 발생할 뿐만 아니라 급기야는 "우리의 생명과 같이 귀중한 국어를 거부 염피(厭避: 싫어서 피함-인용자)하는 폐까지 생기게" 되었다고 한탄하는데, 이때의 '국어'란 다름 아닌 '조선어'를 뜻한다. 식민지 시기 '국어'는 물론 조선어가 아니라 일본어였으므로 조선어를 '국어'로 지칭한 것에 대한 해명이 불가피했을 터이다. 정렬모는 자신이 쓴 '국어'에 대해 다음과 같은 주석을 달고 있다.

> **언어학상으로 보아 어느 특수한 체계를 갖훈 문법에 의하여 통일된 언어의 일단을 국어이라 하나니** 가령 영국과 미국과는 정치상 독립한 양개(兩個) 국가이지마는 '영어'이라는 일개 국어를 사용하는 것이요 **조선어와 일본어는 그 문법상 체계가 다르므로 정치상 의미를 떠나서 양개(兩個) 국어가 되는 것이다.**[16]

사실 정렬모는 이 글에서 '조선어 연구'를 아예 '국어학'으로 설정하고 조선어 연구의 정체를 논하는 이 글의 소제목을 각각 '국어학의 성질'(2장), '국어학의 응용 방면'(5장)이라고 붙이기까지 했다. 물론 위의 인용문에서 알 수 있듯이 그는 '국어'를 '정치상의 의미'가 아니라 '언어학상으로' 정의하고 있다. '특수한 체계를 갖춘 문법에 의하여 통일된 언어'가 바로 '국어'라는 것이고, 따라서 서로 다른 문법에 의해 통일된 조선어와 일본어는 두 개의 '국어'가 된다. 이러한 관점은 역시 동인지 『한글』에 연재한 그의 「조선어문법론」에서도 반복되어 "남다른 조직을 갖훈 문법으로 통일된 언어를 국어"라고 정의하고 있다.[17] 그런데 정렬모의 이 '국어'는 아래에서 보듯이 '언문일치' 이후의 '문어(文語)'를 전제로 하는 것이었다.

---

16) 정렬모, 「조선어연구의 정체는 무엇?」, 동인지 『한글』 1-2, 1927. 3., 2쪽.

17) 정렬모, 「조선어문법론」, 동인지 『한글』 1-3, 1927. 4., 13쪽.

일. 국어이란 무엇이냐 / (…) 영국처럼 영토를 널리 가진 나라는 한 그 정치 세력하에 무수한 국어를 가지게 된다. 영국민 자체도 영어를 국어이라는 칭호로 부르지 아니 하나니 이것은 **국어의 칭(稱)이 국가의 공용어이란 의미에서가 아니라 문어 체계를 동일히 한 언어의 일단을 가르치는 범박한 의미인 까닭이라.** (…)

이. 문어와 구어 / (…) **현대의 우리 조선에는** 오랜 이전에, 구어와 분리되었던 문어는 아주 쇠잔하고, **현대의 구어를 토대로 하여 발달한 문어가 세력을 가지게 되었다. 소위 구어문에 쓰이는 구어는 우리가 일상에 입으로 짓거리는 구어에 대하여 새로 문어의 지위를 점령하게 되었다.**[18]

'국어'가 국가의 공용어를 뜻하는 것이 아니라 "문어(文語)의 체계를 동일히 한 언어"를 가리키는 개념이라는 것인데, 문어에 입각해 '국어'를 규정하는 정렬모의 이러한 시도는 그가 언급한 대로 현대에는 '일상에서 입으로 지껄이는' 구어가 문어의 지위를 '점령'해버렸기에, 즉 구어에 의한 '언문일치'가 이루어졌기에 가능한 것이다. 그런데 그렇다면 문어의 체계를 공유하는 언어를 '국어'라고 한 정렬모의 이러한 인식은 '언문일치' 이후의 근대적 문장이 안고 있는 하나의 역설 위에 성립하고 있다고 해야 할 것이다. 그 역설이란 다름 아니라 현실의 구어에서 만나게 되는 그 수많은 변이와 변종을 실제의 구어를 반영했다고 하는 '언문일치'의 문장에서는 전혀 찾아 볼 수 없다는 사실을 말한다.

이 책의 '여는말'에서 언급했듯이, 수화기 너머에서 들려오는 낯선 목소리를 통해 우리는 상대방의 성별은 물론이고 나이와 출신 지역, 심

---

18) 정렬모, 「국어와 방언」, 동인지 『한글』 2-1, 1928. 1., 2~4쪽.

지어는 교육 수준까지도 추측하곤 한다. 그런 추측이 가능한 것은 실제 발화에서는 계층과 지역, 세대와 젠더 등에 따른 무수한 변이와 변종, 즉 방언적 요소들이 존재하기 때문이다. 그러나 이른바 '언문일치체'가 지배하는 근대의 문어에서 우리가 만나는 것은 실제 발화에서라면 도처에서 확인할 수 있는 그러한 변이와 변종이 아니라 매끈하게 균질화된 '국어'이다. 이러한 역설은 전통적인 문헌학에서 탈피하여 문자가 아니라 '실제의 말'을 탐구하고자 한 근대 언어학이 대상으로 삼은 '언어'가 구체적인 발화상황을 고려하지 않는 것이라는 사실과도 동일한 종류의 것이다.

정렬모는 '국어'를 '언문일치' 이후의 통일된 '문어'와 연결시킴으로써 이미 상당한 수준으로 형성된 근대적 인쇄·출판 문화의 중심에 있던, 당시의 조선어를 '국어'의 지위에 끌어올릴 수 있었다. 그러나 그가 연구의 대상으로 선택한 그 '국어', 즉 '언문일치' 이후의 문어는 이미 숱한 배제와 선택을 거친 것이었으므로 언어 사실의 객관적 관찰과 있는 그대로의 기술이라는, '과학적' 조선어 연구를 처음부터 배반하는 것일 수밖에 없었다. 물론 안확에서와 마찬가지로 여기서 문제로 삼고 싶은 것 역시 정렬모가 자신이 설정한 '과학적' 언어 연구의 기준을 스스로 위반하고 있다는 사실이 아니다. 오히려 강조하고 싶은 것은 그가 처한 곤란함이 바로 근대 언어학이 대상으로 삼는 '언어'의 실상을 드러내고 있다는 점이다. 그가 '과학적' 조선어 연구의 대상으로 삼은 '국어', 즉 온갖 선택과 배제의 결과 도달한 '언문일치' 이후의 문어야말로 근대 언어학이 대상으로 삼고 있는 바로 그 '언어'일 수 있기 때문이다.

앞서 언급한 바와 같이 김동인은 이광수의 소설에 남아 있던 '-더라'

와 같은 '구태(舊態)'를 모두 '구어화'하여 자신이 비로소 '언문일치체'를 완성했다며 스스로를 대견해했는데,[19] '-더라' 대신에 그가 일관되게 사용한 종결표현은 '-었다'였다. 정렬모의 「조선어 연구의 정체는 무엇?」이 발표되었을 때는 이미 이 '-었다'에 의한 문장 종결이 일반화된 시점이다. 그러나 '여는말'에서 지적한 바와 같이 '-었다'가 '-더라'보다 구어적인 표현이라는 근거는 어디에도 없다. 오히려 '-었다'의 특성은 근대적 산문이 지향하는 바, 즉 화자와 청자, 발화상황에 의존하지 않는 균질화된 문장을 가능하게 한다는 데서 찾을 수 있다.[20] 그리고 모든 발화행위가 성립하기 위해 필수적인 이러한 요소들이 은폐되거나 망각될 수 있을 때 비로소 인간의 행위에서 '소외'된, 근대 언어학이 대상으로 삼는 자율적이고 자족적인 '언어'가 뚜렷하게 드러날 수 있게 되는 것이다.[21]

---

19) 김동인, 「조선근대소설고」(11), 『조선일보』, 1929. 8. 11.; 김동인, 「문단 15년 이면사」, 『조선일보』, 1934. 4. 5. 부록 2면.

20) 이른바 '언문일치체'의 이러한 효과에 대해서는 김병문, 『언어적 근대의 기획―주시경과 그의 시대』, 소명출판, 2013, 68~89쪽 참조.

21) 안확과 주시경 제자들의 논쟁이 갖는 의미에 대한 이상의 논의는 김병문, 「'언어의 소외'와 '과학적' 언어 연구의 (불)가능성에 대하여」, 『개념과 소통』 29, 한림과학원, 2020의 2장의 내용을 바탕으로 했다.

제7장

〈한글 마춤법 통일안〉(1933)의 성립: '소리'와 '어법'의 이중주

'가갸날'을 기념하고 동인지 『한글』의 발간을 시작하는 등 본격적인 활동을 펼쳐나가는 조선어연구회의 사례에서 알 수 있듯이, 1920년대 중반을 넘어서게 되면 조선어 연구가 차츰 전문화되어가고 표기법 통일에 대한 사회적 요구는 커져만 갔다. 이러한 과정에서 총독부의 언문철자법 개정 과정은 초미의 관심사가 될 수밖에 없었다. 이 개정 과정에는 처음부터 민간 전문가들이 다수 참여하여 그들의 의견이 폭넓게 반영되었지만, 여전히 미진한 점이 적지 않았다. 조선어연구회에서 이름을 바꾼 조선어학회가 〈통일안〉을 본격적으로 준비하기 시작하게 되는 때가 3차 언문철자법이 발표된 1930년 말인 것은 바로 그러한 맥락에서 이해할 수 있을 것이다.

조선어학회는 1930년 12월에 열린 총회에서 〈한글 마춤법 통일안〉의 제정을 결의하고 이 일을 맡을 위원 12인(권덕규, 김윤경, 박현식, 신명균, 이극로, 이병기, 이윤재, 이희승, 장지영, 정렬모, 정인섭, 최현배)을 선정한다. 이들이 만 2년간 회의를 거듭한 결과 1932년 12월 드디어 91항목에 걸친 초안이 작성되고, 조선어학회는 이를 대상으로 제1 독회를 진행한다. 1932년 12월 26일부터 1933년 1월 4일까지 개성(開城)에서 열린 이 독회에서는 애초의 위원 12인에 새로 6명의 위원(김선기, 이갑, 이만규, 이상춘, 이세정, 이탁)을 추가하여 초안을 축조 토의했다. 그 결과를 토대로 수정위원 10인이 6개월간 초안을 수정하고, 이를 다시 1933년 7월 25일에서 8월 3일까지 열린 제2 독회에서 검토했다. 개성에서 열린 이 제2 독회의 결과를 정리위원 9인이 다시 정리했고, 이 최종안이 같은해 10월 19일에 열린 조선어학회의 임시총회에 제출되어 〈한글 마춤법 통일안〉이라는 이름으로 통과되었다. 1930년 12월부터 1933년 10월까지 3년 동안 회의만 125회를 개최하고 총 433시간을 들인 끝에

〈통일안〉이 완성된 것이다.[1]

이 장에서는 이러한 과정을 거쳐 마련된 〈통일안〉이 어떤 내용으로 구성되었는지를 구체적으로 살펴보겠다. 대체적으로 〈통일안〉이 1920년대의 여러 논의들, 특히 언문철자법 개정 과정에서 벌어졌던 논란을 어떻게 해결했으며, 또 당대의 조선어 연구 결과를 어떻게 반영했는지를 중심으로 그 내용을 검토하겠다. 1절에서는 〈통일안〉의 전반적인 구성과 '총론'의 내용에 대해 알아보고, 2절과 3절에서는 각각 '소리대로' 적는다는 것과 '어법에 따라' 적는다는 것의 의미가 각론에서 어떻게 반영되었는지를 살펴보고자 한다.

---

1) 조선어학회, 『한글 마춤법 통일안(朝鮮語 綴字法 統一案)』, 한성도서주식회사, 1933의 「머리말」 및 이윤재, 「'한글 마춤법 통일안' 제정의 경과 기략」, 『한글』제1권 제10호, 1934. 1., 381~383쪽 참조.

1. 〈통일안〉(1933)의 구조와 '총론'

〈통일안〉의 구조

〈통일안〉(1933)의 세부적인 내용을 살펴보기 전에 우선 전체적인 구조에 대해서 알아보도록 하겠다. 〈통일안〉은 우선 '총론'을 통해 전체적인 방향을 제시하고 그 뒤에 7개의 장과 2개의 부록을 두어 이를 뒷받침하고 있다. 7개 장의 제목은 각각 '자모', '성음에 관한 것', '문법에 관한 것', '한자어', '약어', '외래어 표기', '띄어쓰기'이고, 부록 1과 2는 '표준어', '문장부호'이다. 이를 현재의 〈한글 맞춤법〉과 비교해보면 다음과 같다.

다음 페이지의 표는 〈통일안〉(1933)과 현재 우리가 준용하고 있는 〈한글 맞춤법〉(2017년 문화체육관광부 고시)의 각 장과 절의 제목을 표시한 것인데, 이 둘을 비교해보면 1933년에 제정한 〈통일안〉의 체제가 거의 그대로 지금의 〈한글 맞춤법〉으로 이어지고 있음을 알 수 있다. 물론 세부적인 내용으로 들어가면 많은 부분이 보완되었으나 기본 골격은 큰 차이가 없다는 사실을 확인할 수 있다.

우선 장의 제목들을 살펴보면 '성음에 관한 것'의 '성음'을 '소리'로, '문법에 관한 것'의 '문법'을 '형태'로 수정했음을 알 수 있는데, 용어 상의 차이일 뿐 실질적인 내용의 변화는 없다고 할 수 있다. 전자는 지금은 잘 사용되지 않는 '성음'이라는 한자어 대신 보다 친숙한 '소리'라는 고유어를 선택한 것이고, 후자는 '문법'이라는 포괄적인 표현보다는 '형태'라는 용어로 그 범위를 제한한 것으로 보인다. 특히 후자는 뜻을 가진 최소의 단위를 의미하는 '형태소(形態素, morpheme)'를 염두에 둔 것이라고 생각된다.

〈한글 마춤법 통일안〉(1933)	〈한글 맞춤법〉(2017)
총론	제1장 총칙
제1장 자모 　　자모의 수와 그 순서 / 문자의 이름	제2장 자모
제2장 성음에 관한 것 　　된소리 / 설측음 ㄹ / 구개음화 / 　　ㄷ받침소리	제3장 소리에 관한 것 　　된소리 / 구개음화 / 'ㄷ' 소리 받침 / 　　모음 / 두음 법칙 / 겹쳐 나는 소리
제3장 문법에 관한 것 　　체언과 토 / 어간과 어미 / 규칙 용언 / 　　변격 용언 / 바침 / 어원 표시 / 　　품사 합성 / 원사(原詞)와 접두사	제4장 형태에 관한 것 　　체언과 조사 / 어간과 어미 / 　　접미사가 붙어서 된 말 / 　　합성어 및 접두사가 붙은 말 / 준말
제4장 한자어 　　홀소리만을 변기(變記)할 것 / 　　닿소리만을 변기(變記)할 것 / 　　닿소리와 홀소리를 힘께 변기(變記)할 　　것 / 속음	
제5장 약어	(제4장 '형태에 관한 것'의 '준말'에 해당)
제6장 외래어 표기	(별도로 〈외래어 표기법〉 제정)
제7장 띄어쓰기	제5장 띄어쓰기 　　조사 / 의존 명사, 단위를 나타내는 　　명사 및 열거하는 말 등 / 보조 용언 / 　　고유 명사 및 전문 용어
	제6장 그 밖의 것
부록1. 표준어	(별도로 〈표준어 규정〉 제정)
부록2. 문장부호	부록: 문장 부호

　그 밖에도 〈통일안〉의 5장에서 다룬 '약어(略語)'를 〈한글 맞춤법〉에서는 별도의 장을 할애하지 않고 4장의 한 절로 처리했다는 점, 또 〈통일안〉의 6장과 부록에서 다룬 '외래어 표기'와 '표준어'를 〈한글 맞춤법〉에서는 각각 〈외래어 표기법〉과 〈표준어 규정〉이라는 별도의 규정을 제정해서 독립시켰다는 점을 지적할 수 있겠다. 물론 언급한 바와 같이 세부적인 내용으로 들어가면 상당한 수정이 있었고 또 〈통일안〉에서 미처 다루지 못했던 부분들을 세밀하게 보완한 것이지만, 큰 틀에

서 보면 현재의 〈한글 맞춤법〉은 〈통일안〉(1933)의 체계를 거의 그대로 이어받고 있음은 분명한 사실이다.

다만, 〈통일안〉(1933)의 '제4장 한자어'는 〈한글 맞춤법〉에서 흔적도 없이 사라졌다. 아래에서 자세히 살펴보겠지만, 이 부분은 전통적인 한자어의 규범음을 현실의 발음대로 수정하여 적도록 한 규정이다. 즉, '텬디'를 '천지'로, '미일'을 '매일'로 적으라는 내용이었다. 물론 이 '제4장 한자어'가 감쪽같이 사라진 것은 이 규정이 철회되었거나 더 이상 적용되지 않아서가 아니다. 오히려 이 규정에 따라서 적는 것이 이제는 너무나 당연해서 이것을 명시적으로 규정해주지 않는다 하더라도 모두가 그와 같이 적을 수밖에 없게 되었기 때문이다.

지금은 '天地'를 '천지'로 적는 것이 너무나 자연스러워서 달리 적을 방법이 있을 것 같지가 않다. 그러나 20세기 초만 해도 '천지'가 아니라 '텬디'로 적는 것이 당연하고 더 자연스러웠다. 이러한 상황은 수많은 논쟁을 통한 규범의 합의, 그리고 그 규범을 일반적인 인쇄매체에서 관철해나가는 갖은 노력을 통해 비로소 변화될 수 있었다. 하지만 그러한 역사적 과정은 이제 망각되었다. 지금 '天地'를 '천지'로 적는 것이 자연스럽다고 했을 때, 그 '자연'은 정말 있는 그대로의 '자연'이 아니며 그것이 자연스럽게 느껴지도록 하는 숱한 의식적 노력들이 있었다는 사실 자체가 망각되었을 때 비로소 생겨나는 그러한 '자연'이다.

그것은 물론 한자어의 표기에 관련된 것만은 아니다. 지금은 '낟, 낫, 낮, 낯, 낱'을 구별하여 적는 것이 너무나 당연하고 자연스럽지만, 20세기 초에 이러한 표기방식은 낯설고 기괴한 것이었으며 그들에게 자연스러웠던 것은 '낫'뿐이었다. 〈통일안〉(1933) '총론'의 "한글 마춤법(綴字法)은 표준말을 그 소리대로 적되, 語法에 맞도록 함으로써 원칙을 삼는다."고 하는 규정이 성립하는 과정은 바로 그와 같은 낯설고 부자연스러웠던 것들을 너무나 당연하고 자연스러운 것으로 받아들이게 하는 끈질긴 노력을 응축해서 보여주는 것이기도 하다.

〈통일안〉의 '총론'

〈통일안〉은 크게 보아 '총론'과 '각론', 그리고 '부록'으로 구별되는데, 1장에서 7장까지의 내용이 '각론'에 해당되며 '총론'은 '각론'의 내용들을 총괄적으로 규정해주는 것으로서 맨 앞에 기술되어 있다. '총론'은 아래와 같이 세 가지 항목으로 구성되어 있는데, 첫 번째 것은 누차 언급한 내용으로서 '표준말을 소리대로 적되 어법에 맞도록 한다'는 내용이고, 두 번째는 첫 번째 항목에서 언급된 표준말에 대한 개념을 규정한 것이며, 그리고 세 번째에서는 띄어쓰기에 대한 원칙을 규정했다.

> 1. 한글 마춤법(철자법)은 표준말을 그 소리대로 적되, 어법에 맞도록 함으로써 원칙을 삼는다.
> 2. 표준말은 대체로 현재 중류 사회에서 쓰는 서울말로 한다.
> 3. 문장의 각 단어는 띄어 쓰되, 토는 그 웃 말에 붙여 쓴다. (〈통일안〉의 '총론')

이를 아래의 현재 우리가 준용하고 있는 〈한글 맞춤법〉의 '총칙'과 비교하면, 첫 번째 항목은 거의 그대로 일치하며 〈통일안〉의 세 번째 항목(띄어쓰기 관련)이 〈한글 맞춤법〉의 두 번째 항목으로 이동했음을 알 수 있다. 그에 비해 〈통일안〉의 두 번째 항목(표준어 관련)이 〈한글 맞춤법〉 '총칙'에서는 보이지 않는다. 이는 맞춤법과는 별도로 표준어에 대한 규정을 마련했기 때문인데, 이 항목은 〈표준어 규정〉의 '총칙'("표준어는 교양 있는 사람들이 두루 쓰는 현대 서울말로 정함을 원칙으로 한다")에 거의 그대로 살아 있다. 〈한글 맞춤법〉의 세 번째 항목은 〈통일안〉의 6장에서 규정했던 외래어 표기법을 역시 별도의 규정으로 독립시킴으로 인해 생겨난 것이다.

> 1. 한글 맞춤법은 표준어를 소리대로 적되, 어법에 맞도록 함을 원칙으로
>   한다.
> 2. 문장의 각 단어는 띄어 씀을 원칙으로 한다.
> 3. 외래어는 '외래어 표기법'에 따라 적는다. (〈한글 맞춤법〉의 '총칙')

이상에서 본 바와 같이 현재의 〈한글 맞춤법〉은 그 전체적인 구조와 틀에서뿐 아니라 각론을 규정하는 '총론'에서까지 〈통일안〉(1933)에 그 연원을 대고 있다. 그런데 앞에서 몇 차례 지적한 것처럼 〈통일안〉의 구체적인 내용들을 정확히 이해하기 위해서는 그에 앞서는 언문철자법의 변천 과정을 파악하는 것이 중요하다. 그것은 〈통일안〉이 바로 이 언문철자법의 문제점을 수정하고 그 한계를 극복하려는 노력의 연장선상에 놓여 있기 때문이다. 이는 〈통일안〉의 '총론'에도 해당되는 사실이다.

> 1. **경성어를 표준으로 함.**
> 2. 표기법은 **표음주의에 의하고 발음에 원한 역사적 철자법은 차를 피함.**
> 3. **한자음으로 된 어(語)를 언문으로 표기하는 경우에는 특히 종래의 철**

자법을 채용함. (1차 언문철자법 '서언')

1. 용어는 **현재의 경성어를 표준**으로 함.
2. 가급적 **발음대로의 철자법**을 표준으로 함. (2차 언문철자법)

1. 조선어독본에 채용할 언문철자법은 각학교를 통하야 차를 동일케
   할 사(事).
2. 용어는 **현대 경성어로 표준**함.
3. 언문철자법은 **순수한 조선어거나 한자음임을 불문하고 발음대로 표기**
   함을 원칙으로 함. 단, 필요에 의하야 **약간의 예외를 설**함. (3차 언문철자
   법 '총설')[2]

1차와 3차 언문철자법은 구체적인 표기 규정에 앞서 '서언', '총설'
등을 통해 전체적인 표기의 원칙을 제시했고, 2차 언문철자법은 그와
같은 형식적인 구별은 없었지만 맨 앞에 역시 유사한 성격의 항목을
배치했다. '서언, 총설'에 해당하는 내용은 크게 두 가지인데, 하나는
표기의 대상을 경성어, 즉 서울말로 한다는 것, 그리고 다른 하나는 역
사적 철자법을 피하고 표음주의, 즉 당대의 현실음을 반영한다는 것이
었다. 이러한 방향은 1차 언문철자법에서부터 일관된 것이었을 뿐만
아니라 결국 〈통일안〉의 '총론'에까지 연결되는 것이다.

예컨대 경성이라는 지역에서 사용되는 말을 표준으로 하여 이를 표
기의 대상으로 삼는다는 것은 1차 언문철자법에서부터 확고한 원칙이

---

2) 이상의 언문철자법은 모두 김민수·고영근 엮음, 『역대 한국 문법 대계』 제3부 제
    8책, 2008에 실린 것을 기준으로 했다.

었다. 다만, 1차에서는 표준을 설정하는 기준으로 지역만이 언급되었을 뿐 시기가 특정되지 않았던 데에 비해 2차와 3차 언문철자법에서는 '현재' 혹은 '현대'라는 표현을 통해 언제의 서울말인지를 밝혔다. 〈통일안〉은 여기에 더해 계층적인 요소까지 포함하여 표준의 기준을 '현재(시기), 중류(계층), 서울(지역)'로 더 구체화했다. 현재의 〈한글 맞춤법〉은 '중류'라는 계층적 기준을 '교양 있는 사람들'이라는 표현으로 수정했는데, '중류'라는 기준은 사실 귀족이나 양반 같은 특권계급이 아닌 평범한 시민의 말이라는 의미를 담으려고 했다고 보아야 할 것이다.

'총론'이 의미하는 바

그런데 표준어와 관련된 항목과는 달리, 역사적 철자법을 피하고 표음주의 원칙을 따른다는 것은 앞서 4장에서 살펴본 바와 같이 3차 언문철자법에 와서야 비로소 확고해진다. 1차 언문철자법에서부터 표음주의 원칙을 세우기는 했지만 한자어는 종래의 철자법, 즉 역사적 철자법을 채용한다는 예외 규정이 있었고, 2차에서 역시 총론적인 성격의 규정에서와는 달리 각론에서는 예컨대 구개음화나 아래아 문제에서 한자어는 역사적 표기법을 따르도록 했던 것이다. 그 이유는 어윤적과 같은 보수적 인사들이 한자음만큼은 『규장전운』이나 옥편에 규정되어 있는 규범음을 따라야 한다고 강력히 주장했기 때문인데, 3차 언문철자법에 가서야 한자어와 고유어를 불문하고 모두 당대의 소리를 표기에 반영하는 표음주의를 관철할 수 있게 된다.

〈통일안〉(1933) '총론'의 '소리대로 적되 어법에 맞도록 한다'의 '소리대로 적는다'는 것의 의미는 바로 이러한 맥락에서 이해해야 한다. 즉, 이때의 '소리대로 적는다'는 것의 의미는 1차~3차 언문철자법의 가장 첨예한 논쟁거리 가운데 하나였던 역사적 철자법과 표음적 철자법의 대립 가운데 후자, 즉 당대의 소리에 입각한 표음주의 원칙을 견지한다는 것을 천명한 것에 다름 아니라고 할 수 있다. 그것은 이미 '여는말'에서도 살펴본 바와 같이, 〈통일안〉(1933) 제정에 참여했던 당사자 가운데 한 명인 이희승의 「"한글 마춤법 통일안" 강의」에서도 잘 드러난다. 그는 조선어학회가 발행하던 잡지『한글』에 발표한 이 글에서 '소리대로 적는다'는 대목을 해설하면서 이를 "역사적 표기법"에 따라 적지 말고 현재 발음하는 그대로 적으라는 규정으로 풀이하고 있다. 그리고 그러한 예로 다음과 같은 것들을 들었다.

(1) 아침―아츰/아참   가슴―가슴/가삼
　　하늘―하늘/하날   며느라―며ㄴ리/며나리
　　토끼―톳기   어깨―엇개
　　빨래―빨내   얼른―얼는
　　나비―나븨/나뷔   거미―거믜
(2) 기차(汽車)―긔챠   여자(女子)―녀즈
　　사회(社會)―샤회   조선(朝鮮)―됴션/죠션
　　낙원(樂園)―락원   노인(老人)―로인
　　천지(天地)―텬디

즉, 실제는 '아침'이라고 발음하면서도 '아츰'이라고 적는 것은 "종래로 표기하던 관습에 의하여 실제의 발음대로 적지 못하는 예"라는 것이다. 그리고 이러한 "역사적 표기법"이 아니라 "일단 변한 이상 현시에 실용하는 어음대로 표기해야 할 것은 언문일치를 주장하는 현대에 있어서 더욱 필요한 일"이라는 설명을 덧붙이고 있다.[3] '아침—아춤'과 같은 아래아 문제 외에도, 이희승은 언문철자법에서 역사적 철자법과 표음적 철자법의 논란을 야기했던 여러 가지의 표기 문제를 들고 이것들을 당대의 발음대로 적는 것이 바로 '소리대로 적는다'는 규정이 의미하는 바임을 강조했다.

흥미로운 대목은 이희승이 여기서 예를 (1)의 고유어와 (2)의 한자어 두 가지로 나누어 제시했다는 점이다. 이러한 분류는 1차, 2차 언문철자법에서 표음주의를 원칙으로 세웠으면서도 고유어와는 달리 한자어에 있어서는 역사적 철자법을 따르게 했던 사실을 염두에 둔 것으로 보인다. 물론 이렇게 고유어와 한자어를 불문하고 표음주의를 일관되게 관철한 것은 3차 언문철자법에서부터이다. 그러나 그로부터 3년 후에 제정된 〈통일안〉(1933)은 여전히 한자어에 대해서 역사적 표기를 하던 이전의 규정과 관행을 강하게 의식했었던 것으로 보인다. 그렇기 때문에 앞에서 언급한 바와 같이 하나의 장을 별도로 할애해 4장에서 한자어의 표음적 표기에 대해 자세히 다루어야만 했을 것이다.

그런데 이희승은 이 '소리대로 적는다'는 규정을 해설하면서 '노인—로인, 여자—녀ᄌ'와 같은 두음법칙 문제 역시 '아침—아춤'이나 '천지—텬디'의 문제와 동일한 것으로 다루었다. 즉 두음법칙 표기 문제 역시 역사적 표기와 표음적 표기 가운데 하나를 선택하는 것으로 보았던 것이다. 물론 이는 이희승 개인의 해석이라기보다는 〈통일안〉(1933)의 입장이었던 것으로 보인다. 그러나 두음법칙은 음운의 역사적인 변화가 아니라, 마치 '먹는'을 '멍는'으로 발음하게 되는 것과 같이 지금 당대에 일어나고 있는 음운 현상이라는 점에서 다른 것들과는 차이가

---

3) 이희승, 「"한글 마춤법 통일안" 강의」, 『한글』 6-1, 1938, 2~3쪽.

있다. 이에 대해서는 이 장의 3절에서 다시 다루도록 하겠다.

이상의 논의를 정리하면, "표준말을 그 소리대로 적되, 어법에 맞도록 함으로써 원칙을 삼는다"는 〈통일안〉(1933)의 '총론'을 구성하는 요소 가운데 '표준어를 적는다', '소리대로 적는다' 이 두 가지는 언문철자법과의 관계 속에서 해석이 가능하다는 것이다. 이제 마지막으로 남는 요소는 '어법에 맞도록 한다'인데, 이는 언문철자법에서 전혀 개념화되지 못했던 것이다. 이 '어법(語法)에 맞도록 한다'를 현재적으로 해석하면 원래의 형태를 밝혀 적는다는 것이므로 주시경의 '본음, 원체, 법식'에 따른 표기라는 개념에서 온 것이라고 할 수 있다. 조선어학회가 기본적으로 주시경의 표기이론을 계승한 단체라는 점에서 그 점은 이론의 여지가 없어 보인다.

그러나 한편으로는 이 '어법'은 당대의 조선어 연구가 지향하고 있던 바를 가리키고 있었다고 보아야 할 것 같다. 즉, 『동광』지에서 벌어졌던 안확과의 논쟁을 통해 확인한 바와 같이 당대의 언어 연구자들은 이제 언어 연구나 문법 편찬의 작업이 문자 개량이나 표기법 개혁의 문제와는 구별된다는 점에 대해 어느 정도 동의하고 있었다. 그리고 문법의 편찬은 법률의 제정처럼 사람들에게 어떤 행위를 강요하는 것이 아니라, 언어 사실의 관찰 결과로 알아낸 '언어의 내적인 법칙'을 기술하는 것과 관련이 있다고 생각하게 되었다.

〈통일안〉의 '총론'에서 언급된 '어법(語法)'이 이와 같이 '언어의 내적인 법칙'을 의미하는 것이라면, '어법에 맞도록 한다'는 규정은 자신들의 표기법이 바로 그 언어의 내적 법칙에 부합한다는 것을 의미하게 된다. 즉, 언어 사실을 관찰하여 언어에 내재하는 법칙을 발견하고 난 후에 그 법칙, 즉 '어법'에 맞도록 표기법을 제정했다는 논리가 성립하게 된다. 그러나 주시경의 '본음, 원체, 법식'에 따른 표기법은 '국어문법'의 발견 후에 이루어진 것이 아니었다. 오히려 그는 그의 표기법이 '국어문법의 사상'을 '인도'하는 것이라고 했다. '본음'과 '원체'를 명백히 구별하기 위한 끈질긴 노력은 그의 분석적인 문법이론으로 이어졌다는 점에서 그의 '국어문법'은 그의 표기법을 전제하는 것이었다.

5장에서 본 바와 같이 최현배의 불규칙 활용이라는 개념 역시 표기법상의 문제제기가 먼저였지 그 반대는 아니었다. 1927년 '덥어'인가 '더워'인가라는 논란이 있었을 때 그가 어느 쪽도 선택하지 못했던 것은 아직 그에게 규칙과 불규칙으로 나뉘는 용언의 활용 개념이 정립되어 있지 않았기 때문이다. 그가 용언 어간과 어미의 결합을 활용이라는 용언 내부의 현상으로 간주하게 된 것은 그 이후의 일이다. 그렇다면 여기서도 문법이 아니라 표기의 문제가 선행했던 셈이 된다.

그럼에도 불구하고 〈통일안〉(1933)은 당대의 '소리'와 함께 '어법'을 표기법의 기준으로 삼았다. 이는 아마도 총독부의 언문철자법, 더 나아가 박승빈이 주장하는 것에 비해 자신들의 표기법이 더 '과학적'임을 정당화하는 데에 이 '어법'이 효과적이었기 때문이었을 것이다. 8장에서 살펴보겠지만, 오랜 동안 유지되어온 전통이나 관습과는 상당히 달라서 습득하기 너무나 난해하다는 비난에 직면했던 조선어학회는 자신들의 표기법이 '과학적'인 것임을 강조했는데, '과학'은 물론 전통이나 관습이 아니라 객관적으로 관찰된 법칙에 기반하는 것이어야 했다. '어법'을 언어에 내재하는 법칙으로 이해할 수 있는 이유가 바로 여기에 있다.

아래에서는 '총론'에 대한 이러한 이해를 배경으로 각론의 몇 가지 세부 사항을 살펴보도록 하겠다.

2. '소리대로 적는다'는 것에 대하여

'제1장 자모'

〈통일안〉(1933)의 '총론' 바로 다음에 이어지는 것은 '제1장 자모(字母)'이다. 1절에서는 '자모의 수와 그 순서'를, 2절에서는 '자모의 이름'을 규정하고 있는데, 이 내용은 현재 준용하고 있는 〈한글 맞춤법〉의 자모 규정과 완전히 일치한다. 물론 현재의 규정은 하나의 항목에서 순서와 이름을 모두 밝혀주고 있지만, 그 실질적인 내용이 완전히 일치할 뿐만 아니라 24자에 포함되지 않는 것들을 '붙임'에 별도로 규정하고 있다는 점 또한 동일하다. 그런데 여기서 두 가지 의문이 제기될 수 있다. 하나는 자모의 수를 24자로 하여 결과적으로 'ㄲ, ㄸ, ㅃ, ㅆ, ㅉ'과 'ㅐ, ㅔ, ㅚ, ㅟ, ㅒ, ㅖ, ㅘ, ㅝ, ㅙ, ㅞ, ㅢ'를 자모의 수에서 제외한 것, 나머지 하나는 자모의 이름이 『훈몽자회』 범례에서 제시한 자모의 음가로 되돌아 간 것이다.

제1절 자모의 수와 그 순서

제1항 한글의 자모의 수는 24자로 하고, 그 순서는 다음과 같이 정한다.

ㄱ ㄴ ㄷ ㄹ ㅁ ㅂ ㅅ ㅇ ㅈ ㅊ ㅋ ㅌ ㅍ ㅎ ㅏ ㅑ ㅓ ㅕ ㅗ ㅛ ㅜ ㅠ ㅡ ㅣ

[부기(附記)] 전기(前記)의 자모로 적을 수가 없는 소리는 두 개 이상의 자모를 어울려서 적기로 한다.

ㄲ ㄸ ㅃ ㅆ ㅉ ㅐ ㅔ ㅚ ㅟ ㅒ ㅖ ㅘ ㅝ ㅙ ㅞ ㅢ

제2절 자모의 이름

제2항 자모의 이름은 다음과 같이 정한다.

ㄱ 기역 ㄴ 니은 ㄷ 디귿 ㄹ 리을 ㅁ 미음 ㅂ 비읍 ㅅ 시옷 ㅇ 이응

ㅈ 지읒 ㅊ 치읓 ㅋ 키읔 ㅌ 티읕 ㅍ 피읖 ㅎ 히읗

ㅏ 아 ㅑ 야 ㅓ 어 ㅕ 여 ㅗ 오 ㅛ 요 ㅜ 우 ㅠ 유 ㅡ 으 ㅣ 이

[부기] 다음의 글자들은 아래와 같이 이름을 정한다.

ㄲ 쌍기역 ㄸ 쌍디귿 ㅃ 쌍비읍 ㅆ 쌍시옷 ㅉ 쌍지읒[4]

우선 제1항의 '부기'를 보면 24자로 '적을 수가 없는 소리는 두 개 이상의 자모를 어울려서 적기로 한다'고 했는데, 그러나 예컨대 된소리 'ㄲ'은 'ㄱ'을 두 번 발음한다고 해서 나는 소리가 아니다. 즉, 'ㄱ'을 양적으로 두 배 더한다고 해서 된소리인 'ㄲ'이 되지는 않는다. 물론 입안에서 두 소리가 나는 위치, 즉 조음 위치가 동일하기는 하지만, 예사소리와 된소리를 내는 방식은 근본적으로 차이가 있다. 그럼에도 불구하고 하나는 기본 자모의 수에 포함하고 다른 하나는 그것을 두 번 쓴 것으로 취급하는 데에는 문제의 소지가 있다. 이런 문제는 모음 'ㅐ'나 'ㅔ' 등에 대해서도 동일하게 제기될 수 있다. 즉, 'ㅏ, ㅣ', 혹은 'ㅓ, ㅣ'를 빠르게 연속으로 발음한다고 해서 'ㅐ'나 'ㅔ'가 되지는 않는 것이다.

따라서 제1항의 '부기'에서 별도로 제시한 자모들 역시 기본적인 자모의 수에 포함되어야 하지 않는가 하는 의문이 제기될 수 있다. 〈통일안〉(1933)이 위와 같은 방식을 택한 것은 아마도 자모의 문제에 한해서는 전통적인 관습을 존중했기 때문이 아닌가 한다. 즉 『훈민정음』을 비롯해서 『훈몽자회』(1527)는 물론이고 「신정국문」(1905)이나 「국문연구

---

4)　조선어학회, 『한글 마춤법 통일안(朝鮮語 綴字法 統一案)』, 조선어학회, 1933, 1~2쪽.

의정안」(1909) 어디에서도 위의 '부기'에서 다룬 것들을 기본 자모로 설정한 적이 없었다. 그런데 자모에 대한 규정에서 이렇게 전통적인 관습을 따른 것은 자모의 이름에 대한 부분에서도 확인된다.

3장에서 본 것처럼 우리가 현재 사용하고 있는 '기역, 니은, 디귿, 리을, 미음, 비읍, 시옷, 이응' 등의 자모 명칭은『훈몽자회』범례에서 비롯한 것이다. 그런데 「신정국문」과 「국문연구의정안」에서는 이 가운데 '기역, 디귿, 시옷'을 '기윽, 디은, 시옷'과 같은 형태로 수정해 전체적인 자모 명칭을 규칙화했다.『훈몽자회』에서 다른 자음 글자와 달리 'ㄱ, ㄷ, ㅅ'이 '기역, 디귿, 시옷'과 같은 형태를 취한 것은 한자로 한글의 음가를 표기하려다 보니 '윽, 은, 읏'에 해당하는 한자를 찾을 수 없었기 때문이었지만, 이제 굳이 한자로 음가를 표시할 필요가 없으므로 원래 의도한 대로 '윽, 은, 읏'을 쓰면 된다는 취지였다. 그런데 〈통일안〉(1933)은 「신정국문」(1905)이나 「국문연구의정안」(1909)이 아니라『훈몽자회』의 형태로 되돌아간 것이다.

〈통일안〉이 자모 규정에서 전통적인 관습을 택한 것은 이해되는 측면이 없지 않다. 예컨대 '기역'이라는 익숙한 명칭 대신 '기윽'으로 바꾼다면 '낫 놓고 기역자도 모른다.'는 속담 역시 따라서 바뀌어야 한다는 점에서 일반 사회에 폭넓게 자리 잡은 관습을 특정 단체가 수정한다는 것은 간단한 일이 아닐 것이다. 그러나 〈통일안〉 자체가 일반 사회에서 관습적으로 써오던 한글 표기를 대대적으로 개혁하는 것이었고 그 방향을 '과학'과 '합리'에서 찾고 있었던 만큼 자모 규정만은 관습을 유지하게 한다는 것은 〈통일안〉의 전체 취지와는 맞지 않는다는 지적이 제기될 수도 있을 것이다.

특히 북한에서는 해방 직후부터 이 자모 규정에서 전통의 고수가 아니라 개혁을 택했다는 점에서 간단치 않은 문제를 야기한다. 즉, 북한에서는 자모 명칭에서 '기역, 디귿, 시옷'이 아니라 '기윽, 디은, 시읏'과 같은 규칙적인 형태를 취했고, 또 기본 자모의 문제에 있어서도 'ㄲ, ㄸ, ㅃ, ㅆ, ㅉ'과 'ㅐ, ㅔ, ㅚ, ㅟ, ㅒ, ㅖ, ㅘ, ㅝ, ㅙ, ㅞ, ㅢ'를 자모의 숫자에 포함함으로써 한글 자모의 수를 모두 40글자로 설정하고 있다. 그런데 이럴 경우 자연히 자모의 순서에도 남북에 차이가 발생한다. 예컨대 남쪽에서는 'ㄲ'이 기본 자모에 들어가지 않기 때문에 'ㄱ'의 다음에 오지만, 북쪽에서는 'ㄲ'이 기본 자모에 포함되기 때문에 'ㄱ, ㄴ, ㄷ, ㄹ, ㅁ, ㅂ, ㅅ, ㅈ, ㅊ, ㅋ, ㅌ, ㅍ, ㅎ'와 같은 기존의 자음 글자 다음에 오게 된다. 따라서 국어사전을 찾을 때 남쪽에서는 '꿈'을 'ㄴ'이 시작하기 직전에 있는 'ㄱ'항목의 후반부에서 찾아야 하지만, 북쪽에서는 'ㄱ'에서부터 'ㅎ'까지가 모두 끝난 다음에 별도로 마련되어 있는 'ㄲ'에서 찾아한다.

즉, 현재와 같은 자모 규정 아래에서는 국어사전 찾는 방법조차 남과 북이 다르다는 것이다. 남쪽의 전통적 방식이 옳은 것인지, 아니면 규칙과 합리를 앞세운 북쪽의 방식이 옳은 것인지를 함부로 판단하기는 어렵다. 그러나 만일 남과 북이 읽고 쓰는 문제에서 일정한 합의를 이루어야 한다면 제일 처음 제기되는 문제 가운데 하나는 바로 이 자모의 명칭과 순서에 관한 것이 될 수밖에 없다.[5]

---

5) 실제로 겨레말큰사전남북공동편찬위원회에서는 사전 편찬 작업에 앞서 자모 수와 순서, 명칭에 대한 합의를 이룬 바 있다. 이는 물론 민간의 자율적인 합의로서 어떤 강제력이 있는 것은 아니지만, 남북 어문 규범의 통합 과정에서 중요한 안이 될 수 있을 것이다.

'제2장 성음에 관한 것'

제1장의 '자모'에 이어지는 〈통일안〉(1933)의 제2장은 '성음에 관한 것'이다. 이 2장은 모두 4개의 절로 구성되어 있는데, 대체로 역사적인 표기가 아니라 당대의 소리에 맞추어 적으라는 규정이라고 할 수 있다. 우선 제1절은 된소리에 관한 것인데, '어깨, 토끼, 어떠하다, 아끼다'와 같은 것들을 '엇개, 톳기, 엇더하다, 앗기다'와 같이 적지 않는다는 규정이다. 8장에서 살펴보겠지만, 사실 당시에 된소리 표기는 'ᄭ, ᄯ, ᄲ'과 같이 이른바 된시옷을 이용해서 적는 것이 더 일반적이었는데, 이는 물론 전통적인 방식이기도 했다. 그러나 〈통일안〉에서는 이미 자모 규정에서 된소리를 'ㄲ, ㄸ, ㅃ' 등으로 적도록 했으므로 된시옷에 대한 별도의 규정은 필요하지 않았다. 다만, '엇개, 톳기, 엇더하다, 앗기다'와 같이 적더라도 '어깨, 토끼, 어떠하다, 아끼다'와 똑같은 소리가 날 뿐만 아니라, 심지어 역사적으로 보더라도 '엇개' 쪽이 15세기 문헌에 등장하는 원래의 표기이기도 하므로 이에 대한 별도의 규정을 마련하여 'ㄲ, ㄸ, ㅃ'과 같이 표기하라고 규정한 것으로 보인다.

제2절은 '설측음 ㄹ'인데, 종래에 '빨내, 홀노'와 같이 적던 것을 이제 '빨래, 홀로'로 적으라는 규정이다("재래(在來)에 설측음 ㄹ을 ㄹㄴ으로 적던 것을 ㄹㄹ로 적기로 한다"). 설측음(舌側音)이란 '달, 길'에서처럼 주로 받침으로 나는 'ㄹ'을 가리키며, 알파벳으로 하자면 'l'과 유사한 소리다. 이에 비해서 '사람, 구름'에서처럼 두 모음 사이에서 나는 'ㄹ'은 'r'과 유사한 것이라고 할 수 있다. 그런데 전자, 즉 설측음 가운데에도 두 모음의 사이에서 나는 소리가 있으니, 바로 '빨래, 홀로'와 같은 것이다. 이들을 종래에는 '빨내, 홀노'와 같이 적어왔었기 때문에 이를 〈통일안〉에서는 현실음에 맞추어 적도록 한다는 것이다.

제3절은 구개음화에 관한 것인데, 역사적 표기관습에 따라 '텬디'로 적던 것을 당대의 발음에 맞추어 '천지'로 적으라는 규정이다. 그런데 실제 규정은 아래에서 보는 바와 같이, '텬'과 '디'를 각각 '천'과 '지'로 적으라는 식이 아니라 '텬, 디'를 '천, 지'로 읽는 관습을 인정하지 않는다는 식으로 기술되어 있다. 〈통일안〉이 이런 방식을 취한 까닭은 만약 '디'는 '지'로 쓰고 '티'는 '치'로 써야 한다는 식으로 규정을 하면 '(발을) 디디다'는 '지지다'로, '버티다'는 '버치다'로 써야 하는 문제가 발생하기 때문이다. 그래서 '디, 티'라고 써놓고 '지, 치'라고 읽은 종래의 역사적 관습을 인정하지 않는다는 형식으로 규정을 마련한 것이다.

제3절 구개음화

제5항 한글의 자모는 다 제 음가대로 읽음을 원칙으로 한다. 따라서 〈댜 뎌 됴 듀 디〉를 〈자 저 조 주 지〉로, 〈탸 텨 툐 튜 티〉를 〈차 처 초 추 치〉로 읽음을 인정하지 않는다.

[부기1] ㄷ ㅌ으로 끝난 말 아래에 종속적 관계를 가진 〈이〉나 〈히〉가 올 적에는 그 ㄷ ㅌ이 구개음화되는 것을 예외로 인정한다. (갑을 취하고 을을 버린다.)

예	갑	을
	밭이	바치
	굳이	구지[6]

그런데 이 구개음화에 관한 규정에는 '부기'를 달아 '밭이, 굳이'로 쓰지 '바치, 구지'로 쓰지 않는다는 것을 명시해놓았다. 이는 특별할 것이

---

6) 조선어학회, 앞의 책, 5쪽. 예는 일부만을 제시했다. 이하 같다.

없는 당연한 기술처럼 보이지만, 사실은 역사적인 구개음화와 공시적 (公示的)인 구개음화를 구분한 것이라는 점에서 큰 의미가 있는 부분이다. 즉, 제5항의 본문은 '텬디, 뎨국'과 같은 역사적 표기를 '천지, 제국' 이라는 현실 발음으로 수정하여 적으라는 규정이다. 이는 17~18세기에 일어난 구개음화 현상을 반영하여 당대의 소리대로 적는다는 것을 의미한다. 그러나 '부기'의 내용은 실제로는 '바치, 구지'로 발음하지만, 원래의 형태를 반영하여 '밭이, 굳이'로 적는다는 점을 지적한 것이다.

역사적인 구개음화는 특정 시점, 즉 17~18세기에 일어난 현상이다. 그러나 공시적인 구개음화는 명사와 조사, 혹은 용언의 어간과 어미가 결합하는 과정에서 현재 일어나고 있는 음운변동 현상이다. 즉 '밭'은 '을'과 결합하면 '바틀'로 소리 나지만, '이'와 결합하면 '바치'로 소리 난다. 또 '굳다'의 '굳-'은 '은'과 결합하면 '구든'이 되지만, '이'와 결합하면 '구지'로 소리 난다. 15세기에는 '天'을 '텬'으로 읽다가 18세기 이후가 되면 무슨 말과 결합하느냐와 상관없이 항상 '천'으로만 소리 나는 역사적인 구개음화와는 전혀 다른 것임을 알 수 있다.

따라서 이 5항의 구개음화 규정 가운데 본문은 역사적인 표기가 아니라 당대의 소리에 따라 적는다는 것을 뜻하므로 '총론'의 '소리대로 적는다'에 해당하는 것이라면, '부기'는 공시적인 음운변동에도 불구하고 본래의 형태를 밝혀 적는다는 뜻이므로 '어법에 맞도록 한다'에 해당하는 것이라고 하겠다. 그런데 전자, 즉 역사적인 표기를 당대의 소리에 부합하도록 표기한다는 규정은 2장에만 있는 것이 아니라 4장의 '한자어' 부분에서도 발견할 수 있다. 따라서 3장의 내용을 다루기에 앞서 먼저 4장을 살펴보도록 하겠다.

'제4장 한자어'

4장은 모두 3개의 절로 구성되어 있는데, 그 내용은 각각 종래의 한자음 가운데 홀소리를 변경하여 적을 것(1절), 닿소리를 변경하여 적을 것(2절), 홀소리와 닿소리를 모두 변경하여 적어야 하는 것(3절)이다. 그런데 이 3개의 절에 앞서 한자어 표기에 관한 총괄적인 규정이 다음과 같이 제시되어 있다.

> 한자음은 현재의 표준 발음을 쫓아서 표기함으로써 원칙을 삼는다. 따라서 종래의 한자 자전에 규정된 자음(字音)을 아래와 같이 고치기로 한다.

즉, 한자음의 경우 당대의 표준 발음을 따라 적는 것을 원칙으로 삼는데, 그럴 경우 지금까지 써오던 한자 자전, 즉 옥편에 규정된 한자의 음을 변경해야 한다는 것이다. 앞서 이 책의 4장에서 살펴본 바와 같이 언문철자법 당시에 내내 논란이 되었던 것은 한자어의 표기방식이었다. 특히 아래아와 구개음화와 관련된 것이 논란거리였는데, 1차 언문철자법 제정 당시 어윤적은 '天'을 전통적인 운서와 옥편에 규정된 대로 '텬'이라고 적어야 한다는 주장을 굽히지 않았다. 이에 대해 다카하시 도루가 옥편의 한자음을 현실 발음대로 수정하는 것은 어떻겠냐고 묻자 어윤적이 옥편을 수정할 것이 아니라 사람들의 발음을 뜯어고쳐야 한다고 반박한 사실 역시 이미 지적한 대로이다.

　이러한 논란에 대한 〈통일안〉의 선택은 물론 역사적 표기를 폐기하고 표음주의 원칙을 지켜야 한다는 것이었다. 그리하여 한자 자전에서 제시하는 규범 발음을 변경해야 한다는 입장에서 제4장의 내용이 전개되고 있는 것이다. 앞서 언급한 대로 한자음 가운데 홀소리, 즉 모음을 변경할 것과 닿소리, 즉 자음을 변경할 것, 그리고 자음과 모음을 모두 변경할 것 세 가지 부류로 나누었는데, 이들에는 아래아 관련 표기와 구개음화 현상 및 두음법칙 관련 표기 등이 모두 포함되어 있다. 아래아 관련 표기는 모음과만 관련이 있는 것이고, 구개음화 현상은 모음과 자음에 모두 관련이 있는 것이며, 두음법칙은 자음과만 관련이 있다. 이 가운데 아래아 및 구개음화 현상과 관련한 표기 규정은 1절과 3절에서 다루어지므로 이것들을 먼저 살펴보겠다.

제1절 홀소리만을 변기(變記)할 것

제33항 ㆍ자 음은 죄다 ㅏ로 적는다. (갑을 취하고 을을 버린다.)

예	갑	을
	사상(思想)	ᄉᆞ샹
	자녀(子女)	ᄌᆞ녀

제34항 ㅣ자 음은 모두 ㅐ로 적는다. (갑을 취하고 을을 버린다.)

예	갑	을
	개량(改良)	ᄀᆡ량
	내외(內外)	ᄂᆡ외

제35항 ㅅㅈㅊ을 첫소리로 삼는 ㅑㅕㅛㅠ를 ㅏㅓㅗㅜ로 적는다. (갑을 취하고 을을 버린다.)

예	갑	을
	사회(社會)	샤회
	정중(鄭重)	졍즁
	처자(妻子)	쳐ᄌᆞ[7]

---

7) 조선어학회, 앞의 책, 32~34쪽.

제3절 닿소리와 홀소리를 함께 변기(變記)할 것

제45항 〈뎌 됴 듀 디 뎨〉의 자음(字音)은 〈저 조 주 지 제〉로 적는다.

예	갑	을
	저급(低級)	뎌급
	조정(調停)	됴뎡
	지구(地球)	디구
	제자(弟子)	뎨즈

제46항 〈텨 툐 튜 톄〉의 자음(字音)은 〈처 초 추 체〉로 적는다.

예	갑	을
	천지(天地)	텬디
	초미(貂尾)	툐미
	체재(體裁)	톄재[8]

각 규정의 내용과 그 예를 통해서 알 수 있는 것처럼 33~34항은 아래아 문제에 관한 것이고, 35항 및 45~46항은 구개음화 문제와 관련된 것이다. 이로써 'ᄌᆞ녀, 미일, 샤회, 뎨즈, 텬디'와 같은 역사적 표기는 '자녀, 매일, 사회, 제자, 천지'와 같은 당대의 현실 발음대로 적을 수 있는 근거를 마련하게 된 것이다. 그리고 이는 누차 지적한 바와 같이 '표준어를 소리대로 적되 어법에 맞도록 한다'는 〈통일안〉의 대원칙 가운데 '소리대로 적되'에 해당하는 것이다. 그런데 사실 한자어에서까지 아래아와 구개음화 현상에 대한 표기를 현실 발음대로 적게 한 것은 1930년의 3차 언문철자법에서부터이다. 물론 1927년 『동광』의 표기법 설문에서 확인한 바와 같이 한자음을 현실 발음대로 적는다는 데에 있

---

8) 조선어학회, 위의 책, 40~41쪽.

어서는 이미 민간의 전문가들 사이에 일정한 합의가 이루어진 상황이었고, 3차 언문철자법은 이를 반영한 것이라고 보아야 할 것이다.

그럼에도 불구하고 고유어와 한자어를 불문하고 역사적 표기를 당대의 현실 발음대로 적게 하는 원칙을 일관되게 관철하고자 시도한 것은 3차 언문철자법이 처음이다. 그러나 이미 4장에서 지적한 바와 같이 3차 언문철자법에서 역사적 표기가 완전히 사라진 것은 아니었으니, 그것은 바로 두음법칙에 관한 것이었다. 즉, 7항에서 "'나'행 '라'행의 한자음은 역사적 철자법을 쓰나"라고 한 것이 바로 그 부분인데, 이에 따르면 '女子'는 '녀자'로, '勞動'은 '로동'으로 적어야 했다. 그에 비해 〈통일안〉에서는 아래아와 구개음화 문제에 관해 당대의 현실 발음을 적도록 한 4장에서 두음법칙 문제도 함께 다루면서 이 역시 실제 발음대로 표기하도록 한 것이다.

그런데 사실 이 두음법칙의 표기 문제는 '제4장 한자음'에서 함께 다룬 아래아나 구개음화 문제와는 성격을 달리 하는 것이다. '소리대로 적되 어법에 맞도록 한다'는 〈통일안〉(1933)의 대원칙에서 볼 때 이 두음법칙 문제는 '소리대로'가 아니라 '어법에 맞게' 적어야 하는 것으로 해석할 여지가 있기 때문이다. 두음법칙 관련 문제를 '어법'에 관한 것을 다루는 다음의 3절에서 살펴보려고 하는 것은 그 때문이다.

3. '어법에 따라 적는다'는 것에 관하여

두음법칙이라는 음운 현상의 성격

앞서 여러 차례 언급한 바와 같이 〈통일안〉(1933)의 '총론' "표준말을 그 소리대로 적되, 어법에 맞도록 함으로써 원칙을 삼는다"에서 '소리 대로 적는다'는 것이 의미하는 바는 '역사적 철자법 vs. 표음적 철자법' 의 논란에서 당대의 현실음을 반영하는 표음적 철자법을 채택한다는 것이었다. 그리고 '어법에 맞도록 한다'는 것은 실제 입 밖으로 내뱉고 귀로 들을 수 있는 구체적인 소리가 아니라 그것이 가능하도록 한 원 래의 형태를 밝혀 적는다는 원칙을 뜻하는 것이다. 전자의 예로는 역사 적 관습에 따라 '텬디'로 적던 것을 '천지'라는 현실 발음에 맞게 적게 한 것을 들 수 있고, 후자의 예는 귀에 들리는 구체적인 소리는 '멍는, 궁민'이지만 그것의 원래 형태인 '먹는, 국민'으로 적는 것이다.

그렇다면 '勞'가 '勞動(노동)'에서는 '노'로 소리 나고 '勤勞(근로)'에서 는 '로'로 소리 나는 문제는 〈통일안〉 '총론'의 '소리대로 적는다'에 해 당하는 것일까, 아니면 '어법에 맞도록 한다'에 해당하는 것일까. 우선 전자의 문제라면, 즉 역사적 철자법을 당대의 현실 발음으로 고쳐 적는 것이라면 과거에는 '勞'가 '로'로 발음되다가 역사적인 어느 시기에 그 음이 '노'로 변화했어야 한다. 그리고 그 변화는 '勞'가 어떤 환경에 놓 이느냐와 상관없이 언제나 동일하게 적용되어야 한다.

예컨대 '天, 地'는 '텬, 디'로 발음되다가 17~18세기에 '천, 지'로 그 소리가 바뀌었다. 그리고 이 음은 말의 첫머리에 오거나 그렇지 않거 나, 또는 어떤 말과 결합하느냐와 전혀 상관없이 언제나 동일하다. '천 지(天地)'이거나 그 순서를 바꾼 '지천(地天)'이거나, 혹은 다른 한자와 결합하여 '승천(昇天)'이나 '산지(山地)'가 되어도, '天, 地'는 언제나 '천, 지'로 소리 난다. 그러나 '勞'가 '노'로도 '로'로도 소리 나는 것은 이와 전혀 성격이 다르다. 이 '勞'는 예전에는 '로'로 발음되다가 역사적 어느 시점에서 '노'로 바뀐 것이 아니다. 예전이나 지금이나 그 소리는 똑같은데 다만 환경에 따라, 즉 말의 첫머리에 오느냐 아니냐에 따라 '勞動(노동)'에서는 '노'로, '勤勞(근로)'에서는 '로'로 발음되는 것이다. 다시 말해 소리의 역사적인 변화가 전혀 아니다.

두음법칙이라는 음운 현상은 오히려 현재에 일어나는 공시적인 것이고, 또 어떤 환경에 오느냐에 따라 그 소리가 결정된다는 점에서 자음동화와 같은 음운변동 현상과 유사한 것이라 할 수 있다. 예컨대 '國(국)'은 '民(민)'과 결합하여 '國民'이 되면 소리가 '궁민'으로 난다. 받침으로 나는 'ㄱ'이 뒤에 'ㄴ, ㅁ, ㄹ' 등이 오면 'ㅇ' 소리로 바뀌기 때문이다. 이는 물론 주시경이 『국문문법』에서 '상접변음'이라고 불렀던 음운변동이다. 이러한 변동에도 불구하고 '본음, 원체'를 밝혀 적어야 한다는 것이 주시경의 주장이었고, 〈통일안〉의 '어법에 맞도록 한다' 역시 바로 그와 같은 표기방식을 뜻하는 것이었음은 이미 지적한 바와 같다.

물론 주시경의 표기법이 관심을 가진 부분은 특히 받침에 관한 것이었다. 그러나 그 원리를 따져보면, 두음법칙이라는 음운 현상 역시 어떤 환경에 놓이느냐에 따라 그 소리에 변동이 생기는 것이지, 역사적인 변화와 관계된 것은 아니다. 즉, 두음법칙 문제는 '소리대로 적는다'가 아니라 '어법에 따르도록 한다'는 쪽에 해당한다는 것이다. 그렇다면 마치 실제로는 '궁민'으로 발음하지만 그 원형을 밝히기 위해서 '국민'으로 적어야 하듯이, 실제로는 '노동'으로 발음하지만 표기는 원형을 밝혀서 '로동'으로 하는 것이 〈통일안〉 '총론'의 취지에 맞는 것이 될 것이다. 즉, '로동'으로 적고 '노동'으로 발음하는 것이 옳다는 것이다.

그런데 〈통일안〉을 제정한 조선어학회 인사들은 이 두음법칙의 문제를 '어법에 맞도록 한다'가 아니라 '소리대로 적는다'의 문제로, 다시 말해서 역사적 철자법을 당대의 현실음으로 수정해야 하는 문제로 간주했던 것 같다. 이는 우선 앞서 살펴보았던 이희승의 「"한글 마춤법 통일안" 강의」에서 '소리대로 적는다'는 대목을 종래의 역사적 표기를 당대의 현실음으로 적으라는 규정이라고 설명하면서, '아침—아츰', '텬디—천지'와 같은 문제와 함께 '낙원—락원, 노인—로인'의 두음법칙 문제를 다루고 있다는 사실에서 알 수 있다. 즉, '락원, 로인'을 '아츰, 텬디'와 같은 역사적 표기로 해석하고 있는 것이다.

〈통일안〉이 이해한 두음법칙

무엇보다도 〈통일안〉 자체에서 이 두음법칙 표기를 '제4장 한자어'에서 다루고 있다는 사실은 조선어학회 인사들이 이를 역사적 표기와 표음적 표기 사이의 선택의 문제로 보고 있음을 잘 보여준다. 앞서 본 바와 같이 4장의 1절과 3절에는 아래아와 구개음화 관련 표기를 역사적 표기가 아니라 표음적 표기로 하도록 규정하고 있는데, 그 사이에 있는 2절에서 똑같은 논리로 두음법칙을 다루고 있기 때문이다. 〈통일안〉을 제정한 조선어학회 인사들이 두음법칙 문제를 어떻게 해석하고 있는지 보여주는 또 다른 예로는 다음과 같은 최현배의 글을 들 수 있다. 이 글은 1928년 11월 4일 『동아일보』에서 「한글 정리에 대한 제가(諸家)의 의견」이라는 제목으로 행한 설문에 최현배가 답한 내용 가운데 두음법칙과 관련된 부분이다.

언어의 표기법의 실제는 절대로 표음적으로만 하기도 어렵고, 또 그렇다고 꼭 문법적으로만, 또는 역사적으로만 할 수도 없다고 생각한다. 그 대체에 있어서는 그 두 가지 혹은 세 가지의 표기법이 서로 일치되어야 하겠지마는, 만약 서로 틀리는 경우에는 **역사적 표기법과 표음적 표기법의 두 가지 가운데에 원칙으로는 후자를 딸으되, 혹 경우를 딸아서는 전자를 가미하는 것이 좋을 것이다.**

이리하야 한자음에 있어서는 〈나, 라〉 二行 이외의 모든 줄 소리는 다 표음적으로 (현금음 표준으로) 적으되 (가령 天천 地지 小소), 〈나, 라〉 두 줄 소리는 역사적으로 적고자 한다(가령 李리 女녀). 그런데 〈나, 라〉 두 줄의 소리는 단어의 처음에서는 아니 나지마는 다른 말과 이어날 적에는 잘 들어 나는 것인즉, 결국은 동일한 字가 양방면에 半分된 것을 역사적 일반으로 통일시켜서 적음에 지나지 아니하니라.[9]

즉, 표기법에는 '표음적, 역사적, 문법적'인 방법이 있으나 한자음에 있어서는 대체로 '표음적', 즉 현재의 음을 표준으로 해야 한다며 그 예로 '天(천), 地(지)'를 들고 있다. 그러나 한자음 중에 두음법칙과 관련된 것('〈나, 라〉 두 줄 소리')만큼은 '李(리), 女(녀)'와 같이 '역사적'으로 적어야 한다는 것이 최현배의 주장이다. 물론 〈통일안〉(1933)의 결론과는 달리 최현배가 '역사적 철자법'을 주장하고 있음은 흥미로운 점이 아닐 수 없는데, 그와는 별개로 그가 이 두음법칙 문제를 '역사적 표기'와 '표음적 표기' 중에 하나를 선택해야 하는 것으로 간주했다는 사실은 분명해 보인다.

두음법칙 표기를 '텬디'와 같은 역사적이고 관습적인 표기를 '천지'

---

9) 최현배, 「한글 정리에 대한 제가(諸家)의 의견」, 『동아일보』, 1928. 11. 4.

와 같은 표음적 표기로 수정하는 문제로 파악한 이상 〈통일안〉의 선택은 표음적 표기로 귀결되는 것이 불가피했을 것이다. 언급한 바와 같이 언문철자법의 제정과 수정 과정에서 제일 논란이 되었던 쟁점사항이 바로 이 역사적 표기와 표음적 표기의 문제였다. 1차, 2차 언문철자법에서는 고유어는 표음적 표기, 한자어는 역사적 표기라는 어정쩡한 태도를 취했다면, 3차 언문철자법에서는 고유어와 한자어를 불문하고 모두 표음적 표기를 하도록 했다. 특히 아래아와 구개음화 문제에서 일관되게 표음적 표기가 관철되었다. 그러나 유독 두음법칙 문제는 여기서 제외되어 '역사적 철자법'을 유지했다. 이런 맥락에서 보면 〈통일안〉은 3차 언문철자법에서 유일하게 예외로 남아 있던 두음법칙 표기까지 모두 표음적 표기를 관철하는 진전을 이룬 것이 된다.

그러나 앞서 살펴본 바와 같이 두음법칙은 역사적 철자법과는 관련이 없는 것이다. '勞'가 말의 첫머리에서는 '노'로 발음되고 그 외의 경우에는 '로'로 발음되는 것은 공시적인 음운변동에 관한 것일 뿐이다. 따라서 '소리대로'가 아니라 오히려 '어법에 맞도록', 다시 말해 구체적인 소리가 아니라 그것을 가능하게 한 원래의 형태를 밝혀 적는 문제에 해당하는 것이다. 이는 '功勞'가 실제로는 '공노'로 발음되지만 그 소리 그대로 적지 않고 원래의 형태를 밝혀서 '공로'로 적듯이, '勞動' 역시 실제 발음 '노동'이 아니라 원래의 형태인 '로동'으로 적어야 함을 의미한다. 북한에서 해방 후에 조선어학회의 〈통일안〉이 '표음주의적인 편향에 치우쳤다'며 두음법칙 표기의 문제점을 제기한 것 역시 바로 이러한 논리를 바탕으로 하고 있었다.[10]

---

10) 김수경, 「조선어학회 『한글 맞춤법 통일안』 중에서 개정할 몇 가지 기일(其一) 한자음 표기에 있어서 두음(頭音) ㄴ 급(及) ㄹ에 대하여」, 『로동신문』, 1947. 6. 6.~10.

그렇다면 조선어학회 인사들은 왜 두음법칙 문제를 역사적 표기를 표음적으로 수정해야 하는 것으로 이해했던 것일까. 〈통일안〉(1933)을 제정하는 데에 참여했던 이들은 지금 우리가 생각하는 것보다 언문철자법의 문제의식에 더 긴박되어 있었을 가능성이 있다. 근대 언어학의 관점에서 보았을 때, 중요한 것은 소리이지 문자가 아니었다. 역사적 관습으로 굳어진 표기가 아니라 당대의 살아 있는 언어를 대상으로 해야 한다는 것은 근대 언어학의 가장 중요한 원칙이다. 오구라 신페이가 2차 언문철자법 제정 당시 표음문자인 언문의 표기는 실제 발음과 털끝만치도 차이가 나서는 안 된다고 주장한 것은 바로 그러한 맥락에서였다. 이에 대해 '텬디'와 같은 표기를 고수한 어윤적의 논리는 훈민정음의 '현묘한 원리'를 고수해야 한다는 것이었다.

조선어학회 인사들이 견지하고 있던 입장은 물론 어윤적이 아니라 오구라 신페이와 같은 것이었다. 즉, 관습적 표기가 아니라 당대의 현실음에 기반한 표기법의 전면적인 개혁이 바로 그들이 지향하던 바였다. 그것은 언문철자법이 애초부터 지향하던 바이기도 했다. 1차, 2차 언문철자법에서는 한자어에서 이를 관철하지 못했고, 3차 언문철자법에서는 마침내 한자어에서까지 이를 관철할 수 있었지만, 두음법칙 표기에서만큼은 '역사적 철자법'을 존속시켰던 것이다. 〈통일안〉(1933)은 바로 두음법칙 문제를 포함하여 '소리대로'를 예외 없이 일관되게 관철한다는 문제의식을 가졌던 것이다.

물론 〈통일안〉이 지향한 또 다른 원칙은 '어법에 맞도록 한다'였다.

그러나 〈통일안〉의 '어법에 맞도록 한다'는 규정에 입각한다면, '로동'으로 적되, 발음은 '노동'으로 해야 한다. '공로'로 적고 '공노'로 읽듯이. 그러나 북한에서는 실제 발음까지 '로동'으로 교정했다는 점에서 〈통일안〉 '총론'의 취지를 벗어난 것이라고 해야 할 것이다. 이에 대해서는 9장에서 다시 다루겠다.

이는 소리가 아니라 그 소리를 가능하게 한 원래의 형태를 밝혀 적으라는 것이다. 조선어학회 인사들이 두음법칙 문제를 여기에 해당하는 것으로 보지 않은 것은 아마도 이들이 '어법에 맞도록 한다'를 대체로 받침을 어떻게 적을 것인가 하는 문제와 연관 지어 해석했기 때문으로 보인다. 주시경이 '본음, 원체, 법식'에 맞는 표기를 주장한 이래 이는 언제나 받침의 확대라는 문제로 이해되어왔다. 물론 두음법칙 표기는 받침 문제와는 아무 상관이 없다. 더군다나 두음법칙은 고유어가 아니라 한자어에서만 일어나는 현상이기도 하다. 〈통일안〉의 '4장 한자어'에서 구개음화 및 아래아 관련 문제와 더불어 두음법칙 문제를 함께 다룬 것에서 알 수 있듯이, 역사적 표기를 당대 현실음으로 바꾸는 문제에서 이들은 한자어를 핵심적인 사항으로 보고 있었던 것이다.

'제3장 문법에 관한 것'

'제2장 성음에 관한 것'과 '제4장 한자어' 사이에 있는 '제3장 문법에 관한 것'은 말 그대로 문법적인 사항과 관련된 표기 규정을 담고 있다. 우선 다음에서 보는 바와 같이 3장의 첫 부분은 체언과 토, 그리고 용언의 어간과 어미가 결합할 경우의 표기방식을 규정하고 있다. 그런데 1절과 2절을 비교해보면 '체언+토'에 대한 것과 '용언 어간+어미'에 대한 규정에는 미묘한 차이가 있다는 것을 알 수 있다.

제1절 체언과 토
제7항 **체언과 토가 어우를 적에는 소리가 변하거나 아니하거나를 물론하고 다 제 원형을 바꾸지 아니한다.** (갑을 취하고 을을 버린다).

예	갑	을
	긁이	골시
	밭이	바치
	꽃에	꼬체

제2절 어간과 어미

제8항 **용언의 어간과 어미는 구별하야 적는다.**

예 먹다 먹고 먹으니 먹어서 먹은 먹을[11]

우선 눈에 띄는 것은 7항에는 '체언과 토'라는 표현을 쓴 데에 비해, 8항에는 '용언의 어간과 어미'라는 표현을 썼다는 점이다. 즉, '체언과 토'를 기준으로 한다면 '용언과 토'라고 해야 서로 균형이 맞을 것 같은 데 그렇게 하지 않았다는 것이다. 얼핏 사소해 보이는 이 차이가 사실은 이 〈통일안〉이 전제하고 있는 문법이 주시경의 문법이 아니라 최현 배의 문법이라는 점을 명백하게 보여주고 있다. 주시경의 문법에서라면 '용언과 토가 어우를 적에'라는 표현이 가능하다. 그의 문법에서 용언, 즉 동사와 형용사는 예컨대 '가다, 크다'가 아니라 '가-, 크-'이고 여기에 붙는 토 '-다, -니, -서, -고' 등은 용언의 일부가 아니라 별도의 품사이기 때문이다. 마치 체언(명사 및 대명사)과 여기에 붙는 조사가 별도의 요소인 것처럼. 그러나 최현배의 문법에서 용언은 '가-, 크-'가 아니라 여기에 '-다, -니, -지, -고'와 같은 요소들이 결합한 '가다/ 가니/ 가지/ 가고…'와 '크다/ 크니/ 크지/ 크고…'가 된다. 용언에 이미 '-다, -니, -지, -고'가 포함되어 있기 때문에 여기에 다시 토나 어미가 결합한다고 할 수가 없는 것이다.

---

11) 조선어학회, 앞의 책, 8~9쪽.

즉, 주시경의 문법에서는 '-다, -니, -지, -고'와 같은 것들이 '가-, 크-'와 같은 용언과 별도의 독자적인 요소이지만, 최현배의 문법에서는 이들이 용언을 구성하는 용언 내부의 요소이다. 최현배는 용언의 실질적인 의미를 나타내는 '가-, 크-'와 같은 부분을 말의 줄기라는 뜻에서 '어간(語幹)'이라고 했고, 문법적인 기능을 표시하는 '-다, -니, -지, -고'와 같은 것들을 '어미(語尾)'라고 했다. 그리고 이 어간과 어미의 결합을 바로 용언의 '활용'이라는 용어로 개념화했다. 이 용언의 활용이라는 개념은 주시경의 문법에는 없는 것으로, 5장에서 언급한 바와 같이 최현배가 1930년의 논문에서 공식적으로 제안한 것이며 현재까지 우리가 따르고 있는 문법체계의 중요한 골격을 이루는 것이기도 하다.[12]

이 활용 개념은 바로 뒤에 이어지는 '제3절 규칙 용언'과 '제4절 변칙 용언'의 내용과 밀접히 연결되는 것이기도 한데, 3절과 4절의 내용을 다루기에 앞서 '체언과 토', '용언 어간과 어미'에 대해 규정한 1절과 2절의 기술상의 또 다른 차이를 언급하고자 한다. 1절은 체언과 토가 결합할 때 "소리가 변하거나 아니하거나를 물론하고 다 제 원형을 바꾸지 아니한다."고 규정했다. 소리의 변동에도 불구하고 그 구체적이고 현실적인 소리를 표기에 반영하지 않고 원래의 형태, 즉 '원형'을 그대로 적어준다는 것이다. 예로는 '곬+이', '밭+이', '꽃+이'를 들었다. 소리는 '골시[13], 바치, 꼬치'로 나더라도 그 소리대로 적는 것이 아니라 '원형'을 밝혀 '곬이, 밭이, 꽃이'로 적는다는 것인데, 바로 '총론'의 '어

---

12) 그러나 북한에서는 용언의 활용을 인정하지 않는다. 이에 대해서도 역시 9장에서 설명하겠다.
13) 실제로는 '골씨'로 소리난다.

법에 맞도록 한다'에 해당하는 것이다.

그런데 2절에서는 용언의 어간과 어미가 결합할 때 발생하는 음운변동을 표기에 어떻게 반영한다는 규정이 제시되어 있지 않다. 1절과 같이 '어법에 맞도록 한다'라는 〈통일안〉의 대원칙을 용언의 표기에도 적용하기 위해서는 역시 마찬가지로 어간과 어미의 결합 시 발생하는 소리의 변화를 표기에 반영하지 않고 '원형'을 밝혀 적는다고 규정해야 한다. 그럼에도 불구하고 2절에는 그러한 규정이 없다. 단지 어간과 어미를 '구별하여 적는다'고만 했을 뿐이다. 물론 결합하는 두 요소를 '구별하여 적는다'는 것은 '원형'을 밝혀 적기 위한 전제이기도 하다. '바치'를 '밭이'로 적는 것은 '밭'과 '-이'를 구별하여 적는 것이기 때문이다. 그러나 예컨대 '밫이'로 적는다면 이것은 체언과 토를 구별하여 적은 것이기는 하지만 '원형'을 밝혀 적는 것은 아니다.

따라서 '어법에 맞도록 한다'는 '총론'의 원칙을 유지하기 위해서는 '어간과 어미를 구별하여 적는다'는 것만으로는 불충분하고 '원형을 밝혀 적는다'는 규정이 반드시 필요한 것이다. 그럼에도 불구하고 '제2절 어간과 어미'에는 그러한 규정이 없다. '본음, 원체, 법식'에 따른 표기를 주장했던 주시경이었다면 여기에도 역시 '원형'을 밝혀 적으라는 규정을 넣었을 것이다. 그에게는 명사에 토가 붙는 것과 동사에 토가 붙는 것에 문법적인 차이가 없었기 때문이다. 그러나 용언 어간과 어미의 결합도 모두 '원형'을 밝혀 적으라고 하면 앞서 5장에서 살펴본 것처럼 '덮어, 짓어, 울니'와 같은 것들이 문법적인 표기가 된다는 문제가 제기된다. 2절에 이어지는 3절과 4절은 바로 이 문제를 해결하기 위하여 마련된 것인데, 이는 물론 최현배 문법을 주시경의 문법과 구별해주는 근본적인 차이, 즉 용언의 활용에 관련된 것이기도 하다.

용언의 활용, 그리고 규칙과 불규칙

〈통일안〉(1933) '제3장 문법에 관한 것'의 3절과 4절은 아래와 같이 '규칙 용언'과 '변격 용언'에 대해 다루고 있다. 체언에 대해서는 1절의 "체언과 토가 어우를 적에는 소리가 변하거나 아니하거나를 물론하고 다제 원형을 바꾸지 아니한다."라는 규정만으로 족했는데, 용언의 표기를 규정하기 위해는 2절과 아울러 다음의 두 절이 더 필요했던 것이다.

제3절 규칙 용언

제9항 다음과 같은 동사는 그 어간 아래에 다른 소리가 붙어서 그 뜻을 바꿀 적에 **소리가 변하거나 아니하거나를 묻지 아니하고 다 그 원형을 밝히어 적는다.** (갑을 취하고 을을 버린다.)

(예 생략)

제4절 변격 용언

제10항 다음과 같은 변격 용언을 인정하고, 각각 **그 특유한 변칙을 쫓아서 어간과 어미가 변함을 인정하고 변한대로 적는다.**[14]

변격 용언은 지금은 주로 불규칙 용언이라고 불리는 것인데, 규칙 용언과 불규칙 용언이라는 위와 같은 분류는 용언의 활용을 전제하는 것이다. 활용이 규칙적이냐 그렇지 않느냐에 따른 구분이기 때문이다. 〈통일안〉은 그 활용이 규칙적인 경우에는 소리의 변화를 표기에 반영하지

---

14) 조선어학회, 앞의 책, 10~12쪽. 그런데 위의 제3절에서 제시된 설명과 예는 사실 규칙 활용에 관한 것이 아니라 피동, 사동 접사가 붙어서 된 동사의 피동형 및 사역형에 관한 것이다. 1937년에 펴낸 수정판에서는 이런 문제점을 해결하기 위해 제 3절의 제목을 "동사의 피동형과 사역형"으로 바꾸고 그 대신에 규칙 활용의 예를 제2절에 상세히 제시했다.

않고 '원형'을 밝혀 적는 데에 비해, 불규칙 활용인 경우에는 소리의 변화를 표기에 반영하도록 한 것이다. 불규칙 활용이라는 개념 자체가 당시에는 낯선 것이었기 때문에 비교적 자세한 설명을 시도했는데, 〈통일안〉에서 든 불규칙 활용의 예 가운데 일부를 제시하면 다음과 같다.

울다	우나 웁니다
잇다	이어 이으니
하얗다	하야니 하얀
듣다	들어 들으니
곱다	고와 고우니
하다	하여 하였다
푸르다	푸르러 푸르렀다
고르다	골라 골랐다

'울다, 잇다, 하얗다'는 활용 과정에서 어간의 일부가 탈락하는 것이고, '듣다'는 어간의 받침 'ㄷ'이 'ㄹ'로 교체되는 것이다. 또 '곱다'는 '곱-'이라는 어간과 '-아'라는 어미가 모두 변하여 '고와'라는 형태가 되는 예이다. '하다, 푸르다'는 어간에는 변화가 없는데 어미 '-어'가 '여, 러'로 변하는 경우이며 '고르다'는 '고르-'라는 어간과 어미 '-어'가 모두 변하게 되는 예이다. 이들은 일반적인 용언의 활용에서는 나타나지 않고 특정 어휘들에서만 발견되는 불규칙적인 것이므로 이들을 불규칙 활용이라고 범주화한 것이다. 그리고 〈통일안〉에서는 이들에 대해 규칙 활용과는 달리 '원형'을 밝혀 적지 않고 변한 소리대로 적으라고 한 것이다.

규칙 및 변격 용언을 다룬 3절과 4절에 이어지는 것은 '제5절 바침'이다. 앞서도 여러 차례 언급한 바와 같이 〈통일안〉 '총론'의 '어법에 맞도록 한다'는 소리의 변화에도 불구하고 원래의 형태를 밝혀 적는다는 것을 규정한 것이다. 그리고 이는 주시경의 '본음, 원체, 법식'에 따른 표기이론에서 유래하는 것이다. 그런데 주시경은 이러한 자신의 주장을 펴면서 늘 받침을 확대해야 한다는 점을 강조해왔다. 이 책의 3장 도입부에서 보인 바와 같이 자신의 표기이론을 처음으로 제시한 『국문문법』(1905)에서부터 받침의 확대 문제는 핵심적인 사항이었고 『국어문전 음학』에서는 심지어 이 받침의 정밀한 구분이 '국어문법의 사상'을 인도하는 것이라고까지 했다. 따라서 다음의 '제5장 바침'은 이러한 주시경의 표기법의 최종적인 결산을 보여주는 것이라고 할 만하다. 물론 최현배는 활용이라는 새로운 문법적인 개념을 통해 스승과는 다른 체계의 '국어문법'을 제시했다. 하지만 그것은 오히려 '덥어, 잇어' 같은 현실발화와는 너무나 멀어진 표기를 제거할 수 있는 이론적 근거를 제공하여 결과적으로 '본음, 원체, 법식'에 따른 표기를 좀더 합리화하고 안정화한 것이라고 할 수 있겠다.

제5절 바침

제11항 ㄷ ㅈ ㅊ ㅋ ㅌ ㅍ ㅎ ㄲ ㅆ ㄱㅅ ㄵ ㄶ ㄺ ㄹㅌ ㄹㅍ ㅀ ㄻ ㅄ의 열여덟 바침을 더 쓰기로 한다.

    ㄷ바침   걷다(收) 곧다(直) 굳다(古)

    ㅈ바침   갖다(備) 꽂다(揷) 궂다(凶)

    ㅊ바침   갗(皮膚) 꽃(化) 낯(顏)

    ㅋ바침   녘(方) 부엌(廚)

ㅌ바침   같다(如) 겉(表) 곁(傍)

ㅂ바침   갚다(報) 깊다(深) 높다(高)

ㅎ바침   낳다(産) 넣다(入) 놓다(放)[15]

(이하 다른 종류의 받침은 생략)

'어법'에 맞는 표기와 음운변동의 종류

앞서 4장에서 살펴본 바와 같이, 3차 언문철자법의 '총설'에서는 "순수한 조선어거나 한자음임을 불문하고 발음대로 표기함을 원칙으로 함." 이라고 규정하고는 여기에다가 "단 필요에 의하야 약간의 예외를 설함."이라는 단서 조항을 달았다. 그리고 이때의 '약간의 예외'에는 '발음대로' 적지 않고 원형을 밝혀 적어야 하는 것이 포함되는데, '각설'의 4항에서 예로 든 '국내(國內), 십만(十萬)' 같은 것들이 바로 여기에 해당한다. 즉, 실제 발음은 '궁내, 심만'으로 나지만 그 소리가 아니라 변하기 전 원래의 형태를 적는다는 것이다. 이를 3차 언문철자법은 '예외'로 설정했지만, 〈통일안〉(1933)은 오히려 이를 기본 원칙으로 삼았으며 더 나아가 '어법'이라는 표현으로 개념화했음은 이미 지적한 바대로이다.

그런데 물론 〈통일안〉에서 소리의 변동을 죄다 무시하고 모두 다 원형을 밝혀 적도록 한 것은 아니다. '곱다'의 '곱-'이 '-아'와 결합할 때에는 '곱아'가 아니라 '고와'로 적는 것은 원형을 밝혀 적는 것이 아니라 소리의 변동을 표기에 반영하는 예이다. '모시다'의 '모시-'와 '-어서'가 결합할 때 '모셔서'로 적을 수 있는 것도 마찬가지이다. 그렇다면 소리의 변동이 있을 때 어떤 경우에는 원형을 밝혀 적고, 어떤 경우에

---

15) 조선어학회, 앞의 책, 15~17쪽.

는 원형이 아니라 소리를 기준으로 표기하는가 하는 질문이 제기될 수 있다. 물론 바로 위에서 본 것처럼 〈통일안〉의 3장에서는 '체언+조사', '용언 어간+어미'의 경우로 나누어 이에 대한 설명을 제시했지만, '궁내'를 '국내'로 적는 것은 이런 설명에 해당하지 않는다.

구조주의 음운 이론을 바탕으로 하여 한국어의 음운체계를 규명한 것으로 평가받는 허웅은 이와 관련하여 〈통일안〉이 보편적이고 필수적인 음운변동은 원형을 밝혀서 적고 제한적이거나 수의적인 음운변동은 소리의 변화를 표기에 적용하도록 한 것이라고 정리한 바 있다.[16] 보편적인 음운변동이란 말 그대로 어떤 어휘이냐를 가리지 않고 보편적으로 일어나는 변동을, 필수적인 음운변동은 화자의 임의적인 선택이 불가능한 변동을 뜻한다. 이에 비해 제한적인 음운변동은 몇몇 개별 어휘에서만 일어나는 변동을, 수의적인 음운변동은 발화자의 선택에 따라 일어나지 않을 수도 있는 변동을 가리킨다.

예컨대 앞서의 '국내'가 '궁내'가 되는 것은 받침 'ㄱ'이 뒤의 'ㄴ'을 만나면 'ㅇ'이 되는 자음동화에 의한 것으로, 어떤 어휘인가를 가리지 않고 이러한 조건에 있는 모든 어휘에서 일어나는 보편적인 음운변동이다. 그리고 발화자의 선택이 불가능한 필수적인 것이기도 하다. 그러나 예컨대 '고기를 굽다'의 '굽-'이 '-어'를 만났을 때 '구워'가 되는 것은 전혀 일반적인 현상이 아니다. 똑같은 '굽다'이지만 '등이 굽다'의 '굽-'은 '-어'와 결합할 때 '구워'가 아니라 여전히 '굽어'가 되기 때문이다. 다시 말해 받침 'ㅂ'이 '-어'를 만나 '-워'가 되는 것은 몇몇 개별 어휘에만 일어나는 제한적인 변동이다. 또 '모시다'의 '모시-'에 '-어서'가 붙을 때 '모셔서'로 변하는 것은 보편적인 현상이기는 하

---

16) 허웅,『국어음운학』, 샘문화사, 1993, 290~301쪽.

나 필수적인 변동은 아니다. 화자의 선택에 따라서는 '모셔서'가 아니라 '모시어서'라고도 할 수 있기 때문이다.

즉, '궁내, 심만'이라는 소리가 아니라 '국내, 십만'라는 원형을 밝혀 적는 것은 이들의 음운변동이 보편적이고 필수적인 음운변동이기 때문이다. 이는 물론 '밭+-이'와 '먹-+-는'을 귀에 들리는 구체적이고 현실적인 소리인 '바치, 멍는'이 아니라 그 원형인 '밭이, 먹는'으로 적는 것과도 같은 이치이다. 그에 비해서 '(고기를) 굽-+-어'가 '구워'가 되는 것은 필수적이기는 하지만 보편적인 현상은 아니므로 원형이 아니라 소리를 표기에 반영한다. 그렇게 해야 '(등이) 굽-+-어'와 구별할 수 있기 때문이기도 하다. 또 '모시-+-어서'가 '모셔서'가 되는 것은 필수적인 변동이 아니라 화자의 임의적인 선택에 따라 '모시어서'도 충분히 가능한 것이므로 역시 원형을 밝히지 않고 변화된 소리를 표기에 반영하는 것이다.

즉, 구조주의 음운 이론을 기반으로 하여 〈통일안〉 '총론'의 '어법에 맞도록 한다'는 규정을 이해한다면 보편적이고 필수적인 음운변동의 경우에 한해서 원형을 밝혀 적도록 한 것이라고 정리할 수 있겠다. 물론 조선어학회 인사들이 당시에 이와 같은 구조주의 이론에 입각하여 〈통일안〉을 제정했다고 볼 수는 없다. 그러나 그들이 한국어에서 일어나는 음운변동 현상을 대부분 파악하고 있었으며, 또 '어법'을 인간이 개입할 수 없는 언어의 내재적인 법칙으로 이해하고 있었던 것만은 분명해 보인다. 전통적이고 관습적인 표기를 일거에 개혁하여 새로운 체계를 만들고자 했던 그들의 자신감 역시 바로 그와 같은 언어에 대한 '과학적' 인식에서 나온 것일 터이다. 그러나 '과학'에 기반한 급격한 개혁은 그것을 사용해야 할 사람들에게는 큰 부담을 안겨줄 수밖에 없는 것도 사실이다. 〈통일안〉이 난해하다는 비판에 직면했던 것은 그래서이다.

제8장

〈통일안〉을 둘러싼 사회적 논쟁:
1930년대 민간에서의 표기법 논의

조선어학회의 〈통일안〉(1933)이 발표된 1933년 10월 29일 『동아일보』와 『조선일보』는 관련기사와 기고문을 여러 편 실었는데, 양 신문사는 거기에 더해 〈통일안〉의 전문(全文)을 신문의 부록으로 독자들에게 배포하기도 했다. 특히 『동아일보』는 "한글 통일안대로 본보 철자법도 갱신"라는 제목하에 기사문에서 사용하는 철자법을 〈통일안〉에서 규정한 대로 하겠다는 의지를 천명했다. "어학 통일로 보나 또는 문화의 향상으로 보나 우리 민족의 획기적 사업"이라고 전제한 뒤에 "29일로 발표될 한글 마춤법 통일안은 종래[1] 본보에서 채용하는 철자법과는 약간의 증보가 없지 아니하므로 이에 통일상 본보도 29일부터 이번 발표된 통일안을 채용하기로 되엇다"[2]며 앞으로 신문의 기사에서 〈통일안〉을 준용할 것임을 밝혔다.

사실 『동아일보』는 이미 이 해 4월 1일 창간 13주년을 기념하는 사설에서 "새 활자를 만드는 동시에 새 철자법을 채용하기로 하야 오늘부터 시행하게 되엇다"[3]고 밝힌 바 있는데, 이때의 '새 철자법'은 〈통일안〉의 규정과 매우 근접한 것이었다. 〈통일안〉과 다른 점은 'ㅎ'받침과 'ㅆ' 받침을 쓰지 않았다는 것 정도였다. 그러나 이런 차이는 〈통일안〉이 발표되고도 1940년 폐간까지 끝내 좁혀지지 않았던 것으로 보인다. 『조선일보』의 경우는 〈통일안〉과의 차이가 더 커서 종래의 철자법에서 'ㅅㅣ, ㅅㄷ, ㅅㅐ'으로 하던 된소리 표기를 'ㄲ, ㄸ, ㅃ'로 수정한 정도에 그쳤을 뿐 기사에서 〈통일안〉의 철자법을 적극적으로 준용했다고

---

1) 원문에는 '종로'로 되어 있는데 '종래'의 오식으로 보아 수정했다.

2) 「한글 통일안대로 본보 철자법도 갱신」, 『동아일보』, 1933. 10. 29.

3) 「한글 철자법 13단제」, 『동아일보』, 1933. 4. 1.

보기는 어려웠다.[4] 신문마다 다소간의 차이가 없지 않았지만, 〈통일안〉이 발표되었을 때의 대대적인 호응에 비하면 정작 그 철자법의 채용에 있어서는 다소 미온적이었던 부분이 있었다고 하겠다.

이러한 결과가 초래된 데에는 신문사 입장에서는 새로운 철자법의 채용이 새로운 활자의 도입을 전제로 한다는 기술적인 이유도 있었겠지만, 그 못지않게 〈통일안〉 자체가 사회적 논란의 중심에 있었다는 사실도 작용했으리라고 생각된다. 즉, 조선어학회의 〈통일안〉이 사회 각계각층의 지지와 성원을 받은 것은 분명하지만, 또 한편으로는 이에 대한 반대의견을 제출하는 이들 역시 상당했던 것 또한 엄연한 사실이다. 현재는 〈한글 맞춤법〉이 국립국어원이라는 국가기관을 통해 관리되고 있지만, 식민지 시기 조선어학회는 일개 민간단체일 뿐이었다. 이들의 표기안에 대해 다양한 시각이 공존하는 것은 어찌 보면 당연한 일이라고도 할 수 있는데, 사회적 논란이 있는 철자법 문제에 대해 상업신문이 한쪽의 입장만을 온전히 견지하기란 부담스러웠을 수도 있기 때문이다.

〈통일안〉의 문제점을 지적하는 이들의 구심점과도 같은 역할을 한 사람은 박승빈이었는데, 1920년대 주시경 그룹에 비판적인 입장을 견지했던 안확과도 비견될 수 있는 인물이다. 다만, 1920년대 안확이 특별한 세력의 도움 없이 홀로 주시경과 그 동조자들을 비판했다면, 1930년대 박승빈은 조선어학연구회라는 단체를 조직하여 조선어학회와 맞섰다. 그리고 이 두 단체의 대립에는 문인들을 비롯한 각계의 저명인사들까지 개입하여 사회적인 논란으로 이어지기도 했다.

이 장에서는 〈통일안〉 성립 전후의 상황에 대해 알아보기로 한다. 우

---

4) 한글학회 50돌 기념사업회, 『한글학회 50년사』, 한글학회, 176~177쪽.

선 조선어학회의 인사들이 자신들의 한글운동을 어떻게 인식하고 있었는지, 그리고 그들에 대한 지식인들의 평가는 어떠했는지를 살펴본다. 특히 조선어학회와 박승빈을 중심으로 한 조선어학연구회 사이에 쟁점이 되었던 사항이 무엇이었는지 정리해보겠는데, 〈통일안〉과 대립되는 입장들을 통해 〈통일안〉의 성격을 좀더 깊이 있게 이해할 수 있으리라 기대한다.

1. 조선어학회와 한글운동을 둘러싼 당대의 지형도

1931년의 『동아일보』 한글날 좌담회

1931년 10월 24일 동아일보사는 한글 반포 485주년을 기념하여 좌담회를 개최하고 그 내용을 같은 달 29일에서 31일까지 『동아일보』 지면에 게재했다. "사계의 권위를 망라"했다는 이 좌담회의 참석자는 이윤재, 신명균, 최현배, 김윤경, 이병기, 이극로, 김선기, 장지영, 김희상, 주요한, 서항석, 김철중이었다. 동아일보 측 인사인 뒤의 세 명을 제외하면 '조선어학계'를 대표하여 참석한 9명이 모두 조선어학회 인사들이었다는 점이 눈에 띈다. 특히 다음과 같이 '이들의 주장과 제안이 하루바삐 실현될 수 있도록 힘써 달라'고 독자들에게 당부하는 대목은 『동아일보』가 조선어학회의 한글운동을 어떻게 평가하고 있는지를 여실히 드러내는 대목이 아닐 수 없다.

> 본사 학예부에서는 명 29일로써 맛는 제485회 한글날을 긔념하기 위하야 지난 24일 조선어학계의 여러분을 초청하야 오후 4시부터 본사 2층 루상에서 '한글' 좌담회를 개최하고 다음의 네 가지에 대한 의견을 들엇습니다. 이제 그 속긔록을 지상에 발표하거니와 독자 여러분도 이 긔회에 학자들의 의견에 귀를 기우리어 그이들의 주장과 제안이 하로밧비 실현되게 하는 데 힘써 주시면 이번의 이 모임이 더욱 의미 잇는 것이 될까 합니다.[5]

이날 좌담회에서 논의된 네 가지 주제는 '한자 제한의 실제 방법',

---

5) 「사계의 권위를 망라 한글 좌담회 개최」, 『동아일보』, 1931. 10. 29.

'개정철자법의 보급 방법', '횡서(橫書)의 가부(可否). 가하다면 그 보급 방법', '조선어 평이화의 실제 방법'이다. 조선어학회 인사들이 주축이 된 좌담회였던 만큼 한자 문제가 첫 번째 주제였다는 것은 자연스러운 측면이 있는데, 논의의 방향이 한자의 전폐를 목표로 하되 우선은 일본에서처럼 그 수를 제한하기 위해 조사위원회를 두어 실제적인 안을 마련해야 한다는 쪽으로 모아졌다는 점이 흥미롭다. 동아일보 측의 주요한은 경제용어 등 전문 술어는 한자 없이는 이해가 불가능하다는 점을 지적했는데, 당시로서는 즉각적인 한자 전폐가 현실적인 대안이 될 수 없었음을 조선어학회 인사들도 인정하고 있었던 것으로 보인다.

두 번째 주제는 '개정 철자법의 보급 방법'인데, '개정된 철자법으로 출판물을 많이 만들어내야 한다'(신명균), '중등학교와 보통학교에서의 교육이 필요하다'(이윤재), '일람표 같은 것을 만들어 보급해야 한다'(주요한), '철자법의 원리와 방법을 알아야 한다'(이윤재), '어원을 알아야 한다'(신명균), '서울이나 각 지방에 강습소를 열어서 보급해야 한다'(이극로) 등 다양한 의견이 제출되었다. 특히 주요한은 "개정 철자법을 쓰지 안는 예수교 출판물을 한번 싸려 부시는 것이 조흘 것 갓습니다"라고 다소 과격한 주장을 펴기도 했다. 또 최현배는 '개정 철자법의 보급 방법을 묻는 귀사에서', 즉 『동아일보』에서부터 먼저 개정 철자법을 준용하라고 힐난조의 발언을 내놓기도 했다.

그런데 여기서 주의해야 할 대목은 이 '한글 좌담회'가 열린 1931년의 상황에서 '개정 철자법'이란 무엇을 의미하는 것인가 하는 부분이다. 물론 조선어학회의 〈통일안〉은 1933년에 나온 것이므로 여기서의 '개정 철자법'이 될 수가 없다. 그렇다면 이 시점에서 공표된 '개정 철자법'은 총독부의 3차 언문철자법이므로 이들이 말하는 '개정 철자법'

역시 3차 언문철자법을 가리키는 것일 가능성이 크다. 이는 "각 중등학교에서는 대개가 개정 철자법을 쓰고 잇습니다. 보통학교 교과서에도 개정 철자법을 썻스니 보급되기는 쉬울 줄 압니다"라고 한 이윤재의 발언에서도 확인되는 사항이다. 이 시기 각급 학교의 조선어 독본 교재는 3차 언문철자법을 따르고 있었기 때문이다.

그렇다면 '사계의 권위를 망라'했다는 이 좌담회의 참석자들은, 그들이 모두 조선어학회 회원들이었음에도 불구하고 『동아일보』 관계자들과 함께 총독부의 개정 철자법을 효과적으로 보급할 방책을 논의하고 있었다는 것이 된다. 이에 대해서는 물론, 3차 언문철자법의 제정 과정에 조선어학회 인사들이 대거 참여함으로써 철자법의 개정을 상당 부분 조선어학회가 지향하는 방향으로 유도해냈다는 점을 감안해야 할 것이다. 그럼에도 불구하고 위와 같은 상황은 조선어학회 인사들이 총독부의 3차 언문철자법을 어떻게 인식하고 있었는지를 잘 드러내주는 대목이기도 하다. 즉, 아직 미흡한 부분이 없지 않으나 자신들의 의견이 상당 부분 반영된, 그리하여 조선 사회에 적극적으로 보급시켜야 할 만한 철자법으로 보았다는 것이다.

그러나 3차 언문철자법이 조선어학회가 지향하는 철자법의 방향과 부합하는 면이 있다는 사실은 오히려 극심한 사회적 논란의 한 계기가 되었다. 다음 절에서 살펴보겠지만, 박승빈은 1920년대 초반부터 주시경과는 다른 방식의 철자법을 주장해왔고, 때문에 그의 관점에서 볼 때 조선어 철자법은 주시경식과 박승빈식, 그리고 총독부식(1차, 2차 언문철자법)이 있어서 이 세 가지 철자법이 서로 경쟁을 하는(혹은 할 수 있는) 상황이었다. 그런데 3차 언문철자법의 결과 총독부식이 주시경식을 대거 채택하고 이것을 학교 교육의 표준으로 정하면서 박승빈의 철자법은 사회적으로 고립되는 처지에 놓일 수밖에 없었다. 조선어학회에 대한 박승빈의 저항이 1930년대에 들어 극렬해진 것은 바로 그 때문이라고 할 수 있을 것이다.

조선어학회와 박승빈을 중심으로 하는 조선어학연구회의 대립은 다음 절에서 더 자세히 살피기로 하고, 1931년 10월 『동아일보』 한글 좌담회의 세 번째 주제인 '횡서(橫書)' 문제에 대해 간략히 언급하겠다. '횡서'란 물론 가로쓰기를 말한다. 이 당시의 신문과 잡지를 비롯한 인쇄물은 세로쓰기가 일반적이었다. 따라서 현재와 같은 가로쓰기를 당시의 조선어학회 인사들이 주장하고 있었다고 이해할 수도 있다. 그러나 그들이 말하는 '횡서', 즉 가로쓰기는 지금 우리가 알고 있는 일반적인 의미의 가로쓰기라기보다는 음절별로 모아쓰는 한글을 자모별로 풀어서 그것을 가로쓰기하는 것을 의미했다. '조선글의 문제를 근본적으로 해결하려면 횡서 아니고는 안 될 것'(신명균), '횡서만 하면 한자는 자연히 전폐될 것'(이극로), '횡서는 한자 전폐보다 어려운 일'(이병기), '로마자 모양은 반대, 자체(字體)를 먼저 확정해야 할 것'(이윤재) 등의 발언은 바로 그러한 풀어쓰기를 전제한 것이었다.

예컨대 '한글 맞춤법'이라는 표기를 풀어쓰기로 적는다면 'ㅎㅏㄴㄱㅡㄹ ㅁㅏㅊㅜㅁㅂㅓㅂ'과 같은 형태가 된다. 음절별로 자모를 결합하여 적지 않고 알파벳처럼 자모 하나하나를 모두 풀어서 나열하는 방식이다. 이와 같은 한글의 풀어쓰기는 주시경이 말년에 시험해본 것이며 그의 제자들 역시 이 풀어쓰기를 글자 개혁의 최종적인 형태로 생각했었다. 해방 이후 북으로 건너간 김두봉이나 남에 남은 최현배는 모두 스승의 이 풀어쓰기를 끝까지 포기하지 않았던 인물들이기도 하다. 풀어쓰기를 주장한 이들은 세종이 한글을 낱낱의 자음과 모음을 구분해서 적을 수 있는 음소글자로 만들어놓고도 이를 다시 음절별로 모아쓰게 한 것은 하나의 글자가 하나의 음절을 이루는 한자의 영향 때문으로 여겼다.

이렇게 음절별로 글자를 모아쓰게 되면 활자를 제작할 때도 조합 가능한 음절의 경우의 수만큼 활자를 다 만들어야 한다는 문제가 있다. 그에 비해서 풀어쓰기를 하게 되면 자모의 개수만큼만 활자를 만들면 된다는 이점이 있다. 결정적으로, 풀어쓰기를 하면 한자와의 일대일 대응이 불가능해지기 때문에 한자를 함께 쓰기가 지극히 곤란해진다. 주시경과 그 제자들이 풀어쓰기를 글자 개혁의 최종적인 형태로 보고 이에 집착했던 것 역시 그 때문이었던 것 같다. 그러나 남에서도 북에서도 한글의 풀어쓰기는 결국 성공하지 못했다. '과학'과 '합리'라는 무기로 전통적인 표기관습을 개혁하려고 했던 조선어학회였지만, 풀어쓰기만큼은 끝내 실현하지 못했던 것이다.

1932년의 『동광』 2차 표기법 설문

『동아일보』의 한글 좌담회가 있고 나서 몇 달이 지난 후인 1932년 4월, 『동광』에서는 「한글 철자에 대한 신이론 검토」라는 제목으로 한글 표기법에 대한 설문조사 결과를 발표한다. 1927년 1월에 이어 두 번째로 한 표기법 설문인 셈인데, 처음의 설문이 주로 언문철자법으로 인해 제기된 문제들 중심이었다면, 이번에는 기사의 제목에서 강조한 '신이론'에 대한 검토가 목적이었다. 이때의 '신이론'이란 아래의 세 가지 사항을 가리키는데, 이는 공교롭게도 모두가 조선어학회가 기존에 주장하던 표기법과는 반대되는 내용으로서 특히 박승빈이 주장해오던 것이라는 특징이 있다.

1. ㄲ ㄸ ㅃ ㅉ 등 병서가 불가하고 된시옷을 부호화하야 사용함이 가하다
   는 설.
2. 'ㅎ'를 바침으로 쓸 수가 없다는 의견.
3. '먹'(食), '믿'(信)을 어근으로 간주할 것이 아니라 「머그」, 「미드」를 어
   근으로 간주하고 「먹, 머거」 「믿, 미더」를 그 변화로 간주할 것이라는
   의견.[6]

첫 번째 문제는 된소리를 'ㄲ, ㄸ, ㅃ'과 같이 표기하지 않고 된시옷
을 사용하여 'ㅅㄱ, ㅅㄷ, ㅅㅂ'으로 적어야 하느냐는 것인데, 물론 조선어학
회는 전자가 옳다는 입장이고 박승빈은 후자로 해야 한다는 입장이었
다. 두 번째는 'ㅎ'을 받침으로도 쓸 수 있는가 하는 문제에 관한 것인
데, 조선어학회는 'ㅎ' 역시 받침으로 써야 한다는 입장이 확고했던 데
에 비해 박승빈은 그 소리의 특성상 'ㅎ'은 도저히 받침이 될 수 없다
는 주장을 굽히지 않았다. 마지막 세 번째는 '먹다, 믿다'를 기본형으로
보지 않고 '머그니, 미드니'의 '머그, 미드'를 기본형으로 간주하고 이
뒤에 어떤 요소가 오느냐에 따라 '머그, 미드'가 '머거/먹, 미더/믿'으
로 변동하는 것으로 해석해야 한다는 박승빈 특유의 '단활용설'에 대
한 입장을 묻는 것이다. 결국 『동광』 32호의 설문은 조선어학회에 반대
하던 박승빈의 견해를 '신이론'이라 명명하고 이에 대해 "사계(斯界) 독
학자(篤學者) 제위의 엄정한 의견"을 구했던 것이다.

『동광』이 이 세 가지 문제에 대해 의견을 구한 '사계의 독학자', 즉 이
분야의 독실한 학자는 모두 14명이었는데, 이들은 크게 세 부류로 나
눌 수가 있다. 우선 조선어학회 측 인사들인데, 조선어학회의 입장에

---

6) 「한글 철자에 대한 신이론 검토」, 『동광』 32, 1932, 54쪽.

반대하는 '신이론'에 관한 질문이므로 이들의 의견을 묻지 않을 수 없었을 것이다.『동광』에 따르면 김윤경, 이상춘, 이극로, 최현배, 이규방, 신명균, 권덕규, 이윤재, 이희승에게 의견을 구했다고 하는데, 이 가운데 김윤경, 이극로, 최현배, 이규방, 이윤재가 회답을 했다. 또 다른 한 부류는 박승빈 측 인사가 될 터인데, 여기에는 박승빈 본인, 그리고 그와 더불어 계명구락부 활동을 같이 하며 잡지『계명』에 관여했던 백남규 두 명이 해당된다. 그러나 이들은 모두 회답을 하지 않았다. 아마 자신들의 주장에 대해 스스로 의견을 밝히는 것이 부적절하다고 판단했던 것으로 보인다.

나머지 한 부류는 경성제대 출신들이다. 즉,『동광』은 앞서의 두 그룹 외에 조윤제, 이희승, 김재철, 김태준과 같은 경성제대에서 근대적인 어문학을 공부한 이들에게 조선어학회 측과 대립하던 '신이론'에 대한 평가를 의뢰했던 것이다. 당시는 이들이 1931년 조선어문학회를 조직하고『조선어문학회보』를 간행하고 있던 때이기도 하다. 이희승은 물론 조선어학회의 회원이기도 했으나 경성제대에서 조선어학을 전공한 이로서 조선어문학회의 주요 멤버이기도 했다. 그런데 이들 가운데에서는 유일하게 김태준만이『동광』의 설문에 응답을 했다. 김태준이 조선어문학회를 대표하여 응답했는지 여부는 알 수 없겠으나, 그의 글을 통해 경성제대 출신의 연구자들은 조선어학회와 박승빈 측의 대립을 어떻게 평가하고 있었는지를 엿볼 수 있을 것이다.

먼저 조선어학회 측의 응답을 살펴보면, "이미 상식화한 것을 웨 또 문제 삼는가"(김윤경), "귀 기울일 것 없다"(이규방), "대답할 나위도 없다"(이윤재), "후일에 엄정 비판"(이극로), "어법상 불합리"(최현배)와 같이 다소 신경질적인 반응을 보이거나 논란 자체를 인정하지 않고 무시하려는 듯한 답변 태도를 취하고 있다. 즉, 전반적으로 박승빈의 이론을 진지하게 검토하여 대응하기보다는 수준 이하의 문제제기로 치부하는 경향이 있었다. 박승빈과의 대립이 1930년대 내내 심화되었던 것은 조선어학회의 측의 이런 태도에도 그 원인이 있었다고 해야 할 것이다. 그런데 그 가운데 박승빈의 단활용설에 대한 김윤경의 다음과 같은 비판은 흥미로운 대목이 아닐 수 없다.

> '먹', '믿'을 '머그', '미드'로 어근으로 하고 '머거', '미더'를 그 활용으로 하자는 말은 조선어 법칙을 억지로 일본문법의 단활용법에 집어 끼우자는 생각에서 나아온 것이나 **과학(자연과학이나 규범과학을 물론하고)이라는 것은 자연으로 숨어 존재한 법칙을 발견하는 것이요 법칙을 창조하는 것은 아니며 또 과학자의 임무도 법칙의 발견이지 창조는 아닌 줄로 알옵니다.** 조선어는 어대까지던지 조선어 그 개체를 존중히 인정하여 놓고 **그 개체가 가진 자연성, 특성을 발견하여야 할 것입니다.** 그러한즉 조선어에 없는 단활용을 억지로 잇게하려 함은 무리라고 생각합니다.[7]

 이 글에서 김윤경은 과학적인 언어 연구가 아니라는 이유로 박승빈의 단활용설을 비판하고 있다. 즉, 과학이란 자연에 내재하는 법칙을 발견하는 것일진대, 박승빈의 '단활용법'은 조선어가 가진 자연적 특성을 통해 찾아낸 것이 아니라 오히려 조선어에는 없는 법칙을 억지로 창조해낸 것에 불과하다는 것이다. 물론 박승빈의 입장에서는 이 김윤경의 비난을 수긍할 리 없다. 그 역시 자신의 단활용설이 조선어 자체를 있는 그대로 관찰하여 발견해낸 것이라고 주장할 것이다. 흥미로운

———
7) 김윤경, 「이미 상식화한 것을 웨 또 문제 삼는가」, 『동광』 32, 1932, 55쪽.

점은 김윤경의 박승빈 비판이 「조선어 연구의 실제」(1926)에서 안확이 당대의 조선어 연구자들에게 가하던 비판의 내용과 거의 동일하다는 것이다. 지적한 바와 같이 안확 역시 주시경과 그 제자들의 조선어 연구가 비과학적이라고 비난하며 과학적 언어 연구란 언어에 내재하는 법칙 찾기에 다름 아니라는 점을 강조한 바 있다.

결국 김윤경은 박승빈의 '신이론'을 상식 이하의 문제제기라고 비난하면서, 안확이 자신들에게 가했던 비판의 논리를 그대로 박승빈에게 적용했던 셈이다. 김윤경의 비판이 과연 적절했는가 하는 문제와는 별개로 당대의 조선어 연구자들이 공유하고 있었던 '과학적' 언어 연구의 모습이 어떤 것이었는지를 다시 한번 확인할 수 있는 대목이라고 하겠다.

일두봉(一頭棒)을 통타(痛打)하리

그렇다면 『동광』의 설문에 응한 이들 가운데 유일하게 경성제대 출신이었던 김태준은 박승빈의 '신이론'에 대해 어떤 입장을 취했을까. 「연구자적 태도에서」라는 제목을 붙인 글에서 김태준은 설문에 대한 답에 앞서 "나는 선진 제씨(諸氏)를 우상처럼 숭배하고 싶지 아니하다"면서 "조선어 연구계에 대한 감상"을 먼저 밝히고 있다. 즉, 지석영이 발표한 「신정국문」 이래 국문연구소에서 활동한 이능화, 현은, 어윤적, 주시경을 비롯한 여러 사람들의 노력 덕택에 적지 않은 진보가 있었음을 인정하지만, 앞서 이 길을 걸어간 선배들을 우상처럼 숭배할 생각은 없다는 것이다. 이는 주시경을 초기의 조선어 연구자 가운데 한 명일 뿐이라고 상대화하는 동시에 그를 포함한 누구도 비판의 대상에서 예외가 될 수는 없음을 강조한다는 점에서 주시경의 표기법을 고수하려고 했던 조선어학회에 대한 비판으로 읽힐 수 있다.

그런데 김태준은 더 나아가 주시경을 비롯한 초기 연구자들의 주장에 필연적으로 오류와 모순이 많을 터인데도, 이를 수정하지 않고 끝까지 고집하려 한다면 "일두봉(一頭棒)을 통타(痛打)하지 아니할 수 없다"며 일갈한다. "일두봉(一頭棒)을 통타"한다는 것은 '방망이로 머리를 통렬하게 타격한다'는 뜻으로 해석할 수 있는데, 사실 이 구절은 주시경의 제자 권덕규가 전통적인 유교 지식인들을 비난하며 『동아일보』에 발표한 글 「가명인(假明人) 두상(頭上)에 일봉(一棒)」[8]을 연상시킨다는 점에서 조선어학회 측을 노골적으로 조롱한 것으로도 해석할 여지가 있다. 시대에 뒤떨어진 성리학자들의 머리를 깨트리기 위해 휘두른 방망이로 이제는 너희들의 머리를 갈길 차례라는 뜻이기 때문이다.

조선어학회를 겨냥한 것으로 보이는 비난은 여기서 그치지 않고 '신어(新語) 창제(創製)', 즉 한자어를 대신해서 낯선 고유어를 만들어내는 문제로 이어진다. 이미 조선어가 된 '명사, 동사, 모음, 자음' 같은 말들을 대신하여 굳이 '임씨, 움씨, 홀소리, 닿소리'와 같은 "인위적이고 부자연한" 말들을 만들어내야 하는 이유가 어디에 있느냐고 따져묻고 있는 것이다. "밍쓰, 둥쓰"(중국어), "메이시, 도-시"(일본어)라고 하지 않는 한 '명사, 동사'는 엄연한 조선어라는 말이다.

그러면서 그는 그들의 이와 같은 '신어 창제'에 "단연 반대하야 분가한 계명구락부 조선어학연구회만은 통쾌하다"고 적고 있다. 한자어 대신 고유어를 새로 만들어 쓰는 데에 반대하는 계명구락부가 조선어학

---

8) '가짜 명(明)나라 사람 머리에 몽둥이 한 대'라는 의미로 해석할 수 있는 이 글은 1920년 5월 8일과 9일 『동아일보』, 1면에 발표되었는데, 직후에 유림의 거센 항의를 받게 된다.

회와 대립하고 나선 것이 '통쾌'하다고까지 한 것이다. 그런데 김태준은 이 두 단체가 서로 대립하는 데에는 '신어 창제' 문제만이 아니라 된소리 표기를 어떻게 할 것인가, 'ㆆ'받침이 과연 가능한가, 용언의 어간을 '믿, 먹'과 같은 형태로 볼 것인가 '미드, 머거'와 같은 것으로 볼 것인가, 품사 분류를 어떻게 할 것인가와 같은 여러 문제가 걸려 있다고 전제하고는, 그가 당시의 철자법 논란을 어떻게 이해하고 있었는지를 알 수 있는 다음과 같은 발언을 내놓는다.

> 하여간 한글운동도 현실에 잇어 우리의 사상을 기록하는 통일된 도구를 사용하여야 하겟다는 의미에서 무엇보담도 초미의 급무에 잇는 것인즉 와유(蛙鷄)이 상쟁(相爭)하고 동지가 상적(相賊)하다가 그쫓아 **아무 해결된 사업이 없이 남의 집웅 아레 몽여서 그 정치적 배경 밑에 비로소 개정철자법을 정하얏다는 것도 우습다란 수치다.**[9]

김태준은 우리의 사상을 기록하는 통일된 도구가 필요하다는 점에서 한글운동이 무엇보다도 급한 일임에는 동의한다고 전제한 뒤, 그런데 서로 의견이 일치하지 않아서 분쟁을 일삼다가 아무것도 해결하지 못한 채 '남의 지붕' 아래에서 그 '정치적 배경' 밑에서 비로소 '개정철자법'을 정했다는 사실이 '우습고도 수치스럽다'고 했다. 이는 필시 총독부의 언문철자법 개정 작업에 조선어학회가 참여한 것을 두고 하는 비판인 것으로 보인다. 즉 한글 표기법에 대한 여러 가지 합의되지 못한 논쟁거리들이 있었는데, 조선어학회가 총독부라는 '남의 지붕' 아래에서 그 '정치적 배경'을 기반으로 하여 자신들의 철자법을 관철

---

9) 김태준, 「연구자적 태도에서」, 『동광』 32, 1932, 60쪽.

했다는 뜻으로 읽힌다.

물론 앞서 5장에서 본 바와 같이, 1920년대 중반 이후 전문화, 조직화되기 시작한 조선어 연구의 주도권은 대체로 조선어연구회에서 조선어학회로 이어지는 주시경의 제자 그룹에게 있었으며, 표기법 논의를 이끈 것도 이들이었다. 1920년대 전반부터 박승빈이 『계명』이라는 잡지를 통해 이와는 다른 목소리를 내고 있었지만, 사회적 영향력의 면에서 보면 조선어연구회 및 조선어학회 쪽에는 역부족이었다고 해야 할 것이다. 따라서 조선어학회 인사들이 조선총독부의 언문철자법 개정 작업에 참여하지 않았다고 하더라도 그들의 〈통일안〉이 전체 조선 사회의 표준적인 표기원리가 되었을 것이라는 점에는 의문의 여지가 별로 없어 보인다.

그럼에도 불구하고 조선어학회 인사들이 총독부의 언문철자법 개정 작업에 참여하여 자신들의 표기법을 대부분 관철한 것이 표기법 논쟁의 축을 결정적으로 기울게 만든 것 또한 무시할 수 없는 사실이다. 총독부 언문철자법은 각급 학교의 조선어 독본 교재에 그대로 반영되는 것이었기 때문이다. 1931년 『동아일보』의 한글날 기념 좌담에 참석한 조선어학회 인사들이 '개정 철자법' 보급의 방법을 숙의하고 있었던 것 역시 그들이 총독부의 3차 언문철자법을 어떻게 생각하고 있었는지를 잘 보여주는 대목이다.

조선어학회에 비판적 의견을 밝힌 김태준이었지만, 정작 『동광』에서 의견을 구한 세 가지 문항에 대해서 그는 'ㅎ'받침 문제를 제외하고는 조선어학회 측의 입장에 손을 들어주었다. 즉, 된소리는 'ㄲ, ㄸ, ㅃ'으로 표기하고, 용언의 어간은 '먹, 믿'의 형태가 옳다, 그러나 'ㅎ'은 그 음성상의 특성으로 인해 받침으로는 불가하다는 것이 그의 답이었다.

그러나 그가 설문에 대한 구체적인 답변을 하기에 앞서 조선어학회에 대한 여러 가지 비판적 언급을 이어간 것은 조선어학회와 그들의 한글 운동에 대한 지식인 사회의 평가가 어떠했는지를 이해하는 데에 시사하는 바가 없지 않을 것 같다.

다음 절에서는 조선어학회와 박승빈이 중심이 된 조선어학연구회 사이의 쟁점이 무엇이었는지를 좀더 구체적으로 살펴보기로 하겠다.

2. 표기법 논쟁의 의미 1: 의미와 소리의 대결

1932년의 『동아일보』 한글 토론회 속기록

1932년 11월 동아일보사는 한글날을 즈음하여 한글 토론회를 열고, 그 속기록을 『동아일보』 지면에 연재했다(11월 11일~12월 27일). 11월 7일부터 9일까지 사흘간 저녁 7시부터 시작하여 매일 3시간씩 진행된 이 토론회의 주제는 1. 쌍서(雙書), 즉 된소리 표기 문제, 2. 겹받침 및 'ㅎ' 받침 문제, 3. 어미 활용 문제였다. 겹받침 문제가 추가된 것을 제외하면 토론회의 주제 자체가 같은해 4월 『동광』 32호에서 행한 설문의 내용과 그대로 일치한다. 앞서 살펴본 바와 같이 이 『동광』의 설문이 박승빈의 이론에 대한 입장을 묻는 것이었다는 점을 고려한다면, "사흘 동안 백열전을 계속"했다는 이 토론회의 성격이 어떤 것이었는지는 분명하다. 비록 아래와 같이 『동아일보』는 이들이 어느 단체를 대표하여 나온 것이 아니라고 했지만, 토론자의 면면이나 논쟁의 주제로 보나, 조선어학회와 박승빈의 조선어학연구회가 공개적으로 맞붙은 물러설 수 없는 일전이었다고 해야 할 것이다.

> 이번 토론회의 연사 여섯 분은 어느 단체를 대표하거나 또는 배경으로 하고 나온 것이 아니오, 각자 개인의 자격으로 자긔의 학설을 가지고 나온 것이므로, 그 주장도 세부에 잇서서는 각각 다릅니다. 그러치마는 대체로 보면 **신명균, 리희승, 최현배** 3씨는 주장이 갓고, 또 **박승빈, 정규창, 백남규** 3씨가 역시 주장이 갓다 할 수 잇습니다. (…)
>
> 그런데 **토론회의 진행 절차는 우선 각 편에서 한 사람씩 나와, 그날 문제에 대하야 50분씩** 강연한 후에 남은 1시간 20분 동안은 여섯 분이 자

유로 질문전을 하기로 하엿습니다.

　이번 토론회는 각 방면으로 상당히 주시를 바든 터인바 직접 방청하지 못한 이는 누구나 궁금하게 생각할 것이므로, 오늘부터 지면의 허하는 한에서 그 속긔록을 발표하기로 합니다.[10]

　참석자 가운데 신명균, 이희승, 최현배는 물론 조선어학회의 중추를 이루는 주요 인사들이다. 신명균은 토론회 첫째 날의 강연자로 나서서 된소리 표기를, 이희승은 두 번째 날의 겹받침 및 'ㅎ'받침 문제를, 최현배는 마지막 날의 어미 활용 문제를 발표했다. 그에 맞선 박승빈, 정규창, 백남규는 모두 1931년 12월 창립한 조선어학연구회의 주요 멤버이다. 조선어학연구회 자체가 박승빈이 행한 조선어학 강습회를 계기로 출범한 것이었으므로 자연히 박승빈이 중추적인 인물이 될 수밖에 없었으며, 정규창과 백남규는 창립 때부터 간사로 활동한 인물이다.[11] 이 가운데 정규창은 받침 문제, 박승빈은 된소리 표기 및 어미 활용 문제에 대해 강연했고 백남규는 토론에만 참여했다.

　토론회는 위의 인용문에서 보듯이 우선 선정된 주제에 대해 각 진영에서 한 명씩 나와서 차례로 50분간 강연한 후에 1시간 20분간 자유토론을 진행하는 방식이었는데, 먼저 된소리 표기와 받침 문제에 대한 각 진영의 입장을 간략히 정리해보면 다음과 같다. 조선어학회 측은 물론 된소리는 'ㅅㄱ, ㅅㄷ, ㅅㅂ'이 아니라 'ㄲ, ㄸ, ㅃ'으로 적어야 한다는 입장이었다. 그리고 옛 문헌에 사용된 'ㅅㄱ, ㅄ' 등은 된소리를 표시하기 위한 것이 아니라 각 글자가 모두 제 소릿값을 가지고 있던 것이라고 보았

----

10) 「사흘 동안 백열전을 계속한 한글 토론회 속긔록 (1)」 『동아일보』, 1932. 11. 11.
11) 조선어학연구회, 「본회록사(本會錄事)」, 『정음』 1, 1934, 82쪽.

다. 즉, 지금의 '쌀'은 예전에 'ᄡᆞᆯ'이라고 적었는데 이는 'ㅂ'소리가 실제로 났기 때문이며 현재 '찹쌀'과 같은 단어에 보이는 'ㅂ'이 바로 그 흔적이라는 것이었다. 또 지금의 '떡'을 예전에 'ᄯᅥᆨ'으로 적었던 것 역시 'ㅅ'음이 실제로 발음되었기 때문이며 평북 방언에서 '떡'을 '시도구'라고 하는 것이 바로 그 흔적이라는 주장이다.

이에 반해 조선어학연구회 쪽의 주장은 『훈민정음』 창제 당시부터 된소리는 된시옷을 이용하여 'ㅺ, ㅼ, ㅽ'과 같은 형태로 적었다는 것이다. 실제로 당대의 문헌을 검토해보면 특히 고유어의 경우에 현재의 된소리에 해당하는 것들은 대체로 된시옷으로 표기되어 있는 것이 사실이다('ᄭᅩ리, ᄭᅮᆷ, ᄯᅡ, ᄲᅧ, ᄲᅩᆼ나무'). 그리고 'ㄲ, ㄸ, ㅃ'을 사용한 표기는 거의 예외 없이 한자어에 해당하는 것인데, 이들은 또 현재 대부분 된소리가 아니다. 즉, 조선어학연구회에서 볼 때 'ㄲ, ㄸ, ㅃ'은 한자음 가운데 유성음 계열을 표시하기 위해 별도로 마련한 것이므로 우리말을 적는 데에는 적합하지 않은 것이었다. 따라서 『훈민정음』 이래 관습적으로 쓰고 있는 된시옷 표기('ㅺ, ㅼ, ㅽ')를 억지로 쌍서(雙書: 'ㄲ, ㄸ, ㅃ')로 바꾼다는 것은 있을 수 없는 일이라고 보았던 것이다.

받침 문제 역시 된소리 표기의 경우와 마찬가지로 양쪽 의견이 팽팽하게 맞섰다. 그런데 겹받침과 'ㅎ'받침이 가능하냐 하는 문제는 조선어학회와 조선어학연구회의 시각 차이가 과연 어디에서 기인하는가 하는 것을 좀더 분명히 보여준다. 조선어학회 측 연사로 나선 이희승이 강조한 것은 '어법'의 문제였다. 즉, 소리대로만 쓰면 '갑시, 넉시, 박기, 살미'가 되지만 겹받침을 쓰면 '값이, 넋이, 밖이, 삶이'가 되어 체언과 거기에 붙는 토를 분명히 구분할 수 있고, 또 용언의 경우에도 '안즈면, 할트면'이라는 소리대로가 아니라 '앉으면, 핥으면'이라고 적어야

'-으면'이라는 요소를 통일적으로 표기할 수 있다는 것이다.

더 나아가 그는 표음문자의 '표의화(表意化)'를 주장한다. 즉, 한글은 어디까지나 표음문자이지만 어느 정도는 표의화할 수 있는 이점이 있다는 것이다. 그가 의미하는 표의화란 형태를 고정시킴으로써 해당 낱말의 의미를 안정적으로 표시해주는 것을 말하는데, 예컨대 '잉는, 익찌, 일거'와 같이 소리가 변하는 대로 적는 것이 아니라 '읽-' 하나로 고정해주어야 의미 파악이 용이해진다는 것이다. 이는 의미를 시각화한다는 뜻이기도 하다. 이에 맞서는 조선어학연구회 측의 정규창이 강조하는 것은 단연코 '소리'이다. 그의 논리는 도저히 발음할 수 없는 글자를 적어놓고 읽으라고 하는 것은 표음문자인 '조선 문자'의 근본원리에 위배된다는 것이다. 더 나아가 그는 '안즈니, 안자서'나 '업스니, 업서서'라는 말이 있을 뿐이지 '앉, 없'이라는 말은 그 어디에도 없는 가상의 존재일 뿐이라는 사실을 강조한다.

'ㅎ'받침의 문제 역시 같은 논리의 대립이라 할 수 있다. 즉 조선어학연구회 측에서는 'ㅎ'은 그것을 발음할 때 아무런 장애도 막음도 없기 때문에 받침의 역할을 할 수가 없다는 점을 강조한다. 실제로 다른 자음들이 모두 혀나 입술의 일정한 작용을 받아 소리가 나고 바로 그러한 장애나 막음으로 인해 받침소리가 될 수 있는 것이지만 'ㅎ' 만큼은 그러한 작용이 없기 때문에 받침이 될 수가 없다는 것이다. 그러나 조선어학회 측은 예컨대 '조코, 조치, 조타'와 같은 것에서 토인 '-고, -지, -다'를 분리해내면 '좋-'라는 어근이 도출된다는 '어법'이라는 개념에 기대야 했던 것이다. 그리고 이는 형태의 고정을 통해 단어의 뜻을 안정적으로 표시하는 '표의화'의 논리와 연결되는 것이기도 했다.

결국 조선어학회와 조선어학연구회의 대립은 '어법'에 맞는 표기를 통해 '표의화'를 지향하는 쪽과 표음문자인 한글을 사용해서 가급적 있는 그대로의 '소리'를 구현하고자 했던 쪽의 갈등이었다고도 이해할 수 있을 것이다. 그런데 이러한 대립은 궁극적으로는 어미 활용에 대한 문제와도 무관치 않다고 할 수 있다.

박승빈의 단활용설

3번째 주제는 어미(語尾) 활용에 관한 것인데,『동광』32호의 설문에서는 박승빈의 단활용설을 '신이론'이라고 하여 그것의 적절성 여부를 물어보았다면, 이『동아일보』의 토론회에서는 어미 활용에 대한 각자의 주장을 펼치게 했다. 최현배의 활용 개념은 앞서 5장에서도 다루었을 뿐만 아니라 현재 우리가 채택하고 있는 문법체계에 해당하는 것이기도 하므로, 박승빈의 단활용설을 다시 한번 간략히 정리하고 이와 같은 이론이 어디에서부터 비롯된 것인지를 살펴보도록 하겠다.

박승빈은 예컨대 토가 붙기 전의 '기다리'를 기본형으로 보고, 이 '기다리'의 맨 마지막 음절 '리'를 '어미'로, 그 앞의 부분을 '어간'으로 설정한다. 그에 따르면 '어간'은 아무런 변화가 없는 것인 데에 비해, '어미'는 뒤에 어떤 토가 오느냐에 따라서 변동하게 된다. '기다리'의 경우 뒤에 '서, 도' 등의 토가 오면 '어미' '리'가 '려'로 변동되는데('기다려서, 기다려도'), 이를 바로 '어미의 활용'이라고 설명한 것이다. 이때 '기다리'는 '원단', '기다려'는 '변동단'이 되는데, '먹다'와 같은 경우에는 '머그니, 머그며' 등의 '머그'가 '원단', '머거서, 머거도' 등의 '머거'가 '변동단', 그리고 '먹고, 먹지' 등의 '먹'은 '어미'의 모음이 줄어든 '약음(約音)'이 된다는 것이다.

원단	변동단	약음
기다리(니/며)	기다려(서/도)	
머그(니/며)	머거(서/도)	먹(고/지)
바드(니/며)	바다(서/도)	받(고/지)

그런데 박승빈은 이와 같은 단활용설을 꽤 이른 시기부터 고안하고 발전시켰던 것으로 보인다. 그는 1921년 『계명』 창간호에서 3호에 이르기까지 「조선 언문(言文)에 관한 요구」라는 글을 연속으로 발표했는데, 특히 3호에 실은 글에서는 주시경과 자신의 이론이 차이 나는 핵심적인 부분을 설명하며 바로 위의 단활용설과 관련된 내용을 언급하고 있다. 그의 주장을 요약하면 다음과 같다.

총독부의 언문철자법(1차 및 2차 언문철자법을 가리킴)에서는 어떤 때에는 '먹으며, 먹어서'라고 적고 어떤 때에는 '바드니, 바다서'라고 적게 한다는 점에서 일관된 원칙이 전혀 없는 데에 비해서,[12] 주시경의 표기법에서는 이를 '먹으며, 먹어서'와 '받으며, 받아서'로 통일한 점만은 인정할 만하다. 그러나 자신의 이론과는 큰 차이가 있으니, 자신은 동사의 어미가 변동하는 것을 인정했지만, 주시경은 그것을 인정하지 않고 그 대신에 거기에 붙는 토가 변화하는 것으로 설정했다는 것이다. 토가 변화한다는 것은 '가니'의 '니'가 '먹으니, 받으니'에서는 '으니'로, '가서'의 '서'가 '먹어서, 받아서'에서는 '어서'나 '아서'로도 실현되는 것을 말한다.

---

12) 2차 언문철자법 9항에서는 '먹엇소', '들어간다'에서처럼 용언의 어간과 어미를 가급적 구별하여 적으라고 했지만, '찾는다―차즐', '엇는다―어들'과 같은 경우에는 예외를 두었다. 이는 받침을 종래의 7개로 한정했기 때문에 불가피하게 발생하는 문제였다.

1. 총독부식: 가니/가서, 먹으니/먹어서, 바드니/바다서

2. 주시경식: 가니/가서, 먹으니/먹어서, 받으니/받아서

3. 박승빈식: 가니/가서, 머그니/머거서, 바드니/바다서

위의 셋을 비교해보면, '가니/가서'는 모두 동일하지만, '먹다'와 '받다'를 적는 방법에 차이가 있다. 주시경식이 '먹-+-으니/어서'의 관점이라면, 박승빈식은 '머그-+-니/서'에 입각한 것이고, 총독부식은 이 둘이 혼재되어 있다고 하겠다. 그리고 이때 3의 박승빈식이 위에서 본 그의 단활용설에 부합한다는 것은 분명해 보인다. 그런데 박승빈은 그의 이런 표기법이 그가 이미 1908년 간행한 『언문일치 일본국 육법전서』에 채택되어 있음을 밝히고 있다. "여(余)의 채용(採用)한 문법은 명치(明治) 41년에 간행한 『언문일치 일본국 육법전서』라 제(題)한 졸택(拙擇) 책자가 유(有)하오니 혹 참고로 열람하실지?"[13] 다시 말해 주시경식의 표기법과 큰 차이를 보이는 위와 같은 자신의 표기법이 이미 1908년에 출판된 책에서부터 사용된 것이라는 말이다. 흥미로운 점은 박승빈의 이 『언문일치 일본국 육법전서』가 아래와 같이 한자 훈독식 표기가 사용된 책이라는 사실이다.

제20조: 日本臣民은 法律의 定하는 所ㅂ에 從조차서 兵役의 義務를 有함

제24조: 日本臣民은 法律에 定한 裁判을 受ㅂ드는 權을 奪쎄아스기지 아니함[14]

---

13) 박승빈, 「조선 언문에 관한 요구(3)」, 『계명』 3, 1921, 10쪽.

14) 이 예문과 아래의 표기 예는 장경준 교수가 학계에 배포한 자료를 활용하여 검색한 것이다. 장경준, 「학범 박승빈의 『언문일치 일본국육법전서』(1908)에 대하여」, 『한국어학』 89, 한국어학회, 2020 참조.

1장의 2절에서는 1905년 이후의 '국문론' 가운데 한자 훈독식 표기를 활용해 우리말에 적합한 문장작법을 개발하고자 하는 시도가 있었음을 언급한 바 있다. 이능화의 「국문일정법의견서」(1906)와 유길준의 「소학교육에 대한 의견」(1908)은 한자 훈독식 표기를 정식 규범으로 채택할 것을 제안하는 글이었으며, 『노동야학독본』(1908)이라는 책에서 유길준은 그러한 표기 양식을 실제로 실험해 보이기도 했다.[15] 박승빈이 번역하여 펴낸 『언문일치 일본국 육법전서』(1908) 역시 바로 이러한 맥락 속에 있는 책이라고 보아야 할 것이다. 그런데 이능화나 유길준 등의 한자 훈독식 표기는 특정 한자에 어떤 훈을 달 것인가 하는 문제에 있어 전혀 일관성이 없었다는 점에서 박승빈의 훈독 표기와는 질적으로 구분되는 면이 있다.

예컨대 유길준의 『노동야학독본』에는 '生'이라는 한자에 대응하는 훈독 표시를 '生사는, 生살기를, 生나매, 生나이매, 生날제마다'에서 보이는 것처럼 '사, 살, 나, 나이, 날' 등으로 제각각으로 하고 있다. 그에 비해 박승빈의 훈독문은 위의 예문에도 보이는 '受'의 경우 '受바드며, 受바든, 受바듬, 受바다도, 受바다서, 受바닷서도, 受바ㄷ갯는, 受바ㄷ거나, 受바ㄷ게, 受바ㄷ고, 受바ㄷ기, 受바ㄷ지'에서 보는 바와 같이 일관되게 '바'로만 그 훈독의 표기를 고정하고 있다. 그런데 한자 훈독 표기에 일관되게 대응하는 이 '바'는 바로 박승빈의 단활용설에서 설정하는 '어간'에 해당하는 것이기도 하다.

즉, 그의 단활용설에 따르면 '바드-+-니'의 구조에서 '드'(원단)는 뒤

15) 이 밖에 『만세보』라는 신문에서도 한자 훈독식 표기를 실험한 바 있다. 근대계몽기 한자 훈독식 표기에 대해서는 김영민, 「근대계몽기 문체 연구—유길준을 중심으로」, 『동방학지』 148, 2009 및 김영민, 「『만세보』와 부속국문체연구」, 연세대 근대한국학연구소 편, 『한일근대어문학 연구의 쟁점』, 소명출판, 2013 참조.

에 오는 토에 따라 '더'(변동단)나 'ㄷ'(약음)으로 변하는 어미이고, 변하지 않는 '바'가 어간이다. 그리고 그의 『언문일치 일본국 육법전서』에서는 바로 이 어간만이 일관되게 한자의 훈독 표기로 사용되었던 것이다. 다시 말해 모든 한자 훈독 표기에 '受바드(원단)—受바다(변동단)—受바ㄷ(약음)'과 같은 규칙적인 패턴이 보인다는 것인데, 박승빈이 「조선 언문에 관한 요구 (3)」(1921)에서 주시경과 다른 자신의 문법이 이미 『언문일치 일본국 육법전서』(1908)에 채택되어 있다고 한 것은 바로 이를 두고 한 말일 것이다.

　박승빈이 주장한 표기법이 주시경이 지향한 것과는 달리 '의미'가 아니라 '소리'에 더 충실하고자 했던 이유는 그의 표기법이 이와 같이 한자 훈독식 표기에서부터 출발했던 것과 무관치 않을 것 같다. 순국문 표기를 지향한 주시경의 표기법에서는 표음문자인 한글의 표의화가 불가피했지만, 한자 훈독식 표기에서 출발한 박승빈의 표기에서는 의미를 한자가 담당하므로 한글은 소리에만 충실할 수 있었던 것이다.

표음문자의 표의화와 소리의 충실한 구현

주시경의 제자들은 1930년대 자신들의 표기법을 설명하면서 표음문자인 한글을 표의화해야 한다는 주장을 빠트리지 않았다. 3장에서도 언급한 바와 같이 조선어학회의 기관지 『한글』의 편집인이자 발행인이던 신명균은 이 잡지의 '철자법 특집'에서 소리글자인 한글로 쓴 글을 읽기 쉽게 하기 위해서는 이것을 얼마간은 뜻글자화, 즉 표의화(表意化)해야 한다고 했다. 그래야만 글자 하나하나에는 아무런 의미 없이 소리의 덩이만을 표시할 뿐인 소리글자의 단점을 보완할 수 있다는 것이다. 이때 그가 소리글자의 표의화라고 한 것은 '꼰만, 꼳또, 꼬치', '반만, 받

또, 바틀, 바치'와 같이 제각각 나는 소리를 '꽃+-만/도/이', '밭+-만/도/을/이'와 같이 고정해주는 것을 뜻한다.[16]

이는 김윤경이 '낫' 하나로 적던 것을 '낫, 낮, 낯, 낱' 등과 같이 구별해서 쓰자고 한 것과도 같은 맥락의 주장이다. 귀로는 구별할 수 없는 소리('본음')를 눈으로 변별할 수 있게 한다는 점에서 이 '표의화'는 '시각화'를 뜻하는 것이기도 하다. 그리고 주시경 그룹에게 있어 이 소리의 '표의화, 시각화'는 대체로 받침의 확대와 관련되어 있었다. 더 나아가 주시경은 귀에는 들리지 않지만 이것을 가능하게 하는 본래의 음을 세심하게 구별해내려는 노력을 '국어문법의 사상'으로 우리를 인도하는 것으로까지 이해하고 있었다.

다시 말해, 주시경 그룹은 구체적이고 개별적인 소리가 아니라 이를 가능하게 하는 것('본음, 원체, 법식')을 추상화해내고자 했으며, '소리의 표의화, 시각화'라고 할 수 있는 이러한 작업을 '문법' 연구와 직결되는 것으로 이해했던 것이다. 주시경이 『국어문전 음학』의 마지막 부분에서 '국어문법의 사상'으로 인도하는 것이라며 예를 든 받침의 종류는 ㅅ종성(셨洗, 벗脫, 째앗奪), ㄷ종성(닫閉, 받受, 믿信), ㅌ종성(맡任/受, 흩散, 배앝吐), ㅈ종성(찾尋, 맞迎, 맺結), ㅊ종성(좇從, 쫓逐), ㅍ종성(덮覆, 엎轉/倒, 높高), ㅎ종성(쌓積, 낳産, 넣入) 등이다.[17]

그러나 박승빈은 구체적이고 현실적인 소리를 구태여 추상화하여 이를 표의화, 시각화할 필요가 전혀 없었다. 그의 표기법이 한자 훈독식 표기에서 출발한 것을 생각하면 이는 너무나 당연한 일이다. 한자에

16) 신명균, 「맞침법의 합리화」, 『한글』 1-3, 1932, 113쪽.

17) 주시경, 『국어문전 음학』, 박문서관, 1908, 55~58쪽. 단활용설에 입각한 박승빈의 용언 표기와 비교하기 위하여 용언에 해당하는 것들만 보였다.

의해 '의미의 시각화'는 이미 이루어져 있으므로, 한글은 그 소리를 있는 그대로 충실하게 구현하면 될 뿐이었다. 이는 '任ᄆ트니, 任ᄆ타서'에서도 '受ᄇ드니, 受ᄇ다서'에서도 마찬가지이다. 박승빈에게는 '받으니, 받아서'의 '으'나 '아' 역시 실제에 없는 '받'을 고정시키기 위해 억지로 만들어낸 인위적인 요소에 불과하기 때문이다.

주시경의 표기법이 한글의 표의화에 초점을 맞추었던 데에 비해, 박승빈의 표기법은 구체적인 소리를 가급적 충실히 구현하려고 했던 이러한 차이점은 앞서 살펴본 1932년 『동아일보』의 한글 토론회 속기록에서도 그대로 드러난다. 아래는 이 토론회에서 겹받침 문제에 대한 토론자로 나서서 조선어학연구회의 입장을 대변한 장규창이 발언한 내용이다.

> 언어란 것은 결코 하늘에서 떨어진 것이 아니오, 인류가 오랫동안 살아오는 사이에 생긴 것입니다. 그래 **우리 조상이 「無」, 「坐」라는 관념을 표현할 때에, 과연 「없」, 「앉」과 가튼 자형을 머리속 에 그렷겟단 말이오? 만일 한짜를 숭내내서 모든 관념을 표현하는 글자를 한 글자 속에 집어 너흐려 한다면, 그것은 처음부터 틀린 게 확실하다.** (⋯) 조선어는 상형문자가 아니라 표음문자입니다. **조선문자는 말의 발음을 그대로 적은 것입니다.** 누구든지 「업스니」하면 「업스니」로 쓰지, 「없으니」하지는 안흘 것이오.[18]

'없'이나 '앉'과 같은 글자를 쓰라는 것은 실체 없는 '관념'을 억지로 강요하는 것에 불과하며 이렇게 한자를 흉내 내는 일은 처음부터 틀

18) 「사흘 동안 백열전을 계속한 본사 주최 한글 토론회 속긔록(7)」, 『동아일보』, 1932. 11. 18.

린 것이 확실하다는 비난은 '한글의 표의화' 시도 자체를 쓸데없는 시도로 치부하는 것에 다름 아니다. '조선 문자는 발음 그대로 적는 것'이라는 대목은 조선어학회에 대한 조선어학연구회의 공격이 어디에 초점을 맞추고 있는지를 분명하게 보여준다. '표음문자의 표의화'를 주장한 이희승은 이에 대해 문자는 발음대로만 쓸 수는 없다는 점, 문법을 무시하고 발음만 표시하면 그만이라는 것은 옳지 못하다는 점 등을 강조하는데, 이 역시 조선어학회가 주장하는 어근의 고정과 그로 인한 '표의화'가 문법의 문제와 직접적으로 연관되어 있음을 보여주는 대목이다. 같은 성격의 대립은 사안을 달리 하여 용언의 활용을 어떻게 설명하느냐 하는 문제에서도 그대로 이어진다. 다음은 박승빈이 자신의 단활용설에 대해 설명한 뒤에 단상에 오른 최현배의 일성이다.

> 지금 **박승빈씨의 말을 들으니**, 문법을 설명하는지 성음학상 원리를 설명하는지, 그 무엇인지를 알 수가 업습니다. 아모도 **성음학 설명에 가까운 것 갓습니다. 오늘의 문제인 어미활용이란 것은 문법 문제이지 성음학상 문제는 아닙니다.**[19]

박승빈은 단활용설이라는 문법상의 문제를 설명했건만 최현배에게는 이것이 소리에 관한 '성음학상'의 논의로밖에는 들리지 않았던 것이다. 물론 단활용설 자체가 어떤 토가 오느냐에 따라 용언의 일부가 다른 소리로 변동하는 것을 설명하는 이론이므로, 어찌 보면 이는 당연한 일일 수 있다. 그러나 그것 역시 용언의 활용을 설명하는 것이므

---

19) 「사흘 동안 백열전을 계속한 본사 주최 한글 토론회 속긔록(15)」, 『동아일보』, 1932. 12. 8.

로 문법상의 문제임에 틀림이 없다. 그럼에도 불구하고 최현배가 박승빈의 설명을 '성음', 즉 소리에 대한 논의로 치부하고 문법의 문제에는 미달하는 것으로 간주한 까닭은 아마도 그가 문법을 앞서 누차 언급한 어근의 고정 및 소리의 추상화와 관련지어 사고하고 있었기 때문인지도 모른다.

그런데 이와 같이 구체적인 소리를 추상화하고 이를 위해 소리글자를 표의화하려는 시도는 아무래도 어렵고 난해하다는 비판을 피하기 어려웠다. 한글은 어디까지나 표음문자이므로 발음 가능한 글자를 적을 수 있도록 해야 한다는 조선어학연구회의 비판 역시 바로 이러한 점에 초점이 맞추어질 수밖에 없었다.

3. 표기법 논쟁의 의미 2: 역사적 관습과 엘리트주의의 대립

조선어학회에 대한 비판의 논리: '조선어 마비의 병균'

1930년대 내내 조선어학회와 맞섰던 조선어학연구회는 1931년 12월에 결성된 조직이다. 그들의 기관지 『정음』 창간호에 따르면 "1931년 11월에 계명구락부 주최로 박승빈 선생의 조선어학 강습이 12일간" 열린 후에 이를 계기로 "조선어학의 연구 기관을 두자는 중론이 일치하야 참석 인사 이십여 명의 결의로써 회명(會名)을 조선어학연구회라 칭하고" 창립 준비위원과 규칙 초안 작성위원을 선정하여 12월 10일 창립 총회를 개최했다는 것이다.[20] 매월 첫째, 셋째 월요일 저녁의 월례회, 매년 2회의 정기 강습회 개최를 목표로 했던 조선어학연구회는 1934년 2월에는 기관지 『정음』을 창간하여 자신들의 표기이론을 해설하고 조선어학회가 발표한 〈통일안〉의 문제점을 지적하는 데에 힘을 쏟았다.

『정음』 창간호에는 1932년 9월에 발표했다는 「조선어학연구회 취지서」가 실려 있는데, 이 글은 조선어학연구회가 어떤 문제의식에서 출발했는지를 잘 보여준다. 취지서의 서두에서 그들은 '언문(言文) 정리와 통일'은 당시 조선 민중이 절실히 요구하는 사항임을 전제한 후 그 '기사법(記寫法)', 즉 표기법이 갖추어야 할 요건을 다음의 세 가지로 정리한다. 1) 과학적으로 논리가 명확하고 체계가 정연할 것, 2) 역사적 제도에 기초할 것, 3) 민중이 일상적으로 사용함에 평이할 것. 그런데 현재 진행되고 있는 조선어 문법과 표기법의 정리작업은 이러한 요건

---

20)   조선어학연구회, 「본회록사(本會錄事)」, 『정음』 1, 1934, 82쪽.

을 갖추고 있는지 심히 의심스럽다는 것이 그들의 문제제기였다.

물론 여기서 조선어학연구회가 문제 삼는 것은 주시경의 이론에 기초한 표기법이다. 즉, "주 선생의 그 초창 시대엣 노력이며 그를 계승한 후학자의 부절(不絶)한 근로에 대하야 감사의 뜻을 표하는 바"라면서도 그러나 "그 '한글'파 학설이 과연 민중의 요구에 응할 만큼 얼마나의 학술적 진가가 잇는가?"라고 의문을 제기하고 있다. 조선어학회에 대한 비판의 초점은 주로 그 표기법이 너무나 난해하다는 데에 있었는데, 심지어 그 표기법으로 인해 상당한 문식이 있는 신사와 부녀가 돌연 문맹이 되어버리고 최고급의 학술이 있는 지식인조차도 그것을 이해하는 이가 극히 드물 정도라는 것이다. 다음과 같은 언급은 그 난해의 원인을 그들이 어디서 찾고 있는지를 잘 보여준다.

> 그 학설에는 과학적 진리에 어그러디는 **견강적(牽强的), 환영적(幻影的) 논법**이 잇디 아니한가? **역사상의 기초적 제도를 몰각**한 망거(妄擧)가 잇디 아니한가? **어음(語音)과 부합되디 아니 하는 기사(記寫)**의 습단적(襲斷的) 강요가 잇디 아니한가? **발음 불능되는 기형 문자**의 사용이 잇디 아니한가? (…) 그 난삽 불가해의 설법은 한갓 **조선어에 질곡(桎梏)의 형구(刑具)를 가하며 마비의 병균을 주입**함에 그칠 뿐이다. 그와 가튼 학설로써 조선어의 정리 통일을 도모함은 도저히 기대할 수 업는 바이다.[21]

즉, 조선어학연구회 측에서 볼 때 조선어학회의 학설은 과학적 진리에 맞지 않는 것이며, 실제에도 없는 것을 억지로 끌어와 강요하는 것에 불과하다. 그것이 실체 없는 '환영(幻影)'인 이유는 역사적 제도를

---

21) 「조선어학연구회 취지서」, 『정음』 창간호, 1934, 76쪽.

완전히 망각한 것이며 실제의 말소리에 부합하지 않고 따라서 발음할 수 없는 기괴한 문자의 사용을 강요하기 때문이다. 실제로는 소리 낼 수도 없고 역사적 제도에도 기반하지 않은 이 '환영적' 이론은 결국 조선어를 속박하는 고문도구에 다름 아니며, 조선어를 마비시키는 병균이 될 것이라는 게 조선어학연구회 측의 판단이었다.

앞서 언급한 바와 같이 주시경의 표기법을 계승한 조선어학회는 표음문자인 한글을 표의화해야 한다고 보았는데, 이는 실제의 구체적인 소리를 그대로 적는 것이 아니라 이를 일정하게 추상화하는 것을 의미한다. 이를 두고 조선어학연구회 측에서는 실체 없는 '환영'이라고 비난한 것이다. 그리고 '본음, 원체'를 밝혀 적어야 한다는 주시경의 이론에 따르자면 역사적으로 사용해본 적이 없는 여러 받침을 세심하게 구분해서 적어야 했다. 결국 실제의 소리가 아니라 이를 추상화하는 방식으로 역사적 전통과 관습을 일거에 개혁하려는 조선어학회의 시도는 그들의 표기법이 매우 어렵고 난해하다는 평가를 받을 수밖에 없었다.

그에 비해서 박승빈을 중심으로 한 조선어학연구회의 표기법은 'ㅎ' 받침이나 'ㅄ, ㅸ' 같은 겹받침을 인정하지 않고, 용언의 표기에서도 대체로 관습적인 표기에 더 가까워서 귀에 들리는 실제 소리와의 괴리가 크지 않았다. 또 된소리를 'ㅅㄱ, ㅅㄷ, ㅅㅂ'으로 표기하는 것 역시 그때까지의 관습이나 전통과 부합하는 면이 있었다. 조선어학회의 학설이 실체 없는 '환영'이며 역사적 제도에 기반하지 않은 반민중적인 것이라고 비난한 조선어학연구회였기에 그들이 제시할 표기법은 이와 다른 것이어야 했는데, 창립 취지서에서 그들은 박승빈의 이론을 다음과 같이 평가했다.

박 선생 학설의 내용은 **훈민정음을 근원으로 한 역사적 제도에 의거**하고 근대 과학의 **귀납적 연구 방법**을 취하여 논리는 극히 엄정하며 증명은 극히 면밀하며 (…) 그 학술에 의한 기사법(記寫法)은 **규례가 간명하고 철자가 평범하야 민중적 실용성이 풍부**한 특장이 잇다.[22]

조선어학연구회가 제일 먼저 내세운 것은 '박승빈의 학설은 훈민정음을 근원으로 하는 역사적 제도에 의한 것'이라는 점이었다. 즉, 역사적으로 형성된 전통과 관습을 크게 거스르지 않는다는 것이다. 다음으로 내세운 것은 귀납적 연구방법에 의한 것이라는 점이었는데, 이는 조선어학회가 실체 없는 가상의 것을 억지로 강요하는 데에 비해 박승빈의 표기법은 어디까지나 실제 소리에 기반한다는 점을 강조하려는 의도에서 나온 것으로 보인다. 그리고 역사적 제도와 귀납적 연구에 의한다는 이 두 가지는 그들의 표기법이 간단하고 쉬워 민중이 사용하기에 편리하다는 결론으로 이어진다.

그런데 박승빈의 이론을 중심으로 한 조선어학연구회의 이와 같은 주장은 일반 사회에서도 일정한 호응을 얻었던 것으로 보인다. 1934년 6월에는 '조선문기사정리기성회'라는 조직이 만들어지는데, 이들의 '한글식 철자법' 비판이 조선어학연구회의 논리와 일치하기 때문이다. 이 단체가 발표한 「한글식 철자법 반대 성명서」에는 철자법이 갖추어야 할 요건으로 '1) 조리가 명확하여 체계가 정연할 것, 2) 역사적 제도에 의한 관습을 존중할 것, 3) 대중의 학습과 일용에 편리할 것'이라는 세 가지 사항을 꼽았는데, 이것들은 조선어학연구회가 박승빈의 표기법이 갖고 있는 특장점으로 제시한 것과 거의 동일하다고 볼 수 있다.

---

22) 위의 글, 77쪽.

뿐만 아니라 이 성명서는 〈통일안〉에는 '발음 불능, 기사(記寫) 복잡, 조리 혼란' 등의 문제가 있어 결국 상당한 문식을 가진 '사녀(士女)'를 돌연 문맹으로 만들고 고급의 지식인들마저 그 표기법을 이해하지 못할 정도이니 일반 민중에게 보급은 불가능에 가깝다고 비판해 마지않는다. 이 역시 앞서 본 조선어학연구서의 취지서에 거의 그대로 들어 있던 내용이다.[23] 물론 그렇다고 해서 조선문기사정리기성회라는 단체가 조선어학연구회의 단순한 외곽 조직은 아닌 것으로 보인다. 이 성명서에 이름을 올린 이들 가운데에는 박승빈, 정규창, 백남규 등 조선어학연구회의 회원들도 있었으나 그 외에도 윤치호를 비롯하여 지석영, 문일평, 최남선, 유치진과 같은 당대의 명망가나 언론인, 문인 등도 포함되어 있었기 때문이다.

다만 이 단체의 목적이 '조선문 철자법의 합리화, 평이화를 도모'하는 데에 있었다고는 하나,[24] 이 「한글식 철자법 반대 성명서」의 발표 외에는 별다른 활동을 벌이지는 않은 것으로 보인다. 그러나 이 성명서의 내용에 자극을 받은 문인들이 대거 참여하는 또 다른 성명서가 곧바로 발표된 것으로 보아, 이들의 '한글식 철자법' 비판 자체가 당시의 조선 사회에는 상당히 민감한 사안이었다는 사실을 알 수 있다.

조선어학연구회에 대한 비난의 목소리: '듣도 보도 못한 것들이'

1934년 6월 22일 조선문기사정리기성회의 「한글식 철자법 반대 성명서」가 발표되고 얼마 후인 7월 9일에는 '조선 문예가 일동'이라는 명의

23) 조선문기사정리기성회, 「한글식 철자법 반대 성명서」, 조선창문사, 1934.

24) 「조선문기사정리기성회 조직, 평이 기사법을 연구」, 『동아일보』, 1934. 6. 24. 「조선문기사정리기성회 조직」, 『조선일보』, 1934. 6. 25.

로「한글 철자법 시비에 대한 성명서」가 발표된다.『조선일보』와『동아일보』는 관련 사실을 보도한 데에 이어 그 성명서의 전문까지 신문에 게재한다.「문필가 궐기, 철자법 반대 반격, 70여 명이 성명 발표」(『조선일보』, 1934. 7. 10.),「80여 명 문사 궐기, '한글' 지지를 절규, 타파의 반대운동은 절대 배제」(『동아일보』, 1934. 7. 10.)라는 기사 제목에서 보이듯이 성명서는 물론이고 이를 전하는 기사 자체가 격앙되어 있음을 알 수 있다.

그런데 이 성명서는 조선어학연구회가 주장하는 내용의 적절성을 따지기보다는 그들이 과연 이러한 전문적 사항에 시비를 걸 만한 자격이 있는 집단인가 하는 점을 문제 삼고 있다. 성명서는 우선 글 쓰는 것을 업으로 삼고 있는 문예가에게 철자법의 통일은 가장 절실한 문제이며 표기의 혼란으로 인해 가장 고통 받는 것 역시 자신들임을 지적한다. 그리고 나서 한글을 창제한 세종의 성스러운 은덕과 사대 모화배들의 훼방을 거론한 뒤, '주시경의 혈성(血誠)으로 시종한 연구'를 계기로 하여 비로소 진보가 시작되었으며 마침내 그 뜻을 이어받은 조선어학회가〈통일안〉을 발표하여 통일의 완성이 눈앞에 와 있다는 진단을 내린다.

이러한 관점에서 보았을 때 조선어학연구회 및 그에 찬동한 조선문기사법정리기성회의〈통일안〉반대운동은 철자법 통일이라는 역사적인 성과를 과거로 되돌리려는 묵과할 수 없는 망동일 수밖에 없었다. 특히 그들이 이전에는 학계에서 듣도 보도 못한 자들이라는 점을 문제로 삼고 있다.

그러함에도 불구하고 근자의 보도에 의하여 항간 일부로부터 **기괴한 이**

론으로 이에 대한 반대 운동을 일으켜 공연한 교란을 꾀한다 함을 들은 우리 문예가들은 이에 묵과할 수 없음을 깨달은 것이다.

그 소위 반대운동의 주인공들은 일즉 학계에서 들어본적 없는 야간총생(夜間叢生)의 "학자"들인 만큼 그들의 그 일이 비록 미력무세(微力無勢)한 것임은 무론(毋論)이라 할지나, 혹 기약 못한 우중(愚衆)이 잇어, 그것으로 인하여 미로에서 방황케 된다 하면 이 언문통일에 대한 거족적 운동이 차타부진(蹉跎不進)할 혐(嫌)이 잇을까 그 만일을 계엄(戒嚴)치 않을 수도 없는 바이다.[25]

기괴한 이론으로 조선어학회의 한글운동을 반대, 교란하는 이들이 일찍이 학계에서는 알려진 바 없는 '야간 총생', 즉 간밤에 무더기로 생겨난 이름 없는 자들이라는 점을 강조하고 있다. 물론 그들의 세력이 미력하여 그 영향이 크지는 않겠지만, 어리석은 대중이 그들의 망동에 현혹될 염려가 있어 이렇게 성명서를 발표한다는 것인데, 성명서 어디에서도 조선어학연구회가 주장하는 내용에 무슨 문제가 있는지에 대해서는 언급하고 있지 않다. 오직 거족적인 철자법 통일운동에 그럴 만한 자격도 능력도 없는 자들이 시비를 걸고 있다는 폄훼만이 있을 뿐이다.

그런데 사실 이 성명서의 힘은 그 내용에 있다기보다는 여기에 서명한 인사들의 면면에 있다고 해야 할 것 같다. '문예가 일동'이라는 명의에 걸맞게 당대의 내로라하는 문인 77명이 이름을 올렸는데, 그중의 일부를 보이면 아래와 같다. 세대로 보자면 대체로 앞서의 조선문기사

---

25) 「한글식 철자법 시비에 대한 반대 성명서」, 『동아일보』, 1934. 7. 10. 『조선일보』는 7월 11일자 신문에 성명서 전문을 실었다.

법정리기성회의 성명서에 최남선이 포함된 것에 비해 여기에는 이광수와 그 아래 연배의 문인들이 주를 이룬다는 특징이 있다. 특히 카프 계열의 작가들이 대거 포함되어 좌와 우를 가리지 않고 대부분의 문인들이 망라되어 있다는 사실도 눈에 띄는 부분이다.

강경애, 김기진, 김동인, 전영택, 양주동, 박종화, 이태준, 이무영, 김기림, 오상순, 박태원, 피천득, 정지용, 박팔양, 박영희, 모윤숙, 최정희, 이기영, 주요섭, 송영, 백철, 장혁주, 현진건, 채만식, 윤석중, 이상화, 심훈, 임화, 노천명, 염상섭, 김동환, 김억, 김광섭, 이광수, 이은상

언급한 바와 같이 1926년 조직을 재정비하여 활발한 활동을 벌이기 시작한 조선어연구회와 그 뒤를 이은 조선어학회는 1920년대 후반 이래 조선어 연구와 표기법 문제에 관한 사회적 논의를 주도해나갔다고 할 수 있다. 1930년의 3차 언문철자법에 그들의 입장이 대거 반영된 사실 역시 그러한 사정을 보여주는 대목이라 하겠다. 따라서 조선어학회의 입장에서는 그들의 한글운동에 반기를 들고 나선 박승빈을 비롯한 조선어학연구회 측이 반가울 리 없었다. 〈통일안〉이 발표되기 전에는 쟁점이 되는 사항에 대해 공개적인 토론을 벌이기도 했으나, 1933년 〈통일안〉이 발표된 뒤로는 위에서 보는 것처럼 갈등은 두 단체를 넘어서 지식인 사회 전반으로까지 확대되고, 급기야 상대가 '반역적 음모'를 꾸미고 있다고 비난하는 감정싸움의 양상으로까지 치달았다.

1935년 조선어학회는 그들의 기관지 『한글』에 「한글 통일운동에 대한 반대 음모 공개장」이라는 글을 게재하는데, 조선어학연구회 측에서

자신들의 한글 통일운동을 방해하기 위해서 꾸미는 음모를 공개한다는 내용이다. 그 '음모'라는 것은 두 가지인데, 하나는 '신철자법'으로 공부했더니 학생들의 성적이 떨어졌다는 거짓기사를 그들의 기관지에 실었다는 것이다.[26] 다른 하나는 지방을 돌며 한글 통일에 반대한다는 문서에 억지로 도장을 받으러 다니며 반대가 많으면 총독부에서 현재의 '신철자법'을 폐지하겠다고 약속했다는 허위사실까지 퍼트리고 있다는 것이다.

이에 대해 박승빈은 「조선어학회의 공개장에 대하야」라는 글을 발표하여 허위와 거짓이 일체 없음을 강변했는데,[27] 현재 시점에서 어느 편의 말이 진실인지 가리기는 쉽지 않다. 그러나 조선어학회가 박승빈을 중심으로 한 조선어학연구회 인사들에 대해 아래와 같이 '자가 수립'의 공명심에 급급한, 보수적이고 퇴영적인 완고 인사이며 어문 연구와는 전혀 관계없는 자들이라고 몰아붙이는 장면을 보면 그들이 반대파를 어떻게 인식하고 있었는가 하는 점만큼은 분명히 알 수 있다.

근자에 이르러 **자가 수립의 공명심에 급급한 일부에서 따로이 조선어 연구를 표방**하고, 우리의 대동협조하자는 누차의 제의에도 응하지 않고, 혹은 **보수 퇴영적 몇몇 완고 인사와 전연 어문 연구에 무관계한 인사를 규합하여 조선어 철자법 통일안에 반대운동을 책동**하며, 혹은 그 기관지를 통하여 우리에게 대한 무훼(誣毁) 중상적 궤변을 나열하야, 일방으로는 이 거족적인 **한글 과학화 운동에 대하야 도전적 반기**를 들고, 타방으로는 수백만 생도를 가르치고 있는 신철자로 된 교과서의 번복을 기도하려는

---

26) 한동작, 「시내 중등학생 순방기」, 『정음』 6호, 1935를 가리킨다.
27) 박승빈, 「조선어학회의 공개장에 대하야」, 『신동아』 5-4, 1935.

준동이 점차 노골화함을 보게 되었읍니다.[28]

조선어학회에 맞섰던 조선어학연구회 측은 앞서 살펴본 바와 같이 자신들의 표기법이 역사적 제도와 관습에 근거한 것이기 때문에 민중이 사용하기에 쉽고 편리하다고 강조했다. 실제로 일반인들은 된소리를 예전에 쓰던 그대로 'ㅅㄱ, ㅅㄷ, ㅅㅂ'으로 적고, 'ㅎ'받침이나 겹받침 같은 전에 없던 새로운 표기를 하느라 신경을 쓰지 않아도 되는 박승빈의 표기법이 더 익숙하고 편했을 가능성이 크다. 그에 비해서 쓰던 대로가 아니라 전면적인 개혁을 내세운 조선어학회의 〈통일안〉은 어렵고 낯선 것일 수밖에 없었다.

그러나 역사적 전통과 관습에 보다 가까운 조선어학연구회의 표기법은 보수적이고 퇴영적인 것으로 공격받기 쉬웠다. 그에 비해 조선어학회의 〈통일안〉은 다소 전문적이고 어렵다 하더라도 오히려 그것은 과학적인 것으로, 그리하여 과거가 아니라 새로운 시대에 적합한 진보적이고 개혁적인 것으로 비추어질 가능성이 있었다. 위의 공개장에서 조선어학회가 자신들의 활동을 '한글 과학화 운동'이라 칭하고 이에 반대하는 이들을 '보수 퇴영적 완고 인사'라고 한 것은 당시의 대립이 어떠한 구도를 띠고 있었는지를 시사한다.

물론 표기법은 전문적인 학자들에 의해서가 아니라 해당 문자를 사용하는 사람들 전체가 오랜 세월에 걸쳐 공동으로 만들어가는 경우가 일반적이다. 그러나 1920~30년대의 표기법 논의는 이미 문자 사용자가 아니라 전문적인 학회와 연구회의 소관으로 여겨지고 있었다. 그리고 그것은 새 시대를 열 새로운 문화의 기틀이 되어야만 했다. 다소 낯

---

28) 조선어학회, 「한글 통일운동에 대한 반대 음모 공개장」, 『한글』 3-3, 1935, 15쪽.

설고 어렵다 하더라도 그것이 권위 있는 전문가 집단에 의해서 제정된 것이라면, 그리하여 과거와 단절하고 앞으로 나아가는 진보적인 것이라면, 오히려 그런 표기법이 사회적으로 지지를 받을 수 있는 상황이었던 것이다. 조선어학회의 〈통일안〉을 지지하는 '문예가 일동' 명의의 성명서에 좌익 성향의 인사들까지 대거 참여한 것 역시 그 때문일 것이다.

다음 장에서는 사회주의 성향의 지식인들이 조선어학회의 한글운동과 〈통일안〉을 어떻게 평가하고 있었는지를 좀더 살펴보도록 하겠다.

제9장

'도데종으로부터 조선어를 해방하라': 사회주의 이론에서의 언어 문제

1920~30년대는 일본이나 유럽, 미국 등지에서 유학한 지식인들에 의해서 근대적인 학술담론이 식민지 조선에 유입되어 본격적으로 소통되기 시작한 시기이기도 하다. 새롭게 소개된 이론 가운데에는 사회주의 사상을 빼놓을 수 없다. 계급 문제를 중심에 놓고 역사와 사회, 문화의 본질을 논하고 그에 입각하여 새로운 사회 건설을 전망하는 사회주의 이론은 당대의 지식계에 상당한 영향을 미치고 있었다. 이 장에서는 사회주의 성향의 지식인들이 당대의 표기법 논란을 어떻게 인식하고 있었는지를 살펴본다.

1920년대 후반까지 사회주의자들은 주시경의 학설을 계승한 이들의 한글운동을 민족주의적이고 복고적인 흐름으로 인식하고 이를 경계했던 것으로 보인다. 사회주의자들의 입장에서 볼 때 민족주의적인 시각은 다른 민족과의 대립관계를 강조함으로써 지기 민족 내부의 계급모순을 은폐하거나 호도할 수 있다는 점에서 경계의 대상이었다. 그런데 1930년대 조선어학회와 조선어학연구회의 대립이 본격화되던 시기가 되면 앞서 '문예가 일동'의 성명서에서 본 것처럼 다수의 사회주의자들이 〈통일안〉을 지지하는 쪽으로 돌아선다. 그들이 볼 때 〈통일안〉을 제정한 조선어학회가 상대적인 진보성을 담지하고 있었다고 판단했기 때문이다.

그러나 홍기문 같은 이는 이들 단체의 표기법 논란 자체가 언어 연구의 본질에서 벗어난 쓸데없는 짓이라는 입장이었다. 사회주의자들 가운데 거의 유일하게 지속적으로 조선어 연구에 관심을 기울인 홍기문의 작업을 통해 그가 생각한 '과학적' 언어 연구가 무엇이었는지도 함께 검토해보겠다. 아울러 해방 직후 〈통일안〉의 문제점을 지적하고 이를 수정한 북한의 초기 언어정책을 통해 사회주의 이론에서의 언어 연구라는 문제를 살펴보도록 하겠다. 소비에트 언어학계에 직접적으로 영향을 받을 수밖에 없었던 북한의 언어정책과 언어 연구는 과연 부르주아 언어학과는 구별되는 사회주의 언어학이란 것이 가능한지를 묻게 한다.

1. 사회주의자들의 시선에 비친 표기법 논란

박멸하고 싶은 '가갸날'

1927년 10월 두 번째 '가갸날'을 맞아 『동아일보』와 『조선일보』는 사설을 통해 '가갸날' 기념의 의미를 짚고 장지영, 최현배, 신명균, 이윤재, 이병기 등 주로 조선어연구회 인사들의 기고문을 통해 '정음' 창제의 의의는 물론이고 '한글' 혹은 '조선문'의 통일 문제 등을 비중 있게 다루었다. 그런데 '가갸날' 기념에 대체로 호의적인 글들만 실은 『동아일보』와는 달리 『조선일보』는 김기진. 김동환. 유완희, 홍기문 등과 같은 이른바 '프로문학' 계열의 인사들을 통해 당시의 한글운동에 대한 일정한 문제제기가 있었음을 보여주고 있다.

'프로문학'이란 '프롤레타리아 문학'을 뜻하는 것인데, '무산계급(無産階級) 문학'이라고도 했다. 1925년 박영희, 김기진 등을 중심으로 결성되어 1935년에 해산된 조선 프롤레타리아 예술가 동맹, 즉 카프는 사회주의 이론을 문학에 구현하고자 한 조직이며 프로문학을 이끈 중추 세력이기도 하다. 계급을 중심으로 사고하는 프로문학이 계급 간의 갈등과 모순을 은폐할 수 있는 민족주의에 대해 비판적인 것은 당연한 일이며, 따라서 다분히 민족주의적인 성향을 띠고 있던 당시의 한글운동에 대한 프로문학의 시선 역시 고울 리가 없었다. 1927년 '가가날'에 『동아일보』와 달리 프로문학 계열의 작가들에게 의견을 물은 『조선일보』 역시 그러한 점을 고려했을 것이다.

예컨대 김기진은 작년 '가갸날'에는 전국적인 통일기관을 만들어 현재 우리가 쓰는 혼잡한 말을 정리 통일하자고 말했는데, 그로부터 1년이 지난 지금에 와서 보니 "나는 적지 아니 우리의 한글운동에 대하야 비관을 갖게 되엇습니다"라는 소감을 피력하고 있다. 그리고 그 비관의 이유는 작금의 한글운동이 현재의 문제를 해결하려고 하기보다는 한글의 표기를 과거로 되돌리려고 하기 때문이라는 것이다.

한글 부활 운동에 반대하는 의견을 가진 사람도 우리들 중에는 잇습니다. 그 사람의 의견의 골ㅅ자는 **한글은 민중적이 못 된다**는 곳에 잇습니다. **온갓 어려운 지금 사람으로는 일반이 발음할 줄도 모를 만한 글ㅅ자를 써 노코서 이것을 알어라 하는 것은 어려운 일**인데 하물며, 우리에게는 이보다 더 밧분 일이 잇슴이랴 합니다. (…) **맨 처음에 탄생되엇슬 ㅼ대의 한글을 고대로 쓰느냐, 혹은 지금 사람들이 쓰는 그리고 일반이 알기에 그다지 곤란하지 아니할 정도에서 우리글을 정리 통일시키느냐** 하는 점에서 이런 의견과도 다시 론의할 여디가 생기겟지요. (…) **전화(轉化)에 의한 발음의 고금(古今)이 상위(相違)하는 것을 본래의 철음(綴音)대로 하자 하는 것은 반대입니다.**[1]

위의 인용문에서 김기진은 한글이 '민중적이지 못하다'고 하며, 일반인이 어떻게 발음해야 하는지조차 모를 만한 글자를 적어놓고는 그것을 알라고 하는 것은 무리라고 했다. 이는 바로 역사적인 관습과 전통에서 벗어나 새로운 표기법을 주장하던 당시의 한글운동을 민중적이지 못하다는 이유로 비판한 것으로 해석된다. 그리고 이어서 그가 쟁점을 '맨 처음 탄생했을 때의 한글을 그대로 쓰느냐' 아니면 '지금 사람들이 쓰는 표기에 입각해서 우리 글을 정리·통일하느냐'의 대립으로 파악하고 있다는 사실 역시 주시경의 표기이론을 계승한 조선어연구

---

1) 김기진, 「우견(愚見)」, 『조선일보』, 1927. 10. 25.

회의 한글운동을 어떻게 평가하고 있었는지 잘 보여준다.

즉, 김기진은 조선어연구회를 중심으로 한 당시의 한글운동이 당대에 형성되어 있던 글쓰기 관습을 무시하고 이를 훈민정음 창제 당시의 표기법으로 되돌리려는 무모한 시도를 하고 있다고 보았던 것이다. '전화에 의해 고금이 상위'한데도, 즉 역사의 흐름에 따라 옛말과는 지금의 말이 달라졌는데도 이를 억지로 본래의 것으로 되돌리려는 시도에는 반대한다는 마지막 문장은 그의 입장을 분명히 보여준다. 주시경의 표기법과 조선어연구회의 한글운동이 당대의 언어현실에 근거한 것이 아니라 과거의 '정통'으로 되돌아가고자 하는 복고적이고 과거회귀적인 것으로 이해하고 있었던 것이다.

그런데 앞서 언급한 프로문학 계열의 인사들이 이러한 인식을 공유하고 있던 것으로 보인다. 김동환 역시 "현시의 '한글' 운동자에게는 불쾌를 늣기는 동시에 실망한다"며 노골적인 반감을 드러내는데, 그는 그 이유로 그들이 "밤낮 하는 소리가 'ㅎ'가 엇저니 그러치 안흐면 이미 도태된 'ㅀ' 'ㅆ' 등 원형문자(原型文字)의 부흥에 애 쓴다"는 점을 들었다. 이때 'ㅎ'이 어쩌니 하고 떠든다고 한 것은 받침으로 'ㅎ'을 써야 한다는 주시경과 조선어연구회 측의 지론을 비판한 것으로 보인다. 그리고 그는 그런 주장을 이미 '도태'되어 사라진 과거의 문자를 다시 쓰려는 시도로 이해하고 있었던 것이다. 앞서 김기진의 견해와 완전히 일치하고 있다는 사실을 알 수 있는데, 그는 급기야 "그 태도를 고치지 안는 한에서는 우리들은 조선 정음 반포 운동을 이분네들에게 맛길 수 업다"고까지 하여 '가갸날' 기념의 의의마저 의심하는 태도를 보였다.[2]

다만 '돌 맞이'라는 의미로만 이 날을 기념하겠다는 글을 실은 유완

---

2) 김동환, 「공약(公約)부터 세우자」, 『조선일보』, 1927. 10. 25.

희 역시 당대의 한글운동을 훈민정음 당시의 표기법을 다시 부활하려는 시도로 보고 이를 비판하고 있다. 즉, 언어는 시대에 따라 변천하는 것이고 문자는 그것을 반영하는 것인 이상, 관습으로 고정되어가는 것을 구태여 과거에 소급하여 뜯어고칠 필요는 없다는 것이다. 따라서 "이 '가갸날'을 당함에 제(際)하야 다만 돌마지로서의 반가움과 깃붐을 가겻슬 짜름"이지 세종 시절로 되돌아가려는 '시대 역행'의 뜻은 조금도 없다는 점을 분명히 하고 있다.[3] 같은 날 『조선일보』의 지면에 글을 실은 홍기문은 이러한 태도를 더욱 극단적으로 표출했다.

> 오늘을 기념하는 것이 다만 **문맹퇴치가튼 단순한 의의라면, 나도 결코 그 기념을 반대하거나 배척하려고 안켓습니다.** 그러나 일부에서 말하는 이론으로 **조선혼 운운, 조선정신 운운의 내용을 가진 것일진댄 나로서 반대 배척 아니 일보 나아가 그 기념을 박멸하고 십습니다.** (⋯) 문맹퇴치 가튼 것은 어느 지방, 어느 시대를 물론하고 필요한 일이 안입니까? 아모쏘록 이런 기회를 맨들어서 그런 노력을 하는 것만침은 썩 조흔 일이라고 생각합니다. 그러나 우리가 주의치 안흐면 안될 것이 잇습니다. 그것은 무엇? 즉 이런 기회에 흔히 **조선주의자들의 행동과 혼동될 념려**입니다.[4]

한글 창제, 반포의 기념이 문맹퇴치의 의미로 이루어지는 것이라면 모르겠으나, 그것이 아니라 '조선 혼, 조선 정신'을 기리거나 현창하려는 의도로 진행되는 것이라면 그런 가갸날 기념은 반대와 배척, 더 나아가 아예 '박멸'해버리고 싶다는 것이다. '조선주의자'들의 행동과 혼

---

3)　유완희, 「돌마지로의 기념이이(紀念而已)」, 『조선일보』, 1927. 10. 25.

4)　홍기문, 「문맹퇴치 의미로 기념하자」, 『조선일보』, 1927. 10. 25.

동될 것을 염려한다는 홍기문의 언급은 한글운동에 대한 비판적 시각이 바로 민족주의에 대한 경계로부터 비롯된 것임을 잘 보여준다. 조선 민족에 고유하게 보존되어 있다는 '조선 혼'이나 '조선 정신'을 내세우는 민족주의 담론에서 계급 간의 모순과 갈등은 본질적인 것이 아니라 표면적이고 부차적인 것으로 치부되기 때문이다.

그런데 앞서 8장에서 살펴본 바와 같이 1934년 '조선 문예가 일동'의 명의로 발표된 성명서는 조선어학회의 〈통일안〉을 전폭적으로 지지하는 내용이었음에도 불구하고 사회주의 성향의 문인들이 대거 참여하고 있었다. 1927년 '가갸날'에는 한글운동이 복고적이며 반민중적이라며 문제를 제기했던 김기진과 김동환이었건만, 1934년의 〈통일안〉 지지 성명서에는 이름을 올렸던 것이다. 과연 그사이에 무슨 변화가 있었던 것일까.

한글운동의 부르주아적 진보성

1934년 7월 9일에 '조선 문예가 일동'의 명의로 발표된 「한글 철자법 시비에 대한 성명서」는 이미 지적한 바와 같이 조선문기사정리기성회라는 단체가 같은해 6월에 발표한 「한글식 철자법 반대 성명서」에 대항한 것이다. 후자가 박승빈을 중심으로 한 조선어학연구회의 철자법을 지지하는 것이었다면, 전자는 주시경의 표기법을 계승한 조선어학회의 〈통일안〉을 지지하는 것이었다. 그런데 그해 11월 『신인문학』이라는 잡지에는 〈통일안〉을 지지한 이 '조선 문예가 일동'의 성명서에 문제를 제기하는 글이 발표된다. 1930년대 프로문학의 입장에서 비평 활동을 하던 박승극의 글이었기에, 이를 통해 사회주의 성향의 지식인들이 당대의 표기법 논쟁을 어떻게 이해하고 있었는지를 엿볼 수 있다.

우리는 **진보적인 조선문을 요구**하여 마지않으며 또한 그것의 완전을 위하야 힘써야 될 것이다. 이것은 비단 일부 어학 연구가만이 행할 독자적 임무가 않느라 극히 광범한 범역(範域)에 긍(亘)한 집필가의 수행치 않으면 않될 중대과제라고 생각한다. (…)

그런데 조선문 정리에 있어서 최근에 가장 분립성을 띠고 있는 두 파, 즉 **하나는 조선어학회와 또 하나는 조선어학연구회인데 전자는 뿌르조아적 진보성을 가진 것이며 후자는 봉건적 보수성을 보지(保持)**하고 있어 각이한 주장을 내세우고 있다.

이것을 과거에 복잡하든 한글 분파에 비교하면 얼마큼 그 계급성이 확연해진 것을 알 수 있는 동시에 조선어학 정리 운동이 일보전진을 내증(內證)한다고 할 수 있다.

이에서 우리가 양자를 대조해 볼 때에 **전자의 주장인 조선어철자가 보다 진보적이고 과학적이므로 후자를 버리고 전자의 철자법은 지지해야 될 것이다.** 이것은 원칙상으로 보아서 아무런 편견이 아니라고 생각한다.[5]

위의 인용문에서 박승극은 주시경의 표기법을 계승한 조선어학회와 박승빈을 중심으로 한 조선어학연구회의 차이를 전자가 '부르주아적 진보성'을 가지고 있는 데에 비해 후자는 '봉건적 보수성'을 고수한다는 점에서 찾고 있다. 물론 사회주의자의 입장에서 보았을 때 가장 바람직한 것은 프롤레타리아 계급의 이익에 복무하는 쪽이겠지만, 만약 부르주아적 진보성과 봉건적 보수성 중에 하나를 택해야 한다면 당연히 선택은 전자가 될 수밖에 없다. 봉건성을 극복한 근대 부르주아 사

---

5) 박승극, 「한글 철자법 시비에 대한 문예가의 성명서에 대하야」, 『신인문학』 3호, 1934. 11.

회에서야 비로소 프롤레타리아 혁명이라는 전망을 논할 수 있기 때문이다. 사실 박승극은 이 '문예가 일동'의 성명서가 진보적인 색채 없이 세종과 주시경의 공로나 조선어학회의 권위에 의존했다며 비판했으나, 그럼에도 불구하고 조선어학회의 〈통일안〉을 지지해야 한다는 점만은 의심하지 않았다.

흥미로운 점은 1927년 '가갸날'까지만 해도 사회주의자들에게 복고적이고 과거회귀적이라고 평가받던 조선어연구회(이후 조선어학회)의 한글운동이 이 시점에는 오히려 '부르주아적 진보성'을 띤 것으로 인정받고 있었다는 사실이다. 이는 아마도 조선어학회와 조선어학연구회가 대립하는 과정에서 각자가 취한 전략과 무관치 않을 것 같다. 앞서 8장에서 살펴본 바와 같이 박승빈의 이론을 바탕으로 한 조선어학연구회 측에서는 조선어학회의 〈통일안〉이 훈민정음 창제 이래의 오래된 역사를 무시한 채 발음 불가한 기괴한 글자들을 강요하는 데에 비해 자신들의 표기법은 역사와 제도, 관습에 기반하기에 쉽고 간편하다는 점을 강조했다. 실제로 된소리 표기에 'ㅅㅣ, ㅅㄷ, ㅅㅐ' 등을 사용하고 'ㆆ' 받침이나 겹받침을 인정하지 않는 조선어학연구회의 표기법은 전통적인 요소가 상대적으로 더 많았고 따라서 사용자들에게 보다 익숙한 측면이 있었다. 그러나 과거의 역사와 제도에 기반하여 일반인들에게 쉽다는 장점은 오히려 보수적이고 봉건적이라는 비판의 대상이 될 여지가 있었다.

이에 비해 조선어학회의 〈통일안〉은 기존에 역사적으로 형성되어온 관습을 따르기보다는 말에 내재하는 규칙, 즉 '어법'의 문제를 보다 본질적인 요소로 보았다. 예컨대 '갑시, 넉시, 박기, 살미'가 아니라 '값이, 넋이, 밖이, 삶이'로, 또 '안즈면, 할트면'이 아니라 '앉으면, 핥으면'으로 적어야 하는 이유는 역사적 관습 때문도, 실제 발음 때문도 아니다. 그렇게 써야만 명사와 조사, 어간과 어미가 구별될 수 있다는 문법적이고 이론적인 이유가 있을 따름이다. 다시 말해 조선어학회의 〈통일안〉은 다분히 합리적이고 논리적인, 그리하여 이론적인 면모가 있었다. 이런 측면은 불가피하게 난해하다는 인상을 주기 쉬웠지만, 다른 한편으로는 위의 박승극의 인용문에서 보듯이 과학적이고 진보적인 것이라고 평가받을 수 있는 이유이기도 했다.

물론 문자 사용자들 사이에서 형성된 오래된 관습을 무시한 채 합리와 이론을 앞세워 표기법을 대대적으로 개혁하는 것이 과연 바람직한 일인가 하는 점은 논란의 여지가 있을 수 있다. 그러나 당대의 사회주의자들이 대체로 역사적 전통과 제도를 강조한 조선어학연구회의 표기법을 보수적이고 반동적인 것으로, 그에 반해 이론과 문법으로 무장한 조선어학회의 표기법 개혁안을 보다 진보적이고 과학적인 것으로 평가했던 것은 분명해 보인다. 그리고 이런 평가는 조선어학회 인사들이 자신들의 표기법을 '종성부용초성'과 같은 훈민정음 창제 당시의 개념이나 원리만이 아니라, 당대의 언어 사실로부터 발견한 '어법'을 통해 설명하게 된 것과도 무관치 않을 것이다.

그러나 물론 당대의 사회주의자들이 조선어학회와 조선어학연구회의 갈등 국면에서 모두 조선어학회를 지지했던 것은 아니다. 예컨대 경성제대에서 서양철학을 전공하고 해방 후 김일성대학에서 강의한 맑스주의 철학자 신남철은 조선어학연구회의 초창기 주요 멤버이기도 했다. 1931년 12월 10일에 열린 조선어학연구회의 창립 총회에서 5명의 간사 중 한 명으로 선출되었고, 다음해 1월 18일과 2월 1일에 열린 월례회에서는 '어미 활용에 대하여'라는 제목으로 발표도 했다. 그리고 1934년 4월 발간된 조선어학연구회의 기관지 『정음』 2호에는 당시 소비에트 언어학을 주도했다고 할 수 있는 마르의 논문 일부를 번역하기도 했다.

「언어의 성립」이라는 제목으로 발표된 이 번역문의 서두에서, 신남철은 예스페르센이나 소쉬르 등을 언급하며 독일이나 프랑스의 언어학이 '체계적 정합성'을 갖고 있다고 하더라도 '언어의 기원' 문제에 대해서는 어떠한 해명도 하지 못하는 데에 비해 마르로 대표되는 소비에트의 언어학은 이에 대한 해답을 줄 수 있을 것이라는 기대를 표명하고 있다.[6] 이 번역문은 2쪽 남짓의 매우 짧은 분량이고, 후속 연재를 예고했지만 더 이상 이어지지도 못했다. 또 이 글이 발표된 『정음』 2호 이후부터는 신남철의 글이나 활동 흔적이 보이지 않는다는 점에서 그가 지속적으로 조선어학연구회의 회원으로 활동을 했는지는 의문이다. 그렇지만 당시 소비에트 언어학에 대한 관심을 표명하고 이를 이해하기 위해 노력하고 있었다는 점에서, 그가 조선어학회와 조선어학연구회 사이의 갈등을 뛰어넘는 문제의식을 갖고 있었던 것만은 분명해 보인다.

조선어학회와 조선어학연구회 사이에 벌어졌던 표기법 논란에 매몰되지 않고 독자적 입장을 피력하려고 했던 또 다른 사회주의자가 있었으니, 1927년 10월의 '가갸날'에 '조선 혼 운운'할 것 같으면 그 기념을 박멸하고 싶다고 한 홍기문이 바로 그였다. 다음 절에서는 사회주의자 가운데 1930년대 내내 조선어 문제에 지속적으로 관심을 기울인 거의 유일한 인물이었던 홍기문의 조선어 연구를 살펴보겠다.

---

6) 신남철, 「언어의 성립」, 『정음』 2, 1934. 4.

2. 홍기문의 언어 연구

조선어 연구의 본령

사실 1920~30년대에 활발했던 한글운동 혹은 조선어 연구가 사회주의 이론에 직접적으로 영향을 받은 바는 거의 없다고 보아도 무방할 듯하다. 그런데 이 시기는 표기법 및 조선어 관련 문제가 사회적으로도 큰 관심사가 된 때일 뿐만 아니라, 같은 기간 역사와 문학 분야에서는 사회주의 이론에 입각한 새로운 시각이 제시되어 각기 주목할 만한 성과를 거둔 때이기도 하다. 따라서 1920~30년대의 한글운동 및 조선어 연구에 사회주의 이론이 별반 영향을 미치지 못했다는 사실은 흥미로운 대목이 아닐 수 없다. 이는 아마도 역사나 문학과는 달리 언어는 계급의 관점으로 접근하기가 까다로웠기 때문일 수 있다. 예컨대 지배계급과 피지배계급 가운데 누구의 시각에서 역사를 기술할 것인가 하는 문제의식이 충분히 가능한 반면, 조선어문법을 지배계급이 아니라 피지배계급의 입장에서 기술한다는 것은 쉽지 않은 일이기 때문이다.

이러한 난점은 언급한 바와 같이 1930년대 내내 조선어 문제에 관심을 기울인 거의 유일한 사회주의자였던 홍기문의 경우에서도 확인할 수 있다. 그는 1930년대에 자신이 근무하던 『조선일보』에 표기법은 물론이고 표준어, 훈민정음, 어원 고증 문제에 이르기까지 수많은 논문을 짧게는 5~6회, 길게는 20회를 넘겨가며 연재했다. 홍기문의 이런 글들은 대체로 당대의 조선어 연구에 대한 비판적 인식에서 출발한다는 공통점이 있다. 그런데 그 비판의 내용은 의외로 1920년대 안확의 주시경 그룹 비판과 크게 다르지 않았다. 예컨대 1934년 10월 5일부터 20일까지 『조선일보』에 연재된 「조선어 연구의 본령」에서 그는 '도데

이즘'에서 해방된 과학적 조선어 연구를 강조한다.

> **조선어의 연구는 모든 다른 사물의 연구와 가치 과학적 연구를 요하는 것**
> 이니 과학적 견지를 떠나서는 백 따스의 학도가 나오고 천 따스의 연구
> 발표가 나온다고 하더라도 한갓 무용의 장물(長物)이다. (…) **신흥의 자**
> **본계급은 일즉이 과학을 요구하얏다.** 그래서 독일의 신흥 자본계급은 독
> 일어의 과학적 연구를 수행하얏고 노서아의 신흥 자본계급은 노서아어
> 의 과학적 연구를 수행하얏고, 유신(維新)의 명치(明治) 시대에도 과학적
> 연구가 상당한 진척을 보이엇다. 그러나 **조선의 자본계급에게서는 그 독**
> **자적 문화를 수립할 만한 역량도 볼 수 없거니와 아마 과학을 요구할 만**
> **한 신흥 기분도 보기 어렵다.** (…)
> 푸란스의 애국소설가 도—데—의 말을 드르면 그 나라의 언어는 그 나
> 라싸람의 열쇠라고 한다. 이 말은 본래 배타적 내지 국수적 의미로써라
> 우리로서 무조건 찬동키 어렵다. (…) **도—데—이슴으로부터 조선어를**
> **해방시기다 그러치 안하면 조선어의 과학적 연구는 불가능한 사업에 속**
> **할 것이다.**[7]

위의 인용문에서 홍기문은 조선어를 과학적으로 연구하기 위해서는
조선어를 '도데이즘'으로부터 해방해야 한다고 주장하고 있다. 이때의
'도데이즘'이란 "푸란스의 애국소설가 도—데—의 말"과 같이 한 나라
의 말과 그 나라의 국민을 본질적인 관계로 파악하는 "배타적 내지 국
수적" 감정을 뜻하는 것으로 보인다. 이는 다시 말해 국어와 국민, 또는
민족어와 민족을 불가분의 관계로 생각하는 민족주의적인 시각에서

---

7) 홍기문, 「조선어 연구의 본령 (1)」, 『조선일보』, 1934. 10. 5.

벗어날 때만이 과학적 언어 연구가 가능하다는 것인데, 사실 이러한 관점은 1926년 「조선어 연구의 실제」에서 안확이 전개한 논지와 크게 다르지 않다.

물론 사회주의자 홍기문이 민족주의적 조선어 연구를 경계하는 것은 당연한 일일 터이다. 그러나 당대의 조선어 연구를 평가하는 그의 기준에 사회주의자가 강조할 법한 계급적 관점은 찾아보기 어렵다. '도데이즘'을 경계한 그가 당대의 조선어 연구가 갖고 있는 문제점으로 제시하는 것은 '1) 외래어의 청산, 2) 신어의 창작, 3) 법칙 지상의 주장, 4) 언어 순화의 몽상, 5) 견강부회의 모방'이다. 이 중 1)과 2), 그리고 4)는 한자어나 외래어를 몰아내고 이를 순화하여 고유어를 쓰려는 경향을 비판한 것인데, 이 세 가지는 주시경 그룹에 대한 안확의 비판과 그대로 겹치는 부분이다.

3)의 '법칙 지상의 주장'이란 표기에 관한 법칙을 정해놓고 거기에 말을 억지로 끼워맞추려는 경향을 문제 삼은 것인데, 홍기문은 겹받침이나 'ㅎ'받침을 쓰라는 조선어학회의 표기법을 그 예로 들었다. 마지막 '견강부회의 모방'은 박승빈의 단활용설을 비판한 것인데, 굴절어가 아닌 조선어에 활용 개념을 도입한 것이 외국어 문법의 모방이라는 지적이다. 당대 조선어 연구가 과학적이지 못하다며 이상의 5가지 문제를 제기한 홍기문은 이어서 '언어학도의 취할 바 태도'를 제시하고 있는데, 첫 번째가 '조선어가 2천만 조선인 남녀노소의 공유라는 것을 알라'는 것이고 두 번째가 '오늘날 우리가 쓰고 있는 조선어가 참된 조선어이니 이를 함부로 교정하려 들지 말라'는 것이었다.

무단(無端)한 감정이나 되지 안한 법칙으로써는 **언어를 도태 내지 교정**

할 쑤 업는 그것을 알아야 할 것이니 그 도태 그 교정은 오히려 참된 조선어를 그르침에 불과하다. 그것이 와(訛)든 오(誤)든 누(漏)든 낙(落)이든 언어학도는 오즉 문법의 일반 법칙이나 어원을 들어 와(訛)다 오(誤)다 누(漏)다 낙(落)이다를 고증하야 조코 또 그것이 범어로부터 왓건 몽고어 만주어로부터 왓건 한문으로부터 왓건 언어학도는 오즉 그 유래를 들어 어대서부터 온 외래어다를 고증하야 조타. 적어도 언어학도는 이러한 태도를 그의 기본적 태도로 삼을 것으로 **언어가 언어학의 대상됨은 마치 생물이 생물학의 대상됨과 갓다. 생물학자가 아모리 코낄이의 코를 소에게 떼다 부치고 십고 또는 소의 뿔을 말에게 떼다 부치고 십다고 하더라도 그 코와 그 뿔이 옴기어 가지 못함에 엇지하랴?**[8]

즉, 언어는 인간이 함부로 좌지우지할 수 있는 것이 아니니, 언어학자는 생물학자가 생물을 연구하듯이 언어를 있는 그대로 관찰하고 기술할 수 있을 뿐이라는 것이다. 다시 말해 한자어를 버리고 그 대신 옛말을 되살리거나 새로운 말을 만들어내는 일은 마치 코끼리의 코를 소에게 가져다 붙이려는 짓처럼 부질없는 일일뿐더러 언어학과는 아무런 관련도 없다는 것이다. 홍기문의 이런 태도는 언어에 내재한 법칙을 있는 그대로 기술하는 것이 과학적인 언어 연구라고 했던 안확의 인식과도 다르지 않다.

'국학자' 안확과 사회주의자 홍기문 사이에 발견되는 이러한 의외의 의견 일치는 홍기문 스스로가 언어학을 '신흥 자본 계급의 과학'으로 보았다는 사실과 무관치 않아 보인다. 그는 조선에 과학으로서의 언어학이 수립되지 못한 이유 역시 자본계급의 미성숙에서 찾았다. 이는 홍

---

8) 홍기문, 「조선어 연구의 본령 (5)」, 『조선일보』, 1934. 10. 12.

기문이 언어학을 부르주아의 과학으로 보았음을 뜻한다. 물론 해방 후의 회고록을 보면 홍기문은 마르에 의해 주도되던 당시 '소비에트의 언어학'을 감지하고 있었던 것으로 보인다.[9] 언급한 바와 같이 신남철 같은 이는 언어를 상부구조로 본 이 마르의 이론을 번역하려고 시도하기도 했으나, 식민지 조선에 '소비에트 언어학'은 결국 도달하지 못했다. 따라서 사회주의자 홍기문의 '과학적' 언어 연구 역시 역사유물론 같은 맑스주의 이론이 아니라 자본계급의 언어학에 기반할 수밖에 없었다.

홍기문의 조선어 연구: 조선어 계통론

사실 홍기문은 당시 조선어학회와 조선어학연구회의 표기법 논쟁을 별반 중요하지 않은 것을 필요 이상으로 과장한 쓸데없는 논란으로 인식하고 있었다. 예를 들어 '좋아, 먹어'로 쓰든, '조하, 머거'로 쓰든 그 실제 발음에 변화가 있는 것도 아니고 또 어간과 토의 본질적인 구별이 없어지는 것도 아닌 이상 표기방식은 그 둘 중 어느 하나로 정하면 그뿐이라는 게 홍기문의 생각이었다. 어느 한쪽으로의 통일은 필요하겠지만, 저것은 안 되고 반드시 이것만이 옳다는 '간불용발(間不容髮)의 철칙', 즉 어떠한 예외도 허용할 수 없는 법칙은 있을 수 없다는 것이다.[10]

결과적으로 철자법 논쟁이 한창이던 1934년 10월에 발표한 「조선어 연구의 본령」에서 홍기문은 조선어학회와 조선어학연구회의 갈등에 대해 과학에 기반한 언어학의 '본령'을 한참이나 벗어난 공연한 소

---

9) 홍기문, 「국어연구의 고행기」, 『서울신문』, 1947. 1. 14.
10) 홍기문, 「조선어 연구의 본령 (9)」, 『조선일보』 1934. 10. 17.

란이라고 평가했던 것이다. 그런데 앞서 언급한 것처럼 홍기문은 관전 자로서 당대의 언어 연구를 평가하기만 한 것이 아니라 그 스스로 직접 조선어 연구를 수행한 당사자이기도 하다. 1930년대에 그가 발표한 조선어 관련 글들 중에는 특히 기초어휘들의 어원을 고증하여 이를 몽골어나 만주어 같은 주변의 다른 언어들과 비교하고 이를 통해 조선어의 계통을 논하는 것들이 있는데, 이는 당시로서는 쉽지 않은 작업이었을 뿐만 아니라 그가 생각한 '조선어 연구의 본령'이 무엇인지를 가늠할 수 있는 글들이라는 점에서도 주목할 만하다.

예를 들어 1934년 4월과 6월 홍기문은 '어원고증'이란 난을 통해 우리말 수사와 친족 명칭을 다른 여러 언어와 비교하는 글을 연재한다. 우선 1934년 4월 8일부터 18일까지 9회에 걸쳐 「수사의 제형태 연구」라는 글을 발표하는데, 1회와 2회에서는 몽골어와 터키어의 수사를 다루고 3회는 만주어, 4회는 일본어와 아이누어, 그리고 5회는 말레이어와 중국어의 수사가 어떤 형태를 취하고 있는지 살핀 후 6회는 우리말 수사의 형태를 다른 언어의 경우와 마찬가지로 '기본수(基本數: 하나, 둘, 셋…), 환위수(換位數: 스물, 설흔, 마흔…), 연위수(連位數: 열하나, 열둘, 열셋…)'의 부류로 나누어 살핀다. 그리고 7회에서는『훈몽자회』,『계림유사』,『삼국사기』등을 통해 조선, 고려, 삼국 시대의 수사가 어떠한 형태였는지를 검토한 후 8회에서는 이와 같은 전제를 가지고 우리말의 수사 각각을 다른 언어의 수사와 비교한다. 그리고 마지막 9회에서는 다음과 같은 결론을 내린다.

조선어의 수사형은 아이누 형(型)도 아니요 마래(馬來: 말레이-인용자. 이하 같음) 형(型)도 아니요 그러타고 중국형도 아니다. 차라리 몽고, 토이기

(土耳其: 터키), 통고사(通古斯: 퉁구스) 등으로 더부러 동일한 형에 속한다고 보는 편이 정당하다. 그러나 수사로써만 보아서는 토이기어와 통고사어, 통고사어와 몽고어, 봉고어와 토이기어가 서로 틀리는 그만큼 다 각각 조선어로부터도 틀린다. 수사형의 동일만이 곳 어계(語系)의 동일을 의미한다고는 보지 못하겠지만 설사 여러 가지의 다른 이유를 가저 그 동계를 증명한다손 치더라도 **수사 단어의 상이로 보아서는 적어도 그 분립의 역사가 이미 오래 됨을 알 수 있다.**[11]

낱낱의 개별 수사들과 그들의 체계를 상호 비교한 후 이를 근거로 우리말이 몽고어, 터키어, 퉁구스어 등과 같은 계통의 언어일 가능성이 제일 크다는 결론을 내리고 있는데, 이는 한 언어의 계통을 따져나가는 데에 사용되는 전형적인 방식을 따른 것이다. 외래요소의 영향을 가장 적게 받는다고 알려진 수사나 친족명칭 같은 기초어휘를 주변의 언어들과 비교하여 그 근친관계를 규명하고 이를 통해 해당 언어의 계통을 규명해나가는 연구는 19세기 유럽 언어학의 주된 방법론이었다. 당시에도 이미 조선어를 '우랄-알타이' 어족에 속하는 것으로 보고 몇몇 단편적인 어휘들을 그 근거로 제시하는 경우가 많았지만, 조선어의 계통 문제를 이와 같이 체계적으로 규명한 연구는 아직 없었다고 해도 과언이 아니다.

그러한 점에서 홍기문의 이러한 작업은 당시로서는 상당히 의미 있는 것이었다. 물론 그가 주장한 내용은 현재의 관점에서 보면 다소 부정확한 부분이 있을 수 있겠으나, 당시 홍기문이 비교 연구를 통해 언어의 계통을 규명하는 것을 목표로 하는 역사비교언어학을 염두에 두

---

11) 홍기문, 「어원고증―수사의 제형태 연구 (9)」, 『조선일보』 1934. 4. 18.

고 있었다는 점은 분명해 보인다. 그러한 점은 수사에 이어 진행된 친족명사에 대한 검토에서도 그대로 확인된다. 수사 연구가 9회였던 데에 비해 '(속)어원고증'이라는 제목하에 그다음 달부터 연재된「친족명칭의 연구」는 13회에 걸쳐 '아버지-어머니-어버이(1, 2회), 남편-아내-마누라-마마(3, 4회), 언니-아우-오래비-누이(5, 6회), 아들-딸-며느리-사위(7회), 할아버지-할머니-손자(8회), 아주버니-아주머니-조카(9회), 외삼촌-이모-고모(10, 11회), 형-제수-시숙-동서(12회), 촌수-이붓-수양-사돈(13회)'과 같은 어휘들을 다루고 있다.[12]

이 연재 역시 만주어, 몽골어, 터키어, 일본어 등의 해당 어휘와 우리말을 비교하고, 또『훈몽자회』나『계림유사』와 같은 옛 문헌에서 나타나는 고어형을 검토하는 방식을 취하고 있는데, 사실 우리말의 계통은 아직까지도 불분명한 상태이다. 해방 이후 이루어진 많은 연구에도 불구하고, 알타이 어족에 속할 가능성이 크다는 점은 인정되지만 거기에 속하는 만주어, 몽고어, 터키어 등과 한국어가 친족 관계를 이룬다는 분명한 증거를 찾지는 못했다. 이는 고대 한국어 자료가 거의 남아 있지 않을뿐더러 그나마 역사서 등에서 단편적으로 확인할 수 있는 삼국 시대의 지명이나 인명 등이 모두 한자로 적혀 있는 터라 당시의 고유어를 복원하는 일이 쉽지 않기 때문이다. 근본적으로는 비교 연구를 통해 한 언어의 계통을 규명하는 역사비교언어학이 서구의 언어를 토대로 발전했기 때문에 그 방법론을 다른 언어에 적용하는 것이 쉽지 않은 것일 수도 있다.

따라서 1930년대 신문사에서 기자로 근무하던 홍기문이 독자적으로 우리말의 계통을 규명한다는 것은 사실상 불가능에 가까운 일이라

---

12) 홍기문,「(속)어원고증—친족명칭의 연구」,『조선일보』1934. 5. 27.~6. 25.

고도 할 수 있다. 홍기문 역시 이런 사정을 모를 리 없었을 것이다. 그럼에도 불구하고 그가 기초어휘의 비교를 통한 조선어의 계통 규명에 나선 것은 아마도 이것이 바로 언어학의 '본령'이라고 생각했기 때문일 가능성이 크다. 실제로 19세기에 본격적으로 발전하기 시작한 서구의 근대 언어학은 인도유럽어의 공통 조어(祖語)를 찾기 위해 각 언어를 비교하고 여기에서 언어변화의 규칙성을 발견해내고자 한 역사비교언어학이 중심을 이루고 있었다. 언어에는 그 자체의 법칙이 있어서 사람이 좌지우지할 수 없다고 하는 안확과 홍기문의 공통된 인식 역시 바로 역사비교언어학에 뿌리를 두고 있는 것이라 할 수 있다.[13]

홍기문은 앞서 살펴본 바와 같이 근대 언어학을 근대에 새로이 성장한 자본계급이 요구한 과학이라고 간주했다. 그렇다면 해방 이후 북한의 언어학은 어떠했을까? 과연 사회주의 이론에 입각한 새로운 언어학이 진행될 수 있었을까? 다음 절에서는 조선어학회의 〈통일안〉(1933)을 북한의 언어학자들이 어떻게 평가했으며 무엇을 수정했는지 살펴보도록 하겠다. 이를 통해 해방 후 북한의 언어정책과 언어학의 특징을 살펴볼 수 있음은 물론이고, 〈통일안〉의 성격을 보다 명확히 이해할 수 있을 것이다. 북한에서 〈통일안〉을 수정한 것은 〈통일안〉의 근본원리를 부정해서가 아니라 그 취지를 예외 없이 관철해야 한다는 논리에 바탕을 두고 있기 때문이다.

---

13) 홍기문의 조선어 연구에 대한 이상의 내용은 김병문, 「'언어의 소외'와 '과학적' 언어연구의 (불)가능성에 대하여」의 3장을 바탕으로 했다.

3. 〈통일안〉과 북한의 초기 언어정책

'노동'인가, '로동'인가: 형태주의의 예외 없는 관철

1947년 6월 6일에서 10일까지 조선로동당의 기관지 『로동신문』에는 조선어학회의 〈통일안〉(1933)을 비판하는 글이 실린다. 「조선어학회 『한글 맞춤법 통일안』 중에서 개정할 몇 가지—기일(其一) 한자음 표기에 있어서 두음 ㄴ 급(及) ㄹ에 대하여」라는 글인데, 필자는 해방 직후부터 1960년대까지 북한 언어학의 중심에 서 있었던 김수경이다. 당의 정책을 선전하는 기관지에서 언어학과 관련된 전문적인 논문 형태의 글이 발표된 것은 지극히 이례적인 일이라고 할 수 있을 텐데, 김수경의 이 글은 북한의 초기 언어 연구가 무엇을 지향하고 있었는지를 잘 보여준다.

제목에서 드러나듯이 김수경의 글은 〈통일안〉의 두음법칙 규정에 문제가 있기 때문에 이를 개정해야 한다는 주장을 하고 있다. 앞의 7장에서 지적한 바와 같이 〈통일안〉에서는 두음법칙 현상을 '소리대로 적는' 문제로 보아 '로동'이 아니라 '노동'으로 적도록 했다. 그러나 이 책에서 줄곧 지적한 것처럼 '소리대로 적되, 어법에 맞도록 한다'는 총론의 규정 가운데 '소리대로 적는다'는 '텬디(天地)'라는 역사적 표기를 현실 발음대로 '천지'로 적는 것을, '어법에 맞도록 한다'는 '국내(國內)'를 소리 나는 대로([궁내])가 아니라 그 원형을 밝혀 적는 것을 의미한다.

만약 〈통일안〉의 총론을 이렇게 이해한다면, '노동'이라는 소리 그대로가 아니라 그 원형인 '로동'으로 적고 발음은 '노동'으로 하는 것이 옳다고 할 수 있다. 이는 '극락(極樂)'의 '락'이 실제로는 '낙'으로 발음되지만 그 원형을 살려서 '락'으로 적는 것과 같은 이치인데, 김수경은 유독 어두의 경우에만 소리대로 적게 한 〈통일안〉의 두음법칙 규정을 두고 '표음주의의 편향'에 빠진 것이라며 비판했다. 북한에서 나온 최초의 문법서인 『조선어문법』(1949)에서는 '표음주의, 형태주의, 역사주의'라는 세 가지 표기법의 원리 가운데 그들이 목표로 삼는 것은 '형태주의' 원칙의 관철임을 분명히 했다.[14] '노동'이 아니라 '로동'으로 적어야 한다는 주장은 바로 이 '형태주의'에 입각한 것이었다.

그런데 이 '형태주의' 원칙의 관철이란 〈통일안〉의 '어법에 맞도록 한다'는 규정을 예외 없이 적용하는 것에 다름 아니었다. 몇 차례 언급한 바와 같이 '잉(는다), 익(찌), 일ㄱ(ㅓ)'와 같이 여러 가지 소리로 실현되지만, 하나의 의미를 동일한 표기로 고정시켜 '읽'으로 적는 것이 바로 '어법'에 맞도록 적는다는 것인데, 이것이 바로 '형태주의'가 의미하는 바였기 때문이다. 실제로 북한의 첫 표기법 규정인 〈조선어신철자법〉(1948)의 총론에는 '소리'에 대한 언급은 전혀 없고 다음과 같이 동일한 의미의 언어 표현을 '일정한 형태로 표기'한다고 규정하고 있는데, 이는 '어법에 맞도록 한다'는 규정을 더 구체화한 것이라고 할 수 있다.

조선어 철자법은 **현대 조선 인민의 언어 의식 가운데에 공통적으로 파악할 수 있는 것은 일정한 형태로 표기**함으로써 원칙을 삼는다.[15]

따라서 북한에서 두음법칙을 적용하지 않고 '로인, 로동, 녀자' 등

---

14) 조선어문연구회, 『조선어문법』, 문화출판사, 1949, 76~77쪽.
15) 고영근 편, 『북한 및 재외교민의 철자법 집성』, 역락, 2000, 1쪽.

과 같이 표기하도록 한 것은 그들이 별도의 원칙이나 원리를 자체적으로 만들어내서가 아니라 〈통일안〉(1933)이 성립하는 데에 필수적이었던 두 원칙 가운데 하나인 '어법에 맞도록 한다'를 철저하게 적용하기 위함이었다고 보아야 할 것이다. 다만, 표기를 '노동'에서 '로동'으로 바꾼 데서 그치지 않고 소리까지 '로동'으로 발음하게 한 것은 그들이 내세운 '형태주의'와는 관련이 없다고 해야 할 것이다. 〈통일안〉의 '어법에 맞도록 한다'는 원칙도 그러하고, 또 북한에서 강조한 '형태주의' 역시, 발음의 변화에도 불구하고 원래의 형태를 고정시킨다는 것이지 형태에 맞추어 소리를 변화시킨다는 것은 아니기 때문이다. 다시 말해 '잉는다'는 소리에도 불구하고 '읽는다'라는 원형을 밝혀 적는 것이 '형태주의'이지 '읽는다'라는 표기에 맞추어 소리도 그렇게 내도록 하는 것은 '형태주의'와는 아무런 관련이 없다고 해야 할 것이다.

그런데 '형태주의'를 추구한 북한의 〈조선어신철자법〉(1948)은 전에 없던 새로운 문자를 만들어내기도 했다. 앞서 5장에서 살펴보았듯이, 1920년대 후반 표기법 논란 가운데에는 불규칙 활용과 관련한 부분이 있었다. 예컨대 '곱다'의 '곱-'이 '-아'를 만나면 '고와'로, '-으면'을 만나면 '고우면'으로 소리 나는 것을 어떻게 적어야 하는가 하는 문제였다. '본음, 원체, 법식'에 맞게 적어야 한다는 주시경식 표기법에 따르면 '곱아, 곱으면'이 문법적으로 옳은 표기가 될 수 있었다. 그러나 이는 현실에 없는 것을 억지로 강요한다는 안확이나 박승빈 같은 이들의 비판에 직면해야 했다. 결국 〈통일안〉은 최현배의 활용 개념을 받아들여 규칙 활용일 경우에는 원래의 형태를 밝혀 '어법'에 맞도록 적지만 불규칙 활용일 때는 소리 나는 대로 적게 함으로써 '고와, 고우면'이 가능하게 했다.

그러나 '형태주의'를 일관되게 관철하고자 한 북한의 언어학자들이 보았을 때는 이러한 해결 역시 문제가 아닐 수 없었다. '곱다'라는 동일한 의미를 갖는 단어를 어느 때는 '곱-'으로 적고 어느 때는 '고오-(고와)'나 '고우-(고우면)'와 같은 식으로 적는 것은 형태가 아니라 소리에 치우친 방식이라 '노동'과 마찬가지로 '표음주의의 편향'에 빠진 것이 되기 때문이다. '형태주의'에 입각한다면 동일한 의미를 지니는 낱말은 하나의 표기로 고정되어야 했다. 그런데 이를 '곱-'으로 고정하여 '(꽃이) 곱아'로 한다면 '(등이) 곱아'와 구별되지 않는 문제가 발생한다. 즉, 규칙 활용하는 용언과 불규칙 활용하는 용언의 표기가 구분되지 않는 것이다. 이를 해결하기 위해 북한의 언어학자들은 불규칙 용언에 쓸 새로운 글자를 만들어냈다.

ㅸ다[곱다]―ㅸ아[고와]―ㅸ면[고우면]

위에서 보듯이 'ㅂ'불규칙 활용을 하는 용언에는 'ㅂ' 대신 'ㅸ'와 같은 글자를 써서 그 형태를 고정해주었던 것이다. 이는 사실 '잉(는다), 익(찌), 일ㄱ(ㅓ)'와 같이 여러 가지 소리로 실현되는 것을 '읽' 하나로 고정하는 것과 본질적으로 다르지 않은 방식이다. 서로 다른 소리들을 하나의 형태로 추상화하는 것이기 때문이다. 주시경이 '본음'을 실제의 소리가 아니라 추상적인 층위에 있는 것으로 설정한 것과도 부합하는 면이 있다. 다만, '읽'이 비록 추상화된 것이기는 하지만 현실적으로 존재하는 음운들을 기반으로 한 것임에 비해 'ㅸ'의 'ㅸ'는 현실적으로 존재하지 않는 것이라는 점에서 그 추상성이 극단으로 치달았다 할 만하다.

〈조선어신철자법〉(1948)에는 이와 같은 목적으로 새로 만들어진 글자가 6개가 있었다. 이 '6자모'를 활용한 표기법은 주시경의 수제자였던 김두봉과 앞서 언급한 김수경이 주도했던 것으로 알려져 있다. 물론 1950년대 후반 김두봉의 실각으로 인해 이 '6자모' 역시 완전히 폐기된다. 그러나 현재까지 견지되고 있는 두음법칙 표기 규정과 마찬가지로 이 '6자모' 신설 역시 '형태주의'라는 원칙을 지키기 위한 것이었으며, 이것이 '어법에 맞도록 한다'는 〈통일안〉의 핵심 원리를 예외 없이 관철하기 위한 노력이었음을 기억할 필요가 있겠다.

'스탈린 언어학'과 '주체의 언어리론'

1950년 6월 20일 소련 공산당 기관지 『프라우다』에는 「언어학에 있어서 맑스주의에 관하여」라는 글이 실린다.[16] 이 글은 언어와 언어학에 관련된 다음의 네 가지 질문에 대해 스탈린이 답하는 형식으로 이루어져 있다. 1) 언어는 토대 위에 선 상부구조인가? 2) 언어는 계급적인 것인가? 3) 언어의 특징은 무엇인가? 4) 『프라우다』에서 언어학 문제들에 관해 자유토론을 한 것은 옳았는가? 이 가운데 마지막 질문은 1920년대 이후 소비에트 언어학을 주도했던 마르의 이론에 대한 문제 제기가 폭넓게 이루어진 것을 말한다. 그리고 앞의 세 가지 질문과 그에 대한 스탈린의 대답은 바로 그 마르의 주요 주장을 논박하기 위한 것이었다.

마르는 세계의 모든 언어들이 하나의 언어에서 기원했으며, 특히 사회의 역사적인 발전 단계에 따라 언어 역시 단계적으로 발전해왔다고

---

16) 이후 이 기사 외에 2편의 관련 글을 추가해 『마르크스주의와 언어학의 제문제』라는 제목의 책으로 출간되는데, 한국어 번역본은 스탈린, 정성균 옮김, 『사적유물론과 변증법적 유물론/ 마르크스주의와 언어학』, 두레, 1989에서 확인할 수 있다.

보았다. 그리고 여기에 역사유물론이라는 맑스주의 이론을 적용하여 언어가 생산력과 생산관계에 의해 규정되는 경제구조에 조응해 변화해나간다고 설명했다. 즉, 언어는 다른 문화 현상과 마찬가지로 한 사회구성체를 규정하는 토대의 교체에 따라 혁명적인 변화 과정을 겪는 상부구조의 하나라는 것이다. 그리고 이 변화 과정은 착취계급의 언어를 피착취계급의 언어로 대체하는 것이기도 했다. 언어가 상부구조의 하나이며 또 계급적인 것이라는 점은 이른바 '마르주의'의 핵심적인 명제였다.[17]

1950년 발표된 스탈린과 『프라우다』의 대담은 바로 이 마르의 언어 이론을 분쇄하기 위한 것이었다. 스탈린은 '언어는 토대 위에 선 상부구조인가?'라는 질문에 언어는 토대도 상부구조도 아니라고 자신 있게 답한다. 소비에트 건설 이후 사회주의적 토대에 상응하는 새로운 상부구조가 창출되었음에도 불구하고 러시아어는 10월 혁명 이전과 비교했을 때 아무런 변화 없이 그대로 남아 있다는 것이다. 또한 언어는 계급사회 이전의 원시공동체 사회에서부터 시작된 것이기 때문에 계급적인 속성을 지니지 않고 전 인민이 공유하는 소통수단이라는 것이 두 번째 질문에 대한 답이었다. 그렇다면 개별 언어를 규정하는 특징은 무엇인가라는 세 번째 질문에 대해 스탈린은 여간해서는 변하지 않는 기초어휘와 문법구조가 바로 개별 언어의 본질적인 요소라고 답한다.[18]

앞서 홍기문이나 신남철 같은 식민지 조선의 사회주의자들은 소비에트 언어학을 대표하던 마르의 이론을 알고자 노력했다는 사실을 언급했다. 그런데 그들이 그 실체를 궁금해했던 마르의 언어학은 스탈린

---

17) 밀카 이비츠, 김방한 옮김, 『언어학사』, 형성출판사, 1982, 105~110쪽.
18) 스탈린, 앞의 책, 86~119.

에 의해 무참히 깨어졌다. 이에 따라 해방 직후 마르의 이론을 번역 소개하는 데에 열중했던 북한의 언어학자들은 1950년대에는 이른바 '스탈린 언어학'을 자신들의 연구의 지침으로 삼지 않을 수 없었다. 그러나 소비에트 언어학계의 이러한 소동이 북한의 언어정책이나 언어 연구에 본질적인 영향을 주었는지는 의문이다. 그들의 표기법이나 문법 연구가 1950년 전후에 질적으로 변화하는 흔적을 찾을 수 없기 때문이다. 오히려 앞서 살펴본 것처럼 그들이 중요하게 내세운 '형태주의'는 조선어학회의 〈통일안〉의 취지를 예외 없이 관철하려는 것이었고, 이는 소비에트 언어학의 변동과 무관하게 줄곧 견지되었다.

사실 각 언어의 본질적인 특성이 기초어휘와 문법구조에 있으며 그것은 원시공동체 사회 이래로 거의 변화가 없었다는 스탈린의 결론은 홍기문이 1930년대에 기초어휘를 통해 조선어의 계통을 따져보려고 했던 노력과 일맥상통하는 면이 있다. 그런데 지적한 바와 같이 홍기문은 그가 시도한 언어 연구를 '자본계급의 과학'이라고 인식하고 있었다. 홍기문의 관점대로라면 이른바 '스탈린 언어학'은 계급적 관점에서 언어를 바라보려 했던 마르주의를 부정하고 '부르주아 언어학'으로 되돌아간 것이 되고 만다. 언어의 본질을 사회 역사적인 변화에 영향을 받지 않는 언어 내적인 것으로 규정하는 한 거기에 사회주의 이론이 개입될 여지는 별로 없을 것이다.

그런데 북한은 1960년대부터 소련의 영향력에서 벗어나고자 했고 주체사상을 전면에 내세워 전 사회를 재조직했다. 언어학 역시 그런 사회적 분위기에서 자유로울 수 없었다. 즉 '스탈린 언어학'이 아니라 '김일성의 언어학'이 지도이념이 되었다고 할 수 있는데, 그러나 김일성에 대한 과도한 현창이나 '미 제국주의'에 대한 과격한 언사를 제외하면 역시 이른바 '주체의 언어리론'이 그들의 언어 연구에 어떤 본질적인 변화를 가져왔다고 보기는 어려울 것 같다. 물론 그들이 민족적 특성을 드러내는 것으로 평가하는 몇몇 문법 범주, 예컨대 '토'와 같은 것들을 더욱 강조하거나 또는 한자어와 외래어 대신 쓸 새로운 말을 만들어내는 데에 필요한 '단어조성론'이라는 독립된 분야를 신설하는 등의 변화가 있었다. 그러나 이런 움직임이 해방 직후부터 있었던 그들의 문법 기술에 어떤 본질적인 변화를 가져왔는지는 의문이다.

주체사상에 입각한 '주체의 언어리론'에서는 언어의 본질을 다음과 같이 규정하고 있다. 1) 언어는 인간 생활의 수단이다. 2) 언어는 인민 대중의 지주성 실현을 위한 무기이다. 3) 언어는 민족의 형성과 자주적 발전을 위한 수단이다.[19] 즉, 언어는 사람이 살아가면서 필요한 소통의 수단이며 특히 그 과정에서 자주성을 실현할 수 있게 해주는 무기라는 것이다. 그리고 이 자주성의 실현은 개인뿐만 아니라 민족의 차원으로 확대되어 민족어는 민족 형성의 핵심 요소이고 민족의 보전과 발전을 위한 필수 요소라고 보고 있다.

그러나 언어의 본질에 대한 이와 같은 규정이 문법 연구에 실질적인 영향을 미쳤다고 보기는 어려울 것 같다. 언어의 본질에 대한 이러한 서술은 오히려 다분히 상식적인 내용이라고 할 수 있는 것들이다. '주체의 언어리론'이 다루는 주된 대상 역시 구체적인 언어 분석에 관한 것이 아니라 국가가 수행할 언어정책과 관련된 것들이다. 즉, 일제의 침략에 맞서 우리말을 지켜낸 것처럼 미 제국주의자들의 '민족어 말살 정책'을 이겨내야 한다는 것, '잡탕말'이 되어버린 서울말을 대신하여 평양말을 중심으로 문화어를 건설해나가야 한다는 것, 언어생활에서

---

19) 최정후, 『주체의 언어리론』, 사회과학출판사, 2005, 18~41쪽.

문체와 문풍의 기풍을 새롭게 세워야 한다는 것 등과 같이 대부분 북한 정권이 수행한 언어정책을 높이 평가하고 이를 앞으로도 실천해나가야 한다는 선언이 '주체의 언어리론'을 구성하는 주요 내용이다. 따라서 이 '주체의 언어리론'이 북한 문법이론에 본질적인 영향을 미칠 여지는 별로 없다고 하겠다.

문법 기술에서 남과 북의 가장 큰 차이는 아마도 남에서 조사와 어미로 구분하는 것을 북에서는 모두 '토'로 보고 있다는 점일 것이다. 우리는 조사를 체언과는 별개의 요소로 보고 독립된 품사로까지 설정하지만 어미는 용언의 일부를 이루는 것으로 본다. 이는 5장과 7장에서 설명한 바대로 활용을 도입한 최현배의 문법체계에 따른 것이고, 또 조선어학회의 〈통일안〉(1933)이 전제하고 있는 체계이기도 하다. 그러나 북한에서는 바로 이 '용언의 활용'이라는 개념을 인정하지 않는다. 즉, 북에서는 용언의 활용을 인정하지 않는 대신 체언에 조사가 붙는 것과 용언 어간에 어미가 붙는 것이 본질적으로 동일한 문법 현상이라는 관점에서 이들을 모두 '토'라는 하나의 범주를 통해 설명한다는 것이다.

그런데 용언의 활용이라는 개념은 5장에서 살펴본 것처럼 1920년대 후반에 있었던 표기법 논란 가운데 특히 불규칙 용언의 처리를 둘러싸고 벌어진 문제를 해결하는 과정에서 도입된 것이다. 즉, '어법'에 맞는 표기만을 고집할 경우 '(꽃이) 곱아'가 되는 문제를 피하기 위해 불규칙 활용에 한해서는 원형이 아니라 변한 소리를 그대로 적게 했던 것이다. 북한 문법의 문제의식은 바로 여기에 있었다. 인도유럽어에 적합한 문법 개념인 활용을 굳이 도입하지 않고, 다시 말해서 용언 어간과 어미의 결합을 체언과 조사의 결합과 같은 차원에서 기술해보고자 하는 문제의식이 해방 직후부터 북한 문법을 규정해왔다고 할 수 있다. 그들이 새로 만들었던 '6자모' 역시 바로 이 불규칙 용언의 문제를 해결하려는 노력의 일환이었다. 이는 물론 언급한 바와 같이 그들의 '형태주의'를 극단으로 밀어붙인 결과이기도 했는데, 이 '형태주의'란 〈통일안〉의 '어법에 맞도록 한다'를 달리 표현한 것에 다름 아니다. 물론 여기에 '주체의 언어리론'이 미친 영향은 전혀 없다.

따라서 현재 남과 북이 채택하고 있는 문법체계가 어디에서 기원하는가, 그리고 이들의 통합을 논하기 위해서는 무엇을 염두에 두어야 하는가 하는 질문에 우리는 '스탈린 언어학'이나 '주체의 언어리론'보다 먼저 조선어학회의 〈통일안〉(1933) 성립의 과정을 되돌아보지 않을 수 없는 것이다.

제10장

근대의 언어사상사와 새로운 의사소통 모델의 가능성

이 장에서는 표기법 통일의 의미를 언어사상사의 관점에서 정리해보도록 하겠다. 특히 근대에 들어 새롭게 정립된 언어과학이 상정하는 '언어'가 과연 어떠한 성질의 것인지, 그리고 그러한 근대적 언어인식이 형성되는 데에 표기법을 비롯한 문어규범의 통일은 어떤 역할을 했는가 하는 문제에 대해 살펴보겠다.

근대 언어학은 균질적언 언어공동체를 전제한다. 즉, 동일한 언어를 사용하는 사람들의 집단이 있다고 가정하고 그들이 서로 공유하는 언어적 규칙을 찾아내는 것이 바로 근대 언어학의 기본 과제이다. '국어사전'과 '국어문법'은 바로 해당 언어공동체 모두가 공유하는 언어규칙을 기술해놓은 것이다. 어떤 단어는 어떤 의미를 나타내는가, 그리고 그 각각의 단어들은 서로 어떤 방식으로 어울려 문장을 구성하는가 하는 사실을 밝혀놓은 것이 바로 '국어사전'과 '국어문법'이다.

'국어사전'과 '국어문법'에 기술되어 있는 이 규칙은 '국어' 사용자 모두에게 적용되는 것이지 어떤 계층이나 지역에 따라 달리 적용되는 것이 아니다. 다시 말해 '국어사전'과 '국어문법'은 균질적인 '국어' 사용자를 상정하고 있다. 그러나 실제 발화에서 우리는 지역과 계층, 세대와 젠더에 따른 다양한 언어적 변이를 쉽사리 발견할 수 있다. 따라서 완전히 균질적인 언어공동체라는 것은 사실상 성립하기가 쉽지 않다. 그럼에도 불구하고 언어학자들은 마치 하나의 언어공동체에 속하는 모든 사람들이 동일하게 말하고 있다는 듯이 한 언어의 문법서와 사전을 편찬한다.

그러나 사실은 언어공동체에 속한 모두가 동일한 언어를 사용하고 있기 때문에 '국어사전'과 '국어문법'을 기술할 수 있는 것이 아니라, 거꾸로 '국어사전'과 '국어문법'의 존재 자체가 하나의 단일한 언어를 사용하는 균질적인 공동체를 상상할 수 있게 해주는 것인지도 모른다. 실제로 이 '국어사전'과 '국어문법'은 학교 교육 등을 통해 그 사회의 언어를 표준형, 규범형으로 단일화해가는 데에 매우 중요한 역할을 한다. 그런데 이 '국어사전'이나 '국어문법'의 편찬 작업은 구어(口語)의 문제보다 문어(文語) 규범의 통일에 더 결정적인 영향을 준다. 글을 쓰면서는 사전을 펼쳐보기도 하고 문법에 맞는 표현을 찾기 위해 고민하기도 하지만, 말을 하면서 그런 고민을 하는 경우는 거의 없기 때문이다.

1장과 6장에서 이미 언급했던 것처럼, 실제 발화에서는 지역과 계층, 세대와 젠더에 따른 수많은 변이가 발견되지만, 구어에 의해 '언문일치'되었다고 하는 근대의 문어에서는 그러한 변이가 자취를 감추고 만다. 구어를 기준으로 한다면 성립하기 어려운 균질적인 언어공동체가 근대의 '언문일치체' 문장에서는 이미 실현되어 있는 것이다. 지역적이고 계층적인 변이가 사라졌다는 것은 모두가 '동일한 언어'를 사용한다는 뜻이기 때문이다. 실제 발화에서는 만날 수 없는 균질적인 단일언어 사회가 근대의 '언문일치체' 문장에서는 이미 실현되어 있다는 사실은 근대 언어학이 상정하는 '언어'가 문어규범의 통일과 밀접한 관계에 있을 수 있다는 점을 시사한다. 그리고 이 문어규범의 통일에는 '국어사전'과 '국어문법'의 편찬과 더불어 우리가 지금까지 살펴본 표기법의 통일이 필수적인 것임은 두말할 필요가 없을 것이다.

아래에서는 소쉬르의 공시언어학과 주시경의 '국어문법'이 상정한 언어 및 언어공동체의 성격을 근대적인 문어규범의 형성이라는 관점에서 살펴보고 이들과는 구별되는 새로운 의사소통의 모델이 가능한지를 검토해보도록 하겠다.

1. 소쉬르와 근대 언어학

소쉬르의 공시언어학: '랑그'와 '사회'

유럽에서 시작된 근대적인 언어학은 전통적인 문헌학(philology)과의 대립을 통해 자기 정체성을 확립해나갔다. 문헌학은 고전문헌의 정확하고 올바른 해독을 목적으로 하는 학문이다. 서구의 고전이란 물론 고대 그리스와 로마 시대의 문헌을 말한다. 이러한 문헌학의 전통에 맞선 언어학자들은 자신들의 연구대상을 언어 그 자체로 설정했다. 그리고 그 연구방법론을 자연과학에서 찾았다. 19세기 중반에 활동한 비교언어학자 아우구스트 슐라이허가 문헌학자를 정원사에, 그리고 언어학자를 식물학자에 비유한 것은 당시의 언어학자들이 가지고 있던 문헌학과의 대결의식을 잘 보여준다.

즉, 슐라이허에 따르면 언어학자는 식물학자들이 식물을 연구하듯이 언어를 대한다는 것이다. 식물학자는 모든 식물의 조직을 개관하고 그 구조와 발전의 법칙을 연구하는 데에 비해 식물의 실용적이고 미적인 가치에는 전혀 관심이 없다. 한편 정원사에게는 식물의 실용적 가치, 즉 그 형태와 빛깔, 향기의 아름다움만이 관심의 대상이다. 문헌학자 역시 마치 정원사가 식물에 대해 그러는 것처럼 언어의 구조와 변화 법칙이 아니라 그것의 미적인 가치가 주된 관심사라는 것이다.[1]

그런데 이때 언어학이 연구의 대상으로 삼는 '언어의 법칙'이라는 것은 언어가 어떻게 변화해왔는가 하는 역사적인 법칙을 말한다. 즉, 그들이 관심을 가졌던 것은 언어의 역사였던 것이다. 그리고 이 언어의 변화, 발전은 마치 생물의 진화가 그러한 것처럼 인간이 의식적인 개입

---

1) 가자마 기요주, 김지환 옮김, 『19세기 언어학사』, 박이정, 2000, 122쪽.

이 허용되지 않는 자연법칙 같은 것에 의해 지배받는 것으로 여겨졌다. 인도에서 판사로 재직했던 윌리엄 존스가 1786년 그리스어, 라틴어, 산스크리트어가 하나의 공통 기원에서 갈라져나온 언어들일 가능성을 주장한 이래 인도유럽어의 공통 조어(祖語)에 대한 관심은 역사비교언어학의 주된 관심사였다.

그에 비해서 소쉬르가 제창한 일반언어학은 언어의 역사를 연구하는 '통시언어학(通時言語學)'과 당대에 발화되는 언어 구조를 연구하는 '공시언어학(共時言語學)'을 엄격히 구별했을 뿐만 아니라, 공시언어학의 중요성을 강조했다는 점에서 선배 세대의 역사언어학과는 구별된다. 또한 이전 세대가 자연과학을 모델로 했다면, 소쉬르는 사회과학을 언어학의 모델로 삼았다는 점에서도 그 이전의 언어학자들과 구별된다. 소쉬르 이전의 학자들은 언어에 인간이 개입할 수 없는 이유를 언어에는 자연법칙 같은 것이 있기 때문이라고 보았지만, 소쉬르는 사람이 언어를 함부로 좌지우지할 수 없는 이유를 언어의 사회적 속성에서 찾았다.

다윈의 진화론에 영향을 받았던 슐라이허가 자연과학 중에서도 생물학을 모델로 삼았다면, 소쉬르 역시 그 일원이기도 했던 소장문법학파가 음의 변화 법칙에 어떠한 예외도 있을 수 없다고 한 것은 물리학이나 화학에서의 법칙을 염두에 두었던 것이라 할 수 있다. 그러나 이들 모두 이러한 법칙을 통해 언어의 역사적인 변화를 설명하고자 했던 것이지 언어의 공시적인 상태를 기술하고자 했던 것은 아니다. 그에 비해 소쉬르가 공시언어학에서 해명하고자 한 것은 동시대의 사람들이 공유하는 언어의 일정한 구조, 즉 '랑그'였고, 그것은 '파롤'이라는 각 개인들의 개별적 발화와는 구별되는 것이었다.

랑그를 언어학의 진정한 대상으로 삼은 소쉬르는 선배들과는 달리 자연과학이 아니라 사회과학에서 연구의 방법론을 찾았는데, 특히 그는 경제학적인 개념들을 자주 사용했다. 예컨대 소쉬르는 언어학과 경제학이 모두 역사적 연구와 공시적 연구를 반드시 구분해야 한다면서 그 이유를 이 두 학문이 모두 '가치(價値, value)'를 다루는 학문이기 때문이라고 했다. 심지어 '기표'와 '기의'의 관계를 '노동'과 '임금'의 관계에 빗대기도 했다.

> 우리는 언어학을 각기 고유한 원칙을 지닌 두 분야(공시언어학과 통시언어학 - 인용자)로 나눌 수밖에 없었던 것이다. 그 이유는 언어학에서도 경제학에서와 마찬가지로 가치 개념에 직면하기 때문이다. 이들 두 과학에 있어서 문제되는 것은 상이한 질서에 속하는 두 사물 사이의 등가 체계이다. 즉 후자에 있어서는 노동과 임금, 전자에 있어서는 기의와 기표이다.[2]

소쉬르에 따르면, 어떠한 기호의 가치는 그것과 관계를 맺고 있는 다른 기호들과의 관계 속에서만 결정된다. 그리고 이것은 구조주의의 가장 중요한 명제이기도 하다. 그런데 이러한 사실을 설명하기 위해 소쉬르는 경제학에서의 가치 개념을 활용하고 있다. 상품의 가치가 그것 자체의 효용에 의해서가 아니라 공존하는 다른 재화들과의 관계 속에서 결정되는 것처럼 기호의 가치 역시 바로 그러한 방식으로 결정된다는 것이다. 언어학을 역사적인 것과 공시적인 것으로 엄격히 구분해야 하는 이유 역시 경제학에서처럼 가치가 특정 시점을 기준으로만 측정될 수 있기 때문이다.

그런데 만약 소쉬르가 공시언어학의 주요한 연구대상으로 삼은 '(기

---

2) 소쉬르, 최승언 옮김, 『일반언어학 강의』, 민음사, 1990, 98~99쪽.

호의) 가치'라는 개념이 경제학에서의 '(상품의) 가치'라는 개념에서 비롯된 것이라면, 소쉬르가 도입한 사회과학적인 방법론에서의 '사회'가 상품의 가치가 결정되는 '시장' 같은 것일 수 있다. 왜냐하면 상품의 가치는 개별적인 생산자나 소비자가 느끼는 효용감에 의해서 결정되는 것(사용가치)이 아니라 시장에서의 교환을 통해 비로소 확인되는 것(교환가치)이기 때문이다. 소쉬르가 개별적이고 구체적인 발화, 즉 파롤을 배제하고 랑그라는 '사회적인 것'만을 언어학의 진정한 대상으로 삼은 것 역시 그러한 맥락에서 이해해야 할 것이다. 소쉬르의 『일반언어학 강의』를 처음으로 번역한 일본의 언어학자 고바야시 히데오는 소쉬르의 '가치'가 경제학에서의 '교환가치'에 해당한다는 사실을 힘주어 강조한 바 있다.[3]

언어가 자연법칙과 같은 것에 의해 지배받는다고 보았던 선배 세대와 달리 소쉬르는 인간이 언어를 함부로 좌지우지할 수 없는 것은 언어가 '사회적인 것'이기 때문이라고 했다. 그런데 그 언어의 '사회적 속성'이 바로 시장에서의 상품 거래를 염두에 둔 것일 수 있다는 사실을 우리는 어떻게 받아들여야 할까?[4]

우선 소쉬르가 말을 주고받는 의사소통 행위를 시장에서의 교환 행

---

3) 小林英夫, 「經濟学と言語学」, 『小林英夫著作集』 第1卷, みすず書房, 1977, 182쪽. 이 밖에도 E.F.K. 겔너, 山中桂一 訳, 『ソシュールの言語論: その淵源と展開』, 大修館書店, 1982, 68~71쪽 역시 소쉬르의 일반언어학에 미친 경제학의 영향을 설명하고 있다. 김병문, 『언어적 근대의 기획』, 소명출판, 2013, 132~135쪽에서는 '사용가치-교환가치'와 '구체노동-추상노동'이라는 정치경제학의 개념쌍을 소쉬르의 '파롤-랑그'라는 개념쌍과 비교한 바 있다.

4) 사실 언어를 '사회적인 것'으로 본 소쉬르의 견해는 뒤르켐의 '사회적 사실(social fact)'이라는 개념과 연관 지어 이해하는 것이 일반적이다. 김방한, 『소쉬르: 현대 언어학의 원류』, 민음사, 1998, 68~71쪽 참조. 그러나 경제학을 배경으로 한 '(상품의) 가치'라는 개념처럼 소쉬르의 일반언어학에서 핵심적인 역할을 하는 사회학적인 개념을 발견하기란 쉬운 일이 아니다.

위와 유사한 것으로 인식했을 수 있다는 점을 지적할 수 있겠다. 시장에서 정해진 상품의 가격을 인정한다면 전혀 알지 못하는 사람들 사이에서도 순조롭게 등가교환이 이루어지듯이, 이미 '사회적'으로 공인된 규칙('랑그)에 따르기만 한다면 그 누구와도 아무런 문제 없이 말을 주고받을 수 있기 때문이다. 시장에서 형성된 가격이 예컨대 정부나 국가와 같은 경제 외적인 요소에 의해서가 아니라 '보이지 않는 손'에 의해 결정되는 것처럼, 언어공동체의 각종 언어적 규칙 역시 특정인에 의해 인위적으로 만들어지는 것이 아니고 '사회적'으로 합의된 것이다.

그런데 상품의 가격은 시장에 따라 다르고 근대 이후 이 시장의 경계는 대체로 국민국가(nation-state)와 일치했다. 그리고 가격의 결정에 이 국민국가가 직접 개입하는 것은 예외적인 현상이었겠지만, 화폐의 발행이나 상품 거래를 위한 표준의 설정은 온전히 국가의 몫이었다. 흥미로운 것은 이러한 문제가 근대 국민국가의 언어정책에서도 유사한 형태로 확인된다는 사실이다.

소쉬르 이후의 언어학자들은 '사회'를 무심코 민족이나 국가 같은 것으로 보았고, 그 결과 랑그는 한국어, 일본어, 프랑스어, 독일어와 같이 각 민족이나 '국어' 같은 것으로 여겨졌다. 그런데 언급한 바와 같이 근대 국민국가의 경계는 사실상 개별 화폐가 유통되는 시장의 범위와 일치했다. 그리고 이 시장과 민족국가의 경계는 근대적인 인쇄·출판물이 유통되는 범위를 알려주는 것이기도 하다. 각 민족어로 쓴 서적들은 근대에 들어 비로소 본격적으로 전국적인 규모의 시장에서 유통되기 시작했고, 따라서 그 문어규범의 통일이 절실히 요청되었다. 지적한 바와 같이 '언문일치체'에 의해 통일된 이 근대적 문어는, 랑그가 상정하는 것과 같은 균질적인 언어공동체를 상상할 수 있게 한 것이기도 하다. 이것이 바로 소쉬르의 '랑그'를 민족국가 단위의 시장과 문어규범의 통일이라는 측면에서 살펴보아야 하는 이유이다.

균질적 언어공동체와 문어규범의 통일

프랑스의 사회학자 부르디외는 『언어와 상징권력』이라는 책에서 소쉬르와 촘스키 같은 이들의 언어 이론을 신랄하게 비판하면서 이들이 '언어적 공산주의'에 대한 환상에 빠져 있다고 했다.[5] '파롤'에 대비되는 소쉬르의 '랑그', '언어수행'에 대비되는 촘스키의 '언어능력'이라는 개념이 모두 완벽하게 이상적이고 평등한 화자와 청자를 상정하고 있다는 것이다. 그리고 이는 그들이 '언어'를 자연적으로 그냥 주어지는 것으로 간주하기 때문에 벌어지는 문제라고 지적한다.

그는 예컨대 소쉬르가 랑그라는 개념을 통해 제시하는 언어가 방언과 대조를 이루는 '공용어'의 속성을 보여준다고 지적한다. 랑그가 말하는 이들과 그들의 말하기, 즉 파롤의 외부에 존재하면서 그러한 개별적인 변이에 대해 올바른 소통의 코드로 기능하기 때문이다. 그런데 이러한 기능을 하는 언어는 처음부터 있는 그대로 존재하는 것이 아니라 특정한 정치적 권위를 통해 만들어진다는 것이다. 부르디외는 그러한 사실을 근대의 프랑스어가 '파리의 교양 있는 사람들'의 말을 중심으로 통일되어가는 과정을 통해 보여준다. 물론 프랑스 혁명 이후 파리를 중심으로 한 언어의 통합이라는 주제는 그리 새로운 것이 아니다. 그의 논의에서 주목해야 할 부분은 이러한 언어적 통합이 재화를 생산하고 유통하는 시장의 통합과 직접적으로 연결되어 있다는 점,[6] 그리고 이

---

5) 피에르 부르디외, 김현경 옮김, 『언어와 상징권력』, 나남, 2020, 37쪽.
6) 이때의 시장은 일반적인 의미의 경제적 재화뿐만 아니라 문화적인 재화들의 생산

러한 통합 과정에 의해 비로소 랑그가 상정하는, 완전히 이상적인 화자와 청자들이 공유하는 그러한 '언어'가 제기될 수 있다는 점을 지적했다는 데에 있을 것이다.

소쉬르의 랑그라는 개념은 사실 언어학 내에서도 비판적 검토의 대상이 되곤 한다. 기존의 언어학적 전통에 의문을 제기하는 경우에 특히 그러한데, 예컨대 영국의 비판적 담화분석 연구자인 페어클라우프는 "이 랑그라는 개념이 '국어(national language)의 신화'가 정점에 이른 시기인 20세기 전환기에 출현한 것이 과연 우연이었을까?"라고 질문한 바 있다. 소쉬르는 랑그를 한 사회 전체에 걸쳐 균질적인 것처럼 기술했고, 그 이후의 언어학자들 역시 마치 균질적이고 단일한 '영어', '독어', '프랑스어', '러시아어' 같은 것이 있는 듯이 사전을 편찬하고 문법서를 집필하지만, 사실 그들이 대상으로 하는 것은 표준어일 뿐이며 표준어의 형성은 국민국가에 의해 수행되는 경제적, 정치적, 문화적 통일의 일부라는 것이다. 심지어 그는 '하나의 언어는 육군과 해군을 지닌 방언'이라고도 정의할 수 있다며 근대의 국민국가와 랑그라는 개념이 맺고 있는 내밀한 관계를 냉소하기도 했다.[7]

실제로 '언어'와 '방언'의 경계를 순수하게 언어학적으로 가르는 것이 매우 곤란한 문제라는 점이 종종 지적되곤 한다. 서로 별개의 언어인가, 아니면 한 언어의 방언인가를 결정하는 언어학적 기준은 두 화자가 의사소통 가능한지를 따지는 '상호 이해도(mutual intelligibility)'이다. 즉, 서로 의사소통이 불가능하다면 별개의 언어이고, 가능하다면 방언적인 차이라는 것인데, 이러한 기준에 들어맞지 않는 예외적인 경우가

과 유통까지 포괄하는 상징 재화 시장이다. 부르디외, 앞의 책, 49~53쪽.

7) 노먼 페어클라우프, 김지홍 옮김, 『언어와 권력』, 도서출판 경진, 2011, 59~61쪽.

많다. 예를 들어 독일과 네덜란드 접경지역에 사는 독일어 방언 화자는 인근의 네덜란드 방언 화자와는 의사소통이 가능한 경우가 있지만, 오히려 스위스나 오스트리아의 독일어 방언 화자와는 의사소통이 되지 않는다는 것이다. 이 경우 '상호 이해도'라는 기준은 아무런 쓸모도 없다. 상호 이해 가능한 두 언어(독일어-네덜란드)와 상호 이해 불가능한 한 언어의 두 방언(독일어)이라는 역설적 상황이 발생하기 때문이다.

그렇다면 이와 같은 경우에 언어와 방언의 경계는 무엇을 기준으로 하는가? 이에 대해 사회언어학자 트러질은 이때의 화자들이 무엇을 '옳은 것'으로 생각하는가 하는 규범의식을 언급한 바 있다. 즉, 독일과 네덜란드 접경 지역의 두 화자가 비록 각자의 말로 상호 이해가 가능하더라도 그들이 생각하는 '올바른' 형태는 각각 표준 독일어와 표준 네덜란드어라는 것이다.[8] 이러한 사실은 읽고 쓰기의 영역, 즉 문어의 세계를 떠올리면 더 분명해진다. 구어에서 상호 의사소통이 가능하던 독일어와 네덜란드의 방언 화자는 문어의 영역에 진입하자마자 의사소통 불능 상태에 빠지고, 반대로 구어에서 상호 의사소통이 불가능하던 각 지역의 독일어 방언 화자들은 문어의 세계에 진입하는 순간 의사소통 불능의 상태가 완전히 해소되는 것이다.

이는 물론 '국어사전'과 '국어문법'의 편찬, 그리고 표기법의 통일이라는 근대 국민국가 특유의 언어규범화가 없었다면 가능하지가 않은 일이다. 랑그가 상정하는 균질적인 단일언어 사회의 허구성을 지적하며 '언어'의 정의에 군대라는 국가 장치의 존재를 포함해야 한다고 냉소했던 페어클라우프의 문제제기 역시 우리가 생각하는 '언어'가 자연

8) 피터 트러질, 이철수 옮김, 『사회언어학—언어와 사회』, 범한서적주식회사, 1986, 9~10쪽.

적으로 그냥 주어지는 것이 아니라 특수한 역사적 구성물임을 지적한 것이었다. 이는 물론 "보편화되어 있을지도 모르는 실질적인 불평등과 수탈에도 불구하고 민족이 언제나 심오한 수평적 동료의식으로 상상"된다는 점에서 민족을 '상상의 공동체'라고 한 베네딕트 앤더슨의 논의와도 무관치 않다. 이 상상에 결정적인 역할을 한 것이 바로 인쇄자본주의에 의한 '활자어(printed language)'였기 때문이다. 대화상으로는 서로를 이해하기가 어렵거나 불가능했던 사람들이 신문을 포함한 다양한 인쇄물을 통해 서로 같은 언어권에 속한다는 사실을 깨닫고 "특정의 민족으로 상상된 공동체의 싹을 형성"할 수 있었던 것이다.[9]

균질적인 언어공동체를 가정하는 소쉬르의 '랑그'라는 개념은 따라서 표기법을 포함한 문어규범의 통일과 밀접한 상관관계를 맺고 있을 가능성이 크다. 균질적 언어공동체는 국민국가를 단위로 통일된 문어에서나 확인될 수 있는 것이기 때문이다. 이러한 문제의식을 바탕으로 해서 다음의 2절에서는 소쉬르의 '랑그'가 전제하고 있는 것과는 다른 의사소통 모델의 가능성을 검토해보고, 3절에서는 이질적이고 다양한 공동체를 전제하는 표기양식은 불가능한지를 살펴보겠다.

앞서 소쉬르가 생각한 '사회적인 것'이 시장에서의 상품교환 같은 것을 염두에 두었을 가능성을 언급한 바 있다. 그러나 교환은 시장에서의 등가교환만 있는 것은 아니다. 따라서 언어에 대한 새로운 관점은 바로 등가교환과는 다른 형태의 교환양식을 검토해보는 것에서부터 시작해야 할는지도 모른다.

---

9) 베네딕트 앤더슨, 윤형숙 옮김, 『상상의 공동체: 민족주의의 기원과 전파에 대한 성찰』, 나남출판, 2002, 27쪽 및 73쪽.

2. 새로운 의사소통 모델의 가능성

등가교환의 의사소통 모델

가라타니 고진은 『세계사의 구조』에서 세계사를 생산이 아니라 교환의 문제를 중심으로 해석해볼 것을 제안한 바 있다. 생산력과 생산관계로 규정되는 생산양식을 한 사회의 토대로 보고 이를 통해 역사의 발전법칙을 '발견'한 맑스의 사적유물론을 대신해 교환양식을 중심으로 세계사를 재구성해보자는 것이다. 그의 설명에 따르면 지금까지 있었던 교환양식에는 크게 보아 세 가지가 있다. 증여와 답례로 이루어지는 교환, 착취와 보호라는 형식의 교환, 그리고 현재 가장 일반적인 것으로 여겨지는 등가교환이 바로 그 세 가지 교환양식이다.

'증여-답례'에 기반한 교환은 말리노프스키나 모스와 같은 인류학자들에 의해 알려진 바와 같이 주로 부족사회에서 보편적이었던 것이다. 그러나 친구들끼리 서로의 생일날 선물을 주고받는다거나 어렵고 힘든 일을 당한 지인을 위로하고 이런저런 도움을 주는 일 등에서 보듯이 여전히 남아 있는 교환의 한 형태이다. 그런데 이 교환은 증여를 하는 사람이나 답례를 하는 사람이나 모두 이를 의무로 받아들이고 이 의무를 행하지 않았을 때 비난의 대상이 된다는 특징이 있다.('친구가 곤경에 빠졌는데 모른 척하다니, 참 몹쓸 사람이네!') 그리고 이때는 교환의 대상 그 자체보다 교환이 이루어지는 과정과 절차가 더 중요할 때가 많아서 그 교환의 형식 자체가 일정한 의례(儀禮)나 의식(儀式)처럼 굳어지기도 한다.

'착취-보호'에 기반한 교환은 부족사회와 같은 여러 공동체를 포괄하는 초월적인 권력이 요청되는 고대국가에서 필수적인 것이라고 한다. 국민은 국가에 세금을 납부해야 하는 대신에 국가는 외부의 침략이나 내부적인 약탈로부터 국민을 보호할 의무를 갖게 된다. '착취'를 교환의 일부로 볼 수 있는가 하는 문제가 제기될 수 있겠으나, 유형무형의 재화나 서비스를 서로 주고받는다는 점에서는 분명 교환의 한 형태로 간주할 수 있을 것이다. 그리고 고대국가가 이와 같이 여러 이질적인 공동체를 초월하는 권력을 행사할 수 있게 되는 것은 기독교, 불교, 이슬람교와 같은 세계종교가 제국의 보편적 이념으로 채택되는 현상과도 관련이 있다.

등가교환이란 동일한 가치를 갖는 상품을 서로 주고받는다는 것인데, 물론 근대 이후의 시장경제에서 가장 일반적인 교환 형태이다. 우리가 실제로 경험하는 등가교환은 대체로 일정한 양의 화폐를 내고 동일한 가치를 지니는 상품을 건네받는 것이다. 그런데 이 등가교환에서 상품의 가치는 생산자나 소비자가 결정하는 것이 아니라 시장이라는 '보이지 않는 손'에 의해 결정된다. 따라서 거래 당사자가 누구인지, 그 상황과 맥락이 어떤 것인지는 원칙적으로 아무 문제가 되지 않는다. '증여-답례'로 이루어지는 교환이 그 교환에 참여하는 사람의 '관계'가 핵심적인 요소인 것과는 큰 대조를 이룬다.

앞서 언어를 '사회적인 것'으로 본 소쉬르의 일반언어학이 상정한 사회가 상품의 가치가 결정되는 장소인 시장을 염두에 둔 것일 가능성을 언급한 바 있다. 물론 시장에서의 이 거래는 등가교환이다. 그런데 우리가 현재 상식적으로 이해하는 의사소통 행위 역시 등가교환과 유사한 측면이 있다. 다른 무엇보다도 등가교환에서처럼 의사소통에 있어서도 말을 주고받는 구체적인 행위에 앞서 여기에 참여하는 당사자들이 일정한 가치체계를 공유하고 있어야 의사소통이 가능하다는 사실을 전제하고 있다는 점이 그렇다. 물론 등가교환에서 공유되는 가치 체계는 시장에서 결정되는 것이고, 의사소통 행위에서 공유되는 가치 체계는 소쉬르의 랑그와 같은 것이다.

예를 들어 어떤 사람(A)이 옆에 있는 사람(B)에게 전달하고자 하는 내용(C)이 있어서 이를 언어적으로 표현(D)하는 상황을 가정해보자. 화자 A는 내용 C를 곧바로 청자 B에게 전달할 수는 없다. C는 본인의 머릿속에 있는 생각일 뿐이기 때문이다. 따라서 C를 일정한 규칙을 사용해 언어적 표현 D로 변환해야 하는데, 이 규칙이란 특정 어휘는 어떤 의미를 담고 있고 각각의 어휘들은 어떤 방식으로 결합하여 문장을 구성하는가 등에 관한 것이다. 그리고 청자 B 역시 화자 A가 사용한 바로 그 규칙을 사용해 언어적 표현 D를 내용 C로 변환하여 이해할 때 비로소 화자 A는 자신이 말하고자 한 내용 C를 청자 B에게 전달한 것이 된다.

이 과정에서 핵심적인 것은 바로 전하고자 하는 내용 C를 언어적 표현 D로, 그리고 이 D를 다시 C로 변환할 때 사용되는 규칙이다. 이 규칙을 화자 A와 청자 B가 공유하고 있을 때에만 비로소 의사소통이 가능해지기 때문이다. 양자의 규칙이 동일하다면 애초에 화자 A가 생각했던 내용 C와 청자 B가 해석한 내용 C가 완전히 등가(等價)의 상태를 이루게 될 것이다. 의사소통 행위 이전에 이미 합의된 이 규칙을 '코드' 라고 한다면 이상의 내용은 오른쪽 페이지의 그림으로 표현될 수 있을 것이다.

화자 A가 전달하려는 내용 C를 언어적 표현 D로 변환(코드화, encoding)하고 청자 B가 다시 이 언어적 표현 D를 내용 C로 변환(탈코드화, decoding)하는 과정에서 핵심적인 역할을 하는 규칙(코드) 자체는 이

화자(A) ·················· 표현(D) ·················· 청자(B)
　(encoding)　　　　　　(decoding)
내용(C)　　　　　　　　　　　　　　　　　　내용(C)

의사소통 행위 과정에서 명시적으로 드러나는 법이 없다. 의사소통을 가능하게 하는 이 규칙(코드)은 화자와 청자가 공유하고 있는 것이기는 하지만, 그들이 수정하거나 변경할 수 있는 것도 아니어서, 그들은 그것에 따를 때에만 의사소통에 성공할 수 있다. 이는 마치 상품의 등가교환이 성공적으로 이루어지기 위해서는 시장에서 형성된 상품의 가치, 즉 가격을 받아들여야 하는 상황과 유사하다. 구체적인 의사소통 행위의 외부에 있으면서 그 의사소통 행위를 규정하는 이 규칙, 코드가 바로 소쉬르의 랑그이고 언어학자들이 규명하려는 연구대상이기도 하다.

　그러나 위의 그림은 화자 A로부터 청자 B에게로 언어적 표현이 전달되고 이를 이해하는 과정만을 나타낸 것이므로, 상호작용을 전제로 하는 의사소통 행위의 일면만을 보여준다. 아무리 작은 규모라 하더라도 의사소통 행위는 한 방향의 의사 전달만으로는 완성되지 않는다. 반드시 청자 쪽에서의 반응을 포함해야 한다. 즉, 청자 B가 화자 A의 발화에 대해 반응을 보여 이제 청자와 화자의 역할을 바꾸어 반대 방향으로 진행되는 표현과 이해의 과정이 이루어졌을 때 비로소 의사소통의 한 단위가 완성되는 것이다. 따라서 위의 그림은 동일하게 진행되는 반대 방향의 표현과 이해의 과정 하나를 생략한 것이라 할 수 있다.

　특정한 언어적 표현의 의미 내용을 결정하는 것이 구체적인 의사소통 행위 외부에 존재하는 랑그, 또는 사전이나 문법서와 같은 것이라는 위의 의사소통 모델이 갖는 문제점은 의사소통에 참여하는 당사자들과 그들의 관계, 그리고 그러한 행위가 이루어지는 조건이나 맥락을 완전히 주변화시킨다는 데에 있다. 다시 말해 위의 모델에서는 발화된 특정 언어 표현의 의미를 해석하는 데에 있어 말하는 사람과 듣는 사람이 누구인지, 그들의 관계가 어떠한지, 발화 상황이나 조건은 어떠한지 등이 아무런 영향을 미치지 못한다는 것이다. 마치 등가교환에서 상품의 가치가 구체적인 교환 행위 이전에 이미 시장에서 형성된 가격에 의해 결정되어 있는 것처럼.

그러나 의사소통의 성패를 가르는 것이 과연 언어적 표현을 완성하는 데에 얼마나 정확하고 올바른 규칙을 사용했는가의 여부일 뿐일까? 오히려 그 표현이 화자와 청자의 관계, 그리고 그 당시의 상황과 맥락에 얼마나 적절한 것인가가 더 핵심적인 문제인 것은 아닐까. 그러나 위와 같은 의사소통 모델에서는 그러한 점이 핵심적인 사항으로 다루어지기 어렵다.

'증여-답례'에 기반한 의사소통 모델의 가능성

현재의 언어학 이론이 가정하는 교환의 모델이 등가교환에 가까운 것이라면, 다른 교환양식을 의사소통의 모델로 검토해볼 수는 없을까. 그런 점에서 '증여-답례'에 기반한 교환양식은 여러 가지 시사하는 바가 있다. 우선 증여와 답례로 이루어지는 교환에서는 등가교환에서와는 달리 예컨대 선물을 주고받는 사람들이 동일한 가치체계(재화의 가치를 결정하는 체계)를 공유하지 않는다 하더라도 얼마든지 교환 행위가 일어날 수 있다. 물론 서로가 일정한 가치체계를 공유한다면 교환이 좀더 원활히 일어날 가능성은 있겠지만, 서로의 가치체계가 일치하지 않은 상태에서도 교환은 가능하며, 오히려 교환이 일어난 뒤에 상대방의 가치체계를 사후적으로 확인하고 그것을 통해 상대를 파악하게 되기도 한다.

심지어 '신대륙'에 처음 당도한 유럽인들과 거기에 원래 살고 있던 사람들처럼 완전히 처음 만난 이들 사이에서도 '증여-답례'에 기반한 교환은 가능하다. 각자의 가치체계에 따라 선물을 전하고, 상대방의 건넨 선물을 통해 그들을 이해하게 되는 것이다. 따라서 아무리 이질적인 집단들 사이에서도 교환의 가능성은 언제든지 열려 있다. 시장에서의 등가교환이 교환에 참여하는 사람들이 모두 동의하는 가치체계를 전제로 하고 있는 데에 비해, '증여-답례'에 기반한 교환은 그러한 균질적인 집단을 상정할 필요가 전혀 없다는 데에서 큰 차이가 있는 것이다. 그리고 이렇게 이질적인 사람들 사이에서 이루어지는 교환은 이들 전체를 규정하는 공통의 규칙이 없기 때문에 교환이 일어나는 상황과 맥락을 면밀히 관찰해야만 그 행위의 의미를 파악할 수 있게 된다.

사실 '증여-답례'에 기반한 교환에서는 오가는 물건 자체보다도 교환이 일어나는 절차와 조건, 형식 등이 더 중요할 수 있다는 특성이 있다. 시장에서의 등가교환이라면 그것이 내게 전달되는 과정이나 그것을 에워싸고 있는 포장지보다는 그 안의 내용물이 정확한지가 우선이다. 그러나 그것이 축하나 감사, 혹은 사과의 의미를 담은 선물이라면 그 내용물 못지않게 그것이 전달되는 방식이나 그것이 어디에 담겨 있는가 역시 중요하다. 홈쇼핑에서 주문한 물건이라면 현관 앞에 던져져 있어도 내용물만 상하지 않았다면 문제가 되지 않겠지만, 내 앞에 신경질적으로 내던져진 무언가가 축하나 감사의 의미를 담은 선물이 되기는 어려울 것이다. 반대로 증오나 경멸을 표하기에는 더할 나위 없이 적절할 것이다.

'증여-답례'에 기반한 교환이 갖는 또 다른 중요한 특성은 등가교환에서와 달리 교환 당사자들의 관계가 대단히 중요한 역할을 한다는 것이다. 시장에서의 등가교환이라면 교환의 당사자가 누군인가가 그리 중요하지 않아서 거래 당사자의 관계에 따라 상품의 가치가 달라지는 일은 없다. 그러나 '증여-답례'에서는 교환 당사자가 누구인가, 그들이 어떤 관계인가가 핵심적인 의미를 지닌다. 교환에 참여하는 사람들의 관계에 따라 똑같은 물건이 사랑의 징표가 되기도 하고 배신의 징조로 읽히기도 한다. 더욱 결정적으로는 '증여-답례'에 기반한 교환은 그 교환의 목적 자체가 새로운 관계 맺음이나 기왕에 맺었던 관계의 유지·강화를 위한 것이라는 점에서 등가교환과는 구별된다.

　즉, 기념할 만한 물건을 주고받는 일, 또는 누군가를 찾아가며 빈손으로 가지 않고 구태여 무언가를 사들고 가는 일, 불쑥 찾아온 사람을 내치지 않고 환대하는 일 등은 이전의 관계를 계속 유지하겠다는 의지의 표현이고 경우에 따라서는 이제부터 새로운 관계를 맺기 위한 시도이기도 하다. 교환 자체가 관계의 형성과 유지, 관리라는 차원에서 이루어진다는 것이다. 그러나 등가교환에서는 관계의 형성이나 유지 같은 것이 본질적인 요소가 전혀 아니다. 이때의 교환은 시장에서 형성된 가치체계에 따라 각자의 이익을 극대화하기 위한 것이지 당사자들의 관계에 영향을 받는 것은 아니다. 둘 사이의 신뢰 관계가 등가교환을 원활하게 할 수는 있겠지만, 교환 자체가 그 신뢰관계의 유지나 관리를 위한 것일 수는 없다.

　그러한 점에서 의사소통 행위를 '증여-답례'에 기반한 교환양식에 비추어 사고한다는 의미는 분명해진다. 의사소통이라는 상호작용 자체가 관계의 형성, 유지, 발전 등을 본질로 한다고 할 수 있기 때문이다.

그 과정에서 형성된 우애, 연대 의식 등이 바로 공동체를 형성하는 힘이 될 터이다. 반면에 앞서 살펴본 등가교환에 입각한 해석에서 의사소통은 단지 정보의 전달이라는 측면만이 설명될 수 있을 뿐이다. 이때 이들 간에 형성되는 어떤 감정은 부차적이거나 예외적인 현상일 뿐이다. 이때 사회는 의사소통 이전에 미리 주어져 있어야 하는 요소이다. 의사소통을 통해 우애와 연대에 기반한 다양한 공동체가 구성될 수 있다는 점은 설명하기 어렵다.

등가교환에 입각한 의사소통에서는 언급한 바와 같이 코드화 및 탈코드화 작용을 통해 정보를 전달하는 것만을 목적으로 하기 때문에, 양자가 동일한 규칙(코드)을 공유하고 이를 올바르게 사용했다면, 의사소통이 벌어지는 상황이나 맥락, 참여자들이 어떠한 사람인지가 아무런 문제가 되지 않는다. 그러나 의사소통은 올바른 어휘를 문법에 어긋나지 않게 배열한다고 해서 성공적으로 이루어지는 것이 아니다. 사과나 사죄의 발언을 수없이 한다고 해도 그 과정이나 절차가 온당치 않거나 사죄를 하는 쪽에게 요구되는 것들이 갖추어지지 못했을 때 그 발언은 사죄의 효과를 발휘하지 못한다. "내일 또 보자!"라는 문장이 화자와 청자의 관계, 발화의 상황과 조건에 따라 헤어지기 아쉬운 연인들의 애틋한 다짐이 될 수도, 늘 반복하는 대수롭지 않은 인사가 될 수도, 상대를 감쪽같이 속이려는 사기가 될 수도, 살해의 위협이 담긴 협박이 될 수도 있다는 사실을 등가교환에 입각한 의사소통 모델로는 설명하기가 어렵다.

더 나아가 필요한 조건을 갖추고 적절한 절차를 거칠 경우 발화는 정보전달을 뛰어넘는 공적인 영향력을 발휘하기도 한다. 누군가가 어느 뱃머리에 서서 "나는 이 배를 '퀸엘리자베스호'로 명명하노라!"고 했을 때 그는 누군가에게 정보를 전달한 것이 아니다.[10] 그와 그의 발화가 필요한 조건을 갖추었다면, 그때부터 그 배의 이름은 '퀸엘리자베스호'가 되어 사람들에게 그렇게 불리게 될 것이다. 그는 누군가에게 정보를 전달한 것이 아니라, 사물에 이름을 붙이는 명명(命名) 행위를 한 것이다. 물론 그것은 아무나 아무 때나 할 수 있는 행위가 아니다. "대통령 ○○○을 탄핵한다"라는 발화가 필요한 조건을 갖춘 인물(헌법소 재판관)에 의해 적절한 절차(탄핵 심판)를 밟아 수행된 것이라면, 비록 발화 자체가 일으키는 물리적 변화는 아무것도 없음에도 불구하고, 그 발화는 세계를 이전과는 다른 의미로 재조직한다. 마치 주고받은 선물에 의해 두 사람이 이전과는 전혀 다른 단계의 관계(친구, 연인, 적…)로 진입할 수 있는 것처럼.

언어철학자 설은 규칙을 '규정적(規定的, stipulative)인 것'과 '조성적(造成的, constitutive)인 것'으로 나누고, 언어에 의해 이루어지는 행위를 해석할 때에는 후자가 고려되어야 한다고 주장한 바 있다. 규정적인 규칙은 예컨대 '실내에서는 마스크를 쓴다'와 같이 해야 할 행위를 규정해주는 규칙이다. 이에 비해 조성적인 규칙은 이것에 의해 특정한 의미의 행위가 생겨날 수 있게 하는 것으로, 예컨대 야구경기에서 '투수가 던진 공이 일정한 위치를 통과하면 스트라이크로 인정한다'와 같은 규칙이다. '스트라이크를 던져!'라는 식으로 해야 할 행위를 정해주는 것이 아니라 지금 던진 공이 스트라이크인지 볼인지를 판단할 수 있게 하는, 다시 말해 그 행위의 의미를 판별해주는 그런 규칙인 것이다. 그리고 설은 이러한 규칙이 'C라는 맥락에서 X라는 행위를 Y의 의미로

---

10) 이것은 물론 오스틴이 화행(話行)의 속성을 설명하기 위해 든 유명한 예이다. 오스틴, 김영진 옮김, 『말과 행위』, 서광사, 1992, 26쪽.

본다'와 같은 특성을 갖는다고 보았다.[11]

등가교환에 기반한 의사소통 모델에서 일정한 언어 표현 X는 어떠한 조건이나 맥락에서도 언제나 X일 뿐이다. 동일한 문장이 발화의 조건과 맥락에 따라 약속, 인사, 사기, 협박이라는 서로 다른 행위가 '되는' 일을 설명할 수 없다. 그 발화의 의미를 해석하기 위해서는 발화 이전에 이미 결정되어 있는 랑그, 혹은 '국어사전'이나 '국어문법'에 조회해보는 일밖에 더는 할 일이 없다. 그러나 '증여-답례'에 입각한 의사소통 모델에서라면 의미는 행위 이전에 이미 결정될 수 있는 것이 아니라, 발화가 일어나는 상황과 조건, 그리고 참여자들의 관계에 의해 비로소 알 수 있다. 즉, 특정한 발화는 일정한 조건에서 비로소 약속이나 인사, 혹은 사기나 협박이라는 행위가 '되는' 것이다.

이러한 관점에서 의사소통에 접근한다면 이는 기존의 언어학과는 상당히 다른 것이 될 터이다. '어떤 사람들'은 '이러저러한 상황'에서 '어떻게' 말하고, 그것은 '어떤 효과'를 발휘하는가와 같은 것을 연구의 주제로 삼아야 할 것이기 때문이다. 인문학을 하는 사람들이 논문을 쓸 때, IT 기업에서 일하는 직장인들이 회의에서, 사회인 야구동호회의 회원들이 시합 때, 1980년대에 대학을 다닌 관리자가 회식 자리에서…. 당연히 이때의 언어학은 균질적 언어공동체를 상정하지 않고, 따라서 발화자의 지역과 계층, 발화의 상황과 조건이 특정되지 않는 '한국어의 특성은 무엇인가'와 같은 문제가 진지한 논의의 주제가 되기도 어려울 것이다.

이러한 언어 연구는 기존의 언어학보다는 오히려 인류학의 한 분야인 의사소통의 종족지학(ethnography of communication)에 더 가까울지

---

11) 설, 이건원 옮김, 『언화행위(speech act)』, 한신문화사, 1987, 37~41쪽.

도 모른다. 당연히 이때의 '종족적인(ethnic) 것'이란 혈연이나 인종 같은 자연적인 것은 물론이고 민족이나 국민(nation) 같은 것일 수도 없다. 이질적 존재들 사이에 다양한 형태로 공존하는 이른바 '조성적 규칙'을 찾아내는 일이 새로운 의사사통 모델에 입각한 언어 연구가 될 터이다. 이는 아마도 소쉬르가 언어를 '사회적인 것'이라고 했을 때의 그 '사회'를 다시 생각하는 일에서부터 시작해야 할는지도 모른다.

이 책의 마지막 주제는 표기법의 통일이나 표준어의 설정 같은 문제를 이러한 관점에서 새롭게 볼 수는 없을까 하는 것이다. 앞에서 언급한 바와 같이 근대의 문어규범은 균질적인 언어공동체를 상상하는 데에 중요한 역할을 했다. 따라서 이질적인 언어공동체를 전제하는 표기법의 가능성을 검토하는 일은 새로운 의사소통의 모델을 모색하는 작업과 더불어 언어적 근대의 극복이라는 문제와도 무관치 않을 것이다.

3. '국어의 사상'을 넘어선다는 것에 대하여

주시경의 표기법과 '국어의 사상'

3장에서 언급한 바와 같이, 주시경은 1908년에 출간한 『국어문전 음학』에서 '국문'은 '국어'를 있는 그대로 반영해야 하는 그림자요 사진이어야 하는데, 그가 볼 때 당시의 '국문'은 '국어'를 제대로 반영하고 있지 못하다고 주장했다. '국어'는 종성에도 'ㅈ, ㅊ, ㅋ, ㅌ, ㅍ, ㅎ' 등은 물론이고 'ㄲ, ㄿ, ㅀ, ㅄ, ㅀ, ㄳ' 같은 소리들 역시 엄연히 존재함에도 불구하고 글에서는 이런 것들을 받침으로 쓰지 않기 때문이었다. 주시경은 귀에 실제로 들리는 '[만는], [맏꼬], [마타]'와 같은 소리는 '임시의 음'일 뿐이며, 이들을 가능하게 하는 '본음'과 '원체'를 밝혀 적는 것이 '법식'에 맞는 것이고 '국문'을 '국어'대로 적는 것이라고 보았다.

그런데 이 '본음'과 '원체'는 이미 여러 차례 지적한 바와 같이 추상적 층위에 존재하는 것들이다. 예컨대 'ㅊ, ㅌ, ㅍ, ㅎ' 등은 종성으로는 절대로 실현될 수 없는 소리들이다. 다만, '[존는], [졷꼬], [조차]', '[만는], [맏꼬], [마타]', '[덤는], [덥꼬], [더퍼]', '[난는, 나코, 나아]'와 같이 구체적인 조건에 따라 달리 실현되는 개별적인 소리들로부터 '좋-, 맡-, 덮-, 낳-'를 추상해냈을 때 비로소 확인할 수 있는 것들일 뿐이다. 이는 귀로가 아니라 눈을 통해 시각적으로만 변별될 수 있는 것들인데, 주시경의 제자들은 이를 '표음문자의 표의화'라고도 설명했다.

주시경은 이렇게 '국어'의 '본음'과 '원체'를 세심하게 구분해나가는 작업이 바로 '국어문법의 사상'으로 우리를 인도한다고 했다. 따라서 주시경이 구상한 '국어문법'의 '국어'는 개별적이고 구체적인 발화가 아니라 '본음'과 '원체'와 마찬가지로 추상적 층위에 존재하는 것이라고 할 수 있다. 사실 현실발화에서 손쉽게 관찰되는 지역과 계층, 세대와 젠더에 따른 수많은 변이에도 불구하고 모두가 하나의 동일한 '국어문법'을 공유한다고 하는 생각은 구체적인 발화를 초월해서 존재하는 어떤 추상적 층위의 말, 즉 랑그와 같은 것을 상정하지 않고는 불가능하다. 주시경은 그러한 '국어'를 자신이 주장한 특유의 표기 원리인 '본음'과 '원체'로부터 도출해냈던 것이다.

'본음'과 '원체'라는 추상적 층위의 존재들을 통해 비로소 도달할 수 있었던 주시경의 '국어'는 1910년의 『국어문법』에 이르면 태고(太古)의 시기에까지 소급되기에 이르는데, 태곳적에 '장백산' 아래에서 울려퍼졌을 '국어'는 이제 독립과 자주의 근거가 되는 것이기도 했다. 즉, 주시경에 따르면 '천(天)'이 정해준 경계에 따라 각각의 지역에 독특한 사람들이 생겨나고 그들이 거기에 살면서 구별되는 언어를 말하게 되는 것이니, 각각의 일정한 지역이 독립의 기초[基]요 거기에 사는 사람들이 독립의 형체[體]이며 그들이 말하는 언어가 바로 독립의 본성[性]이 된다는 것이다.[12] 고유한 언어가 있다는 것은 그 고유한 언어를 말하는 사람들이 태고의 시대부터 그들만의 영역에서 면면히 살아왔다는 증거이며, 따라서 고유한 언어는 그것을 말하는 사람들이 독립과 자주를 이룰 근거가 된다는 뜻이다.

주시경이 이러한 생각을 본격적으로 펼치기 시작한 것은 『황성신문』에 발표한 「필상자국문언」에서부터이다. 이 글에서 그는 바다와 산, 강과 호수 등에 의해 자연적으로 구획된 일정한 지역에는 그곳의 독특한 기후와 풍토에 따라 인종의 구별이 생기고, 언어 역시 그 지역과 인종의 특성에 맞추어 자연적으로 발생한다고 설명했다. 그리고

---

12) 주시경, 『국어문법』, 박문서관, 1910의 '서(序)'.

이와 같은 고유한 언어와 문자의 존재가 그것을 사용하는 이들이 독립한 나라를 영유할 근거가 된다는 점에서 이 글의 취지는 위에 인용한 『국어문법』의 '서'와 일치한다. 그런데 『국어문법』의 '서'에는 '국어'가 발생한 지역이 바로 단군께서 '장백산', 즉 백두산 아래에 개국하신 고조선이라는 점이 명시되어 있다. 그리고 바로 그 '국어'에 의해서 단군의 신성한 정치와 종교가 4000여 년에 걸쳐 이 땅에 전해져 온다는 것이다.

추상적 층위의 존재로 설정된 주시경의 '국어'가 이제는 백두산 아래에서 울려퍼졌을 단군 시대의 고대어로까지 그대로 소급되어 올라간 것이다. 현실발화에서 손쉽게 발견되는 계층과 지역, 세대와 젠더에 따른 수많은 변이와 변종에도 불구하고 모두가 동일한 '국어'를 공유한다는 생각이 가능했던 것은 '국어'를 구체적이고 개별적인 발화가 아니라 추상적 층위에서 발견해냈기 때문이었거니와, 바로 그러한 이유로 해서 이제 주시경의 '국어'는 오천 년의 역사를 단숨에 뛰어넘어 상고시대의 언어와 동일시될 수 있었던 것이다. 현재의 언어와 태곳적의 언어가 '국어'로 동일시될 때 오천 년의 역사에 걸친 온갖 이질적 요소들은 모두 부차적인 것이 되어버리고 이들을 초월한 단일한 언어공동체가 가능하게 된다. 왕조의 교체나 신분의 격차는 물론이고 종교상의 변화나 생활 습속의 근본적인 변혁에도 불구하고 모두 '국어'를 말한다는 데서는 다르지 않은 그러한 공동체 말이다.

실제로 주시경이 『국어문법』을 집필할 무렵은 박은식이나 신채호 같은 이들이 개별적인 왕조 국가를 초월해 상고시대부터 면면히 이어져 온 민족적 동질성의 실체를 찾는 데에 열중하던 때이기도 하다. '국수(國粹)'와 '국혼(國魂)'이 바로 단군 이래의 민족적 정체성을 표현할 개념으로 제시된 것이었는데, '국어'는 언제나 이 '국수'와 '국혼'을 이루는 핵심적인 요소로 간주되었다. 이후 정인보는 이들의 '국수'와 '국혼'을 '얼'이라고 명명했거니와 그 역시 오천 년간의 조선의 '얼'을 규명하기 위해 한자의 더께 아래 꿋꿋하게 버텨온 조선의 고대어를 복원해내는 작업에 진력했다. 최남선을 비롯한 1920~30년대 조선의 고대사 연구는 대체로 '우랄-알타이어족설'을 중요한 기반으로 삼고 있었는데, 이는 기록된 문헌이 없는 선사시대의 역사를 복구하는 데에 한국어 계통론을 활용하는 것이 유용하다고 보았기 때문이다.[13]

이는 주시경이 자신의 '국어문법'을 백두산 아래에서 울려퍼졌을 단군조선의 '국어'에까지 소급한 것과 근본적으로는 다르지 않다. 균질적 언어공동체라는 관념이 표기법을 비롯한 근대 국민국가 특유의 언어규범화의 산물임에도 불구하고 그러한 균질적 공동체와 언어를 고대 사회에 그대로 투사한 것이기 때문이다. 물론 '국어문법'이 '국수'와 '국혼', 그리고 '얼'을 이루는 핵심적인 요소로 논의되던 시대적 상황을 우리는 잘 알고 있다. 계급적 불평등과 지역적 격차, 생활 습속의 이질성보다는 모두가 한 민족을 구성하는 평등하고 동등한 인민이라는 의식이 절실히 요청되던 시기였다. 그러나 그러한 의미의 '국어문법'이 현재에도 여전히 유효한지는 의문이다. 오히려 균질적 언어공동체를 가정하는 소쉬르의 '랑그'나 주시경의 '국어문법'은 다채롭고 이질적인 공동체의 존재를 보지 못하게 하고 결국에는 그들을 억압하는 역할을 하고 있는 것은 아닐까?

---

13) 김병문, 「정인보의 〈오천 년간의 조선의 얼〉을 통해 본 '얼'의 사상과 '국어'의 사상의 관계」, 『사회언어학』 29-3호, 2021 참조.

'국어사전'과 '국어문법'에서의 '연방제'라는 발상

이 책의 6장에서 우리는 '국어문법'을 기술한다는 것의 곤란함을 살펴본 바 있다. 주시경식 표기법을 두고 서로 대립하고 있었던 안확과 정렬모였지만, 일본을 경유해 도달한 서구의 근대 언어학적 관점을 토대로 '문법이란 현실의 언어를 있는 그대로 기술하는 것'이라고 역설하고 있었다는 점에서 둘은 서로 다르지 않았다. 그러나 현실의 언어를 있는 그대로 기술한다는 것은 그렇게 간단한 일이 아니었다. 현실에서 맞닥트리는 그 수많은 변이와 변종을 통일하지 않고는 '조선어 문법' 혹은 '국어문법'의 기술은 처음부터 불가능하기 때문이다. 이때 그들이 주목한 것은 이른바 '언문일치체' 문장이었다. 심지어 정렬모는 '국어'를 '언문일치'에 의해 통일된 문어라고 정의함으로써 식민지 시기의 조선어를 '국어'의 지위로 끌어올리기까지 했다.

구어에 의해 '점령'되었다는 이 '언문일치체'는 그러나 구어에서라면 반드시 드러나기 마련인 지역과 계층, 세대와 젠더에 따른 변이와 변종이 말끔히 사라진 균질적인 문장이다. '국어문법'의 기술은 물론이고 '국어사전'의 편찬 역시 바로 이러한 균질적인 언어를 전제하지 않고는 가능하지가 않다. 지역과 계층, 세대와 젠더에 따른 변이가 사라지고 남은 균질적인 언어는 물론 표준어의 설정, 기본적인 문장작법의 통일과 같은 근대 국민국가 단위의 언어규범이 작동한 결과이기도 하다. 그리고 그 언어규범화의 가장 기본적인 토대가 되는 것이 바로 이 책에서 다룬 표기법의 통일이다. '국수'와 '국혼', 혹은 '오천 년간의 얼'을 공유한다는 공동체 역시 이러한 균질적인 언어를 상정하지 않는다면 받아들여지기 어렵다는 점에서, 근대 국민국가 특유의 언어규범화가 미치는 영향력은 간단치가 않다.

〈통일안〉의 성립 전후에 있었던 사회적 논쟁을 다룬 이 책의 8장에서는, 〈통일안〉이 그 이전에 형성되었던 역사적 관습과 전통을 인정하지 않고 '과학적' 이론에 맞추어 그때까지의 표기법을 일거에 개혁하고자 했다고 지적한 바 있다. 사실 어느 언어권이든 표기법은 대체로 역사적 관습을 바탕으로 형성되는 것이 일반적이다. 우리의 경우처럼 언어학자들이 총론과 각론을 세심하고 촘촘하게 그것도 법조문의 형식으로 규정한 사례는 거의 찾아보기 어렵다. 물론 이는 전문가들의 '과학적' 이론에 입각해 있다는 점에서 합리적이고 일관성이 있다는 장점을 지닌다. 그러나 이러한 방식은 정작 문자 사용의 당사자들이 형성한 역사적 관습이나 전통을 존중하기가 어렵다는 문제가 제기될 수 있다.

물론 역사적 전통을 존중하는 표기법이라고 하더라도 다양하고 이질적인 집단들의 개별적인 관습을 모두 인정하기는 어렵다. 근대의 언어규범화는 어디까지나 국민국가를 단위로 이루어져왔을 뿐이라서, 복수의 관습이나 전통이 있다면 그 가운데 하나를 표준으로 설정하고 나머지를 비표준으로 낙인찍어왔기 때문이다. 그렇다면 '하나의 언어'에 서로 다른 이질적인 복수의 규범을 인정하여 결과적으로 비균질적인 언어로 구성되는 '국어사전'과 '국어문법'을 상정하는 것은 불가능한 일일까? 만약 이질적인 문어규범과 비균질적인 언어로 구성되는 사전과 문법이 가능하다면, 이때의 사전과 문법은 이질적 공동체의 존재는 물론이고, 더 나아가 이들 간의 상호 존중을 언어학적으로 표현한 것이라고도 할 수 있을 것이다.

그러한 관점에서 『겨레말큰사전』 편찬 작업을 주목할 필요가 있다고 생각한다. 『겨레말큰사전』은 잘 알려져 있다시피 2005년부터 남과 북의 언어학자들이 공동으로 집필에 참여하고 있는 사전이다. 비록 한반도를 둘러싼 대내외 정세의 변동에 따라 사전 작업의 진척도 부침을 겪고는 있으나, 꾸준히 원고 집필과 교열, 그리고 사전 편찬에 필요한 제반 작업이 수행되고 있다. 그런데 이 사전은 흔히 알려져 있듯이 남북의 언어를 하나로 통일하기 위한 것이 아니다. 남과 북의 서로 다른 말을 억지로 하나로 통일하기보다는 서로의 언어를 존중하고 이를 토대로 상호 이해와 소통의 가능성을 높이기 위한 작업이라 할 수 있다.

  일반적인 '국어사전'에서는 여러 변이형 가운데 어느 하나를 표준형으로 선정하고 그 나머지에는 비표준형이라는 딱지를 붙이는 방식을 취한다. 예컨대 경남이나 충북, 전북 등의 지역에서 사용되는 '정구지'라는 어휘에 대해서 '국어사전'은 대개 일반적인 뜻풀이 없이 "'부추'의 방언."이라는 정보와 그 말이 쓰이는 지역을 제시한다. 이에 비해 '부추'라는 어휘에 대해서는 그 의미를 상세히 풀이하면서도 그 말이 사용되는 지역에 대해서는 따로 밝히지 않는다. 이는 물론 '부추'가 표준형이고 '정구지'가 비표준형이기 때문이다. 이런 방식은 비표준형에 '방언', '잘못 쓴 말', 혹은 '속된 말' 등의 표지를 붙여 해당 어휘들을 유표화하는 데에 비해 표준형에는 아무런 표지를 달지 않고 무표화하여 결과적으로 표준형을 중립적인 어휘로 만드는 역할을 한다. 이러한 현상은 특정 지역의 방언을 쓰는 화자는 입 밖으로 몇 마디만 내뱉어도, 그럴 의도가 전혀 없음에도 불구하고 자신의 출신 지역을 고스란히 노출하게 되지만(유표화), 표준어를 쓰게 되면 그의 출신 지역이 감쪽같이 감추어지는 현상(무표화)을 통해서도 잘 드러난다.

  그러나 『겨레말큰사전』에서는 남과 북의 차이 나는 어휘에 대해 하나의 표준형을 설정하여 단일화하는 방식을 취하지 않는다. 예를 들어 남에서 '거위'라고 이르는 동물을 북에서는 '게사니'라고 하고, 남에서 '맷돌'이라고 이르는 기구를 북에서는 '망돌'이라고 한다. 일반적인 '국어사전'에서라면 지역에 따라 서로 달리 쓰는 이들 낱말 가운데 하나씩만을 표준형으로 설정하고 나머지에는 방언이라는 딱지를 붙일 것이다. 그러나 『겨레말큰사전』에서는 이들을 모두 동등한 어휘로 대접하여 뜻풀이한다. 이들 중 어떤 것에도 비표준이라는 표지를 붙이지 않는 동시에 각각의 용례를 통해 이 낱말들이 북과 남의 어느 쪽 변종인지를 자연스럽게 노출한다.

'거위-게사니', '맷돌-망돌' 같은 것들은 분단과 상관없이 각 지역에서 쓰던 낱말들이다. 사실 '게사니'와 '망돌'은 남쪽의 사전에서 강원도 방언이라고 풀이하던 어휘이기도 하다. 그러나 당연히 분단 이후 사회체제의 차이로 인해 생겨나거나 의미가 변한 말들도 수없이 많다. 예컨대 '아파트 분양, 민간 분양, 분양 시세' 등에 쓰이는 '분양'은 남쪽의 사회와 경제 체제를 반영하는 낱말이다. 북에서 쓰는 '공민증'이라는 단어도 북쪽의 체제를 반영하는 말이라고 할 수 있겠다. 이런 어휘들은 각각의 체제를 반영하여 뜻풀이한 후에 '남에서 쓰는 말', 혹은 '북에서 쓰는 말'이라는 정보를 제공하게 된다. 이는 어느 한쪽을 정상이나 일반, 또는 표준으로 설정하여 무표화, 중립화하는 방식을 채택하지 않고 남과 북이 각각 분단 이후 발전시켜온 체제를 모두 존중한다는 취지를 담은 뜻풀이 형식이다.

이러한 방식은 각각의 '국어문법'에도 그대로 적용된다. 9장의 마지막 부분에서 설명한 바와 같이 남과 북의 문법체계에는 상당한 차이가 있다. 남쪽의 조사와 어미를 북에서는 모두 '토'라는 동일한 문법 범주로 다루고 있다는 점이 특히 그러한데, 이는 남쪽에서는 용언의 활용을 인정하는 데에 비해 북쪽에서는 용언의 활용을 인정하지 않기 때문에 발생하는 문제이다. 다시 말해 남에서는 '용언 어간+어미'의 결합을 '체언+조사'의 결합과는 전혀 다른 성질의 것으로 보는 데에 반해 북에서는 이들을 모두 어떤 어휘가 '문법적 형태'를 이루는 과정으로 이해한다. 이러한 차이 때문에 북에서는 남의 '조사', '어미'라는 용어가 없고, 또 남에는 없는 '자리토', '끼움토'를 중요한 문법 범주로 설정하고 있다. 경제나 정치적인 차이 못지않게 이러한 학술상의 차이 역시 남과 북이 해방 이후 형성해온 각자의 체계에 기인한 것이므로 상호 존중될 필요가 있다. 『겨레말큰사전』에서는 남과 북의 차이 나는 문법 용어에 대한 풀이뿐만 아니라 개별 어휘에 대한 문법 정보 제시 등도 남북이 지금까지 형성해온 문법체계를 최대한 존중하는 차원에서 이루어지고 있다.

이러한 관점은 표기상의 차이 문제에도 역시 동일하게 적용된다. 예컨대 남쪽에서 '가녘'이라고 적는 것을 북쪽에서는 '가녁'이라고 표기한다. 그리고 남에서 '탱크'라고 적는 것을 북에서는 '땅크'라고 표기한다. 『겨레말큰사전』 편찬 작업에서 이러한 표기의 차이는 우선 둘 가운데 하나, 혹은 제3의 것으로 합의하는 과정을 밟는다. 위의 '가녘-가녁'은 '가녘'으로 합의가 되었다. 각자의 표기원칙이나 관습에 비추어 보았을 때 서로가 용인 가능한 경우에는 이렇게 합의가 가능하지만, 그렇지 못한 것들도 많다. 그런 경우에는 양쪽의 표기를 모두 인정하게 된다. 즉, 복수의 표기가 허용되는 것이다. 같은 어휘인데 표기만 다른 것이므로 각각의 표기를 모두 독립된 표제어로 삼아 양쪽에서 모두 동일하게 뜻풀이를 하고, 뜻풀이가 끝난 후에는 또 다른 표기가 가능하다는 사실을 함께 제시한다. 위의 '탱크-땅크'가 그런 예인데, '탱크'와

'탱크' 모두를 표제어로 삼고(남이 '탱크'를 받아들이기 어렵듯이 북에서 '탱크'를 받아들이기 어렵다는 것이다) 양쪽에 똑같은 뜻풀이를 한 후에 '탱크'에서는 "'탱크'라고도 한다.", '탱크'에서는 "'탱크'라고도 한다."와 같이 상대편의 표기형에 대한 정보를 함께 제공한다는 것이다.[14]

아직 진행 중인 작업이므로 평가하기에 조심스러운 면이 없지 않지만, 『겨레말큰사전』은 이와 같은 여러 장치들을 통해 남과 북의 서로 다른 언어적 변종들이 평화롭게 공존하는 사전이라고 할 수 있겠다. 서로의 체제를 상호 인정하면서 하나의 국가를 이루는 것이 이른바 '연방제'라고 한다면 『겨레말큰사전』은 '국어사전', '국어문법'에서의 연방제라는 발상이 가능하다는 점을 시사하고 있다. 물론 이러한 '국어사전'과 '국어문법'에서의 연방은 남과 북만을 대상으로 할 이유가 전혀 없다. 예컨대 해외 각지에 거주하고 있는 '코리안 디아스포라'(일본의 자이니치, 구 소련 지역의 고려인, 연변의 조선족, 하와이 초기 이민자…)들이 각자 형성해온 나름의 역사와 전통, 관습이 있을 것이다. 또 '제주어'의 경우처럼 자체적인 표기 규범을 모색하는 지역어들도 생겨날 수 있다. 여러 지역과 계층, 세대와 젠더에 따른 다채롭고 다양한 '연방'이 구상될 수도 있다.

그러한 점에서 『겨레말큰사전』이 담고 있는 언어(학)적 이질성은 매우 제한적인 것일 수밖에 없다. 그러나 '국어사전'과 '국어문법'을 통해 비균질적 언어를 구상한다는 발상 자체는 지극히 새로운 것이라 하지 않을 수 없을 것 같다. 그러한 점에서, 우리가 알아채지 못하고 있을 뿐, '근대'를 넘어서는 데에 필요한 발판은 이미 도처에 마련되어 있는 것인지도 모른다.

---

14) 『겨레말큰사전』의 형식 및 의의에 대한 보다 상세한 설명은 김병문, 『'국어의 사상'을 넘어선다는 것에 대하여』, 소명출판, 2019의 제2부 3장 참조.

참고문헌

1. 자료

권덕규, 「가명인(假明人) 두상(頭上)에 일봉(一棒)」, 『동아일보』, 1920. 5. 8.~9.

김기진, 「우견(愚見)」, 『조선일보』, 1927. 10. 25.

김동인, 「조선근대소설고」(11), 『조선일보』, 1929. 8. 11.

김동인, 「문단 15년 이면사」, 『조선일보』, 1934. 4. 5.

김동환, 「공약(公約)부터 세우자」, 『조선일보』, 1927. 10. 25.

김수경, 「조선어학회 『한글 맞춤법 통일안』 중에서 개정할 몇 가지 기일(其一) 한
　　자음 표기에 있어서 두음(頭音) ㄴ 급(及) ㄹ에 대하여」, 『로동신문』, 1947. 6.
　　6.~10.

김윤경, 「조선말과 글에 바루 잡을 것」, 『동광』 5, 1926.

김윤경, 「안확 씨의 무식을 소(笑)함」, 『동광』 9, 1927. 1.

김윤경, 「이미 상식화한 것을 웨 또 문제 삼는가」, 『동광』 32, 1932. 4.

동광사, 「한글 철자에 대한 신이론 검토」, 『동광』 32, 1932. 4.

동아일보사, 「이 하늘과 이 짜우에 거듭 퍼진 「한글」의 빛」, 『동아일보』 1926. 11. 6.

동아일보사, 「사계의 권위를 망라 한글 좌담회 개최」, 『동아일보』, 1931. 10. 29.

동아일보사, 「사흘 동안 백열전을 계속한 한글 토론회 속긔록」, 『동아일보』, 1932.
　　11. 11.~12. 27.

동아일보사, 「한글 철자법 13단제」, 『동아일보』, 1933. 4. 1.

동아일보사, 「한글 통일안대로 본보 철자법도 갱신」, 『동아일보』, 1933. 10. 29.

동아일보사, 「조선문기사정리기성회 조직, 평이 기사법을 연구」, 『동아일보』, 1934.
　　6. 24.

박승극, 「한글 철자법 시비에 대한 문예가의 성명서에 대하야」, 『신인문학』 3, 1934.
　　11.

박승빈, 「조선 언문에 관한 요구」, 『계명』 1~3, 1921. 5.~9.

박승빈, 「조선어학회 사정 「한글마춤법통일안」에 대한 비판」, 『정음』 10~14, 1935.
　　9.~1936. 4.

박승빈, 「조선어학회의 공개장에 대하야」, 『신동아』 5-4, 1935. 4.

박태서, 「국어유지론(國語維持論)」, 『야뢰(夜雷)』 1, 1907. 2. 5

신남철, 「언어의 성립」, 『정음』 2, 1934. 4.

신명균, 「맞침법의 합리화」, 『한글』 1-3, 1932. 7.

신채호, 「국한문의 경중」, 『대한매일신보』, 1908. 3. 17.~19.

신채호, 「문법을 의통일(宜統一)」, 『기호흥학보』 5, 1908. 12. 25

안확, 「조선어의 가치」, 『학지광』 4, 1915. 2.

안확, 「조선어학자의 오해」, 『학지광』 10, 1916. 9.

안확, 『조선어문법』, 유일서관, 1917.

안확, 「조선어 원론」, 『조선문학사』, 한일서점, 1922.

안확, 『(수정) 조선어문법』, 회동서관, 1923.

안확, 「조선어 연구의 실제」, 『동광』 8, 1926. 12.

어윤적, 「현묘흔 원칙을 보수(保守)흐라―언문철자법에 취(就)흐야」, 『매일신보』
    1921. 3. 17,

오구라 신페이(小倉進平), 「문자와 발음을 동일흐게 흐는 것이 타당흐다」, 『매일신보』
    1921. 3. 20.

오다 세이고(小田省吾), 「언문철자법 개정안」, 『매일신보』, 1921. 4. 1.~2.

유길준, 「소학 교육에 대흐는 의견」, 『황성신문』, 1908. 6. 10.

유길준, 『노동야학독본』, 경성일보사, 1908.

유길준, 『대한문전』, 융문관, 1909.

유완희, 「돌마지로의 기념이이(紀念而已)」, 『조선일보』, 1927. 10. 25.

이규영, 『현금 조선문법』, 신문관, 1920.

이광수, 「금일(今日) 아한용문(我韓用文)에 대(對)하야」, 『황성신문』, 1910. 7.
    24.~27.

이능화, 「국문 일정법 의견서」, 『황성신문』, 1906. 6. 1.~2.

이윤재, 「안확 군의 망론(妄論)을 박(駁)함」, 『동광』 10, 1927. 2.

이윤재, 「'한글 마춤법 통일안' 제정의 경과 기략」, 『한글』 1-10, 1934. 1.

이필수, 「조선 민족의 반성을 촉(促)하는 조선 문자」, 『동아일보』 1922. 8. 7~13.

이희승, 「'한글 마춤법 통일안' 강의」, 『한글』 6-1~8-3, 1938. 1.~1940. 4.

정렬모, 「조선어연구의 정체는 무엇?」, 동인지 『한글』 1-2~3, 1927. 3.~4.

정렬모, 「조선어문법론」, 동인지 『한글』 1-3, 1927. 4.

정렬모, 「안확 군에게 여(與)함」, 『동광』 13, 1927. 5.

정렬모, 「국어와 방언」, 동인지 『한글』 2-1, 1928. 1.

조선문기사정리기성회, 「한글식 철자법 반대 성명서」, 조선창문사, 1934

조선문예가 일동, 「한글식 철자법 시비에 대한 반대 성명서」, 『동아일보』, 1934. 7. 10.

조선어학연구회, 「본회록사(本會錄事)」, 『정음』 창간호, 1934. 2.

조선어학연구회, 「조선어학연구회 취지서」, 『정음』 창간호, 1934. 2.

조선어학회, 『한글 마춤법 통일안(朝鮮語 綴字法 統一案)』, 한성도서주식회사, 1933(한글학회 편, 『한글 맞춤법 통일안(1933~1980)』, 한글학회, 1989)

조선어학회, 「한글 통일운동에 대한 반대 음모 공개장」, 『한글』 3-3, 1935. 3.

조선일보사, 「각 방면의 명사 운집—대성황의 가갸날」, 『조선일보』 1926. 11. 6.

조선일보사, 「조선문기사정리기성회 조직」, 『조선일보』, 1934. 6. 25.

조선총독부, 「보통학교용 언문철자법」, 1912(김민수·고영근 편, 『역대 한국문법 대계』 3-8, 박이정, 2008)

조선총독부, 「보통학교용 언문철자법 대요」, 1921(김민수·고영근 편, 『역대 한국 문법 대계』 3-8, 박이정, 2008)

조선총독부, 「언문철자법」, 1930(김민수·고영근 편, 『역대 한국문법 대계』 3-8, 박이정, 2008)

주시경, 「국문론」, 『독립신문』, 1897. 4. 22.~24,

주시경, 「국문론」, 『독립신문』, 1897. 9. 25.~28,

주시경, 『국문문법』, 1905(김민수 편, 『주시경전서』 1, 탑출판사, 1992)

주시경, 『국문강의』, 1906(김민수 편, 『주시경전서』 1, 탑출판사, 1992)

주시경, 「필상자국문언(必尚自國文言)」, 『황성신문』, 1907. 4. 1.-6.

주시경, 『국문연구안』, 1907~1908(김민수 편, 『주시경전서』 2, 탑출판사, 1992)

주시경, 『국어문전 음학』, 박문서관, 1908.

주시경, 『국문연구』, 1909(김민수 편, 『주시경전서』 2, 탑출판사, 1992)

주시경, 『국어문법』, 박문서관, 1910.

지석영, 「국문론」, 『대조선독립협회회보』 1, 1896. 12. 30.

지석영, 「대한국문설」, 『대한자강회월보』 11, 1907. 5. 25.

최현배, 「우리의 말과 글에 대하야」, 『동아일보』 1922. 8. 29.~9. 23.

최현배, 「언어학상으로 본 조선어」, 동인지 『한글』 1-2~1-4. 1927. 3.~6.

최현배, 「한글 정리에 대한 제가(諸家)의 의견」, 『동아일보』, 1928. 11. 4.

최현배, 「조선어의 품사 분류론」, 『연희전문학교 문과 연구집』 제1집, 연희전문학교
　　출판부

최현배, 『우리말본』, 정음문화사. 1937.

한동작, 「시내 중등학생 순방기」, 『정음』 6 1935. 1.

한빛, 「안확 씨의 「조선어 연구의 실제」를 보고」, 『동광』 9, 1927. 1.

홍기문, 「문맹퇴치 의미로 기념하자」, 『조선일보』, 1927. 10. 25.

홍기문, 「어원고증―수사의 제형태 연구」, 『조선일보』 1934. 4. 8.~18.

홍기문, 「(속)어원고증―친족명칭의 연구」, 『조선일보』 1934. 5. 27.~6. 25.

홍기문, 「소선어 연구의 본령」, 『조선일보』, 1934. 10. 5.~20..

홍기문, 「국어연구의 고행기」, 『서울신문』, 1947. 1. 14.

2. 논저

가라타니 고진, 박유하 옮김, 『일본 근대문학의 기원』, 민음사, 1997.

가라타니 고진, 조영일 옮김, 『네이션과 미학』, 도서출판b, 2009.

가라타니 고진, 조영일 옮김, 『세계사의 구조』, 도서출판b, 2012.

가스야 게스케, 고영진·형진의 옮김, 『언어·헤게모니·권력―언어사상사적 접근』,
　　소명출판, 2016.

가자마 기요주, 김지환 옮김, 『19세기 언어학사』, 박이정, 2000.

강신항, 『(증보 개정판) 국어학사』, 보성문화사, 1992.

강신항, 『(증보판) 훈민정음 연구』, 성균관대학교출판부, 1996.

강영주, 「국학자 홍기문 연구」, 『역사비평』 68, 2004.

강영주, 「국학자 홍기문 연구2―1930년대 홍기문의 언론활동과 학술연구」, 『역사
　　비평』 92, 2010.

강영주, 「국학자 홍기문 연구3―일제 말의 은둔 생활과 학문」, 『역사비평』 96, 2011.

고석주, 「한빛 김희상의 국어학사적 의의에 대하여」, 『한국어학』 92, 한국어학회,
　　2021.

고영근, 「주시경의 문법 이론에 대한 형태·통사론적 접근」, 『국어학』 11, 1982.

고영근, 『국어학 연구사—그 흐름과 동향』, 학연사, 1985.

고영근, 「주시경 연구의 어제와 오늘」, 『주시경학보』 1, 1988.

고영근, 『최현배의 학문과 사상』, 집문당, 1994.

고영근, 『통일시대의 어문문제』, 길벗, 1994.

고영근, 「주시경 〈국어문법〉의 형성에 얽힌 문제—검열본을 중심으로」, 『대동문화연구』 30, 1995.

고영근, 『한국 어문 운동과 근대화』, 탑출판사, 1998.

고영근, 『한국의 언어연구』, 역락, 2001.

고영근 편, 『북한 및 재외교민의 철자법 집성』, 역락, 2000.

국사편찬위원회 편, 『배움과 가르침의 끝없는 열정』, 두산동아, 2008.

권재일, 『언어학사 강의』, 박이정, 2016.

김동노, 「식민지시대의 근대적 수탈과 수탈을 통한 근대화」, 『창작과비평』 99, 1998,

김민수, 「신정국문(新訂國文)에 관한 연구」, 『아세아문화연구』 Ⅵ-Ⅰ, 1963.

김민수, 『초기 국어문전 연구—특히 『대한문전을』 중심으로 하여』, 통문관, 1975.

김민수, 『신국어학사』, 일조각, 1980

김민수, 『(증보판) 주시경 연구』, 탑출판사, 1986.

김민수 편, 『주시경전서』 1~6, 탑출판사, 1992.

김방한, 『한국어의 계통』, 민음사, 1993.

김방한, 『소쉬르: 현대 언어학의 원류』, 민음사, 1998.

김병문, 『언어적 근대의 기획—주시경과 그의 시대』, 소명출판, 2013.

김병문, 「'과학으로서의 언어학'이라는 난점—1930년대 홍기문의 언어 연구 검토」, 『대동문화연구』 90, 2015,

김병문, 「「한글 마춤법 통일안」(1933) 총론의 '소리대로 적되 어법에 맞도록 한다'는 규정의 역사적 의미 검토—당대의 논의를 중심으로」, 『언어사실과 관점』 44, 2018

김병문, 「타자의 시선과 자국학 성립의 한 가능성—근대계몽기 서양인들의 이중어 사전 및 문법서를 중심으로」, 『언어사실과 관점』 48, 2019.

김병문, 『'국어의 사상'을 넘어선다는 것에 대하여』, 소명출판, 2019.

김병문, 「1920~30년대 표기법 논의와 '국어문법'의 형성이라는 문제—'불규칙 활용'의 설정의 경우」,『어문연구』48-4, 2020.

김병문, 「과학으로서의 언어학이라는 난점(2)—안확의 1910~20년대 조선어 연구를 중심으로」,『동방학지』191, 2020.

김병문, 「1920년대 『동아일보』, 『조선일보』의 어학 관련 기사 분석」,『한말연구』61, 2021.

김병문, 「정인보의 〈오천 년간의 조선의 얼〉을 통해 본 '얼'의 사상과 '국어'의 사상의 관계」,『사회언어학』29-3호, 2021.

김병문, 「'언어의 소외'와 '과학적' 언어 연구의 (불)가능성에 대하여—1920~1930년대 조선어 연구를 중심으로」,『개념과소통』29, 2022.

김석득,『우리말 연구사』, 정음문화사, 1983.

김석득,『외솔 최현배의 학문과 사상』, 연세대학교 출판부, 2000.

김영민, 「근대계몽기 문체 연구—유길준을 중심으로」,『동방학지』148, 2009

김영민, 「『만세보』와 부속국문체 연구」, 연세대 근대한국학연구소 편,『한일근대어문학 연구의 쟁점』, 소명출판, 2013.

김정남, 「한글맞춤법의 원리—총칙 제1항의 의미 해석을 중심으로」,『한국어의미학』27, 2008.

김정수, 「한글 맞춤법의 역사와 개선안」,『한국언어문화』37, 2008.

김주원,『훈민정음—사진과 기록으로 읽는 한글의 역사』, 민음사, 2013.

김주필, 「한글 맞춤법 원칙의 특성과 의미」,『어문학논총』24, 2006.

김주필, 「'보통학교용 언문철자법(1912)'의 성격과 특징」,『반교어문연구』37, 2014.

김주필, 「'보통학교용 언문철자법(1912)'의 제정 의도와 표기사적 문제점」,『국어사연구』25, 2017.

김철, 「갱생(更生)의 도(道) 혹은 미로(迷路): 최현배의『조선민족갱생의 도(道)』를 중심으로」,『민족문학사연구』, 28, 2005.

김철,『우리를 지키는 더러운 것들—'정체성'이라는 질병에 대하여』, 뿌리와이파리, 2018.

김하수, 「국어학사 연구의 재조명을 위한 문제 제기」,『문제로서의 언어』2, 커뮤니케이션북스, 2008.

김하수 외,『한글 맞춤법, 무엇이 문제인가?』, 태학사, 1997.

노먼 페어클라우프, 김지홍 옮김, 『언어와 권력』, 도서출판 경진, 2011.

다니엘 네틀·수잔 로메인, 김정화 옮김, 『사라져 가는 목소리들: 그 많던 언어들은 모두 어디로 갔을까?』, EjB, 2003.

로버트 로빈스, 강범모 옮김, 『언어학의 역사』, 한국문화사, 2007.

류준필, 「자산 안확의 국학사상과 문학사관」, 권오성 외, 『자산 안확 국학 논저집』 6, 여강출판사, 1994

리의도, 「〈표준어 규정(1988)〉과 〈한글 맞춤법(1988)〉에 대한 비판적 검토」, 『국제 어문』 16, 1995.

리의도, 「한국어 한글 표기법의 변천」, 『한글』 301, 2013.

문교부, 『문교부 고시 국어 어문 규정집』, 대한교과서주식회사, 1988.

미쓰이 다카시, 고영진·임경화 옮김, 『식민지 조선의 언어 지배 구조』, 소명출판, 2013.

미하일 바흐친·발렌틴 볼로쉬노프, 송기한 옮김, 『마르크스주의와 언어철학』, 흔겨 레, 1988.

민현식, 『국어 정서법 연구』, 태학사, 1999.

밀카 이비츠, 김방한 옮김, 『언어학사』, 형성출판사, 1982.

박진영, 「알퐁스 도데와 불평등한 세계문학」, 『코기토』 78, 2015.

박창원, 「한글 맞춤법 '총칙 제1항'의 음운론」, 국어학회 제34회 겨울학술대회 발표 자료집, 2007.

박형익, 『한국 자전의 역사』, 역락, 2012

박형익 외, 『한국 어문규정의 이해』, 태학사, 2008.

베네딕트 앤더슨, 윤형숙 옮김, 『상상의 공동체: 민족주의의 기원과 전파에 대한 성 찰』, 나남출판, 2002.

서상규, 『최현배의 우리말본 연구』 1, 한국문화사, 2017.

서상규, 『최현배의 우리말본 연구』 2, 한국문화사, 2018.

소쉬르, 최승언 옮김, 『일반언어학 강의』, 민음사, 1990.

송기형, 『불란서 대혁명기의 언어정책—제헌의회에서 열월 반동 직전까지』, 서울 대학교 박사학위 논문, 1989.

스탈린, 정성균 옮김, 『사적유물론과 변증법적 유물론 마르크스주의와 언어학』, 두 레, 1989.

시정곤,『박승빈』, 박이정, 2015.

안병희,『훈민정음 연구』, 서울대학교출판문화원, 2007.

안예리,「조선총독부 편『조선어사전』의 편찬 경위―'조선사서원고'와의 비교 분석을 중심으로」,『한국사전학』 30, 2017.

안예리,『근대 한국어의 변이와 변화』, 소명출판, 2019.

안예리,『근대 한국의 언어 문제』, 역락, 2020.

안토니오 그람시, 이상훈 옮김,『그람시의 옥중수고 2』, 거름, 1999.

알퐁스 도데, 김택 옮김,「마지막 수업」,『별』, 태동출판사, 2002.

암스테르담스카, 임혜순 옮김,『언어학파의 형성과 발달』, 아르케, 1999.

야마다 간토,「식민지 조선에서의 근대화와 일본어 교육」, 한일역사공동연구위원회 편,『제2기 한일역사공동연구보고서』 제4권, 경인문화사, 2010.

연규동,『통일 시대의 한글 맞춤법』, 박이정, 1998.

오대환,『식민지 시기 일본인을 위한 조선어교육 연구―조선어 장려 정책과 경성조선어연구회를 중심으로』, 연세대학교 박사학위 논문, 2009.

윤석민,「일제시대 어문규범 정리과정에서 나타난 수용과 변천의 양상 〈언문철자법〉과 〈한글 맞춤법 통일안〉을 중심으로」,『한국언어문학』 55, 2005.

윤세복,『역해(譯解) 종경사부합편(倧經四部合編) 전(全)』, 대종교총본사, 1968.

이관규,「한글 맞춤법의 성격과 원리」,『한말연구』 30, 2012.

이기문,『개화기의 국문 연구』, 일조각, 1970.

이기문,『훈몽자회 연구』(한국문화연구총서 5), 서울대학교 한국문화연구소, 1971.

이선웅·양명희,「한글 맞춤법 총칙 제1항과 일부 조항에 대한 검토」,『국어교육연구』 58, 2015.

이은정,『개정한 한글 맞춤법 표준어 해설』, 대제각, 1988.

이익섭,『국어 표기법 연구』, 서울대 출판부, 1986.

이진호,『국어 음운론 용어 사전』, 역락, 2016.

임상석,「20세기 국한문체의 형성 과정」, 지식산업사, 2008.

임홍빈,「주시경과 "한글" 명칭」,『한국학논집』 23, 1998.

장경준,「학범 박승빈의『언문일치 일본국육법전서』(1908)에 대하여」,『한국어학』 89, 2020.

정승철,「일제 강점기의 언어정책」,『진단학보』100, 2005.

정승철·최형용,『안확의 국어 연구』, 박이정, 2015.

정희창,「한글 맞춤법의 '역사적 표기법'과 교육 내용 구성」,『문법교육』14, 2011.

조선어문연구회,『조선어문법』, 문화출판사(평양), 1949,

조태린,「국어라는 용어에 대한 비판적 고찰」,『국어학』48, 2006.

조태린,「근대 국어 의식 형성의 보편성과 특수성―언어와 국민 사이의 관계 인식을 중심으로」,『한국언어문화』39, 2009.

존 설, 이건원 옮김,『언화행위』, 한신문화사, 1987.

존 오스틴, 김영진 옮김,『말과 행위』, 서광사, 1992.

최경봉,「일제강점기 조선어학회 활동의 역사적 의미」,『민족문학사연구』31, 2006.

최경봉,「국어학사의 서술방법론에 대한 비판적 고찰―근대국어학사의 서술 문제를 중심으로」,『국어학』59, 2010.

최경봉,「근대적 언어관의 전개와 국어정립이라는 과제의 인식 양상: 한국의 특수성을 중심으로」,『동방학지』158, 2012.

최경봉,「근대 학문 형성기, 구어(口語)의 발견과 문법학적 모색」,『우리어문연구』49, 2014.

최경봉,『근대 국어학의 논리와 계보』, 일조각, 2016.

최경봉,「근대적 한글 의식의 형성 맥락과 특수성」,『인문학연구』36, 2018.

최경봉,「규범문법 수립이라는 과제와 국어학: 국어학사의 관점에서 본 국어 규범문법의 특수성」,『한국어학』86, 2020.

최경봉,「주시경 문법서의 한글화 과정과 ≪조선 말갈≫」,『국어학』99, 2021.

최규진,『일제의 식민교육과 학생의 나날들』, 서해문집, 2018.

최남선,『조선상식문답』, 동명사, 1946.

최영해,『중국어 음운학』, 통나무, 2000.

최정후,『주체의 언어리론』, 사회과학출판사(평양), 2005.

최형용,「〈한글 맞춤법〉총칙 제1항과 표기의 원리」,『한중인문학연구』26, 2009.

칼 폴라니, 홍기빈 옮김,『거대한 전환』, 도서출판 길, 2009.

피에르 부르디외, 김현경 옮김,『언어와 상징권력』, 나남, 2020.

피터 트러질, 이철수 옮김,『사회언어학―언어와 사회』, 범한서적주식회사, 1986.

한글학회 50돌 기념사업회,『한글학회 50년사』, 한글학회.

한동완, 『국문연구의정안』, 신구문화사, 2006.

허웅, 『국어음운학』, 샘문화사, 1993.

허재영, 『일제강점기 교과서 정책과 조선어과 교과서』, 경진, 2009.

Charles A. Ferguson, "Diglossia", *WORD* 15, 1959.

E.F.K. ゲルナー, 山中桂一訳, 『ソシュールの言語論: その淵源と展開』, 大修館書店, 1982.

山田寛人, 『植民地朝鮮における朝鮮語奨励政策─朝鮮語を学んだ日本人』, 不二出版, 2004.

小林英夫, 「経済学と言語学」, 『小林英夫著作集』 1, みすず書房, 1977.

板垣竜太, 『北に渡った言語学者: 金壽卿(1918~2000)』, 人文書院, 2021.

〈한글 마춤법 통일안〉 성립사를 통해 본 근대의 언어사상사

2022년 9월 20일 초판 1쇄 찍음
2022년 10월 5일 초판 1쇄 펴냄

지은이 김병문

펴낸이 정종주
주간 박윤선
편집 박소진 김신일
마케팅 김창덕

펴낸곳 도서출판 뿌리와이파리
등록번호 제10-2201호(2001년 8월 21일)
주소 서울시 마포구 월드컵로 128-4 (월드빌딩 2층)
전화 02)324-2142~3
전송 02)324-2150
전자우편 puripari@hanmail.net

디자인 가필드
종이 화인페이퍼
인쇄·제본 영신사
라미네이팅 금성산업

이 책은 2017년 정부(교육부)의 재원으로 한국연구재단의 지원을 받아 수행한 연구(NRF-2017S1A6A3A01079581)입니다.

값 22,000원
ISBN 978-89-6462-182-0 (93710)